OLYMPISCHE SPIELE **1988**   **GESAMTAUSGABE**

SPIELE DER

XXIV. OLYMPIADE

Sportverlag Berlin

Herausgegeben von der
Gesellschaft zur Förderung
des olympischen Gedankens
in der
Deutschen Demokratischen Republik

Traditionell legt die Gesellschaft zur Förderung des olympischen Gedankens in der DDR ihren Olympiaband vor – Report der Spiele zur Feier der XXIV. Olympiade in Sòul. Schnappschüsse unvergeßlicher Augenblicke, Beschreibung des einzigartigen Abschneidens einer DDR-Mannschaft – 102 Medaillen!

Die Tage der Rückkehr unserer umjubelten Olympioniken fielen zusammen mit denen, da man das 40. Jubiläum der Gründung unserer Sportorganisation festlich beging.
Als diese Sportbewegung am 1. Oktober 1948 mit der Konstituierung des Deutschen Sportausschusses – gemeinsam getragen von der Freien Deutschen Jugend und dem Freien Deutschen Gewerkschaftsbund – aus der Taufe gehoben wurde, wagten wohl nur wenige, an olympisches Gold oder gar an Spitzenränge bei der Medaillenwertung im Weltsport zu denken.

Alle, die an jenem denkwürdigen Gründungstag dabei waren, erklärten sich bereit, mit ihren Aktivitäten die vom Faschismus hinterlassenen geistigen und materiellen Trümmer zu beseitigen sowie als Sportler mitzuhelfen, ein neues und friedliebendes Deutschland zu schaffen. Aus der Bereitschaft erwuchsen Taten und aus den Taten schließlich Erfolge – so auch diejenigen der Olympiakämpfer der Deutschen Demokratischen Republik von Melbourne bis Sòul.

Der Weg zu diesen Erfolgen im Leistungssport – wie auch zur ebenso erfolgreichen Entwicklung des Massensports, des Wettkampfgeschehens in den Kreisen und Bezirken, des Kinder- und Jugendsports, der Sportwissenschaften und aller anderen Gebiete des sportlichen Lebens in unserer Republik – wurde mit der Gründungsurkunde des Deutschen Sportausschusses gewiesen. Und da verwirklicht ist, was darin als Weg und Ziel vorgegeben wurde, bereitet es Freude, Genugtuung und auch Stolz, im Zusammenhang mit der Rückkehr der Olympiamannschaft 1988 in diesem Buch an Worte von 1948 zu erinnern: „Die demokratische Sportbewegung ist nicht Selbstzweck. Sie soll zur demokratischen Erneuerung unseres Volkes beitragen, dient der Hebung der Volksgesundheit und damit der Erhöhung der Leistungsfähigkeit, besonders der jungen Generation . . . Sie soll dem Frieden und der Völkerverständigung dienen."

In diesem Sinne hat die olympische Idee auch mit den Olympischen Spielen 1988 ihre Lebenskraft und die olympische Bewegung ihre Beitragsfähigkeit zur Friedenssicherung, Entspannung und Völkerverständigung überzeugend nachgewiesen.

Präsident der
Gesellschaft zur Förderung
des olympischen Gedankens
in der DDR

Gold

Christian Schenk
Zehnkampf
SC Empor Rostock
Trainer: Dr. Klaus-Gerhard Schlottke

Jürgen Schult
Diskuswerfen
SC Traktor Schwerin
Trainer: Hermann Brandt

Ulf Timmermann
Kugelstoßen
TSC Berlin
Trainer: Werner Goldmann

Petra Felke
Speerwerfen
SC Motor Jena
Trainer: Karl Hellmann

Sigrun Wodars
800 m
SC Neubrandenburg
Trainer: Walter Gladrow

Martina Hellmann
Diskuswerfen
SC DHfK Leipzig
Trainer: Bernhard Thomas

4×100 m Freistil
Manuela Stellmach
SC Dynamo Berlin
Trainer: Volker Frischke
Daniela Hunger
SC Dynamo Berlin
Trainer: Volker Frischke
Katrin Meißner
SC Dynamo Berlin
Trainer: Dieter Lindemann
Kristin Otto
SC DHfK Leipzig
Trainer: Stefan Hetzer

Uwe Daßler
400 m Freistil
Bronze: 1 500 m Freistil
ASK Vorwärts Potsdam
Trainer: Lutz Wanja

Silke Hörner
200 m Brust
Silber: 100 m Brust
SC DHfK Leipzig
Trainer: Stefan Hetzer

4×100 m Lagen
Kristin Otto
SC DHfK Leipzig
Trainer: Stefan Hetzer
Silke Hörner
SC DHfK Leipzig
Trainer: Stefan Hetzer
Birte Weigang
SC Turbine Erfurt
Trainer: Wolfgang Fricke
Katrin Meißner
SC Dynamo Berlin
Trainer: Dieter Lindemann

Kathleen Nord
200 m Schmetterling
SC Magdeburg
Trainer: Bernd Henneberg

Kristin Otto
50 m, 100 m Freistil,
100 m Schmetterling,
100 m Rücken
SC DHfK Leipzig
Trainer: Stefan Hetzer

Achter
Ute Stange
SC DHfK Leipzig
Trainer: Herta Weissig
Daniela Neunast
SG Dynamo Potsdam
Trainer: Jörg Landvoigt

Judith Zeidler
SC Dynamo Berlin
Trainer: Hartmut Busch-bacher
Anja Kluge
SC Berlin-Grünau
Trainer: Klaus-Dieter Bähr
Beatrix Schröer
SC Einheit Dresden
Trainer: Eberhard Kamchen
Ramona Balthasar
SC Dynamo Berlin
Trainer: Hartmut Busch-bacher

Annegret Strauch
SC Einheit Dresden
Trainer: Eberhard Kamchen
Ute Wild
SG Dynamo Potsdam
Trainer: Jörg Landvoigt
Kathrin Haacker
SC Dynamo Berlin
Trainer: Hartmut Busch-bacher

Heike Friedrich
200 m Freistil
Silber: 400 m Freistil
SC Karl-Marx-Stadt
Trainer: Joachim Rother/ Bernd Köhler

Vierer ohne Steuermann
Olaf Förster
SC Einheit Dresden
Trainer: Dieter Grahn
Ralf Brudel
SC Berlin-Grünau
Trainer: Lothar Heller
Thomas Greiner
SC Einheit Dresden
Trainer: Dieter Grahn
Roland Schröder
SC Chemie Halle
Trainer: Klaus Ritter

Daniela Hunger
200 m Lagen
Bronze: 400 m Lagen
SC Dynamo Berlin
Trainer: Volker Frischke

Segeln, Soling
Thomas Flach
SC Berlin-Grünau
Trainer: Bernd Dehmel

Bernd Jäckel
SC Berlin-Grünau
Trainer: Bernd Dehmel

Jochen Schümann
SC Berlin-Grünau
Trainer: Bernd Dehmel

Doppelvierer
Kristina Mundt
SC DHfK Leipzig
Trainer: Sabine Dähne

Beate Schramm
SG Dynamo Potsdam

Trainer: Jutta Lau

Jana Sorgers
SC Dynamo Berlin
Trainer: Rita Bludau

Kerstin Förster
SC Einheit Dresden
Trainer: Eberhard Kamchen

Thomas Lange
Einer
SC Chemie Halle
Trainer: Lothar Trawiel

Olaf Heukrodt
Einer-Kanadier, 500 m
SC Magdeburg
Trainer: Jürgen Harpke

Vierer mit Steuermann
Karsten Schmeling
SG Dynamo Potsdam
Trainer: Bernd Landvoigt

Bernd Eichwurzel
SG Dynamo Potsdam
Trainer: Bernd Landvoigt

Hendrik Reiher
SG Dynamo Potsdam
Trainer: Bernd Landvoigt

Bernd Niesecke
SG Dynamo Potsdam
Trainer: Bernd Landvoigt

Frank Klawonn
SG Dynamo Potsdam
Trainer: Bernd Landvoigt

Doppelzweier
Martina Schröter
SG Dynamo Potsdam
Trainer: Jörg Landvoigt

Birgit Peter
SG Dynamo Potsdam
Trainer: Jutta Lau

Vierer mit Steuerfrau
Martina Walther
SC Berlin-Grünau
Trainer: Klaus-Dieter Bähr

Gerlinde Doberschütz
SC DHfK Leipzig
Trainer: Herta Weissig

Sylvia Müller
SC Berlin-Grünau
Trainer: Klaus-Dieter Bähr

Carola Hornig
SC Berlin-Grünau
Trainer: Klaus-Dieter Bähr

Birte Siech
SC Berlin-Grünau
Trainer: Klaus-Dieter Bähr

Zweier-Kajak
Anke Nothnagel
SC Empor Rostock
Trainer: Frank-Michael Pittack

Birgit Schmidt
ASK Vorwärts Potsdam
Trainer: Lothar Schäfer

Jutta Behrendt
Einer
SC Dynamo Berlin
Trainer: Rita Bludau

Axel Wegner
Wurftaubenschießen, Skeet
KfS GST Leipzig
Trainer: Rudolf Hager

Lutz Heßlich
Radsprint
SC Cottbus
Trainer: Gerd Müller

Olaf Ludwig
Straßenrennen-Einzel
SG Wismut Gera
Trainer: Werner Marschner

100-km-Mannschaftsfahren
Jan Schur
SC DHfK Leipzig
Trainer: Klaus Ampler

Maik Landsmann
SC Turbine Erfurt
Trainer: Frank Zühlke

Mario Kummer
SC Turbine Erfurt
Trainer: Frank Zühlke

Uwe Ampler
SC DHfK Leipzig
Trainer: Klaus Ampler

Vierer-Kajak
Heike Singer
SC Berlin-Grünau
Trainer: Joachim Mattern

Anke Nothnagel
SC Empor Rostock
Trainer: Frank-Michael Pittack

Ramona Portwich
SC Empor Rostock
Trainer: Frank-Michael Pittack

Birgit Schmidt
ASK Vorwärts Potsdam
Trainer: Lothar Schäfer

Joachim Kunz
Gewichtheben, Leichtgewicht
SC Karl-Marx-Stadt
Trainer: Klaus Kroll

Holger Behrendt
Turnen, Ringe
Bronze: Reck
ASK Vorwärts Potsdam
Trainer: Reinhard Rückriem

Henry Maske
Boxen, Mittelgewicht
ASK Vorwärts Frankfurt/Oder
Trainer: Manfred Wolke

Andreas Zülow
Boxen, Leichtgewicht
SC Traktor Schwerin
Trainer: Fritz Sdunek

Silber

Kathrin Neimke
Kugelstoßen
SC Magdeburg
Trainer: Klaus Schneider

Torsten Voss
Zehnkampf
SC Traktor Schwerin
Trainer: Bernd Jahn

Roland Weigel
20 km Gehen
50 km Gehen
ASK Vorwärts Potsdam
Trainer: Hans-Joachim-Pathus

4×100 m
Silke Möller

SC Empor Rostock
Trainer: Wolfgang Meier
Kerstin Behrendt
SC DHfK Leipzig
Trainer: Rudolf Damm
Ingrid Lange
SC Motor Jena
Trainer: Horst-Dieter Hille
Marlies Göhr
SC Motor Jena
Trainer: Horst-Dieter Hille

Heike Drechsler
Weitsprung
Bronze: 100 m, 200 m
SC Motor Jena
Trainer: Peter Hein

Diana Gansky
Diskuswerfen
ASK Vorwärts Potsdam
Trainer: Lothar Hillebrandt

Sabine John
Siebenkampf
SC DHfK Leipzig
Trainer: Jörg Graf

4×200 m Freistil
Steffen Zesner
SC Dynamo Berlin
Trainer: Gerd Eßer

Thomas Flemming
SC Karl-Marx-Stadt
Trainer: Detlef Baer/
Harry Freier

Sven Lodziewski
SC Dynamo Berlin
Trainer: Gerd Eßer/
Hans-Ulrich Lange
Uwe Daßler
ASK Vorwärts Potsdam
Trainer: Lutz Wanja

Gloria Siebert
100 m Hürden
SC Cottbus
Trainer: Siegfried Elle

Petra Müller
400 m
SC Chemie Halle
Trainer: Harald Werner

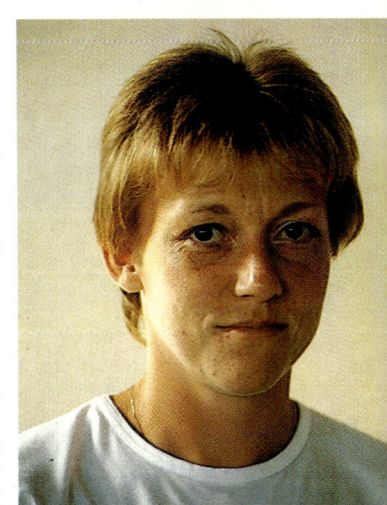

Frank Baltrusch
200 m Rücken
SC Magdeburg
Trainer: Ulf Schramme

Christine Wachtel
800 m
SC Neubrandenburg
Trainer: Walter Gladrow

Patrick Kühl
200 m Lagen
ASK Vorwärts Potsdam
Trainer: Lutz Wanja

Birte Weigang
100 m Schmetterling
200 m Schmetterling
SC Turbine Erfurt
Trainer: Wolfgang Fricke

Kathrin Zimmermann
200 m Rücken
SC Karl-Marx-Stadt
Trainer: Joachim Rother/
Bernd Köhler

Astrid Strauß
800 m Freistil
TSC Berlin
Trainer: Bernd Henneberg

Zweier-Kanadier, 1 000 m
Ingo Spelly
ASK Vorwärts Potsdam
Trainer: Helmut Senger

Olaf Heukrodt
SC Magdeburg
Trainer: Jürgen Harpke

Jörg Schmidt
Einer-Kanadier, 1 000 m
ASK Vorwärts Potsdam
Trainer: Helmut Sänger

Andreas Stähle
Einer-Kajak, 500 m
SC DHfK Leipzig
Trainer: Ralf Fischer

Birgit Schmidt
Einer-Kajak
ASK Vorwärts Potsdam
Trainer: Lothar Schäfer

Ralf Schumann
Schnellfeuerpistole
KfS GST Leipzig
Trainer: Peter Eisenschmidt

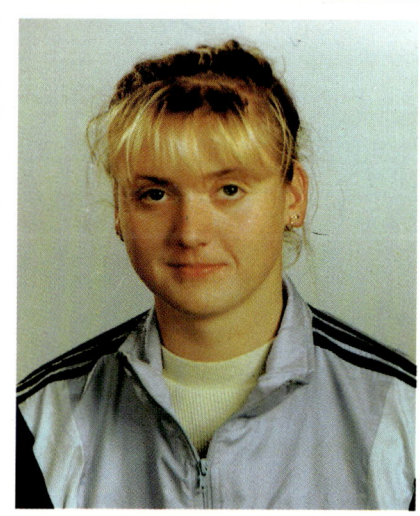

Zweier mit Steuermann

Mario Streit
SG Dynamo Potsdam
Trainer: Bernd Landvoigt

Detlef Kirchoff
SG Dynamo Potsdam
Trainer: Bernd Landvoigt

René Rensch
SG Dynamo Potsdam
Trainer: Manfred Hagelstein

Ingo Steinhöfel
Gewichtheben, Mittelgewicht
SC Karl-Marx-Stadt
Trainer: Klaus Kroll

Sven Loll
Judo, Leichtgewicht
SC Dynamo Hoppegarten
Trainer: Dietmar Hötger

Henry Stöhr
Judo, Schwergewicht
SC Dynamo Hoppegarten
Trainer: Dietmar Hötger

Sylvio Kroll
Pferdsprung
SC Cottbus
Trainer: Fred Neumann

Dagmar Kersten
Stufenbarren
SC Dynamo Berlin
Trainer: Wolfgang Riedel

Mehrkampf, Mannschaft

Sven Tippelt
SC DHfK Leipzig
Trainer: Peter Scholtz

Holger Behrendt
ASK Vorwärts Potsdam
Trainer: Reinhard Rückriem

Andreas Wecker
SC Dynamo Berlin
Trainer: Lutz Landgraf

Ralf Büchner
ASK Vorwärts Potsdam
Trainer: Reinhard Rückriem

Ulf Hoffmann
SC Dynamo Berlin
Trainer: Lutz Landgraf

Sylvio Kroll
SC Cottbus
Trainer: Fred Neumann

Christa Luding
Radsprint
SC Einheit Dresden
Trainer: Ernst Luding

4 000 m Mannschaftsverfolgung

Steffen Blochwitz
SC Cottbus
Trainer: Heiko Salzwedel

Roland Hennig
SC Cottbus
Trainer: Heiko Salzwedel

Dirk Meier
SC Cottbus
Trainer: Heiko Salzwedel

Carsten Wolf
SC Dynamo Berlin
Trainer: Werner Otto

Andreas Tews
Boxen, Fliegengewicht
SC Traktor Schwerin
Trainer: Otto Ramin

Udo Wagner
Fechten, Florett
SC Einheit Dresden
Trainer: Peter Proske

Bronze

4×400 m

Sabine Busch
SC Turbine Erfurt
Trainer: Eberhard König

Dagmar Neubauer
SC Turbine Erfurt
Trainer: Eberhard König

Petra Müller
SC Chemie Halle
Trainer: Harald Werner

Kirsten Emmelmann
SC Magdeburg
Trainer: Klaus Wübbenhorst

Jens-Peter Herold
1 500 m
ASK Vorwärts Potsdam
Trainer: Bernd Dießner

Hansjörg Kunze
5 000 m
SC Empor Rostock
Trainer: Manfred Behrend

Hartwig Gauder
50 km Gehen
SC Turbine Erfurt
Trainer: Siegfried Herrmann

Anke Behmer
Siebenkampf
SC Neubrandenburg
Trainer: Klaus Baarck

Ellen Fiedler
400 m Hürden
SC Dynamo Berlin
Trainer: Ingeborg Utecht

Katrin Dörre
Marathon
SC DHfK Leipzig
Trainer: Wolfgang Heinig

Manuela Stellmach
200 m Freistil
SC Dynamo Berlin
Trainer: Volker Frischke

Beate Koch
Speerwerfen
SC Motor Jena
Trainer: Karl Hellmann

4×100 m Freistil

Thomas Flemming
SC Karl-Marx-Stadt
Trainer: Detlef Baer/
Harry Freier

Lars Hinneburg
SC Dynamo Berlin
Trainer: Gerd Eßer/Hans-
Ulrich Lange

Steffen Zesner
SC Dynamo Berlin
Trainer: Gerd Eßer/Hans-
Ulrich Lange

Dirk Richter
SC Einheit Dresden
Trainer: Uwe Neumann

Katrin Meißner
50 m Freistil
SC Dynamo Berlin
Trainer: Dieter Lindemann

Anke Möhring
400 m Freistil
SC Magdeburg
Trainer: Bernd Henneberg

Doppelvierer

Steffen Bogs
SC Dynamo Berlin
Trainer: Olaf Moll

Heiko Habermann
SC Berlin-Grünau
Trainer: Stephan Mühlenberg

Jens Köppen
SG Dynamo Potsdam
Trainer: Dieter Öhm

Steffen Zühlke
SC Dynamo Berlin
Trainer: Olaf Moll

Vierer-Kajak, 1 000 m

Andreas Stähle
SC DHfK Leipzig
Trainer: Ralf Fischer

Hans-Jörg Bliesener
ASK Vorwärts Potsdam
Trainer: Hartmut Kliemke

Kay Bluhm
ASK Vorwärts Potsdam
Trainer: Hartmut Kliemke

André Wohllebe
SC Berlin-Grünau
Trainer: Jürgen Seibt

Mehrkampf, Mannschaft

Ulrike Klotz
SC Dynamo Berlin

Trainer: Wolfgang Riedel

Bettina Schieferdecker
SC Leipzig
Trainer: Helmut Gerschau/
Jutta Henkel

Martina Jentsch
SC Einheit Dresden
Trainer: Volker Parsch

Dagmar Kersten
SC Dynamo Berlin
Trainer: Wolfgang Riedel

Gabriele Fähnrich
SC Dynamo Berlin
Trainer: Wolfgang Riedel

Dörte Thümmler
SC Dynamo Berlin
Trainer: Jürgen Heritz

Cornelia Sirch
100 m Rücken,
200 m Rücken
SC Turbine Erfurt
Trainer: Wolfgang Fricke

Bernd Dittert
4000 m Einzelverfolgung
SC Dynamo Berlin
Trainer: Werner Otto

André Wohllebe
Einer-Kajak, 1 000 m
SC Berlin-Grünau
Trainer: Jürgen Seibt

Andreas Schröder
Ringen, Freistil,
Superschwer
SC Motor Jena
Trainer: Peter Germer

Sven Tippelt
Ringe, Barren
SC DHfK Leipzig
Trainer: Peter Scholtz

Ronny Weller
Gewichtheben, 2. Schwerge-
wicht
ASK Vorwärts Frankfurt
(Oder)
Trainer: Peter Käks

Torsten Brechot
Judo, Halbmittelgewicht
SC Dynamo Hoppegarten
Trainer: Dietmar Hötger

Als die Flamme unter dem abendlichen Himmel Sòuls schwand, in sich zusammenfiel und schließlich erlosch, war da auch die Erinnerung an den Augenblick, als man sie im antiken Hain von Olympia entzündet hatte. Der von einem Hohlspiegel gebündelte Sonnenstrahl hatte die Flamme erzeugt, die für vieles als Symbol gilt und von der der berühmte französische Dichter Antoine de Saint-Exupéry, der sein Leben im Kampf gegen den Faschismus gab, einmal schrieb: „Nur Menschen haben ja das Feuer in ihrer Gewalt, ein Feuer ist Menschenrede."

Das von historischem Ort zum Schauplatz der Spiele der XXIV. Olympiade geflogene Feuer war auch menschliche Aussage dafür, daß die Spiele Eigentum der Welt sind, verwaltet vom Internationalen Olympischen Komitee und arrangiert von einer Stadt.

Das Feuer trägt keine nationalen Farben – oder alle. Olympische Spiele gelingen auch nur als Werk aller. Sie sind nicht ein zugkräftig organisiertes Fest von Spitzenathleten mit schreienden Namen auf den Plakaten, sie gedeihen nur in der Universalität: Auch wenn nur wenige die sechs nationalen Rekorde zur Kenntnis nahmen, die schon im ersten 10 000-m-Vorlauf aufgestellt wurden, keiner von ihnen an der elektronischen Anzeigetafel erschien – sie gehörten zu Olympia wie die fünf Ringe.

Dennoch: Der Erfolg einer olympischen Feier wird nicht allein an der Zahl oder Qualität aufgestellter Rekorde oder am Umfang der heute nur noch von Computern registrierten Teilnehmer gemessen. Die Spiele sind nach der Charta bekanntlich die Feier eines vierjährigen Zeitraums, eben der „Olympiade". Der Abschnitt zwischen Los Angeles 1984 und Sòul 1988 wird als die Olympiade der Entspannung in die Geschichte eingehen. Zahllose Bemühungen, den Frieden sicherer zu machen, führten zu Erfolgen, die die Hoffnungen der Menschen wachsen ließen. Vereinbarungen zwischen der UdSSR und den USA, oft mühsame, aber beharrliche Verhandlungen an vielen Krisenpunkten der Welt wurden mit mehr Vernunft und gutem Willen geführt und ergaben Resultate, die die Menschheit positiv bewertete.

Solche Feststellung rangiert vor olympischen Rekorden und glanzvollen Bestleistungen. Obwohl es vermessen wäre zu behaupten, daß der olympischen Bewegung entscheidende Verdienste, auf diesem Weg zu einer friedlicheren Welt voranzukommen, beizumessen sind, darf sie sich ihres Anteils rühmen. Für die DDR gilt zudem,

daß die 90. Session des Internationalen Olympischen Komitees in Berlin dazu beigetragen hatte, die Kräfte der olympischen Bewegung einiger zu machen und neu zu mobilisieren. Es war das erste Treffen nach Los Angeles als Jahres-Session, und die Atmosphäre in der Hauptstadt der DDR trug viel dazu bei, die olympische Familie wieder enger zusammenzuführen.

Was die Zahl der Länder und Athleten betrifft, die sich in Sòul versammelt hatten, gilt schon Erwähntes: Sie reflektierte die politische Lage und damit weltweite Entspannung.

Die Aktiven prägten das Bild dieser Spiele. Die Welt huldigte der sechsfachen Goldmedaillengewinnerin aus der DDR, Kristin Otto, bejubelte die Sprünge des sowjetischen Stabhochsprung-Weltrekordlers Sergej Bubka, bestaunte die afroamerikanische Sprinterin Florence Griffith-Joyner und freute sich mit Anthony Nesty aus Surinam, der die Weltfavoriten übertrumpfte und sein Heimatland in Stunden weltberühmt machte.

Als die Flamme im Stadion von Sòul verlosch, stand auch fest: Die DDR hatte sich als kleines Land einmal mehr als eine der großen Sportnationen dieser Erde erwiesen. Obwohl nur in 158 von 237 olympischen Disziplinen am Start, erfüllte die Mannschaft ihre vor der Abreise in Berlin abgegebene Verpflichtung, die Heimat würdig zu vertreten, und errang mit 102 Medaillen ein Dutzend mehr als 1976 in Montreal. Jede siebente Medaille, die in Sòul vergeben wurde, nahm ein DDR-Athlet entgegen! Vollbracht wurde diese imponierende Leistung, die der Mannschaft den zweiten Platz – noch vor den USA! – eintrug, von einem Kollektiv, in dem Schwimmer, Ruderer, Leichtathleten, Kanuten, Turner, Radrennfahrer und die Aktiven aller anderen vertretenen Sportarten oft über sich hinauswuchsen, Favoriten stürzten, persönliche Bestleistungen übertrafen, Gegner bezwangen, denen sie bisher oft unterlegen waren, und dabei immer das Ziel vor Augen hatten, das der DDR gegebene Wort einzulösen!

Dieser Erfolg ist Persönlichkeiten zu danken, die ihre Energie in die Waagschale warfen, ihren Kampfgeist und ihr Können, und im fairen – wenn auch oft harten – Wettstreit danach strebten, zu den Besten zu zählen. Sie trugen dazu bei, das Ansehen der DDR zu festigen, eines Landes, das sich um das gesunde Leben aller seiner Bürger bemüht und überall in der Welt aktiv mitwirkt, wenn es darum geht, für den Frieden einzutreten.

Eröffnung

Man hat sich an olympische Eröffnungsfeiern so gewöhnt wie an eine Jahreszeit: Der Kalender – hier die Olympische Charta – liefert die Einfassung, das Klima sorgt für die Besonderheiten. Sòul hatte sich historischer Mythen besonnen und mit viel Farbe, noch mehr Trommelphon, Tanz und Glanz, Artistik auf der Erde und am Himmel, Tauben und Feuerwerk eine geschichtsbewußte Show organisiert. Einfallsreich und die Gastfreundschaft im Mittelpunkt, was sich wohltuend von dem Hollywood-Spektakel vor vier Jahren in Los Angeles unterschied, wo die Atelierarrangeure einen raketengetriebenen Supermann in die Arena hatten düsen lassen und Olympia mit handfestem Zirkus garnierten.

Der Begründer der modernen Olympischen Spiele, der französische Humanist Pierre Baron de Coubertin, ist bekanntlich auch der Erfinder der „Ouverture" und hat nie verhehlt, wieviel ihm daran lag. „In Olympia versammelte man sich sowohl zu einem Pilgerzug in die Vergangenheit als zu einer Vertrauenserklärung in die Zukunft", hatte er 1919 einem Kolloquium von Architekten in Paris erklärt und vor allem betont: „Das Kapitel der ‚Zeremonien' ist eines der wichtigsten, das wir regeln müssen. Durch sie hauptsächlich soll sich ja die Olympiade von einer einfachen Serie von Weltmeisterschaften unterscheiden."

Das war's, worum es ihm ging: Die Größe der Stunde deutlich machen!

Sòul tat Redliches in dieser Hinsicht, wenn auch zu beklagen war, daß man für diejenigen, die die Spiele erst zum weltweiten Ereignis machen, die Aktiven, nur 2 000 Plätze auf der Tribüne reserviert hatte, die „restlichen" 9 000 also vor die Fernsehschirme verbannen mußte.

Das Fest begann – zu Wasser. Per Schiff landete man die größte Trommel der Erde vor dem Stadion. Eine farbenfrohe Prozession startete den bunten Reigen der Tänze, dem sich der Einmarsch der 160 Länder anschloß – Brunei war nur durch einen Offiziellen vertreten. Der Empfangsbeifall war herzlich, machte kaum Unterschiede, ließ alle spüren, daß sie willkommen waren. Zum erstenmal in der Geschichte war die Reihenfolge nach dem koreanischen, dem Hangyl-Alphabet geregelt, und nur die traditionell beginnenden Griechen und die als letzte einrückenden Gastgeber wahrten das Gewohnte. Mannschaftsleiter Horst Röder und NOK-Vizepräsident Rudolf Hellmann marschierten an der Spitze unseres Aufgebots, in dem die Frauen in Gelb und Rot gekleidet waren.

Wie immer war die Parade auch eine Messe der Modedesigner, deren Palette vom schwarzen Nadelstreifenfilz bis zum Leoparden-Lendenschurz reichte. Bei den Frauen sah man Abendroben und sogar eine gewählte Asien-Miss mit silberner Krone im Haar. Nur die Mexikaner hatten es bei Trainingsanzügen belassen, und die Vertreter Bermudas waren den Shorts treu geblieben, die inzwischen weltweit Begriff sind.

Danach geschah, was minutiös vorgeschrieben ist: Ansprache des Präsidenten des Organisationskomitees, Rede des IOC-Präsidenten, Eröffnungsformel des Staatsoberhaupts, Aufziehen der olympischen Flagge, Eintreffen des in Olympia entzündeten Feuers – ins Stadion getragen von dem 1936 in Berlin für Japan startenden Marathonsieger Kee Chung Sohn –, Entfachen des Feuers in der Pylone, die Eide der Athleten und Kampfrichter, fair und ritterlich zu kämpfen.

Dem folgte ein atemberaubendes Programm, das Fallschirmspringer – darunter auch DDR-Weltmeister Eilenstein – eröffneten. Dann folgten Tanz, Taekwondo und Konori, ein Spiel, das Harmonie und Einheit symbolisiert. Einer der Höhepunkte der turbulenten Mittagsstunde: Aus einem lichtblauen Zelttunnel läuft ein Junge, einen stählernen Reifen mit einer Stange vor sich her treibend. Das ganze weite Rasenfeld – am Vortag für die Fernsehkameras noch frisch grün eingefärbt – gehört ihm und seinem Reifen ganz allein. Yun Tae-ung war am 30. September 1981 zur Welt gekommen, dem Tag, an dem Sòul die Spiele zugesprochen bekommen hatte. Sein Spiel soll auch Olympias Anliegen bekunden, für eine bessere Welt zu wirken, für eine Welt, in der alle Kinder in Frieden leben. Sein Auftritt erinnert unwillkürlich an den Japaner Yoshinori Sakai, der vor 24 Jahren als 19jähriger das Feuer ins Stadion von Tokio getragen hatte. Er war in der Höllennacht von Hiroshima geboren worden, und sein Auftritt sollte die Welt daran erinnern, wie groß die Gefahr eines nuklearen Infernos ist – eine Botschaft, die bis auf den heutigen Tag nicht in Vergessenheit geraten ist.

Ausklang mit einer gelungenen modernen Weise: „Hand in Hand", geschrieben von dem Italiener Giorgio Moroder, dem damit vielleicht für lange Zeit ein echter Olympiaschlager gelang. Frohgestimmt verließen Aktive und Zuschauer – sie hatten für eine Eintrittskarte bis zu einem Arbeiter-Monatslohn entrichten müssen – das Stadion. Man war sich einig in der Hoffnung. . .

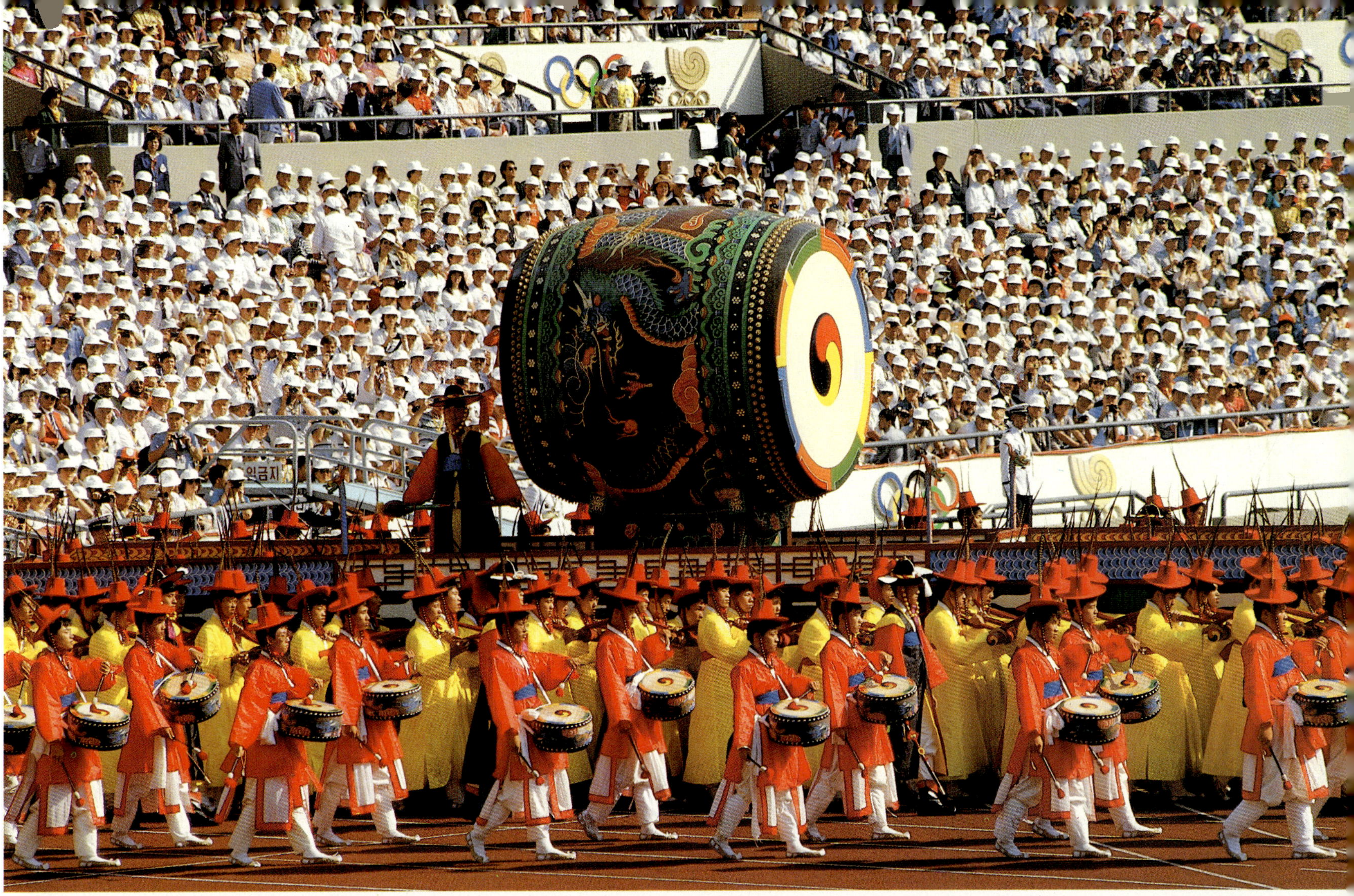

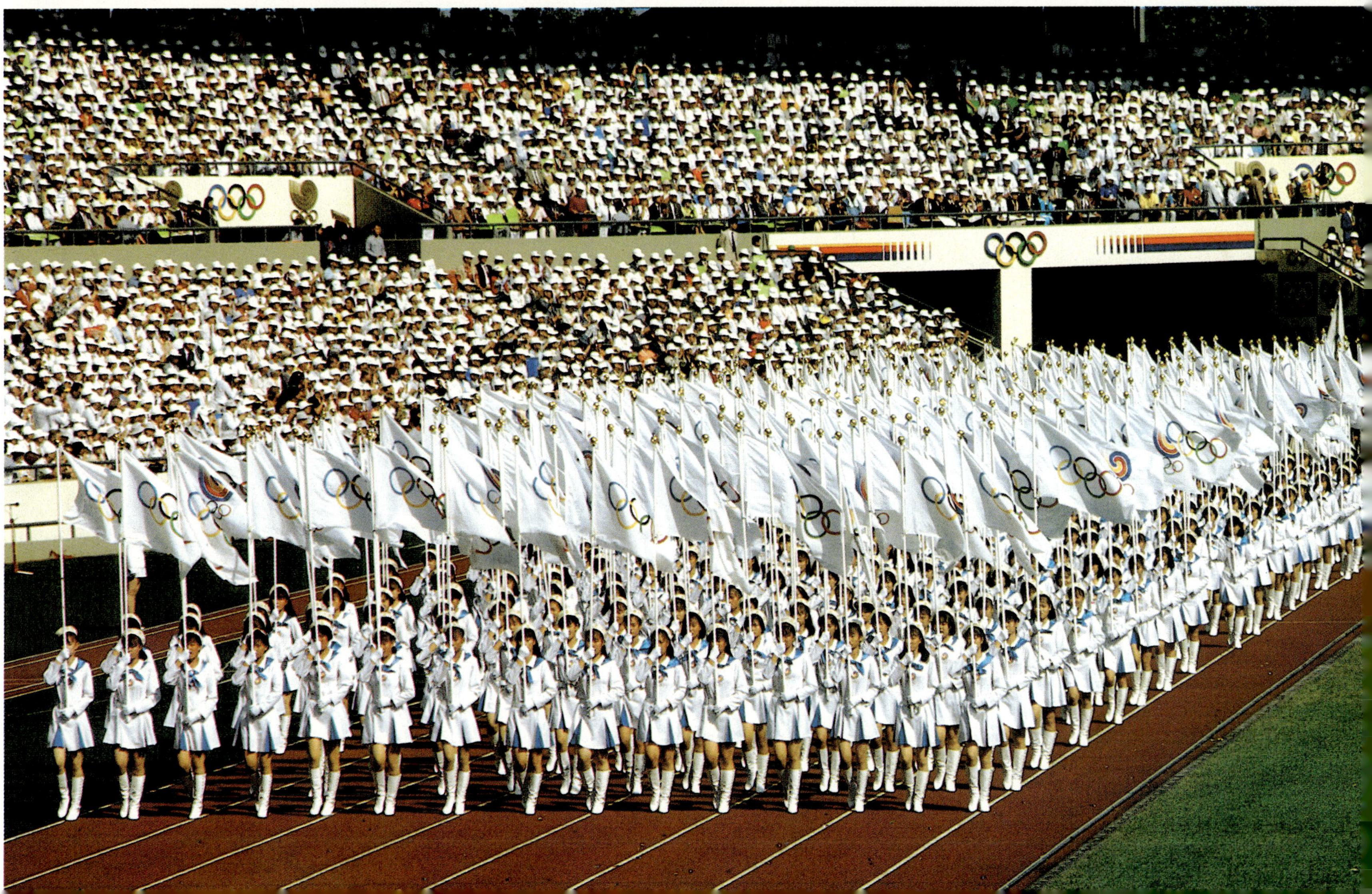

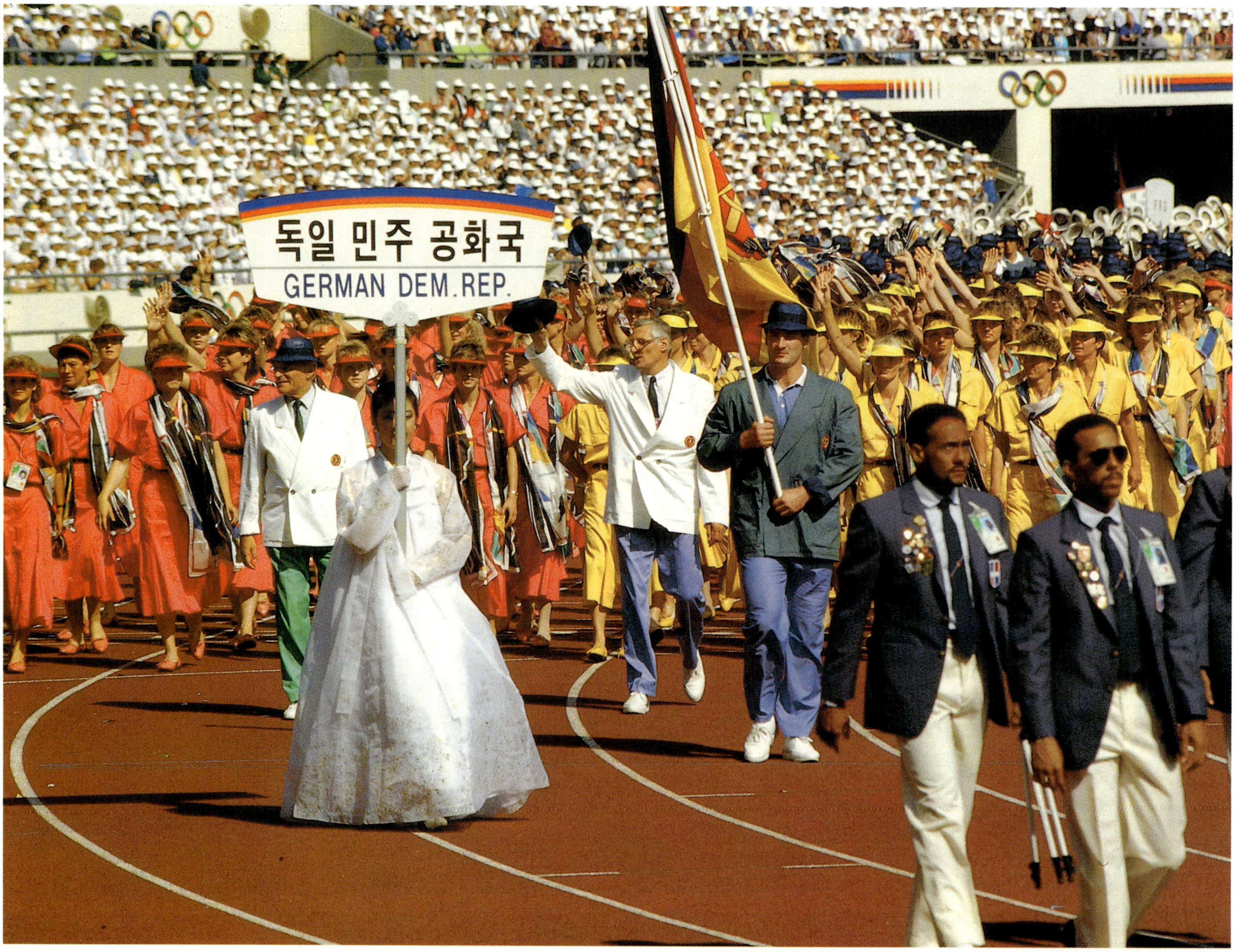
독일 민주 공화국
GERMAN DEM.REP.

오스트레일리아
AUSTRALIA

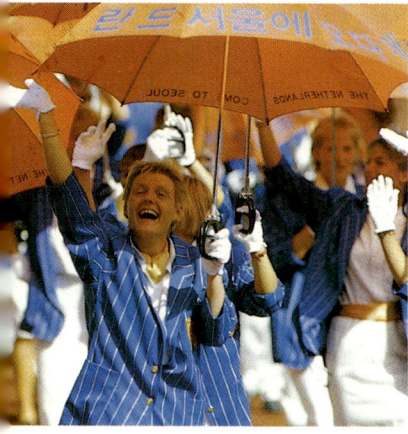

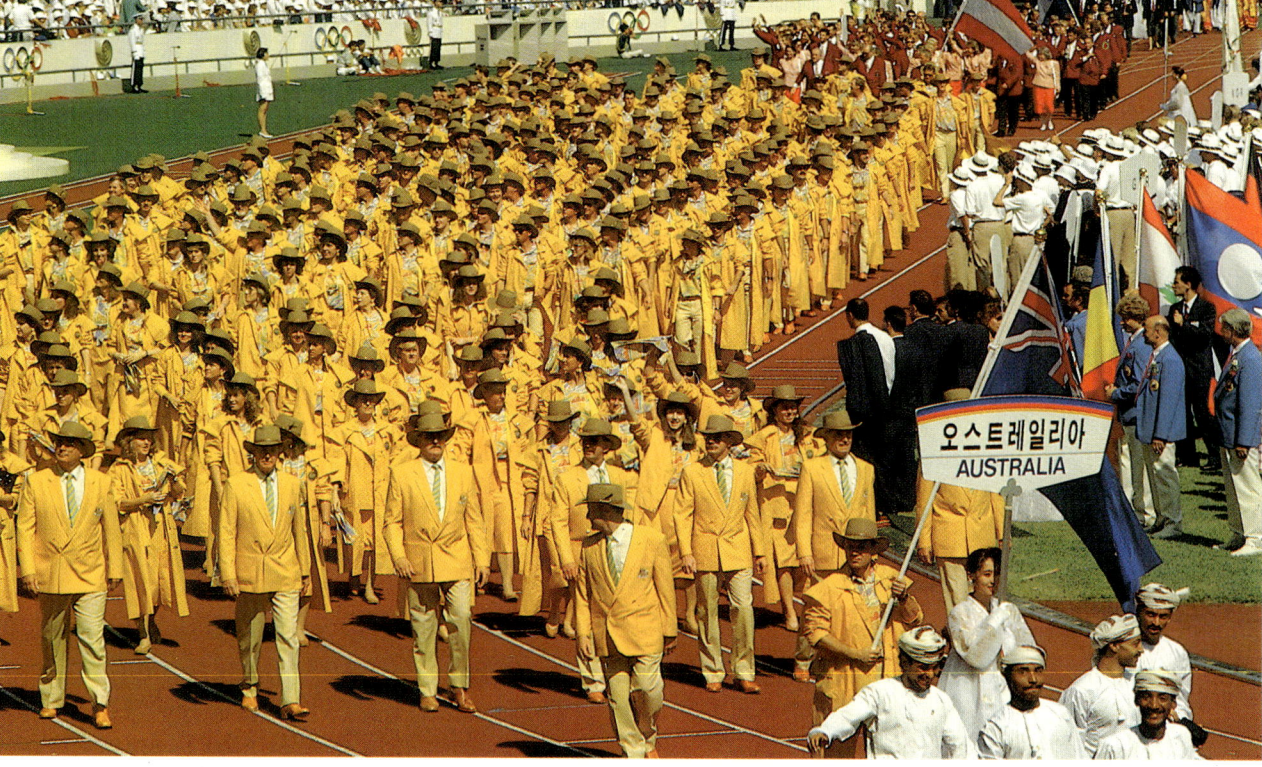

```
    1 │ 4
3     │ 5 7
    2 │ 6
```

1 Eröffnung der Spiele im Olympiastadion. 70 000 waren gekommen, die Olympiakämpfer aus allen Kontinenten, aus insgesamt 160 Ländern zu begrüßen. Als 20. Delegation marschierten die DDR-Athleten ein, ihnen voran als Fahnenträger Ulf Timmermann

2 u. 4–6 Bekannte Sportler trugen auch bei anderen Vertretungen die Fahne ins Sòuler Stadion – für Australien der Hockey-spieler Richard Charlesworth, für Angola der Leichtathlet Antonio Dias dos Santos, für Kanada die Synchronschwimmerin Carolyn Waldo

3 Voller Erwartungen auf die olympischen Tage auch die „fliegenden Holländerinnen"

7 Guter Hoffnung: Handballtorwart Wieland Schmidt

*Erstmals zwei Eidsprecher:
Son Min Ah und Hur Jae*

LEICHTATHLETIK

Die Leichtathletik wahrte auch in Sòul ihren Ruf, Herzstück der Spiele zu sein. Im allerdings selten überfüllten Hauptstadion lieferte sich die Weltelite mitreißende Kämpfe um die Medaillen und schrieb dabei ein neues bewegendes Kapitel der Geschichte dieser Sportart, die man noch immer gern als Krone Olympias preist. Es gab genügend Ereignisse, die diesen Ruf erhärteten. Allen voran ist wohl die Afro-amerikanerin Florence Griffith-Joyner zu nennen, die bereits bei den USA-Ausscheidungen mit ihrem 100-m-Weltrekord für Aufsehen gesorgt hatte, das sich zwischen grenzenlosem Staunen und Skepsis bewegte. In Sòul besiegte sie nicht nur ihre Rivalinnen, sondern überzeugte auch Zweifler. Viele waren geneigt, sie als Gast von einem fremden Stern zu akzeptieren, und lösten sich erst von dieser Vorstellung, als sie am letzten Tag einmal nicht als Erste ins Ziel kam – selbst ihre flinken Schritte vermochten der 4×400-m-Staffel der USA nicht zum Sieg zu verhelfen.

Unübersehbar ein Trend, den Vergleiche am ehesten erkennen lassen. Dabei scheiden die Zahlen der letzten Spiele, die die Weltelite vereinte – 1976 in Montreal – aus, weil der Zeitabstand doch zu groß ist: Die Zahl der an den Medaillen beteiligten Länder hat sich verringert! Das widerspricht nur bei oberflächlichem Hinsehen der alten Redensart von der breiter gewordenen Spitze – ein im Grunde absurdes Bild, weil eine Spitze immer spitz zu bleiben pflegt oder keine mehr ist: Die Zahl der Spitzenathleten hat zugenommen, aber die Zahl der Länder, die sie stellen, ist geringer geworden.

1983, als Helsinki die ersten Weltmeisterschaften erlebte, holten Aktive aus 25 Ländern Medaillen, 1987 in Rom waren es 28 Länder, aber in Sòul sank diese Ziffer auf 20! Selbst wenn man über die Medaillenränge hinaus diese Entwicklung verfolgt, ergeben sich ähnliche Werte: 35 Länder hatten im Jahre 1983 Aktive unter den ersten Sechs, 38 waren es 1987, aber in Sòul reduzierte sich die Zahl auf 34. Sachlich ist auch festzustellen, daß die DDR ihre 1987 in Rom eroberte Spitzenposition an die USA verlor: 13mal Gold, 8mal Silber und 6mal Bronze. Auf Rang zwei folgte die UdSSR mit 10 ersten Rängen, 5 zweiten und 10 dritten. Dahinter die DDR mit 6 goldenen Medaillen, 11 silbernen und 10 bronzenen. Die Verschiebungen sind schnell erklärt: Die USA entrissen der DDR die Siege über 100 m und 200 m der Frauen. Mit Glanzleistungen von imponierender Breite war nichts zu entdecken: Fehlmeldungen auf den Mittel- und Langstrecken, wenn man von der enttäuschenden Mary Slany absieht, die vor vier Jahren in Los Angeles noch an Häuserwänden warb. Bei den Wurfathle-tinnen war kaum eine US-Amerikanerin zu sehen. Bei den Männern war das Bild nicht viel anders: der 38jährige Mac Wilkins als erste Wahl im Diskuswerfen zeugt nicht gerade von ungewöhnlicher Breitenentwicklung. Mit einem Wort: Mit einer Handvoll überragender Athleten kann man sich derzeit vorderste Ränge in den Weltwertungen erkämpfen.

Um gleich mit einem Beispiel dafür zu beginnen, sei die dreifache Olympiasiegerin Florence Griffith-Joyner erwähnt. Sie lief ihren Rivalinnen davon, als benutze sie eine – um aus dem Radsport einen Vergleich zu entlehnen – doppelt so hohe Übersetzung. Die Vokabel „mühelos" wird selbst dem Fernsehzuschauer nicht übertrieben erscheinen. Die eigene 200-m-Bestzeit im Halbfinallauf um 0,23 s zu verbessern und im Endlauf noch einmal um 0,22 s, das stellt sie mit Jim Thorpe, Nurmi und Beamon mindestens auf eine Stufe. Auf solche Weise sind Sprintweltrekorde bislang noch nie erzielt worden, und es fällt schwer, sich vorzustellen, wie dieser Sprung zustande kommen konnte.

Auf der 400-m-Distanz war die seit dem Rücktritt von Marita Koch die Szene bestimmende Olga Brysgina (UdSSR) auch in Sòul nicht in Gefahr zu bringen. Als einzige im Feld der Rundenläuferinnen blieb sie mit 48,65 s unter der international wertvollen 49-Sekunden-Marke und war auch eine der Stützen des sowjetischen 4×400 m-Quartetts, zu dem auch die Drittplazierte Olga Nasarow zählte. Ein wenig Bitternis verursachte die Tatsache, daß Petra Müller die Farben der DDR allein im Finale zu vertreten hatte.
Dafür waren die 800 m fest in unserer Hand. Dies vor allem dank der Freundschaft, die die beiden Weltklasseläuferinnen Sigrun Wodars und Christine Wachtel miteinander verbindet, und dank ihres Trainers Walter Gladrow, der diese Freundschaft in kluger Weise pflegt. Jeder wußte, daß sowohl Sigrun als auch Christine zum olympischen Gold gelangen konnten, daß aber nur sicher war, eine von beiden könne es mit nach Hause nehmen, wenn die andere uneigennützig das gemeinsame Vorhaben unterstützt. Am Morgen des Tages, an dem die Entscheidung fiel, schlossen sich die beiden mit ihrem Trainer in ein Zimmer ein und schmiedeten ihren Plan. Niemand erfuhr ihn, aber nach einem klassischen Mannschaftsrennen hatte Sigrun wieder die Nase vorn. Die Zeit von 1:56,10 min, die sie benötigte, war auch Beweis dafür, daß man sich steigern können mußte, wenn man Edelmetall mit nach Hause nehmen wollte. Auf jeden Fall waren die beiden Neubrandenburgerinnen die Prototypen für Teamgeist in unserer Mannschaft!

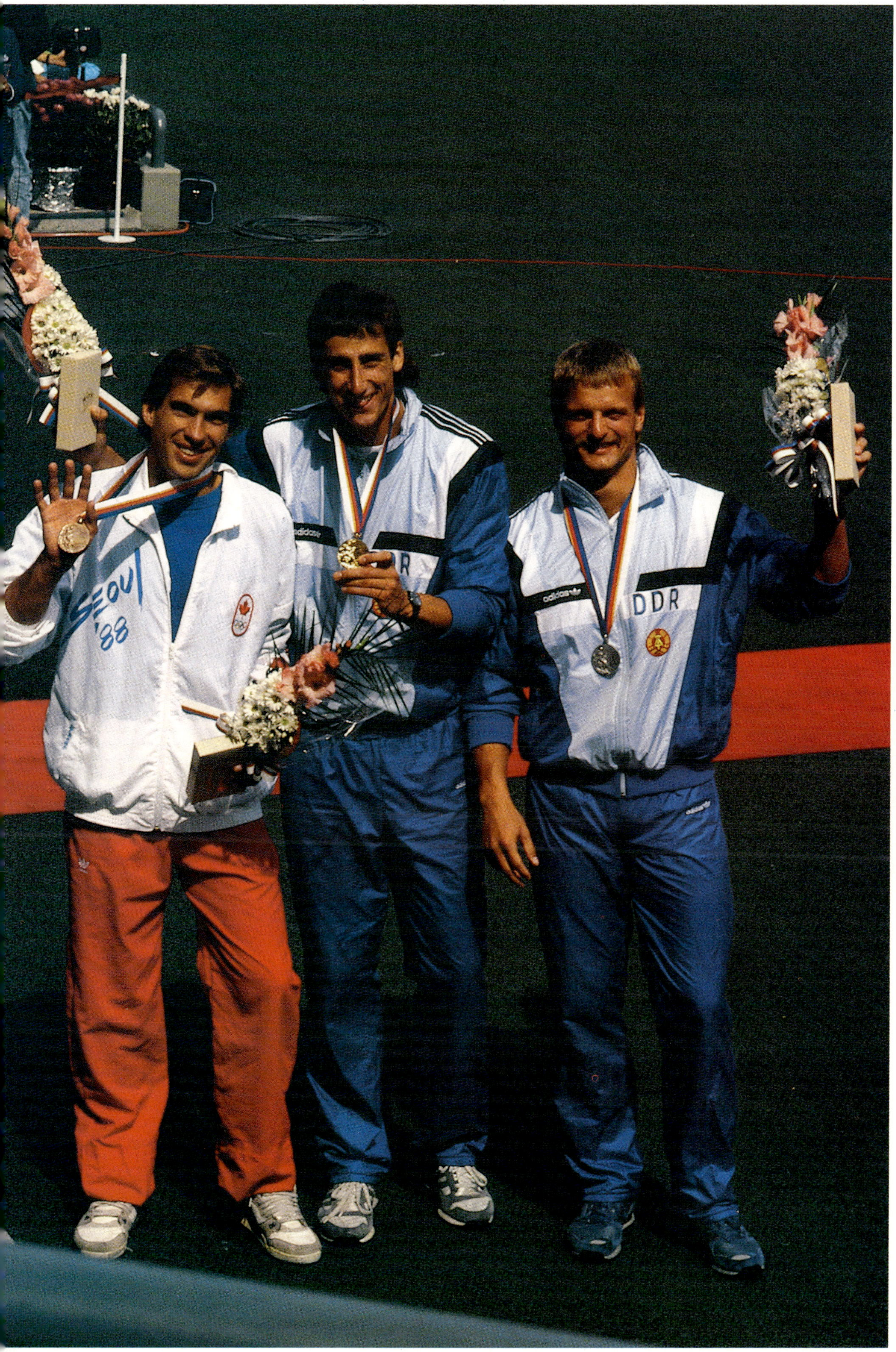
SEOUL
'88
DDR
DDR

SEOUL 1988
483

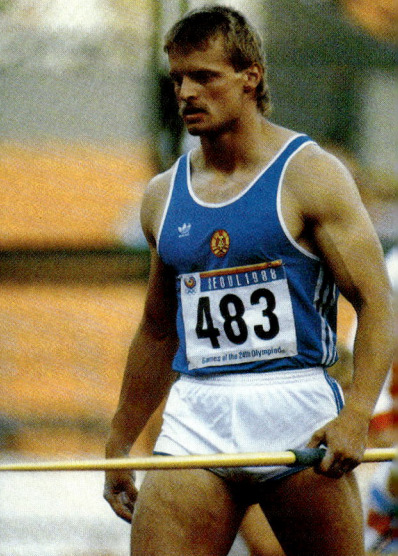

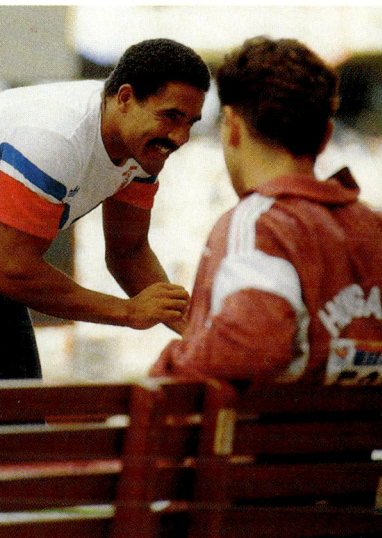

```
    1 2 | 6
  4     | 5
    3   |
```

1 Ben Johnson (Kanada)
2 Carl Lewis (USA)
3 Johnson vor Lewis, Einlauf
 über 100 m, er wurde drei
 Tage später annulliert
4 Sven Matthes war der einzige DDR-Sprinter
5 800-m-Läufer aus Kenia –
 Gold für Paul Ereng (r.)
6 Er wollte viel und mußte
 sich mit Bronze über
 800 m begnügen: Said
 Aouita (Marokko/733)

Auf den längeren Strecken hatten wir leider kaum mehr Duos zur Verfügung, die ihre Läufe gemeinsam gestalten konnten. Das 1 500-m-Rennen stand eindeutig im Zeichen der Rumänin Paula Ivan, die ungefährdet in 3:53,96 min ins Ziel kam und damit rund 1,5 s über dem nun schon acht Jahre alten Weltrekord von Olga Kasankina (UdSSR) blieb, deren olympischen Rekord von den Moskauer Spielen um fast drei Sekunden unterbot. Andrea Hahmann schien durch ihre beherzte Laufweise schon wie eine sichere Medaillengewinnerin, als sie auf der Zielgeraden noch von einem Quartett überholt wurde. Sie mußte mit Rang sechs zufrieden sein – 0,72 s hinter der Zweiten, Laimute Baikauskaite. Über 3 000 m war die Reihenfolge: Samolenko vor Ivan. Große Namen fand man unter den Medaillenlosen: die Niederländerin Elisa van Hulst, Mary Slany aus den USA, die Schweizerin Cornelia Bürki.

Die 10 000 m wurden zum höchst turbulenten Rennen. Die haushohe norwegische Favoritin Ingrid Kristiansen wollte jeder Überraschung aus dem Wege gehen und zog bald davon. Kathrin Ullrich folgte ihr wie ein Schatten. Bei dem Tempo der Skandinavierin sicher ein Risiko, aber wer bei Olympia zu Medaillen gelangen will, darf dem Risiko nicht aus dem Wege gehen. Urplötzlich geriet Kristiansen auf die Steinkante, zog sich eine Fußverletzung zu und brach auf der Bahn zusammen. Ihre Kathrin Ullrich geltende Drohgebärde war völlig unmotiviert, da die an dem Fehltritt der Norwegerin völlig unbeteiligt gewesen war. Die Berliner Dynamo-Läuferin war dadurch jedoch in eine nicht gerade beneidenswerte Situation geraten. Mutterseelenallein vor dem Feld, stand sie vor der Wahl, allein die Flucht fortzusetzen oder auf die anderen zu warten. Sie wählte den Mittelweg, indem sie zunächst ein Stück weiterlief und dann, langsamer werdend, auf die Verfolgerinnen wartete. Sehr bald nahm die schmächtige Britin Elizabeth McColgan das Heft in die Hand und sorgte für gleichmäßiges, aber zügiges Tempo. In ihrem Windschatten trabten Jelena Shupijewa und Kathrin, die als erste der für sie verkorksten Renngestaltung Tribut zollen mußte und den Anschluß verlor. Shupijewa fiel als nächste zurück, doch war die Differenz zwischen Kathrin Ullrich und ihr schon zu groß, als daß bei Kathrin noch Medaillenhoffnungen hätten keimen können. Olga Bondarenko folgte einmal mehr ihrer üblichen Taktik, einer führenden Läuferin bis in die letzte Runde zu folgen und sie dann zu überspurten. Über drei Sekunden nahm sie der um das Tempo so verdienten Engländerin bis zum Ziel noch ab.

Auf der kurzen Hürdensprintstrecke war – wie schon in Rom bei den Weltmeisterschaften 1987 – die Reihenfolge Bulgarien–DDR auf den ersten beiden Rängen. Diesmal jedoch belegte Jordanka Donkowa den Platz, für den Gold vergeben wird – die Weltrekordlerin und Weltmeisterin Ginka Zagortschewa war nicht bis ins Finale vorgedrungen. Die DDR-Hürdensprin-

1 | 2
1 |

1 Jens-Peter Herold (Nr. 466) hatte keine Probleme, über den langen Weg der Vor- und Zwischenläufe ins Finale zu kommen

2 Finale im 1 500-m-Lauf. Der spätere Sieger Peter Rono (Kenialr.) diktierte ständig das Tempo; gut im Bilde immer Jens-Peter Herold, der Dritter wurde, während die Kräfte des US-Amerikaners Steve Scott (1128) für eine Medaille nicht reichten. Er wurde Fünfter

41

terin auf dem zweiten Rang war die gleiche wie bei den Weltmeisterschaften: Gloria Siebert. Die Cottbuserin erreichte wieder einmal zum Termin des Höhepunkts ihre beste Verfassung und war auch nervlich stark genug, sich nicht überraschen zu lassen. Cornelia Oschkenat erlebte eine bittere Stunde: Die oft Erfolgreiche mußte sich mit Rang 8 begnügen, nachdem sie einmal ins Stolpern geraten war.

Mit der langen Hürdenstrecke hatten sich viele Hoffnungen verbunden. Sabine Busch rangierte auf Platz zwei der Weltrangliste, Susanne Losch auf dem dritten, Ellen Fiedler auf dem sechsten. Aber nur die Berliner Dynamo-Läuferin, die nach längerer Pause wieder auf die Hürdenbahn zurückgekehrt war, vermochte sich in der Stunde der Entscheidung enorm zu steigern. Sie verbesserte ihre fünf Jahre alte persönliche Bestzeit beträchtlich und wurde dafür mit olympischer Bronze belohnt. Die Australierin Deborah Flintoff-King feierte in Sòul den Triumph ihrer langen und an großen Augenblicken nicht zu reichen Laufbahn.

Die USA setzten ihren Sprintstar Florence Griffith-Joyner in beiden Staffeln ein. Auf der kurzen Strecke vermochte die Afroamerikanerin in der Kurve gegen Ingrid Lange nicht sonderlich viel Boden wettzumachen. Da mit Alice Brown und Sheila Echols vor ihr zwei Sprinterinnen gelaufen waren, die gegen unsere beiden ersten Läuferinnen Silke Möller und Kerstin Behrendt eher verloren denn gewonnen hatten, stürmte die DDR-Schlußläuferin mit Vorsprung vor Evelyn Ashford in die Zielgerade. Marlies Göhr wehrte sich tapfer, unterlag aber ihrer alten Rivalin im Kampf um Gold mit 0,11 s. Respekt vor den Leistungen der Jenaerin verbietet jede unpassende Bemerkung, doch hätte Heike Drechsler auf dieser Position wahrscheinlich mehr Chancen gehabt, den Staffelsieg zu erkämpfen.

In der langen Staffel retteten Dagmar Neubauer, Kirsten Emmelmann, Sabine Busch und Petra Müller Bronze vor der BRD, mußten aber mit ansehen, wie das sowjetische Quartett dem 1984 in Erfurt aufgestellten Weltrekord das Lebenslicht ausblies. Hier kam Griffith-Joyner zu ihrer vierten Medaille, einer silbernen.

Auf der Marathonstrecke war mit dem portugiesischen „Fliegengewicht" Rosa Mota die Favoritin gegeben. Sie bemühte sich um Tempo, drang auch darauf, daß ihre Begleiterinnen in der Spitzengruppe daran teilhatten, und hatte nur noch ein Duo an ihrer Seite, als die entscheidende Phase herangerückt war. Fast mühelos löste sie sich von der Australierin Lisa Martin und unserer Katrin Dörre, die in dieser Reihenfolge ins Ziel kamen. Katrin hinterher: „Ein schwüler Tag, der schon früh zum Trinken zwang. Das wellige Profil kostete viel Kraft, deshalb wunderte ich mich anfangs, wieviel mithielten, aber das dauerte nicht lange."

Man wurde unwillkürlich daran erinnert, daß man sechzig Jahre vor diesem Tag den 800-m-Lauf wie-

der aus dem olympischen Programm gestrichen hatte, weil zwei Finalistinnen sich enttäuscht auf den Rasen geworfen hatten, was IOC-Mitglieder als Beweis dafür anführten, daß der weibliche Körper durch solche Distanzen überfordert sei. Der Marathonsieger von 1928 aber, der im Dreß der Franzosen startende Algerier El Quafi, wäre im Frauenmarathon von 1988 nur 16. geworden!

Im Hochsprung gab es den wohl spektakulärsten Favoritensturz der olympischen Frauenwettbewerbe von 1988: Die von Sieg zu Sieg springende Bulgarin Stefka Kostadinowa sah sich von der US-Amerikanerin Louise Ritter verfolgt, die jeweils die gleiche Höhe auflegen ließ wie die Bulgarin und wie diese alles im ersten Versuch meisterte. Bei 2,03 m scheiterten beide, und so mußte um das Gold „gestochen" werden. Man beginnt bei der letzten Höhe und „steigt" dann ab. In Sòul war die „Verlängerung" sehr schnell entschieden: Louise Ritter schaffte beim vierten Mal die Höhe, und Stefka Kostadinowa mußte sich fassungslos mit dem zweiten Platz begnügen.

Der Weitsprung war einer der Höhepunkte. Die sowjetische Weltrekordlerin Galina Tschistjakowa im Duell mit der Stunden vorher zu einem neuen Siebenkampfweltrekord gelangten Siegerin dieser Disziplin Jackie Joyner-Kersee. Die dritte im Bunde: Heike Drechsler, frei von der Bürde einer Favoritin. Die Jenaerin hatte die beste Serie des Trios, führte lange mit 7,22 m, mußte dann aber mit ansehen, wie die Afroamerikanerin einen einzigen in jeder Hinsicht gelungenen Sprung erwischte und sie mit 7,40 m noch beträchtlich übertraf. Der Weltrekordlerin blieb nur Bronze. Zum Weitsprungsilber kamen noch zwei Sprint-Bronzemedaillen für Heike, die damit – die Siebenkämpferinnen aus dem Vergleich gelassen – die Vielseitigste in unserem Aufgebot war. Auf den Sprintstrecken, die Jahre hindurch zu unseren Paradedistanzen gehörten, gähnte in Sòul ein Loch. Heike Drechsler war es zu danken, daß wir nicht medaillenlos in einer Disziplin heimkehrten, in der DDR-Frauen schon viele Kapitel Olympiageschichte geschrieben haben. Man hätte der Jenaerin von Herzen Gold gewünscht, aber ihr gebührt für ihre – am Staffeltag leider nicht mehr genutzte – Einsatzbereitschaft die gleiche Achtung wie einer Siegerin!

Die Werferinnen sorgten für das meiste Edelmetall unseres Frauenaufgebots. Martina Hellmann und Diana Gansky, die beide als einzige in diesem Wettbewerb über 70 Meter warfen, sorgten im Diskuswerfen für einen Doppelsieg und übertrafen damit die Evelyn-Jahl-„Generation" noch. Gabriele Reinsch, die als Weltrekordlerin nach Sòul gereist war, erlebte die Bitternis einer Niederlage – ihr blieb nur der siebente Rang, knapp zehn Meter von ihrer Neubrandenburger Rekordweite entfernt. Olympia ist eine harte Schule, in der vor allem gute Nerven gefragt sind. Sie hat das Zeug, eines Tages mit den Erfahrungen von Sòul anderswo Lorbeer für die DDR zu erkämpfen.

1 | 3
2 | 4

Favoritenbürde

1 400-m-Weltrekordler
   Harry Reynolds (USA) – er
   gewann die Silberme-
   daille

2 Exweltrekordler im Zehnkampf Jürgen Hingsen
   (BRD) – fassungslos nach
   drei Fehlstarts im 100-m-
   Lauf. Das war für ihn das
   vorzeitige Aus

3 Zehnkampfweltmeister
   Torsten Voss (DDR) – An-
   kunft des späteren Silber-
   medaillengewinners

4 Weltrekordler Ulf Timmermann (vorn) und Exweltrekordler Udo Beyer (daneben) während des Kugel-
   stoßens auf der Warte-
   bank – Gold für den einen,
   Platz vier für den Freund

43

Im Kugelstoßen war die Favoritin Natalja Lissowskaja nicht zu überraschen. Sie war die Einzige des Feldes, die die 22 Meter übertraf. Die Chinesin Li Meisu – im Olympiajahr Weltranglistenzweite – schien sich schon auf dem zweiten Platz etabliert zu haben, als Kathrin Neimke, die ein Jahr zuvor als völlig Unbekannte bereits bei den Weltmeisterschaften überrascht hatte, mit dem letzten Stoß das Silber in die DDR holte.

„Bei den Europa- und den Weltmeisterschaften habe ich sie geschlagen", sagte die britische Speerwerferin Fatima Whitbread nach dem Wettkampf, „aber diesmal hatte ich keine Chance."

Fatima sprach von Petra Felke, die im Olympiajahr wohl ihre stabilste Saison hatte, sich sofort mit einem Wurf über 70 Meter an die Spitze gesetzt hatte und mit 4,36 m Vorsprung vor der Engländerin gewann. Besonders erfreulich, daß Beate Koch auch noch Bronze mit nach Hause brachte.

Der Siebenkampf war schon erwähnt worden. Man hätte Jackie Joyner-Kersee die Goldmedaille auch zuschicken können – sie war einfach nicht zu schlagen und hätte nur durch eine Verletzung um ihre Chancen kommen können. Zwar weiß man nicht, wie lange sie bis zum nächsten Weltrekord benötigt, aber dieser war einer der sportlichen Glanzpunkte der Spiele von Sòul – 7 291 Punkte. Sabine John beendete hinter der Afroamerikanerin ihre beachtliche Laufbahn mit olympischem Silber, und Anke Behmer demonstrierte wieder einmal solide Beständigkeit. Der Lohn war die Bronzemedaille.

Die Männerwettbewerbe hatten ähnlich spektakulär begonnen wie die der Frauen – Sprintweltrekord! Im Duell Johnson–Lewis kam der Kanadier zu einem Triumph, den ihm in dieser Deutlichkeit kaum jemand zugetraut hatte. Zumal dieser Sieg nicht durch einen explosiven Superstart erreicht worden war – die Reaktionszeiten der beiden differierten am Start nur um vier Hundertstelsekunden –, sondern durch Beinwirbel auf der Strecke. Als erwiesen war, daß Johnson Dopingmittel zu sich genommen hatte, entschloß sich der „Korean Herald", eine Extra-Ausgabe auf den Markt zu bringen. Sicher zuviel der Aufmerksamkeit für einen Fall, in dem der „Täter" durchaus auch das Opfer sein könnte.

Nutznießer dieses in der Sportwelt sehr viel Aufsehen auslösenden Falls war Carl Lewis. Er kam bekanntlich nach Sòul, um seine vier Olympiasiege von Los Angeles zu wiederholen. Die Disqualifikation seines schärfsten Konkurrenten – die Veranstalter in Zürich hatten sich vorher ein Duell Johnson–Lewis die Rekordsumme von 700 000 Dollar kosten lassen – versetzte ihn in die Lage, sein Vorhaben erneut ins Auge zu fassen. Immerhin war Lewis mit neuem Landesrekord so schnell wie noch nie gewesen, dreimal lief er im Olympiastadion Zeiten unter zehn Sekunden. Aus einem Vierfachsieg wurde aber doch nichts, denn über 200 m mußte er wie bei den Ausscheidungen in

Indianapolis eine Niederlage gegen seinen Landsmann Joe DeLoach hinnehmen. Lewis bog zwar mit Vorsprung auf die Zielgerade, das stärkere Finish auf den letzten Metern aber gab den Ausschlag zugunsten von DeLoach, der den Weltrekord des Italieners Pietro Mennea nur um drei Hundertstelsekunden verfehlte.

Im Weitsprung kam Lewis dann zu seinem zweiten Olympiagold bei diesen Spielen. Hier fiel sein Erfolg deutlich aus, denn vier seiner Sprünge hätten zum Sieg gereicht. Wechselnde Windverhältnisse von 1,5 m/s Rückenwind bis zu leichtem Gegenwind hatten die Weitspringer bei ihrer Entscheidung zusätzlich zu meistern. Lewis, seit 1981 in dieser Disziplin unbesiegt, landete seine größte Weite bei leichtem Gegenwind und feierte seinen 56. Sieg in ununterbrochener Folge.

Immer noch unerreicht ist damit der 8,90-m-Supersatz von Bob Beamon, der am 18. Oktober 1988 sein zwanzigjähriges Jubiläum hatte und 1968 als „Sprung in das nächste Jahrhundert" bezeichnet wurde. Auch ein Superathlet wie Carl Lewis konnte diese Weite bisher nicht erreichen.

In der Sprintstaffel war die Favoritenstellung des USA-Quartetts eigentlich ungefährdet. Schon im Vorfeld der Spiele hatte es jedoch Rangeleien und Diskussionen um die Besetzung gegeben. Nach der Disqualifikation im Vorlauf wegen Überschreitens der Wechselmarke dürften diese Diskussionen weitere Nahrung erhalten haben. Damit konnte Lewis nur noch im Athletenblock miterleben, wie die UdSSR zum Olympiasieg kam. Zu dieser Staffel gehörte auch Wiktor Brysgin, dessen Frau Olga mit zwei Siegen nach Hause zurückkehrte. Sie hatte wie zur Weltmeisterschaft in Rom die 400 m gewonnen und entschied in der Staffel als Schlußläuferin das Duell mit Florence Griffith-Joyner eindeutig zu ihren Gunsten. Für Carl Lewis, der ja auch schon bei zwei Weltmeisterschaften fünf Siege gefeiert hatte, blieb es in Sòul also bei zwei Goldmedaillen und einer Silbermedaille. Nur Paavo Nurmi und Raymond Clarence Ewry erkämpften bisher in der Leichtathletik mehr olympische Medaillen als er.

Über 400 m hatte es schon vor den Spielen eine Inflation von Zeiten unter 45 Sekunden gegeben. Harry „Butch" Reynolds erschloß mit seinem Weltrekord von Indianapolis (43,29) eine neue Dimension. Im Finale aber konnte er wie schon im Vorjahr bei den Weltmeisterschaften nicht gewinnen und mußte sich seinem jüngeren Landsmann Steven Lewis beugen, der einen tollen Juniorenweltrekord lief und sich nun drittschnellster Viertelmeiler aller Zeiten nennen darf. Alle drei Medaillen gingen an die USA, die auf dieser Strecke schon immer eine starke Rolle spielten. Bemerkenswert auch, daß im Finale kein Europäer vertreten war. Die 44,90 s von Weltmeister Thomas Schönlebe reichten nicht für das Vordringen unter die besten Acht aus, dazu hätte er in den Bereich seines

Vorseite: Kurz nach dem Start im 5 000-m-Lauf-Finale; mit dabei Hansjörg Kunze (467) aus der DDR, der die Bronzemedaille gewann

Jozef Pribilinec aus der ČSSR – befreit von den Schuhen, mit denen er zum Olympiasieg im 20-km-Gehen auf den Straßen Sòuls unterwegs war

Europarekordes laufen müssen. Dank der Einzelzeiten war auch das USA-Staffelquartett auf Sieg aboniert. Mit 2:56,16 min wurde genau jene Zeit erreicht, die eine USA-Staffel bei ihrem Olympiasieg vor 20 Jahren in der begünstigenden Höhenlage von Mexiko-Stadt erzielt hatte. Das DDR-Quartett hatte im Halbfinale die schnellste Zeit vorgelegt, konnte dieses Ergebnis im Finale aber nicht wiederholen. Mathias Schersing übergab zwar an zweiter Position an Frank Möller, der diesen Platz jedoch nicht behaupten konnte. Thomas Schönlebe als Schlußläufer vermochte die Lücke auch nicht mehr zu schließen, so daß im Kreis der Weltelite nur Rang vier blieb.

Ihrer Favoritenrolle wurden die US-Amerikaner auch auf beiden Hürdenstrecken gerecht. Auf der kurzen Distanz konnte Roger Kingdom, um den es drei Jahre lang recht ruhig war, seinen Olympiasieg wiederholen und zum zweitenmal in diesem Sommer die 13-s-Grenze unterbieten. Dagegen mußte Edwin Moses, der nach 1976 und 1984 zum drittenmal Olympiasieger werden wollte, eine Niederlage gegen seinen Landsmann André Phillips hinnehmen, der sich im Augenblick der höchsten Bewährung auf einen neuen Hausrekord steigern konnte. Auch Amadou Dia Ba aus Senegal zeigte einen tollen Lauf und plazierte sich noch vor Moses. Mit Ausnahme der disqualifizierten Sprintstaffel gewannen die USA alle anderen Sprintwettbewerbe und dazu noch den Weitsprung. Im Vergleich dazu hatte die DDR nur Kurzsprinter Sven Matthes und die 400-m-Läufer im Einsatz. Über 200 m und über die Hürden waren wir nicht vertreten. Auch über 800 m war kein DDR-Starter dabei. Die Laufstrecken standen wie vor einem Jahr bei den Weltmeisterschaften eindeutig im Zeichen der afrikanischen Asse. Sie gewannen bis auf den Marathon alle anderen Strecken, vereinten dabei läuferische Klasse mit großem taktischem Geschick.

Ein Beispiel dafür war der 800-m-Lauf, in dem sich der spätere Sieger Paul Ereng, bis zum Vorjahr noch 400-m-Läufer, und Nixon Kiprotich abgesprochen hatten, mit hohem Anfangstempo die Spurtkraft der Mitkonkurrenz um Said Aouita zu zermürben. Kiprotich „opferte" sich und machte mit dem Brasilianer Jose Barbosa schnelle Fahrt. Auf der Zielgeraden sah dann auch schon alles nach einem Sieg des 84er Olympiasiegers Joaquim Cruz aus, ehe Ereng mit seinem unwiderstehlichen Spurt noch nach vorn kam. Nach dem WM-Sieg von Billy Konchellah, der sich diesmal nicht für die Olympiamannschaft Kenias qualifizieren konnte, ein weiteres Glanzstück der Keniagarde.
Eine andere Taktik hielt Peter Rono über 1 500 m bereit. Er übernahm eingangs der letzten Runde die Spitzenposition und verteidigte sie mit einem langen Spurt. Jens-Peter Herold lief ein tapferes Rennen, lag mit starkem Finish auf der Innenbahn an zweiter Position. Zeitweilig sah es sogar so aus, als könnte er auch noch Rono in Bedrängnis bringen. Zum Schluß

wurde sein Schritt dann aber doch kürzer, und der Brite Elliott, Vierter über 800 m, konnte sich noch knapp vorbeikämpfen. Auch dessen Landsmann Steve Cram, Weltmeister von 1983, kam noch dicht an Herold heran. Dieser rettete einen hauchdünnen Vorsprung von drei Hundertstelsekunden ins Ziel und eroberte die Bronzemedaille. Cram, der schon als Weltmeisterschaftsachter enttäuscht hatte, blieb erneut ohne Medaille. Über 800 m war er bereits im Vorlauf ausgeschieden. Weltrekordler Said Aouita, der auf dieser Strecke Gold gewinnen wollte, trat zum Halbfinale nicht mehr an.

Mit läuferischer Überlegenheit entschied der dreimalige Crossweltmeister John Ngugi die 5 000 m für sich. Er stürmte frühzeitig an die Spitze und gewann sofort einen entscheidenden Vorsprung, den er eisern behauptete. Vizeweltmeister Domingos Castro aus Portugal hatte die Verfolgung aufgenommen und sich auch schon bis auf drei Sekunden herangekämpft. Klug verhielt sich in dieser Situation der Rostocker Hansjörg Kunze, der im Schatten des BRD-Läufers Dieter Baumann mit einer schnellen Schlußrunde den Rückstand auf den kräftemäßig abbauenden Portugiesen verringerte und auf den letzten Metern noch an ihm vorbei auf den Bronzerang kam. Er wahrte damit den Ruf der DDR-Langstreckler.
Über die doppelte Distanz hatte es für den WM-Dritten allerdings nur zum sechsten Rang gereicht. In diesem Rennen wurde auf Tempo gelaufen, für das zunächst der Italiener Salvatore Antibo und die Keniaten Moses Tanui, der später abfiel, sowie Kimeli Kipkemboi verantwortlich zeichneten.
Der 21jährige Afrikameister Moŭlay Brahim Boutayeb aus Marokko übernahm in seinem fünften Rennen über diese Distanz nach der Hälfte der Strecke die Spitzenposition und lag vor der letzten Runde mit deutlichem Vorsprung im Bereich eines neuen Weltrekordes. Er kostete seinen Sieg, den dritten in der Leichtathletik für das Königreich Marokko nach Said Aouita und Nawal El Moutawakel vor vier Jahren – erster Sieg einer Afrikanerin bei Olympischen Spielen –, im Schrittempo aus.
Für Hansjörg Kunze ergab sich in diesem schnellen Rennen keine Chance auf eine Medaille, im Sprint büßte er auch noch den schon sicher geglaubten fünften Rang ein, was die Mannschaftsleitung nicht davon abhielt, ihn auch über 5 000 m zu melden – mit Erfolg, wie sich herausstellte.

1 |
 2
───
 3

1 Langstreckenlauf in Marokko, damit verband sich bisher nur der Name Said Aouita. Doch Olympiasieger im 10 000-m-Lauf wurde Brahim Boutayeb (734). Kimeli Kipkemboi (Kenia/654) gewann die Bronzemedaille

2 120 Läufer aus 68 Ländern nahmen die 42,195 km lange Marathondistanz in Angriff

3 Ins Ziel kam der Dritte der Weltmeisterschaften, Gelindo Bordin aus Italien, in neuer persönlicher Bestzeit von 2:10:32 h als Erster

1 | 2

1 | 2

1 Aus ungewohnter Perspektive: 110-m-Hürdenläufer

2 Edwin Moses (USA) kam, sah und wurde bei seinem dritten Olympiaauftritt Dritter. 1976 und 1984 hatte es für ihn jeweils Gold gegeben

Seite 52/53:

1 Hagen Melzer (DDR) gab sich alle Mühe. Er belegte im 3 000-m-Hindernislauf den zehnten Platz. Ein anderer Mitfavorit, William van Dijk aus Belgien (87), wurde Fünfter

2 Von den 800 m bis zu den 10 000 m gewannen Afrikas Läufer alle Goldmedaillen. Im 3 000-m-Hindernislauf war Julius Kariuki (653) aus Kenia vor seinem Landsmann Peter Koech (659) erfolgreich

```
1 | 4
2 | 
3 | 5
```

1 4×100-m-Finale – die
Staffel der USA war nicht
mehr dabei, da ihr im Vorlauf ein Wechselfehler unterlaufen war. Auf Bahn 4
ist der sowjetische
Schlußläufer Witali Sawin
auf dem Weg zum Olym-
piasieg. Zweiter Großbri-
tannien (Bahn 3), Dritter
Frankreich (Bahn 6)

2 Freude bei Jamaikas 400-m-Läufern über Silber
3 Die DDR-Staffel, zweiter Wechsel: Mathias Schersing – Frank Möller. Unser 4×400-m-Quartett belegte Platz vier
4 Eine Stadionrunde für das Feld der 20-km-Geher. 53 machten sich auf den Weg, 49 erreichten das Ziel. Vorn rechts der Mexikaner Ernesto Canto (759). Der Olympiasieger von 1984 wurde später disqualifiziert
5 Matadoren im Ziel. Olympiasieger Jozef Pribilinec aus der ČSSR streckt beglückt alle Viere von sich, sein Freund Ronald Weigel aus der DDR, der Zweiter wurde, kommt gratulieren

```
1 | 4
2  3 | 5  6
```

1 Ehrung für die Medaillengewinner im 50-km-Gehen: Gold für Wjatscheslaw Iwanenko aus der UdSSR, Silber für Ronald Weigel und Bronze für Hartwig Gauder, beide aus der DDR

2 Reverenz dem Sieger und dem Unterlegenen, gemeinsame Freude bei Wjatscheslaw Iwanenko (l.) und Ronald Weigel

3 Wasser für den Sechsten: Simon Baker aus Australien

4 Mit sieben Versuchen zum Olympiasieg – 2,38 m bewältigte Gennadi Awdejenko aus der UdSSR

5 Bronze für Larry Myricks mit 8,27 m, damit Dreifachsieg für die USA im Weitsprung

6 Zwölf übersprangen
2,31 m und mehr, mit
2,34 m wurde Clarence
Saunders von den Bermu-
das Fünfter

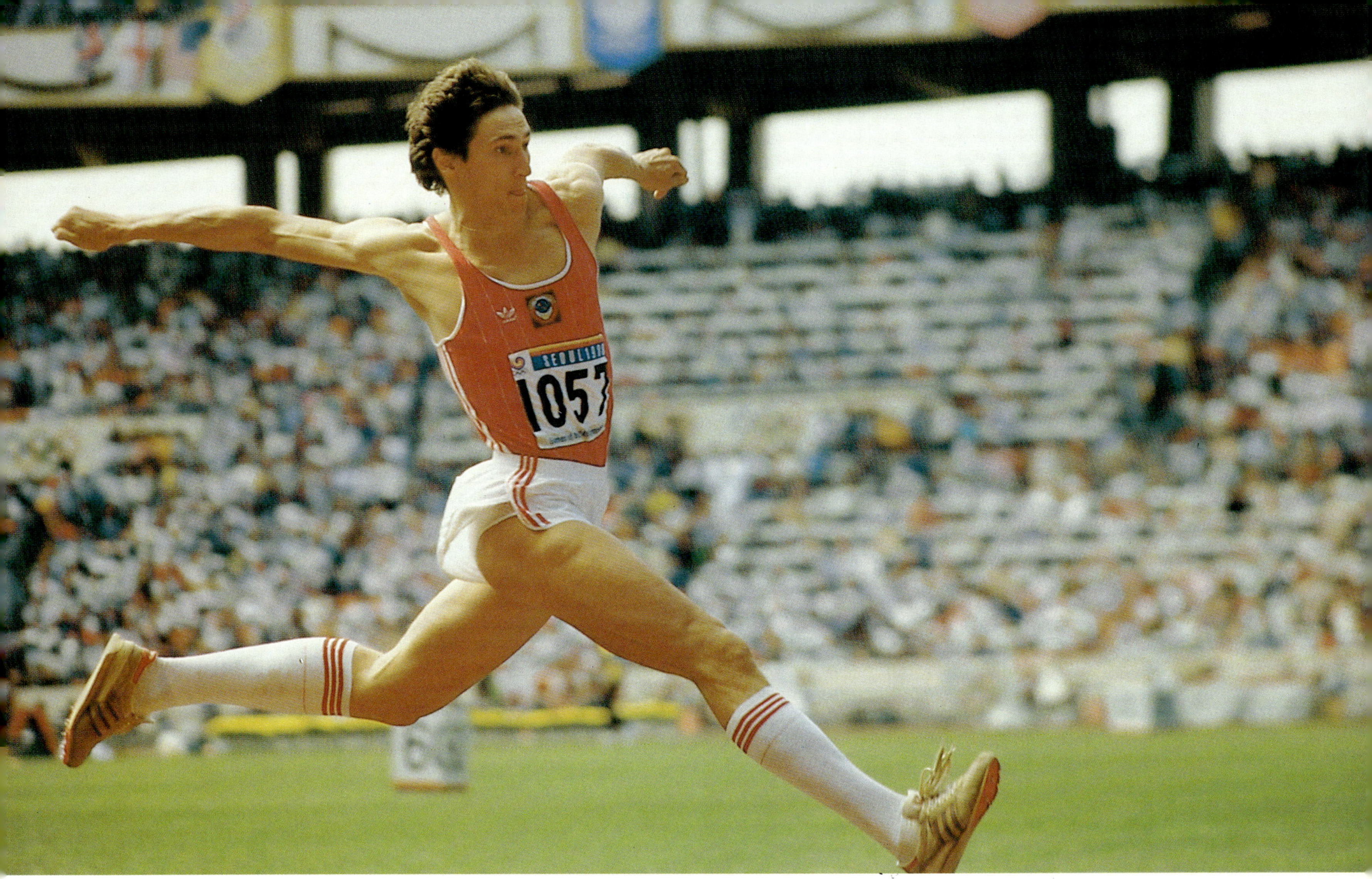
1057

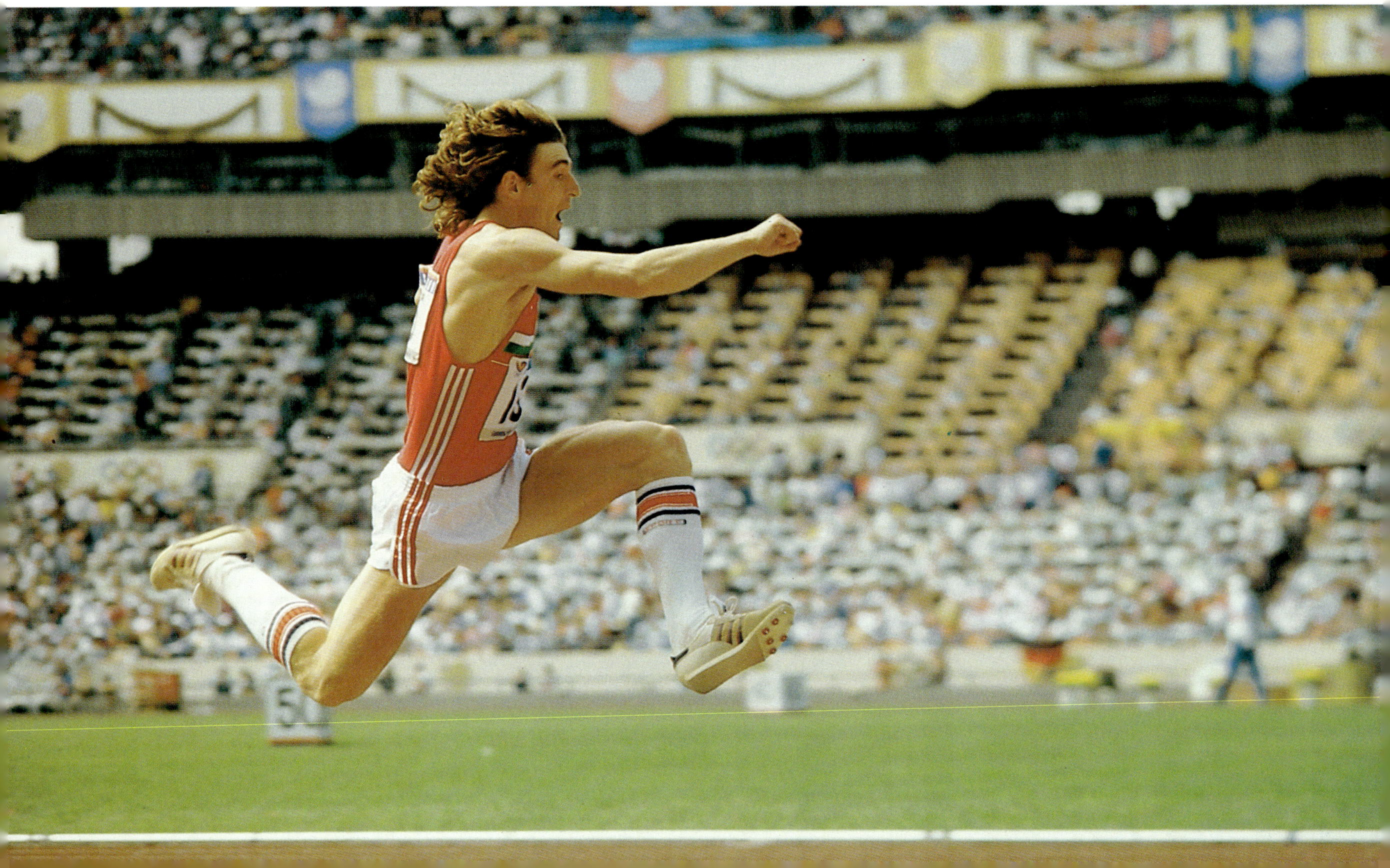

1　Oleg Prozenko kam mit
　17,38 m nur auf Rang vier
2　Der erste Dreisprung war
　der Goldsprung: Christo
　Markow (Bulgarien) er-
　reichte 17,61 m
3　Im dritten Versuch über
　5,90 m, das war der Olym-
　piasieg im Stabhoch-
　sprung für Sergej Bubka
　aus der UdSSR

1 2 3 │ 7
4 5 6 │

1 Der Weltrekordler trat in den Ring: Ulf Timmermann aus der DDR
2 Der Weltmeister sagte den Kampf an: Werner Günthör aus der Schweiz
3 Der Mann mit der Drehtechnik: USA-Meister Randy Barnes
4 Barnes führte mit 22,39 m; danach wurde Timmermann aufgerufen
5 Im letzten Versuch traf der DDR-Sportler die Kugel voll!
6 Wird es reichen?
7 22,47 m – Gold! Udo Beyer freut sich mit

1
2 3 | 4

1 Weltrekordler und Welt-
meister Jürgen Schult trug
die Hoffnungen der DDR
2 Er setzt auf sichere Technik und beweist Nerven-
stärke
3 68,82 m – 67,92 m –
68,18 m – 68,26 m. Vier
seiner sechs Versuche
hätten jeweils zum Olym-
piasieg gereicht. Der
Zweite – Romas Ubartas
aus der UdSSR – kam auf
67,48 m
4 Auf die Plätze...

1 │ 4
2 │ 6
3 │ 5

1 Gold über 100 m und
  200 m für Florence Griffith-
  Joyner (USA), zweimal
  Bronze für Heike Drechsler. Faire Rivalinnen!
2 Olympiasieg im 200-m-
  Lauf mit Weltrekord:
  21,34 s

3 *200-m-Finale: Florence Griffith-Joyner, Heike Drechsler (r.). Silke Möller (DDR/l.) wurde Fünfte*
4 *Silber für 100-m-Hürdensprinterin Gloria Siebert*
5 *Gold für 400-m-Hürdenläuferin Deborah Flintoff-King (r.), Bronze für Ellen Fiedler (Mitte), Platz vier für Sabine Busch*
6 *Pech!*

Im Marathonlauf, mit dem die Leichtathletik am Abschlußtag zu Ende ging, fiel die Entscheidung erst auf den letzten Kilometern. Zunächst deutete alles auf einen Erfolg des zweimaligen Weltcupsiegers und Vizeweltmeisters Ahmed Salah hin, der zwischen den Kilometern 37 und 39 mit einem Zwischenspurt die sechsköpfige Spitzengruppe sprengte. Nur Weltmeister Douglas Wakihuru und der italienische Europameister Gelindo Bordin konnten folgen. Salah wagte auf den letzten zwei Kilometern noch eine weitere Tempoverschärfung. Damit hatte sich der Mann aus Djibouti, der an gleicher Stelle den Weltcup für sich entschieden hatte, aber offensichtlich kräftemäßig doch übernommen. Der 29jährige Bordin aus Verona holte mit einer Energieleistung erst den Weltmeister aus Kenia ein und hatte dann auch keine Mühe, noch den Djiboutiläufer zu überholen. Er setzte damit die olympische Siegesserie der Europäer auf dieser klassischen Strecke fort, die der zweimalige Olympiasieger Waldemar Cierpinski 1976 eingeleitet hatte. Bei Temperaturen um 26 Grad und strahlendem Sonnenschein wurde der relativ flache Kurs entlang dem Han für die 124 Aktiven aus 69 Ländern zu einem Härtetest. Zu jenen, die ihn nicht bestanden, zählte auch der einzige DDR-Teilnehmer Jörg Peter. Der Dresdner gehörte lange einer 20 Mann umfassenden Spitzengruppe an, ehe er bei Kilometer 25 abreißen lassen mußte und später aufgab.

Wettkampfhärte wurde auch über 3 000 m Hindernis verlangt, denn im Halbfinale konnte sich nur behaupten, wer unter 8:20 min kam. Im Endlauf sah es zunächst so aus, als wollte Weltmeister Francesco Panetta wieder einen Tempolauf wagen, mit dem er in Rom zum Erfolg gekommen war. Er spannte sich gleich nach dem Start vor das Feld, konnte trotz schneller Fahrt seine Rivalen aber nicht abschütteln. Die drei Medaillengewinner befanden sich immer auf Tuchfühlung in seinem Sog. Während Panetta im Endkampf auf Platz neun „durchgereicht" wurde, verschärften Weltcupsieger Julius Kariuki und Peter Koech das Tempo und feierten einen kenianischen Doppelerfolg wie bereits 1968 und 1972. Kariuki verpaßte mit 8:05,51 min den Weltrekord seines Landsmannes Henry Rono aus dem Jahr 1978 nur knapp. Der Olympiasieger vom Stamme der Kikuyu nahm das jedoch nicht tragisch: „Auf den letzten 50 Metern habe ich mich gar nicht so richtig verausgabt. Ich dachte in diesem Moment nur an den Olympiasieg, er war wichtiger als der Weltrekord. Rekorde kann ich immer noch laufen, den Olympiasieg kann mir keiner streitig machen."

Für Hagen Melzer, den Europameister und Vizeweltmeister, blieb nur Rang zehn hinter Panetta. Im Halbfinale hatte er eine um über drei Sekunden schnellere Zeit erzielt als im Endlauf. Ihm fehlte es offensichtlich am notwendigen Stehvermögen für drei so schwere Rennen. Kenias Laufwunder besaßen diese Qualitäten, wie ihre vier Gold- und zwei Silbermedaillen sowie eine Bronzemedaille zeigen. Damit wurde an die

großen Traditionen bei zurückliegenden Olympischen Spielen angeknüpft. Die Ausbeute reichte hinter den USA, der UdSSR und der DDR zum vierten Platz. Die Sprungdisziplinen fanden ohne jede DDR-Beteiligung statt. Den Hochsprung entschied Gennadi Awdejenko, Weltmeister von 1983, für sich. Er hatte nur bei seiner Sieghöhe von 2,38 m einen Fehlversuch. Zu einer „UdSSR-Meisterschaft" gestaltete sich die Endphase des mehrstündigen Stabhochsprungs. Der Weltrekordler und haushohe Favorit Sergej Bubka, dessen Stern ebenfalls 1983 bei den Weltmeisterschaften in Helsinki aufging, mußte zunächst drei Stunden warten, ehe er zu seinem ersten Sprung von 5,70 m antreten konnte. Er patzte und mußte noch einmal anlaufen. Rodion Gataulin nahm diese Höhe auf Anhieb und lag damit im Vorteil. Da Bubka im dritten Versuch 5,90 m überquerte, sein jüngerer Landsmann danach aber an 5,95 m scheiterte, blieb die Überraschung aus, war die alte Rang- und Reihenfolge wieder hergestellt.

Im Dreisprung zeigte der Bulgare Christo Markow, aus welchem Holz er geschnitzt ist. Nach seinen Siegen bei den Europameisterschaften und dem Gewinn des WM-Titels war er auch in diesem Sommer zum Höhepunkt wieder topfit und machte schon mit dem ersten Sprung alles klar.

In den Wurfdisziplinen konnten sich auch die DDR-Teilnehmer ausgezeichnet in Szene setzen. Im Kugelstoßen, gleich am ersten Tag der Leichtathletik, zeigte sich Ulf Timmermann, der zur Eröffnungsveranstaltung die DDR-Fahne ins Stadion getragen hatte, von seiner besten Seite. Der Vizeweltmeister von 1983 hatte sich in diesem Jahr mit 23,06 m zum zweitenmal in die Weltrekordliste eingetragen, wohl wissend, daß dies gegen die starke Konkurrenz noch kein Garantieschein für den Erfolg bei Olympia darstellt. In der wichtigen Stunde der Bewährung ging der Berliner TSC-Athlet sehr konzentriert zu Werke, übernahm gleich im ersten Versuch die Führung und wartete mit einer beständigen Serie auf wie kein anderer Mitbewerber. Plötzlich spitzte sich der Wettbewerb aber doch noch zu. Als der vermeintlich schärfste Konkurrent, Weltmeister Werner Günthör, sein „Pulver" im letzten Durchgang schon verschossen hatte, kam USA-Drehstoßtechniker Randy Barnes noch auf 22,39 m und übernahm die Führung. Bis dahin hatte er an vierter Stelle gelegen. Diese Herausforderung so kurz vor Toresschluß brachte Ulf Timmermann jedoch nicht aus dem Gleichgewicht. Nach einer kurzen Konzentrationsphase wuchtete er die Kugel im letzten Versuch der gesamten Konkurrenz noch auf 22,47 m und riß den zweiten Olympiasieg in dieser Disziplin nach Udo Beyer 1976 in Montreal aus dem Feuer. „Alle wollten mir nach dem fünften Versuch schon gratulieren, doch ich war der Meinung, daß sowohl Udo Beyer als auch Randy Barnes mich noch in Gefahr bringen könnten. Ich lag damit richtig und behielt die Nerven. Ich bin überglücklich", lautete der erste Kommentar des Olympiasiegers. Zu den ersten Gratulanten des

Schützlings von Trainer Werner Goldmann gehörte Udo Beyer, der bis zum Barnes-Stoß auf einem Medaillenrang lag und bei seiner dritten Olympiateilnahme zweifellos auch eine Medaille verdient gehabt hätte.

Im Diskuswerfen hatte sich Weltrekordler und Weltmeister Jürgen Schult beim Verabschiedungssportfest im Berliner Dynamo-Sportforum an die Spitze der Weltjahresbestenliste gesetzt. In Sòul ließ er auch nie Zweifel an seinem Erfolg aufkommen. Schon sein erster Wurf entschied den Wettbewerb, drei weitere Versuche hätten gleichfalls noch den Sieg gebracht. Der Sportstudent und Schützling von Hermann Brandt hatte wieder einmal die stärksten Nerven und vertraute dem Erfolgsrezept des ersten Versuchs, der in technischen Disziplinen schon so oft entscheidend war. An diese Devise hielt sich auch der zweimalige Hammerwurf-Weltmeister Sergej Litwinow, denn auch sein erster Versuch brachte ihm Olympiagold ein. Damit verhinderte er den dritten Sieg von Juri Sedych nach 1976 und 1980. Ralf Haber aus Karl-Marx-Stadt gehörte als Vierter ebenfalls zum Kreis der 80-m-Werfer, zur Medaille wie bei den Weltmeisterschaften in Rom reichte es diesmal bei der Stärke der UdSSR-Asse aber nicht. Sie feierten wie vor zwölf Jahren in Montreal und vier Jahre später in Moskau einen Dreifacherfolg.

Eine Fortsetzung der finnischen Traditionen brachte das Speerwerfen, denn Tapio Korjus ist schon der siebente finnische Olympiasieger. Sein Erfolg ist bewundernswert. Nach einem Krampf mußte er sich in ärztliche Behandlung begeben. Deshalb verzichtete er auf seinen dritten und vierten Wurf. Dann führte er den Wettkampf fort, nahm noch einmal alle Kraft zusammen und machte noch aus Bronze Gold. Bis dahin hatte Weltrekordler Jan Zelezny vor Weltmeister Seppo Räty, einem weiteren Finnen, geführt. Der ČSSR-Athlet hatte in der Qualifikation gleich auf Anhieb 85,90 m vorgelegt, mit denen er im Finale gewonnen hätte. Diese bittere Erfahrung ist gerade im Speerwerfen nicht neu, genau wie auch die Tatsache, daß die geforderte Qualifikationsweite oft vielen zum Verhängnis wird. Bei den Frauen traf es Anna Verouli, Europameisterin von 1972, Tiina Lillak, Weltmeisterin von 1983, und Tessa Sanderson, Olympiasiegerin von 1984, bei den Männern eine ganze Reihe von 80-m-Werfern, darunter auch die DDR-Werfer Detlef Michel und Silvio Warsönke.

In den Wettbewerben der Geher konnte sich Ronald Weigel zweimal Silber sichern. Über 20 km wurde der ASK-Geher unmittelbar vor dem Stadion vom Spezialisten Jozef Pribilinec überholt, auf der 50-km-Marathondistanz drehte diesmal der WM-Dritte Wjatscheslaw Iwanenko den Spieß um und kam vor dem DDR-Duo ein. Er konnte sich zwischen dem 40. und 45. Kilometer von Weltmeister Hartwig Gauder und Ronald Weigel lösen und verfehlte die Weltbestzeit lediglich um zwölf Sekunden. Auf den letzten fünf Kilometern fühlte sich Ronald Weigel wieder stark ge-

nug, um noch einen Angriff auf den Spitzenreiter zu starten. Er bekam aber innerhalb kurzer Zeit zwei Verwarnungen und schaltete entsprechend dem Sprichwort, daß der Spatz in der Hand besser ist als die Taube auf dem Dach, einen Gang zurück und sicherte so seine zweite Silbermedaille. Der Diskussion um seinen Doppelstart, mit dem Ronald möglicherweise ein noch stärkeres Auftreten auf seiner Hausstrecke vergeben haben könnte, begegnete er mit den Worten: „Das Risiko des Zweifachstarts hat sich gelohnt. Ich bin froh, mich dazu durchgerungen zu haben. Ich würde es immer wieder tun."

Auch Hartwig Gauder, Olympiasieger von 1980, gewann zum Abschluß seiner Laufbahn noch einmal eine Bronzemedaille und blieb zum erstenmal unter 3:40 h.

Einen phantastischen Wettkampf absolvierten die Zehnkämpfer Christian Schenk und Torsten Voss, die mit einem vielbeachteten Doppelerfolg ein weiteres Kapitel erfolgreicher Zehnkampfgeschichte für die DDR schreiben konnten. In der „Königsdisziplin" hatte es bisher noch nie eine Medaille für unsere Republik gegeben. Und bis zu diesem Doppelerfolg war es ein langer, harter und nervenaufreibender Kampf. Der 2,01 m große Medizinstudent Christian Schenk hatte schon nach dem ersten Tag in Führung gelegen, die er vor allem seinen 2,27 m (1 061 Punkte) — im Straddlestil — im Hochsprung verdankte. Er ließ sich am zweiten Tag, der um 8.15 Uhr mit dem Hürdensprint begann und gegen 21.23 Uhr endete, nicht nervös machen, als er seine Führung über die Hürden an den Franzosen Christian Plaziat verlor. Eine Steigerung im Diskuswerfen um zwei Meter auf 49,28 m brachte ihm die Führung zurück und ein zusätzliches Polster, von dem er zehren konnte. Als dann im Stabhochsprung noch 4,70 m hinzukamen, begann auch der kühle Rechner langsam an seinen Sieg zu glauben.

Anders erging es Weltmeister Torsten Voss, der vor den Spielen lange verletzt war und nur einen Zehnkampf bestreiten konnte. Der Schweriner lag nach dem ersten Tag an vierter Stelle hinter dem zweimaligen Olympiasieger Daley Thompson. Nach dem Stabhochsprung schob er sich dann an dem Briten vorbei und rückte im Speerwerfen auf Rang zwei vor, da der Franzose mit lediglich 52,18 m alle seine Chancen einbüßte. Während das DDR-Duo, das sich bei diesem Zehnkampf ständig mit Ratschlägen gegenseitig Mut zusprach, mit Einsatzbereitschaft die ersten beiden Positionen im abschließenden 1 500-m-Rennen verteidigte, verlor Thompson den dritten Platz noch an den Kanadier David Steen. Im Vergleich zu den Frauen, die vier Weltrekorde aufstellten, brachten die Männerwettbewerbe nicht so spektakuläre Ergebnisse. Die Medaillen aber waren heiß umkämpft; sie verteilten sich auf 19 Länder. Bei den Frauen konnten sich nur Teilnehmerinnen aus elf Ländern unter den ersten Drei plaziert.

| 1 | 3 |
| 2 | |

1 Mineralwasser als Siegestrunk für das DDR-Speerwerfer-Duo Petra Felke (l.) und Beate Koch
2 Welche Zeit für das sowjetische 4×400-m-Quartett? 3:15,18 min — neuer Weltrekord! Maria Pinigina und Olga Nasarowa können es kaum fassen
3 Olympischer Abschied für Marlies Göhr mit der Silbermedaille in der 4×100-m-Staffel

$\begin{array}{c|c} & 3 \\ 1 & \\ & 2 \end{array}$

$\begin{array}{c|c} & 2 \\ 1 & \end{array}$

S. 70/71

1/2 Zwei Weltmeisterinnen strebten zum Olympiasieg im 3 000-m-Lauf: Mary Slaney-Decker (l.) aus den USA enttäuscht als Zehnte im Ziel; Tatjana Samolenko (548) aus der UdSSR siegte vor Paula Ivan (466) aus Rumänien und Yvonne Murray (r.) aus Großbritannien

1 Brust an Brust streben Sigrun Wodars (290) und Christina Wachtel (r.) zum Doppelerfolg für die DDR im 800-m-Lauf

2 Gemeinsam gesiegt – Sieg der Gemeinsamkeit!

3 Aufgegeben! (Ingrid Kristiansen, Norwegen)

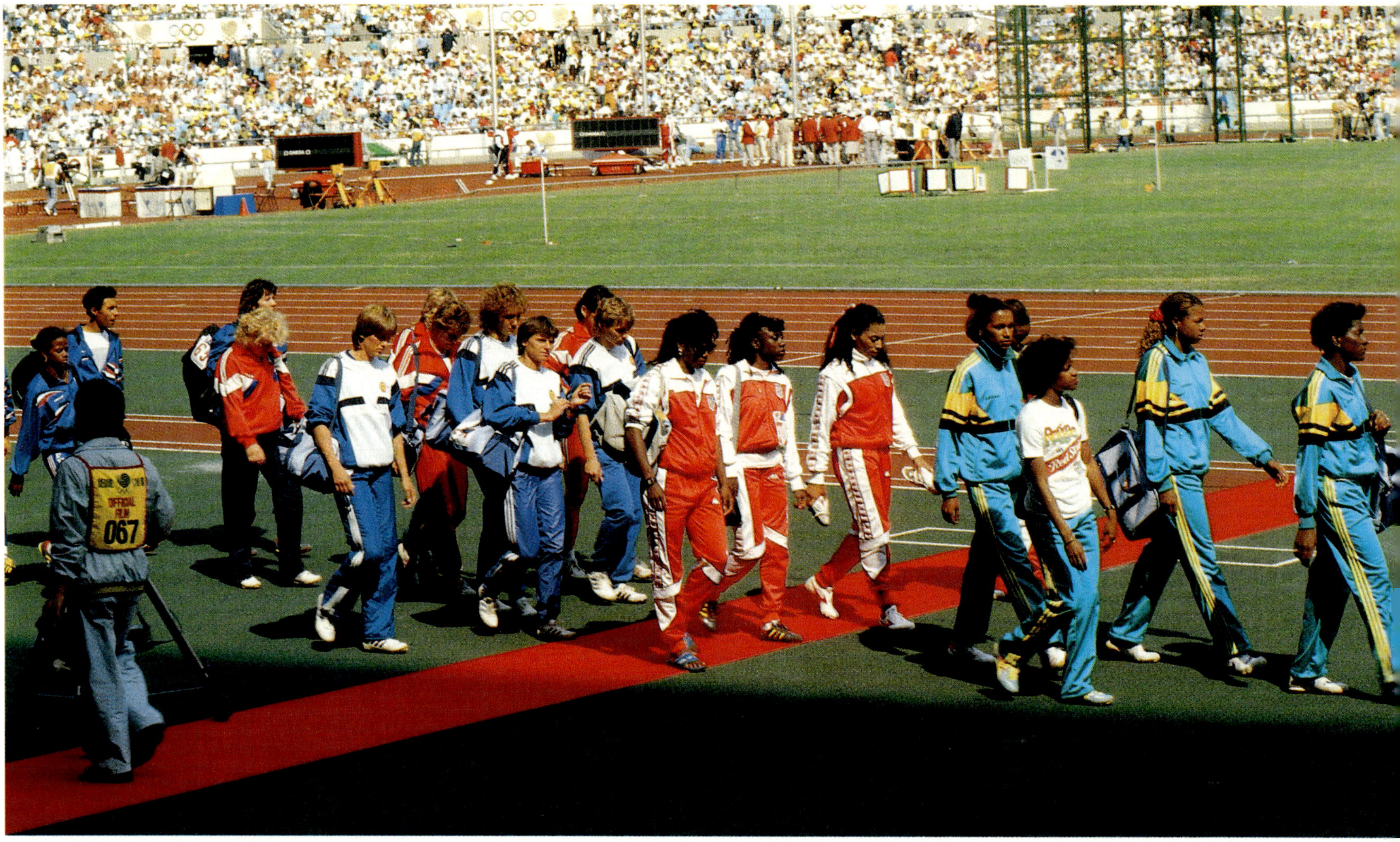

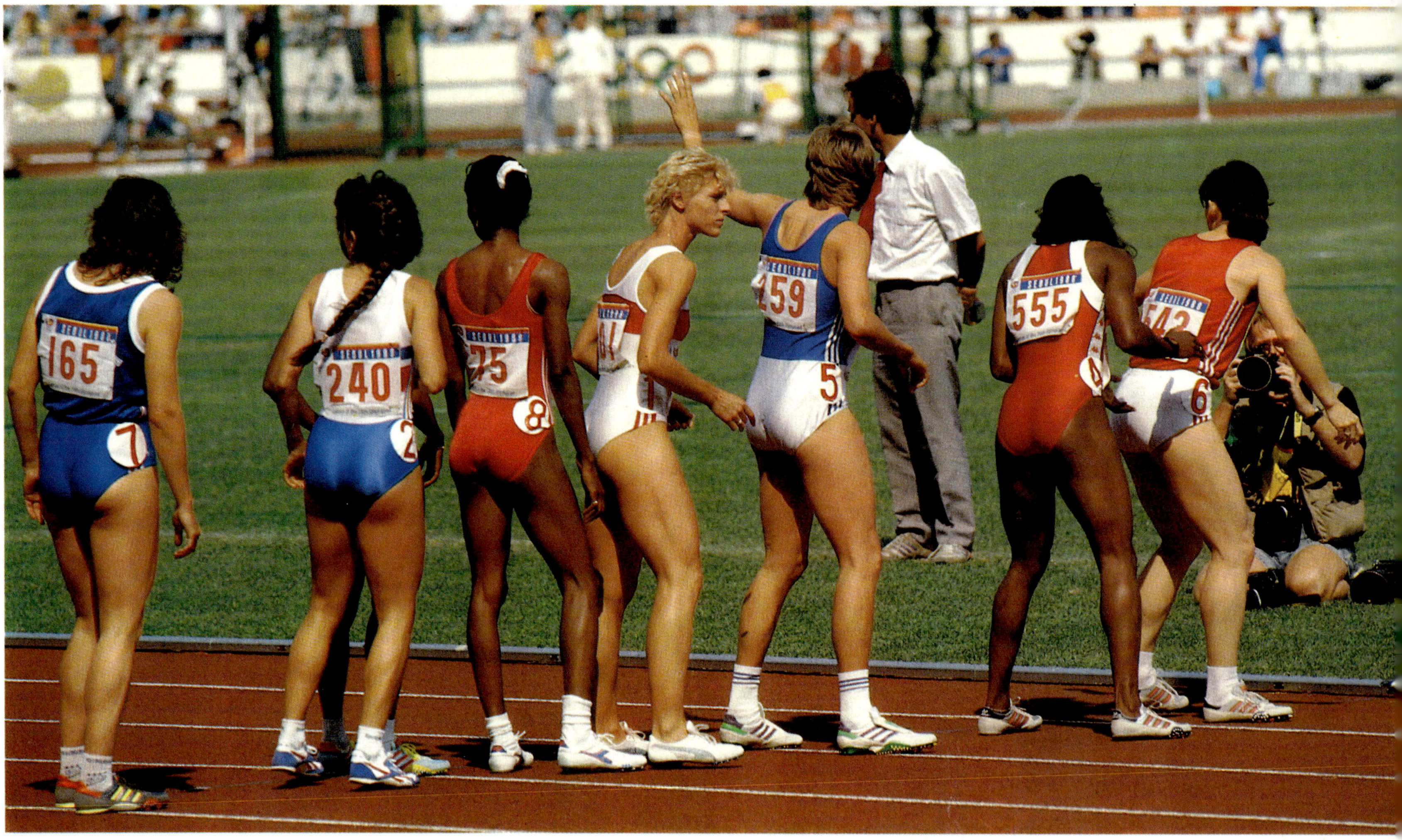

1 Einträchtig ziehen die 4×400-m-Läuferinnen zur letzten Frauenentscheidung ins Olympiastadion

2 In Erwartung des zweiten Wechsels – Frankreich, Großbritannien, Kanada, BRD, DDR, USA, UdSSR

3 Zweiter Wechsel im 4×100-m-Staffellauf der Frauen

4 Zweimal Schlußläuferin des USA-Quartetts: nach dem Olympiasieg 1984 auch 1988 Evelyn Ashford als Erste im Ziel. Marlies Göhr gewann noch einmal Silber – nach Gold 1976 und 1980

S. 74/75:

1 72 Amazonen nahmen das Marathonrennen auf, 64 kamen ins Ziel

2 Die Siegerin Rosa Mota aus Portugal benötigte 2:25:40 h

3 Die Dritte, Katrin Dörre aus der DDR, lief 2:26:21 h

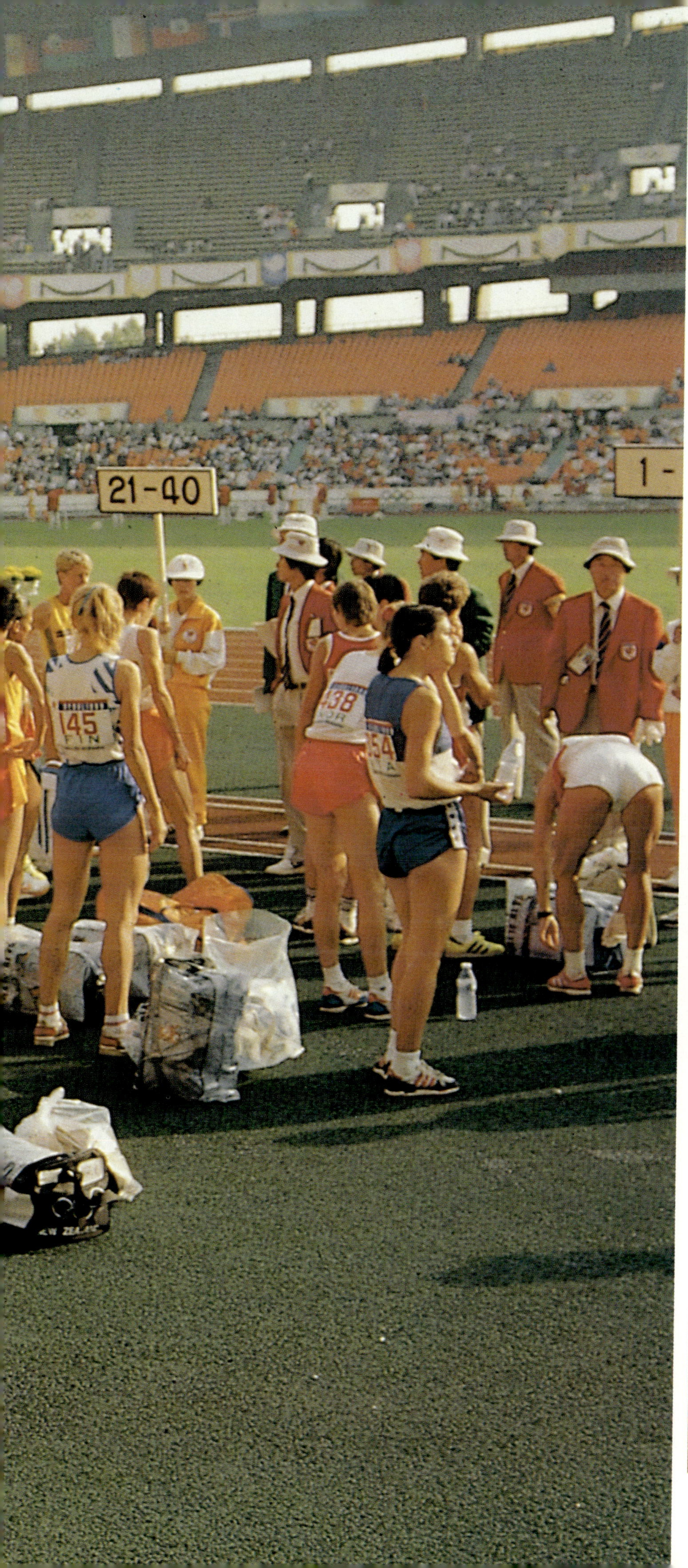
21-40
145
FIN
438
GDR

asics
SEOUL 1988
460

OMEGA Ω
SEOUL 1988
260
GDR
OMEGA

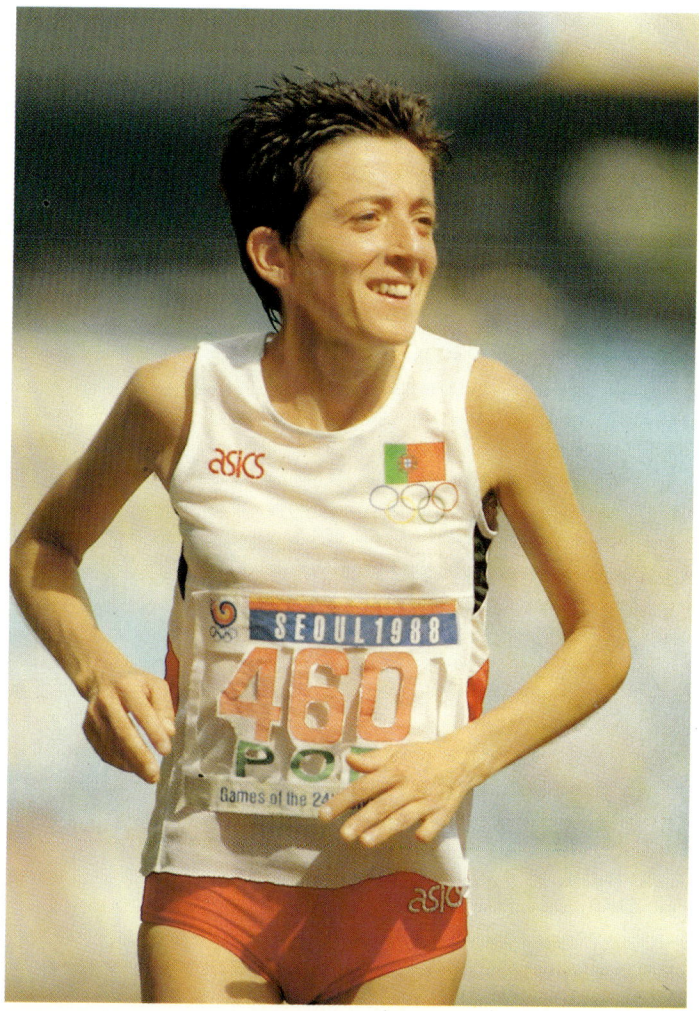

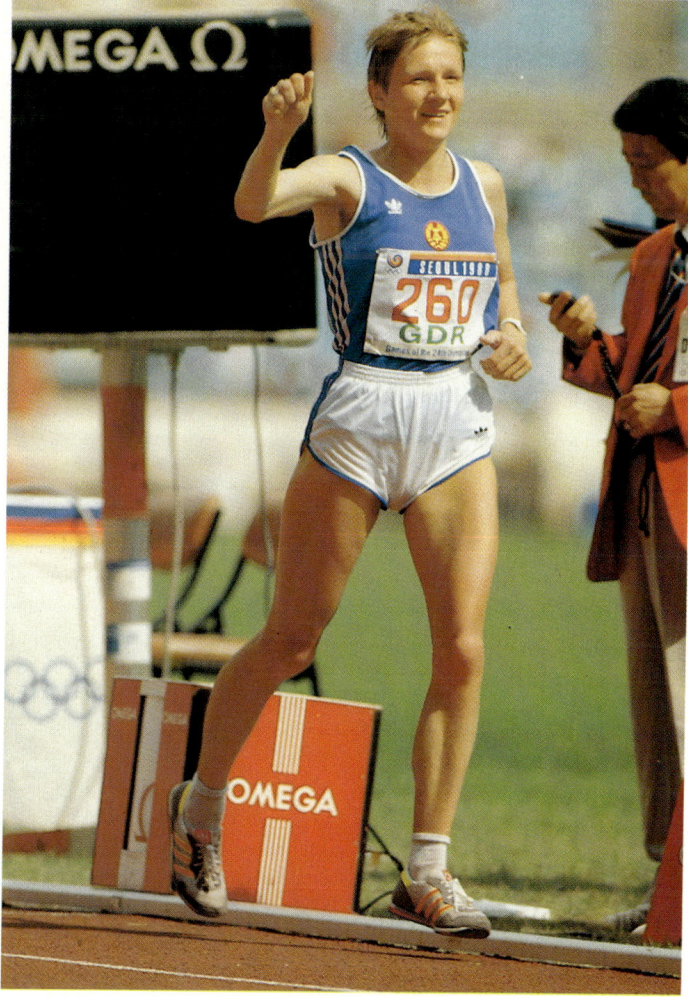

2
3 | 1
4

Vorseite:
1 Weltmeisterin 1983 und
  1987, Olympiasiegerin
  1988: Martina Hellmann
  aus der DDR
2 Die Favoritinnen kamen
  aus der DDR. Gold mit
  72,30 m für Martina Hellmann, Silber mit 71,88 m
  für Diana Gansky (l.)
3 67,26 m für die Weltre-
  kordlerin Gabriele
  Reinsch – Platz sieben
4 Exweltrekordlerin Zdenka
  Silhava aus der ČSSR
  warf den Diskus 67,84 m –
  Platz sechs

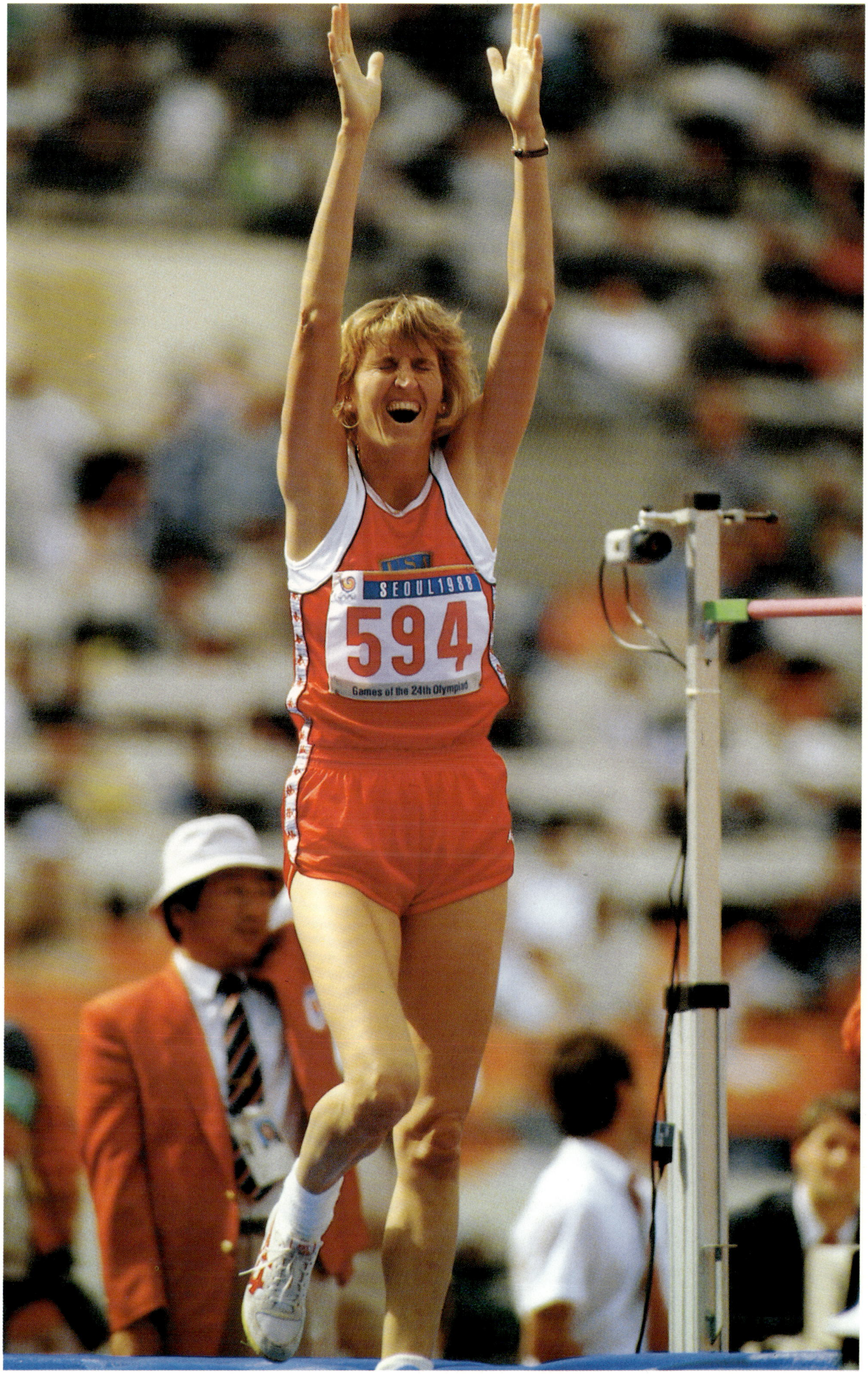

1 | 4 5
2 3

1 Weitsprung der Frauen: 7,40 m – Gold für Jackie Joyner-Kersee aus den USA

2 7,22 m – Silber für Heike Drechsler aus der DDR

3 7,11 m – Bronze für Galina Tschistjakowa aus der UdSSR

4 Hochsprung der Frauen: 2,03 m – im Stechen – Gold für Louise Ritter aus den USA

5 2,01 m: Silber für Weltmeisterin und Weltrekordlerin Stefka Kostadinowa aus Bulgarien

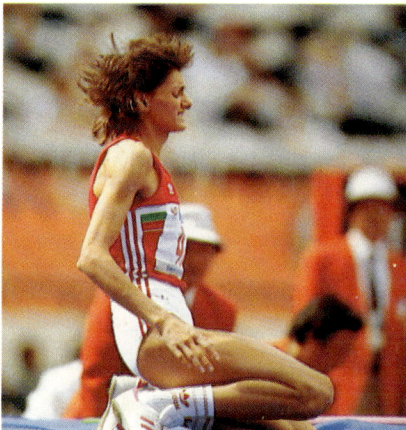

2	3	
1		4

1 Drei starke Damen, die
   Besten im Kugelstoßring:
   Kathrin Neimke aus der
   DDR, Natalja Lissowskaja
   aus der UdSSR und Li
   Meisu aus China

2 Die Weltmeisterin und
   Weltrekordlerin Natalja
   Lissowskaja wäre mit je-
   dem ihrer sechs Versuche
   Siegerin geworden. Best-
   weite: 22,24 m

3 Wie bei den WM auf dem
   zweiten Platz: Kathrin
   Neimke. Sie stieß die 4 kg
   schwere Kugel 21,07 m
   weit

4 4,36 m weiter als die Weltmeisterin warf Petra Felke
   den Speer und holte sich
   zum Weltrekord auch den
   Olympiasieg

1 2 | 3 4
| 5

1 *Mit Spartakiadegold begann es, der Olympiasieg
war jetzt die Krönung für
Petra Felke*

2 *Keine ist unzufrieden.
Neuling Beate Koch
wurde Dritte, Petra Felke
schlug die Weltmeisterin
Fatima Whitbread, die
Zweite wurde*

3 *Mit einem exzellenten
Weitsprung legte Sabine
John aus der DDR den
Grundstein für Silber*

4 *Verdiente Pause im Siebenkampf für Europa-
meisterin Anke Behmer
aus der DDR und Weltmei-
sterin Jackie Joyner-Ker-
see (r.) aus den USA*

5 *Jackie Joyner-Kersee
(578) im 800-m-Lauf auf
dem Weg zu einem neuen
Weltrekord: 7 291 Punkte.
Für Anke Behmer (254)
gab es Bronze*

1 |
2 3 | 4 5

S. 84/85:
1 *Video-Wand*
2 *Stand-Punkte*
3 *Blitz-Interview*
4 *Damen-Start*
5 *Sitz-Block*

VICTORY CEREMONY
==================

JAVELIN WOMEN

1 FELKE PETRA	GDR	74.68
2 WHITBREAD FATIMA	GBR	70.32
3 KOCH BEATE	GDR	67.30

SCHWIMMEN

„Der erste Start war der schwerste. Danach verlief alles gelöster, ruhiger, optimistischer. Aber der Auftakt war mit viel Aufregung verbunden." Kristin Otto erzählte: „Die 100 Meter Freistil der Damen stehen traditionell als erste Disziplin auf dem Programm. Deshalb ist es ein Wettkampf mit besonderer psychologischer Wirkung. Gelingt ein Sieg, erzeugt er Zuversicht und Mut für die weiteren Aufgaben. Die Erkenntnis, richtig trainiert zu haben und in bester Form zu sein, setzt neue Kräfte frei."

Die erste Siegerehrung in der Olympiaschwimmhalle von Sòul galt der Leipzigerin. Sie hatte die erhoffte Signalwirkung für die ganze Mannschaft. „Ich kenne das schon", sagte Kristin Otto, „denn bei Welt- und Europameisterschaften bin ich ja auch stets diejenige, die den Ton angeben muß." Und sie wiederholte: „Klappt der Beginn, stimuliert das die ganze Mannschaft."

Die Schwimmer und Schwimmerinnen nahmen das Signal auf und stiegen in Sòul zur erfolgreichsten Nationalmannschaft der Welt auf. Mit 11 Gold-, 8 Silber- und 9 Bronzemedaillen feierten sie einen überragenden Erfolg. Die USA-Mannschaft, die vier Jahre zuvor in Los Angeles zwanzig Siege erzielt hatte, war achtmal erfolgreich. Mit ihren insgesamt 28 Medaillen eroberte die DDR fast ein Drittel der in den 31 Disziplinen überhaupt möglichen.

Allen voran ist wiederum Kristin Otto zu nennen, die für neue Superlative in der olympischen Schwimmgeschichte sorgte. Sechs Starts – sechs Siege, das schaffte vor ihr noch keine andere Schwimmerin der Welt! Sie überflügelte damit sogar die erfolgreichsten Olympioniken aller Zeiten: die sowjetische Turnerin Larissa Latynina, die neunmal Gold gewann, und Paavo Nurmi, den Wunderläufer der zwanziger Jahre aus Finnland, der gleichfalls neunmal erfolgreich war. Denn sie benötigten für ihre Medaillen mehrere Anläufe bei verschiedenen Olympischen Spielen, Kristin aber gewann ihren goldenen Sechser innerhalb einer Olympiade und wird nur vom USA-Schwimmer Mark Spitz übertroffen, der es bei zwei Olympischen Spielen auf neun Siege und zwei zweite Plätze brachte, im Gegensatz zu den Damen aber eine Möglichkeit mehr, die 4×200-m-Freistilstaffel, zur Verfügung hatte.

Zu ungewöhnlicher Zeit, mittags 12 Uhr, begannen die Wettkämpfe anfangs in der Olympiaschwimmhalle. Und auch daß die Vorläufe am Vortag ausgetragen wurden, ist im Schwimmen nicht üblich. Hieß es, zunächst diese Konzession an die zahlende USA-Fernsehgesellschaft zur Kenntnis zu nehmen, erforderte es dann von den Schwimmern, sich mit Beginn der Leichtathletikwettkämpfe nochmals auf Endläufe am Abend umzustellen. Einer Kristin Otto, die auch diesen zeitlichen Ablauf trainiert hatte, machte das weniger Schwierigkeiten.

Doch auch die Konkurrenz war bestens präpariert. So schwamm die Französin Catherine Plewinski mit dem neuen Landesrekord von 55,53 s die beste Vorlaufzeit und sicherte sich die günstige Bahn vier. Im Finale schnellte die 22jährige Leipzigerin sofort an die Spitze, wendete als erste und kontrollierte auch auf der zweiten Bahn das Feld von der Spitzenposition aus. Nach 54,93 s schlug sie bei ihrem ersten Olympiasieg an – nur sie selbst bei ihrem Weltrekord von 54,73 s und die Olympiasiegerin von 1980, Barbara Wanja-Krause, waren jemals schneller gewesen. Ein Auftakt nach Maß, der von den 15 000 Zuschauern, die täglich die Schwimmwettkämpfe interessiert verfolgten, begeistert gefeiert wurde.

Die schnelle Chinesin Yong Zhuang gewann mit Silber die erste Medaille im Schwimmen für ihr Land und verdrängte Catherine Plewinski mit 0,02 s Vorsprung auf den bronzenen Rang. Der Berlinerin Manuela Stellmach fehlten lediglich 0,03 s an einer Medaille. Die aber holte sie sich tags darauf auf der 200-m-Freistilstrecke als Dritte. Zu ihrer stattlichen Sammlung von 13 Medaillen im Kraulschwimmen bei Welt-, Europa- und Landesmeisterschaften kam damit Olympiabronze. An der Spitze dieser Konkurrenz ließ sich Weltrekordlerin Heike Friedrich aus Karl-Marx-Stadt die Goldmedaille nicht entgehen. Die 18jährige vierfache Welt- und neunfache Europameisterin hielt sich klug zurück und ließ sich von der Olympiasiegerin von Los Angeles, Mary Wayte (USA), nicht zu unvernünftig hohem Tempo verleiten. Erst auf den letzten Metern spielte sie ihre Spurtkraft aus und gewann überlegen in 1:57,65 min. Ihr Weltrekord ist nur 0,10 s entfernt. Für Kostarika gewann Silvia Poll als Zweite die erste Schwimm-Medaille.

Eine 17jährige begeisterte auf der doppelt so langen Strecke die Zuschauer: Janet Evans aus den USA, 1,66 m groß, aber nur 46 kg schwer. Auffällig ihr unorthodoxer, ruckartiger Schwimmstil, bei sehr hoher Wasserlage. Zügig kraulte sie einem neuen Weltrekord entgegen. Mit 4:03,85 min unterbot sie ihre eigene Bestzeit um 1,60 s. Die erste Hälfte legte sie in 2:02,14 min zurück, die zweite sogar in 2:01,71 min. Heike Friedrich war als Zweite noch nie so schnell wie in dieser schweren olympischen Prüfung, die sie mit dem neuen Europarekord von 4:05,94 min bestand. Und Anke Möhring aus Magdeburg verbesserte sich auf 4:06,62 min. Da auch die Mehrzahl der anderen Finalistinnen mit Bestzeiten aufwartete, hat es ein schnelleres Endlauffeld noch nie gegeben.

Janet Evans war auch auf der längsten Damenstrecke, den 800 Meter Freistil, ungefährdet. Ohne ernsthafte Konkurrenz wirbelte sie mit ihren Armen,

1 | 2

1/2 Wurde vom IOC zur Sportlerin der Olympischen Spiele gekürt: die sechsfache Goldmedaillengewinnerin Kristin Otto (DDR)

Die Kleinste war über 200 m Rücken die Größte: Krisztina Egerszegi aus Ungarn, vereint mit Kathrin Zimmermann (l.) und Cornelia Sirch aus der DDR

als prügele sie das Wasser. Sie atmete mal rechts, mal links, mal nach zwei oder drei und auch nach sechs Armzügen, und fast schien es, als könne sie danach noch einmal 800 m schwimmen, ohne müde zu werden. Die bewährte Berliner TSC-Schwimmerin Astrid Strauß übernahm die Verfolgung, freute sich über Silber und die persönliche Bestzeit von 8:22,09 min. Die Australierin Julie McDonald verdrängte auf den letzten Metern die Magdeburger Exweltrekordlerin Anke Möhring dann noch vom dritten Rang.

Im Brustschwimmen der Damen hatte Eva Maria ten Elsen 1956 mit Bronze über 200 m die erste Schwimm-Medaille für die DDR gewonnen. Barbara Göbel folgte vier Jahre später mit dem gleichen Rang. Das sollten bis zu den Wettkämpfen von Sòul die einzigen Medaillen in dieser Disziplin bleiben. Silke Hörner hatte es ungemein schwer, gegen die mächtige Konkurrenz zu bestehen. Sie tat das einzig Richtige und hielt sich wohlweislich zurück, um sich nicht vorzeitig zu verausgaben. Die Bulgarin Tanja Dangalakowa, die schon unter ihrem Mädchennamen Bogomilowa mit Medaillengewinnen bei Welt- und Europameisterschaften zu den besten Brustschwimmerinnen der Welt zählte und nun nach der Geburt ihres Kindes neuerlichen Anlauf nahm, den Thron zu besteigen, legte ein unwahrscheinlich hohes Anfangstempo vor. Sie wendete nach 1:09,22 min – in allen Ländern der Welt bis auf die DDR, Bulgarien, Kanada und die USA wäre das 100-m-Rekord – und schien schon uneinholbar. Aber auf dem zweiten Abschnitt mußte sie ihrem Tempo Tribut zollen und fiel bis auf Rang vier zurück. Nun schob sich Weltmeiste-

rin Silke Hörner mit ruhigen, kraftvollen Zügen an die Spitze. Lohn ihrer geschickten Renneinteilung war der Olympiasieg in der neuen Weltrekordzeit von 2:26,71 min bei einer 100-m-Zwischenzeit von 1:10,24 min. Damit entthronte die Leipzigerin die Kanadierin Allison Higson, die erst im Mai den Weltrekord an sich gerissen hatte, in Sòul aber nur Siebente werden konnte. Die Chinesin Huang Xiaomin bestätigte mit der Silbermedaille den Vormarsch der Schwimmer ihres Landes, und auf Rang drei kam mit Antoaneta Frankewa eine neue Schwimmerin aus der Sofioter Brustschwimmschule.

In der Olympiageschichte waren bislang lediglich zwei Brustschwimmerinnen unter der 2:30-min-Grenze geblieben (1980 in Moskau). In Sòul gelang das allen acht Finalistinnen und drei weiteren Teilnehmerinnen des B-Endlaufes. Untrügliches Zeichen für die stürmische Entwicklung des Schwimmsports, die auch von der Tatsache belegt wird, daß das 200-m-Brustfinale Schwimmerinnen aus sieben Ländern vereinte. Die Potsdamerin Susanne Börnike, die als Neunte das Finale nur knapp verpaßt hatte, schwamm dann im B-Endlauf mit 2:28,58 min eine Zeit, die zum Platz sechs gereicht hätte.

Die folgenden 100 m Brust ließ sich die „Schnellstarterin" Tanja Dangalakowa aus Bulgarien nicht entgehen. Ihre 1:07,95 min verfehlten den Weltrekord von Silke Hörner (1:07,91) nur haarknapp. Antoaneta Frenkewa sicherte den bulgarischen Doppelerfolg, Silke Hörner gewann die Bronzemedaille.

Das Schmetterlingsschwimmen ist nach dem Freistil die zweitschnellste Schwimmart. Seit es 1953 als eigenständige Stilart in das offizielle Wettkampfprogramm übernommen wurde, sind DDR-Schwimmerinnen mit tonangebend. Jutta Langenau aus Erfurt war 1954 die erste Europameisterin in der neuen Disziplin und mit 1:16,6 min zugleich erste Weltrekordlerin. Unter den Namen der zahlreichen Nachfolgerinnen Jutta Langenaus ist auch der von Andrea Pollack, die 1976 und 1980 zu den Besten gehörte, als bei Olympia zu den Siegerehrungen gerufen wurde. In Sòul war sie, nun wieder als Andrea Pinske, dabei – als Physiotherapeutin. Sie genoß den Triumph, mit ihren geschickt massierenden Händen an einem weiteren DDR-Erfolg der „Schmetterlinge" beteiligt gewesen zu sein.

Zwanzig Experten waren im FINA-Magazin nach ihren Tips über mögliche Olympiasieger befragt worden. Für die 100 m Schmetterling hatten sich neun von ihnen für die Weltrekordlerin Mary Meagher aus den USA entschieden, vier trauten Birte Weigang einen Sieg zu, drei glaubten an Kristin Otto, und einer gab seine Stimme der Französin Catherine Plewinski. Im Finale spielte Kristin erneut ihre Spurtkraft so unwiderstehlich aus, daß ihr der Sieg nicht zu nehmen war. Der neue Europarekord von 59,00 s spricht für ihre Klasse. Birte Weigang rechtfertigte als Zweite noch ihre Nominierung zu einer der Favoritinnen. Die Siegerin der Expertenumfrage, Mary Meagher (USA), vier Jahre zuvor noch zweifache Schmetterlingsolympiasiegerin, wurde nur Siebente. Die Französin Plewinski, die im Vorlauf mit 59,34 s Europarekord geschwommen war und sich damit zur Favoritin aufgeschwungen hatte, kam auf Rang vier ein, vor ihr noch die Chinesin Qian Hong, die niemand auf seinem Tippzettel gehabt hatte.

Für den Erfolg auf der doppelt so langen Schmetterlingsdistanz wurde Kathleen Nord als Olympiasiegerin geehrt. Die Magdeburgerin, die ihre Stärke vor allem in den Lagendisziplinen hatte, überraschte die Fachwelt erst vor einem Jahr als „Umsteigerin". Allerdings war Birte Weigang das Finale so schnell angegangen, daß Kathleen später sagte: „Sie war schon so weit weg, daß ich mich nach 100 Metern schon darauf eingerichtet hatte, nur Zweite werden zu können." Als aber die Kräfte der Erfurterin nachließen, nutzte die Magdeburgerin ihre Chance, so daß auf beiden Schmetterlingsdistanzen Doppelerfolge für die DDR registriert werden konnten. Birte Weigang, die mit einer Gold- und zwei Silbermedaillen in ihre Heimatstadt Erfurt zurückkehrte, setzte in Sòul übrigens eine Familientradition fort: Ihr Vater – Horst Weigang – stand 1964 in Tokio im Tor unserer Olympia-Fußballauswahl und war mit Bronze heimgekehrt.

Auch die 100 m Rücken wurden zu einem Triumph für Kristin Otto, die damit alle Kurzstrecken in den Schlagschwimmarten gewinnen konnte, was zuvor noch keiner anderen Sportlerin bei Olympischen Spielen gelungen war. In diesem Finale machte ein großes Talent auf sich aufmerksam: Krisztina Egerszegi aus Ungarn. Die 14jährige erkämpfte Silber und verdrängte Cornelia Sirch auf die dritte Position. Später, im Endlauf über 200 m, schlug eine noch größere Stunde für die kleine Ungarin. Zwei Monate zuvor erst war sie auf beiden Rückenstrecken Junioreneuropameisterin geworden – nun Olympiasiegerin.

Was der Siebenkampf der Frauen in der Leichtathletik ist, sind die Lagenwettbewerbe im Schwimmen: eine Vielseitigkeitsprüfung. Es ist ausgeglichenes Können in allen vier Schwimmlagen gefragt. Auf der 200-m-Distanz, die zwischen 1976 und 1980 im olympischen Programm „pausierte", war Kornelia Enders Silbermedaille von 1972 der bisher einzige zählbare DDR-Erfolg. Nun aber setzte sich die 16jährige Daniela Hunger die Krone auf und bewies in der olympischen Prüfung viel Können und Nervenkraft.

Es gab in Sòul noch zwei Disziplinen, in denen die olympischen Rekorde, die acht Jahre zuvor in Moskau aufgestellt worden waren, überlebten: die 100 m Freistil und die 400 m Lagen. Der olympische „Wasserfloh" Janet Evans setzte sich spielend – wie es schien – nach dem Rückenabschnitt an die Spitze, erwies sich auch auf dem Brustabschnitt als perfekt und „stakste" dann im Kraulstil einem sicheren Sieg zu. Ihre 4:37,76 min sind eine exzellente Zeit. In Moskau war Petra Schneider in 4:36,29 min erfolgreich gewesen. Die Rumänin Noemi Ildiko Lung eroberte Silber, Daniela Hunger Bronze.

Zehn Olympiasiege hatte die 4×100-m-Freistilstaffel der USA-Schwimmerinnen seit 1924 erringen können, nur einmal, 1980, war die DDR – bei Abwesenheit der USA – erfolgreich gewesen. Sie hatte davor dreimal Silber mit nach Hause gebracht. Inzwischen sind die Gewichte anders verteilt. Die Freistilsprinterinnen der DDR sind bei internationalen Meisterschaften seit zehn Jahren unbezwungen und halten auch den Weltrekord. Dem Anspruch, das weltbeste Quartett zu sein, hielten Kristin Otto, Katrin Meißner, Daniela Hunger und Manuela Stellmach auch in Sòul stand. Mit großem Vorsprung und der Siegerzeit von 3:40,63 min – nur 0,06 s über dem eigenen Weltrekord – triumphierte die DDR-Staffel überaus deutlich, wobei sie Sicherheitswechsel praktizierte, um nicht in die Gefahr einer Disqualifikation wegen eines Frühstarts beim Wechsel zu geraten.

Ähnlich das Bild in der Lagenstaffel. Kristin Otto gab als Startschwimmerin auf dem Rückenabschnitt Silke Hörner schon einigen Vorsprung mit, den die Olympiasiegerin im 200-m-Brustschwimmen noch ausbaute. Birte Weigang als „Schmetterling" und Katrin Meißner als Schlußkraulerin führten die Staffel auf die oberste Stufe des Siegerpodestes.

Die 50 m Freistil waren neu im Programm. Ein attraktives Rennen für die Zuschauer. Kristin Otto war auch hier dabei, doch eine Chance, vielleicht ihr sechstes Gold zu gewinnen, räumte ihr kaum jemand ein. Selbst ihr Trainer Stefan Hetzer wehrte voreiligen Optimismus ab. „Wir haben speziell die Fähigkeit trainiert, Kraftreserven auf den letzten 20 Metern der 100-m-Strecken einzusetzen. Und damit ist sie auch zu ihren Erfolgen gekommen. Das aber wird ihr auf der 50-m-Strecke nicht viel nutzen." Doch der Trainer irrte – worüber er sich nicht ärgerte. War der Auftakt auch ein psychologischer Sieg gewesen, so wurde der Abschluß ein unerwartet triumphaler Punkt hinter einer einmaligen Start- und Siegserie! Bezwungen war die Weltrekordlerin Yang Wenyi aus China. Für die beiden zeitgleichen Katrin Meißner und Jill Sterkel wurden zwei Bronzemedaillen vergeben.

In den 15 Disziplinen der Damen wurde bei den Siegerehrungen zehnmal die Nationalhymne unserer Republik intoniert. Nur Janet Evans vermochte mit ihren drei großartigen Siegen die Niederlage der USA-Schwimmerinnen in Grenzen zu halten. Bei den USA-Meisterschaften – Qualifikation für die Olympischen Spiele – waren noch acht Zeiten auf den Einzeldisziplinen besser gewesen als die vergleichbaren bei den DDR-Meisterschaften. Doch in den entscheidenden Stunden vermochten sich die DDR-Schwimmerinnen eindrucksvoll, wie bei den Weltmeisterschaften vor zwei Jahren, in Szene zu setzen und ihre Spitzenposition in der Welt nachzuweisen. Von den Siegerzeiten in Los Angeles überlebte nur eine einzige: die über 200 m Schmetterling. Auch das kennzeichnet das hohe Niveau der Leistungen, das auch davon geprägt wurde, daß Schwimmerinnen aus 12 Ländern – mehr als jemals zuvor – an der Medaillenverteilung beteiligt waren. Die Ungarinnen feierten nach 1952 erstmals wieder eine Olympiasiegerin, bulgarische, chinesische und kostarikanische Schwimmerinnen

1 | 2

1 Studie von Kristin Otto
2 Glückliche „Schmetterlinge" waren nach den 200 m Kathleen Nord (l.) und Birte Weigang

waren zuvor noch nie zu olympischen Siegerehrungen im Schwimmen gerufen worden.

Das alles wurde überstrahlt vom Triumph der DDR-Schwimmerinnen und ihrem sechsfach vergoldetem Stern Kristin Otto.

Was die Internationalität anging, so galt diese in gleichem Maße für die Männer. Einen Olympiasieger aus Suriname hatte es bis dahin ebensowenig gegeben wie einen Medaillengewinner aus der Volksrepublik Polen. Auch wenn die Statistik in fünf Wettbewerben US-amerikanische Schwimmer als Gewinner ausweist, so scheint es doch nicht verfehlt, in der Summe der Wettbewerbe von einem Desaster für sie zu sprechen. In sieben Disziplinen gelang es keinem USA-Sportler, auf das Siegerpodest zu steigen. Wenn trotzdem für diese traditionell starke Herrenmannschaft das Ergebnis noch einigermaßen akzeptabel ausfiel, dann war das in erster Linie dem 22jährigen Matthew Biondi zu danken.

Der athletische Kalifornier – 2,01 m groß – gewann mit den 50 m und 100 m Freistil die einzigen individuellen Distanzen für die USA und war auch in den drei Staffelkonkurrenzen das Zünglein an der Waage, indem er als Freistilschwimmer oder „Schmetterling" Zeiten erzielte, die ihresgleichen suchten. Und gleichermaßen war Biondi dafür zu bewundern, daß er dem von den Medien seines Landes ausgeübtem psychischen Druck standhielt. „Sieben Starts – sieben Goldmedaillen!" suggerierte die USA-Presse im Vorfeld der Spiele ununterbrochen ihren Lesern, womit man zweifelsfrei eine Brücke zum „Goldfisch" Mark Spitz schlagen wollte, dem dieses Kunststück vor 16 Jahren in München gelungen war. Biondis Einwände, daß er im Gegensatz zu seinem Landsmann ja nur einen einzigen Weltrekord – und zwar den über 100 m Freistil – hält und er folglich weit geringere Medaillenhoffnungen hegen könnte, fanden indes wohl kaum Gehör. Unter diesen Umständen sprach es für das Realitätsbewußtsein des USA-Schwimmers, die beiden Niederlagen über 200 m Freistil und 100 m Schmetterling wegzustecken und sich für die verbleibenden Wettbewerbe zu motivieren. Am Ende war Matthew Biondi hinter Kristin Otto mit fünf Gold-, einer Silber- und einer Bronzemedaille der zweiterfolgreichste Teilnehmer der Spiele.

Die DDR-Männer konnten sich zu Recht über ihr Ergebnis von Sòul freuen. Mit einer Gold-, drei Silber- und zwei Bronzemedaillen übertrafen sie das Resultat ihrer Vorgänger bei früheren Olympischen Spielen. Daß ein Olympiasieg wie der von Uwe Daßler in unserem Schwimmsport aber noch immer etwas Besonderes darstellt, beweist ein Blick in die Annalen: Nur der überragende Erfurter Rückenschwimmer Roland Matthes – 1968 und 1972 viermal Sieger – und der Berliner Freistilsprinter Jörg Woithe 1980 standen vor dem Potsdamer Armeesportler auf dem obersten Siegerpodest. Der 21jährige Unterleutnant der Nationalen Volksarmee verlieh zudem seiner Goldmedaille, die er im 400-m-Freistilrennen gewann, noch mit einem Weltrekord zusätzlichen Glanz. Mit

3:46,95 min unterbot er die Weltbestmarke von Artur Wojdat aus Polen um 57 Hundertstelsekunden und war damit auf dieser Strecke überhaupt erst der zweite DDR-Schwimmer, dem solches gelang. Bei den Europameisterschaften 1966 in Utrecht war es ebenfalls ein Armeesportler gewesen, der Weltrekord schwamm. Doch für seine damaligen 4:11,1 min hätte Frank Wiegand 1988 in Sòul nicht einmal mehr bei den Damen eine Medaille gewonnen.

Sein Nachfolger, Uwe Daßler, fand in Wildau bei Berlin zum Schwimmsport. Bereits Europameister von 1985 und 1987 auf dieser Distanz, konnte man ihm in Sòul auch einen olympischen Erfolg zutrauen. Er beließ es jedoch nicht dabei, sondern legte sich im Olympic Indoor Swimming Pool einen kompletten Medaillensatz zu. Es begann mit einer Silbernen in der 4 × 200-m-Freistilstaffel, in der er als Startschwimmer ein großes Rennen absolvierte und mit 1:48,26 min DDR-Rekord über 200 m schwamm. Zwei Tage später bewährte er sich im 400-m-Freistilfinale, und nach einem weiteren Tag Pause beendete er schließlich auch noch die 1 500 m Freistil als Dritter. Beeindruckend in allen drei Wettbewerben sein taktisches Herangehen. Besonders über 400 m Freistil machte sich seine Geduld bezahlt, mit seinem entscheidenden Vorstoß bis zur letzten Bahn warten zu können. Ohne Zweifel kostete es nicht geringe Nervenkraft, einen so hervorragenden Athleten wie Schwedens 200-m-Freistil-Europameister Anders Holmertz zuerst einmal beinahe eine Körperlänge davonschwimmen zu sehen und sich trotzdem auf die eigene Stärke – nämlich über ausreichend Stehvermögen und einen guten Schlußspurt zu verfügen – zu besinnen. Dafür wurde Uwe Daßler mit dem Gewinn der olympischen Goldmedaille aber auch reich belohnt.

Die 4 × 200-m-Freistilstaffel, in der neben Uwe Daßler noch die beiden Berliner Dynamo-Schwimmer Sven Lodziewski und Steffen Zesner sowie der Karl-Marx-Städter Thomas Flemming standen, verfehlte dagegen den Olympiasieg und den Weltrekord nur knapp. Dieses Quartett aber kann für sich in Anspruch nehmen, großartig gekämpft und die US-amerikanische Stafette zu beidem regelrecht getrieben zu haben. Und wäre an diesem Tage nicht ein entfesselter Matthew Biondi gewesen, der zu diesem Finale eine gehörige Portion Wut mitbrachte, nachdem er zuvor um eine Hundertstel Sekunde geschlagen den Olympiasieg dem Surinamer Anthony Nesty hatte überlassen müssen, wer weiß . . .

Nur um einen Handschlag vom Olympiasieg war auch der Magdeburger Frank Baltrusch entfernt gewesen, der für den sowjetischen Weltrekordler über 200 m Rücken, Igor Poljanski, eine in dieser Stärke sicherlich nicht erwartete Konkurrenz war. Über die Silbermedaille war Frank Baltrusch derart glücklich, daß er für Erörterungen in Richtung Gold keinerlei Sinn sehen konnte. „Sicherlich, es gelang mir, noch einmal dicht an Igor Poljanski heranzukommen, doch so ein Rennen ist eben nicht 205 Meter lang . . .", meinte er und strahlte im übrigen, als schon 24jähriger und nach 14 Jahren Training endlich auch noch an einem anderen Ziel angekommen zu sein: nämlich auf der 200-m-Rückenstrecke unter zwei Minuten zu bleiben. Mit einer weiteren Bronzemedaille konnten unsere Freistilsprinter Dirk Richter, Thomas Flemming, Lars Hinneburg und Steffen Zesner auch in der 4×100-m-Staffel allen Erwartungen gerecht werden. Eine solche Plazierung hatte man sich eigentlich auch von dem Potsdamer ASK-Athleten Patrick Kühl über 400 m Lagen erhofft, doch ihm spielten während des Rennens die Nerven einen Streich. Über seinen fünften Rang war er selbst am meisten enttäuscht, und daß der 20jährige gebürtige Güstrower daraus die richtigen Lehren gezogen hatte, konnte er am Schlußtag auf der 200-m-Lagendistanz beweisen. Es bedurfte schon eines Tamas Darnyi, um Patrick Kühl auf den Ehrenplatz verweisen zu können. Der Budapester stellte auf beiden Lagenstrecken Weltrekorde auf, so daß er – trotz eines so eifrigen Medaillensammlers wie Matthew Biondi – als der überragende Teilnehmer der Schwimmwettbewerbe von Sòul gelten kann. In Darnyi hat Ungarns Erfolgstrainer Tamás Szèchy seinen Meisterschüler gefunden, und die Leistung des 21jährigen gewinnt noch an Ansehen, wenn man weiß, daß er vor noch gar nicht allzu langer Zeit als erblindet galt. Erst eine komplizierte Operation rettete ihm das Augenlicht.

Es liegt in der Natur der Sache, daß der erste olympische Erfolg für Suriname mit seinen nur 300 000 Einwohnern von den meisten wohl als besonders spektakulär angesehen wird. Viele wissen sicher, daß in der ehemaligen niederländischen Kolonie die Wiege von Fußballstar Ruud Gullit stand, der mit Erfolg im Olympiajahr für Holland bei der Europameisterschaft stürmte – aber ein siegreicher Schwimmer? Doch so unbekannt war Anthony Nesty, wie der Olympiasieger über 100 m Schmetterling heißt, auch wieder nicht, hatte der braunhäutige Lockenkopf sich doch seit seinem Hochschulbesuch und dem folgenden Studium in Florida systematisch in die Weltspitze hineingeschwommen. Noch lassen es die bescheidenen Bedingungen in Suriname selbst nicht zu, nur dort allein einen Olympioniken zu entwickeln, doch daß es auch dort Talente zuhauf gibt, das bewies Anthony Nesty.

Mit Sòul ist die Welt des Schwimmens bunter geworden, wozu auch der Sieg des 21jährigen Japaners Daichi Suzuki zählte, der die 100 m Rücken gewann und dem mit delphinartigen Bewegungen nach dem Start tauchenden Weltrekordler David Berkoff ein Schnippchen schlug. Der US-Amerikaner brachte es mit seiner Unterwasserfahrt auf 35 Meter, und er sah sich einem Konkurrenten gegenüber, der das strömungsgünstige Tauchen genauso meisterhaft beherrschte und nur einen Meter hinter Berkoff an die Wasseroberfläche kam. Da nützte dem USA-Schwimmer auch kein im Vorlauf aufgestellter Weltrekord mehr – es war einer von neun.

Das Geheimnis des Wladimir Salnikow hingegen lüftete sich erst am Abschlußtag der Schwimmwettbewerbe. Zwölf Jahre nach Montreal, wo er über 1 500 m einen fünften Platz belegt hatte, acht Jahre nach seinem Moskauer Dreifacherfolg gelang dem Moskauer das Unwahrscheinliche. Unter eigener Regie und mit dem Beistand seiner Frau und Trainerin Marina brachte sich der 28jährige nochmals in Höchstform. Nach vielen Rückschlägen in den letzten Jahren hatte es viele Momente im Leben Wladimir Salnikows gegeben, in denen er dem Rücktritt vom Leistungssport nahe gewesen war. Zwei Dinge – so gestand er – aber hatten ihn immer wieder vorwärtsgetrieben: Es seiner Marina, die er liebt, nochmals zu beweisen – und der Wunsch, daß der Schwimmsport ihn in guter Erinnerung behalten möge. Worauf er zählen kann!

1/2 Funkbrücke Sòul – Leipzig: Kristin Otto mit Radioreporter Klaus-Jürgen Alde, Prof. Dr. Georg und Angela Otto mit Studiosprecher Walter Weitz

1
3
2

1 So elanvoll startete Kristin
   Otto
2 . . .und so elanvoll
   kämpfte Heike Friedrich
3 Ruhe vor dem Wasser-
   Sturm

*Vorseite: Auch Blumen gab
es nach den 200 m Freistil für
die Medaillengewinnerinnen
aus der DDR und Silva Poll
aus Kostarika*

1 *Mit Windmühlenschlägen
zum dreifachen Olympia-
sieg: Janet Evans aus den
USA. Freude nach dem
400-m-Freistilerfolg mit
neuem Weltrekord*

1 | 4
3 2 |

1 *400 m Freistil: Janet Evans (l.) vor Heike Friedrich und Anke Möhring*
2 *Auf dem Weg zum Gold: Daniela Hunger (DDR)*
3 *Freundinnen – Jelena Dendeberowa und Daniela Hunger*
4 *Silke Hörner stürmt zum Weltrekord!*

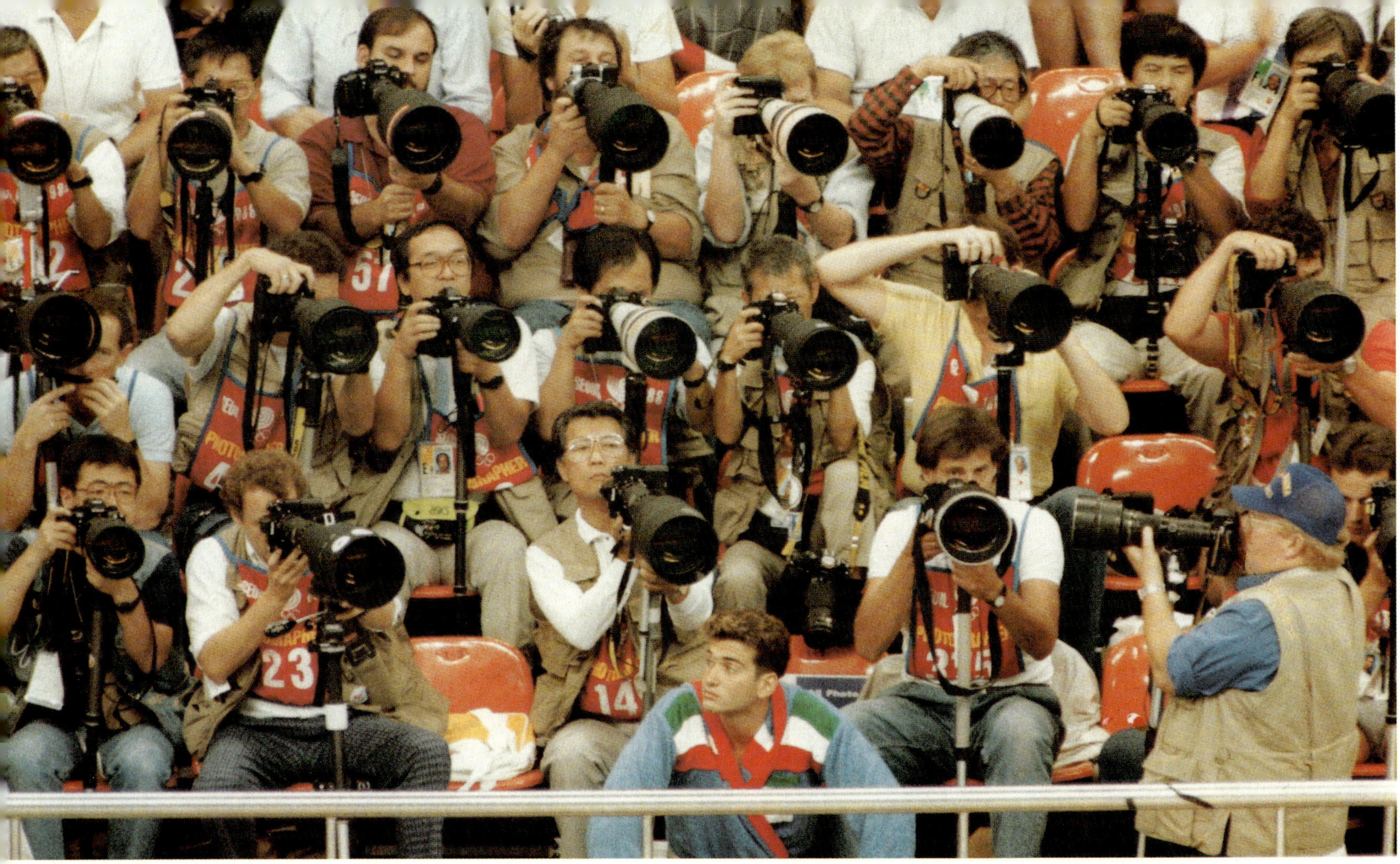
57
23
14

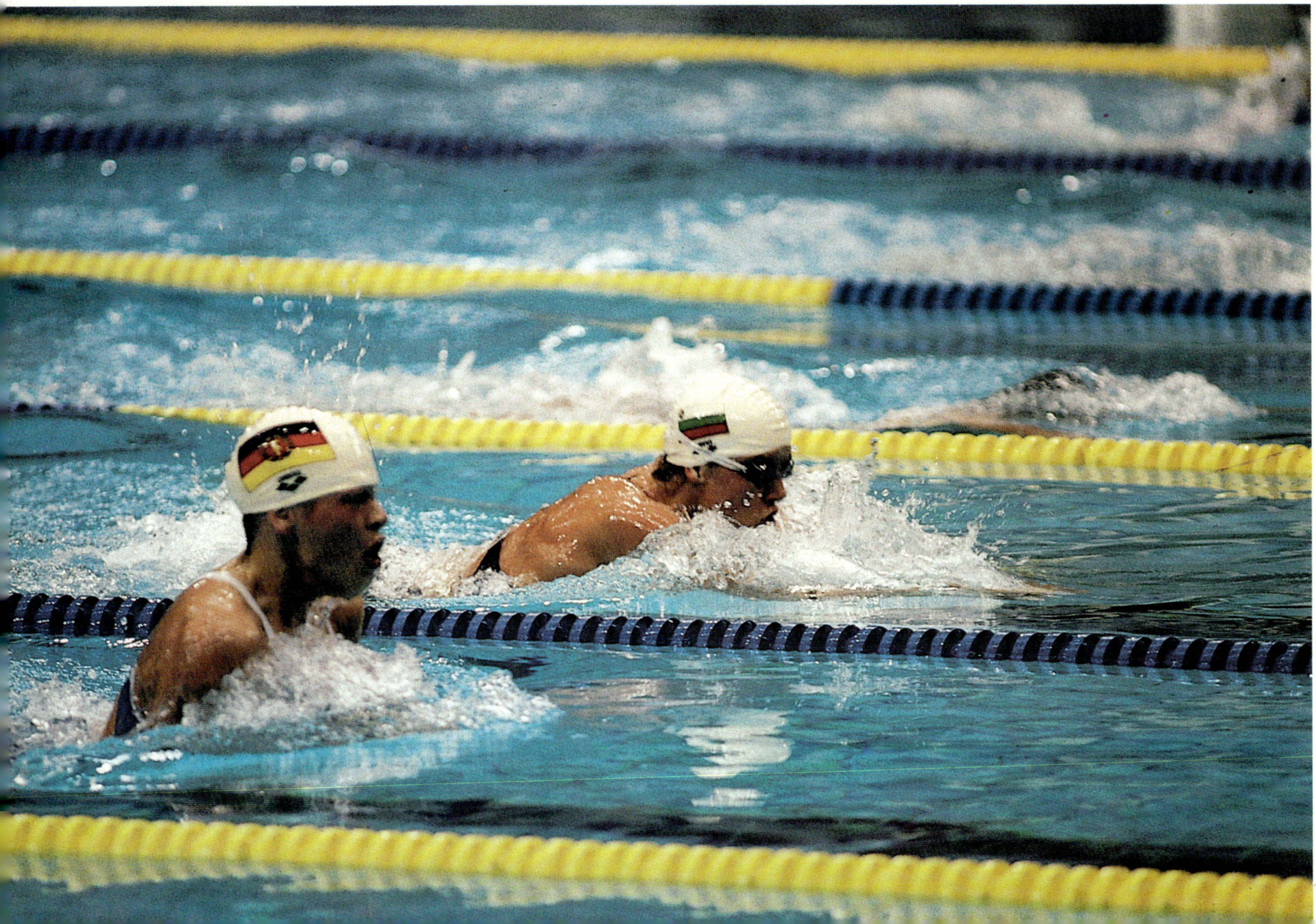

200M BREASTSTROKE WOMEN VICTORY CEREMONY

1.	HOERNER S	GDR	NWR
2.	HUANG X	CHN	
3.	FRENKEVA A	BUL	

WR
OR
TIME

SAMIK

SAMIK

2:26,71 min für Silke Hörner —
Olympiasieg im 200-m-
Brustschwimmen. So schnell
wie sie war zuvor noch keine.
Mit 23 Jahren war sie eine
der ältesten Teilnehmerinnen. Als sie achtjährig in
Leipzig mit dem Schwimmen
begann, gehörte der Anfän-
gergruppe auch Kristin Otto
an. „Wir haben uns in all den
Jahren immer sehr gut er-
gänzt!"

103

1 | 3
2 | 4 5 6

1 *Anschlag für die Siegerin im 100-m-Schmetterlingsschwimmen: Kristin Otto*
2 *. . . und Freude bei der Goldmedaillengewinnerin im 200-m-Wettbewerb: Kathleen Nord*
3–6 *Ein glücklicher Tag für vier schnelle Goldfische: Manuela Stellmach, Daniela Hunger, Katrin Meißner und Kristin Otto. Die Siegerzeit im 4×100-m-Freistilwettbewerb: 3:40,63 min.*

1
2 | 3

1/2 Gesichter, die für sich
sprechen: Kristin Otto aus
der DDR, Krisztina Egers-
zegi aus Ungarn. Die eine
gewann die 100 m Rük-
ken, die andere die dop-
pelt so lange Distanz

1 | 2
  | 3

1/2 Uwe Daßler, mit Weltrekord zum 400-m-Freistiler-
folg
3 Duncan Armstrong aus
Australien düpierte über
200 m Freistil die Promi-
nenz

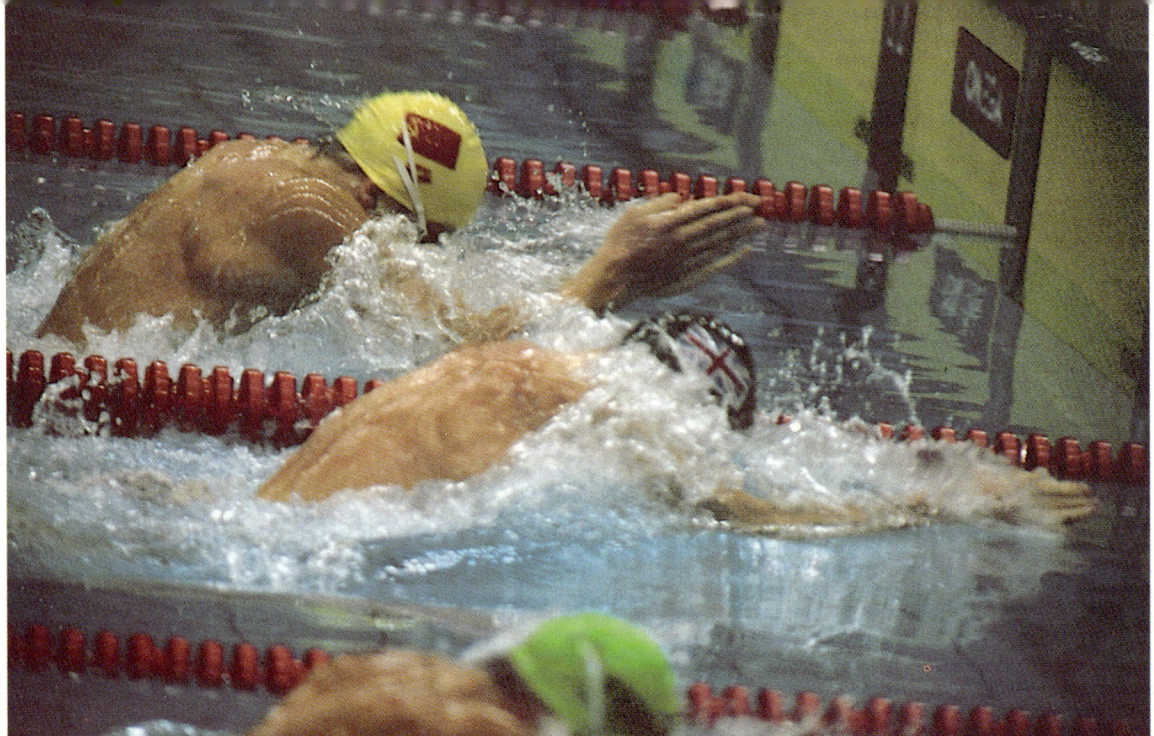

2 1 | 6
  3 | 5
  4

1/2 Adrian Moorhouse aus
Großbritannien – diesmal
ohne Regelverstoß zum
Olympiasieg im 100-m-
Brustschwimmen

3 Fünfmal Gold, einmal Silber, einmal Bronze – Mat-
thew Biondi aus den USA

4 Joszef Szabo aus Ungarn,
Schnellster über 200 m
Brust

5 Olympischer Dauerbren-
ner: Wladimir Salnikow,
schon 1976 dabei, 1988
noch einmal Sieger im
1 500-m-Freistilmarathon

1/2 *Rücken-Asse. Frank Baltrusch, Senior der DDR-Equipe, holte Silber über 200 m. Igor Poljanski, sein Freund aus der UdSSR, gewann erwartungsgemäß*

3 *Er kam, sah und siegte! Anthony Nesty aus Suriname gewann die 100 m Schmetterling*

4 *Mit berühmtem Namen zum Olympiasieg über 100 m Rücken: Daichi Suzuki aus Japan*

113

1 Daumendrücken zweier
hübscher junger Da-
men...
2 ...für Patrick Kühl im 200-
m-Lagenwettbewerb. Mit
Erfolg! Danke Silke Abicht,
danke Kristin Otto!
3 Gold und Weltrekord für
Tamas Darnyi aus Ungarn
4 Der Ungar ließ es dabei
nicht bewenden und ge-
wann auch die 400-m-Di-
stanz

1
2

1/2 Letzter Wechsel in der
4×200-m-Freistilstaffel.
DDR vor USA. Matt
Biondi, der überragende
USA-Schwimmer, führte
sein Quartett zum Erfolg.
Große Freude bei den
DDR-Männern über Sil-
ber

1	3
2	4

1 Mortensen? Ganz bestimmt ein Däne. Wer's nicht glaubt, schaue auf die Fahne, die er stolz auf seinem Haupte trägt

2 Das Resultat ist den dreien aus ihren Gesten abzulesen. Die Goldmedaille über 200 m Freistil gewann Duncan Armstrong (Australien), die Bronzene Matt Biondi (USA). Leer ging Michael Groß (BRD) als Fünfter aus

3 Unterstützung aus der Heimat. DDR-Jugendtouristen im Schwimmstadion

4 Auch ohne Medaillengewinn guter Stimmung: Annett Rex, Sabina Schulze und Christian Poswiat

WASSERSPRINGEN

Als die „Frösche" fliegen lernten, schrieb man das Jahr 1843. Berliner Turner hatten sich unter der Leitung des ehemaligen Halloren Tychi zum ersten deutschen Schwimmverein zusammengefunden und sich den Namen „Tychische Frösche" gegeben. Sie kannten bereits 75 verschiedene Wassersprünge.

Heute umfaßt die internationale Sprungtabelle insgesamt 87 Sprünge, von denen jeder seinen Schwierigkeitsindex besitzt. Je höher die Schwierigkeit, desto höher die Noten – eine einwandfreie Beherrschung vorausgesetzt. Das Ideal dieser Synthese verkörperte der USA-Springer Greg Louganis vor allem im Kunstspringen. Der fünffache Weltmeister und Doppelolympiasieger von Los Angeles überraschte die Fachwelt mit dem schwierigsten Programm und sorgte auch in anderer Hinsicht für Aufsehen. Im Vorkampf des Kunstspringens prallte der 28jährige beim zweieinhalbfachen Auerbachsalto mit dem Kopf an das Brett und bekam nur 6,30 Punkte. Trotz der Verletzung setzte er den Wettkampf fort und qualifizierte sich als Dritter für das Finale.

Das gewann er mit ausgezeichneten 730,80 Punkten – mehr hatte nur er selbst zuvor erzielt. Sein Sieg fiel mit 25,92 Punkten Vorsprung zum Olympiazweiten und Vizeweltmeister Tan Liangde aus China deutlich aus. Louganis wurde auch wieder Olympiasieger vom Turm, doch war das kein so glanzvoller Sieg. Er lag nach dem vorletzten Durchgang hinter dem erst 14 Jahre alten Chinesen Ni Xiong zurück.

85,56 Punkte benötigte er, um zu gewinnen, 86,79 erhielt er für seinen dreieinhalbfachen Auerbachsalto – der knappste Erfolg in seiner langen Laufbahn.

Bei den Damen dominierten die Chinesinnen. Xu Yanmei hatte sich zum Auftakt in einem von Nervosität und Fehlern geprägten Wettbewerb den Sieg nicht nehmen lassen, und im Kunstspringen gewann mit Gao Min die Weltmeisterin, die zwei Jahre zuvor beim Springertag in Rostock ihren ersten internationalen Sieg gefeiert hatte. Von den DDR-Startern erreichte der 17jährige Jan Hempel aus Dresden im Turmspringen als Fünfter die beste Plazierung. Er ließ Vizeweltmeister Li Kongzheng aus China hinter sich. Steffen Haage aus Halle belegte vom Turm, wie die Leipzigerin Brita Baldus vom Brett, Rang sieben, während ihre Klubkameradin Silke Abicht im Turmspringen Achte wurde.

Bemerkenswert in den vier Wettbewerben des Wasserspringens war, daß kein Europäer eine Medaille gewinnen konnte. Die teilten sich China (6), die USA (5) und Mexiko (1).

1 | 3 4
2 | 5

1/2 Auch die Fünften zeigten
vom Turm mutige Sprünge,
sauber ins Wasser ge-
taucht – Chen Xiaodan aus
China und Jan Hempel aus
der DDR
3 Greg Louganis aus den
USA. Wieder zweimal
Gold wie schon vor vier
Jahren
4/5 5? 6? 7? Nein, eine 10 für
diesen perfekten Sprung!

121

WASSERBALL

Jugoslawiens Wasserballspieler zählen zu den erfahrensten in der Welt. Sie besitzen auch Routine, wenn Spiele in die Verlängerung gehen müssen. Bei den Weltmeisterschaften 1986 in Madrid bestritten sie gegen Italien das Finale, das als dramatischstes Endspiel aller Zeiten in die Chronik einging. Erst nach viermaliger Verlängerung stand der Weltmeister fest. 13 Sekunden vor dem Schlußpfiff gelang Jugoslawien das goldene Tor zum umjubelten 12:11-Endstand. Auch das Finale des olympischen Wasserballturniers von Sòul mußte verlängert werden. Und wieder war Jugoslawien dabei. In der Vorrundengruppe B war die Mannschaft hinter der USA-Auswahl nur Zweiter geworden. Vier Siegen stand eine Niederlage gegenüber, und die war mit 6:7 gegen die USA zu quittieren. Doch auch diese Mannschaft blieb in der Vorrunde nicht ungeschoren und unterlag gegen Spanien mit 7:9. Dagegen mußte Ungarn, das in der Geschichte Olympischer Spiele bereits fünfmal zu Goldmedaillen gelangt war, nach Niederlagen gegen die USA und Jugoslawien sowie einem Unentschieden gegen Spanien schon frühzeitig die Segel streichen. Einzige unbezwungene Mannschaft in der Vorrunde (Gruppe A) war die BRD. Den zweiten Rang belegte die UdSSR, die sich trotz einer Niederlage – 8:9 gegen die BRD – für die Finalrunde qualifizieren konnte.

Jugoslawien, Olympiasieger 1984, feierte im Semifinale gegen die BRD einen deutlichen 14:10-Erfolg und wiederholte damit den Sieg, der vier Wochen vor den Spielen bei einem Turnier in Belgrad mit 16:8 noch klarer ausgefallen war. Das zweite Halbfinalspiel sah die USA knapp mit 8:7 gegen die UdSSR im Vorteil.

Im Gegensatz zu allen anderen Mannschaften hatte sich die UdSSR in aller Stille und ohne jegliche Turnierteilnahme auf die Spiele vorbereitet; sie spielte dann noch gegen die BRD um die Bronzemedaille und gewann mit 14:13. Allerdings stand auch dieses Treffen lange auf des Messers Schneide, ehe Apanasenko beim Gleichstand von 13:13 wenige Sekunden vor Schluß das Siegtor gelang.

Im Finale führte die USA-Mannschaft nach vehementem Beginn im dritten Viertel bereits mit 5:2. Dann aber sorgten die Jugoslawen Andric und zweimal Gocanin für den Ausgleich zum 5:5. Der drangvolle Milanovic eröffnete das letzte Viertel mit einem Treffer, aber postwendend kam der Ausgleich. So ging es in die Verlängerung. Lusic gelang sofort das 7:6 für Jugoslawien, Djuho ließ das 8:6 folgen, und der erfolgreichste jugoslawische Schütze – Milanivic – schoß zum 9:6 ein, dem die USA-Mannschaft nur noch eine Torverbesserung auf 9:7 entgegensetzen konnte.

1/2 Hände strecken sich zum Ball und zum Olympiagold für Jugoslawiens Wasserballer (hier in der Begegnung mit der BRD-Auswahl)

SYNCHRON-SCHWIMMEN

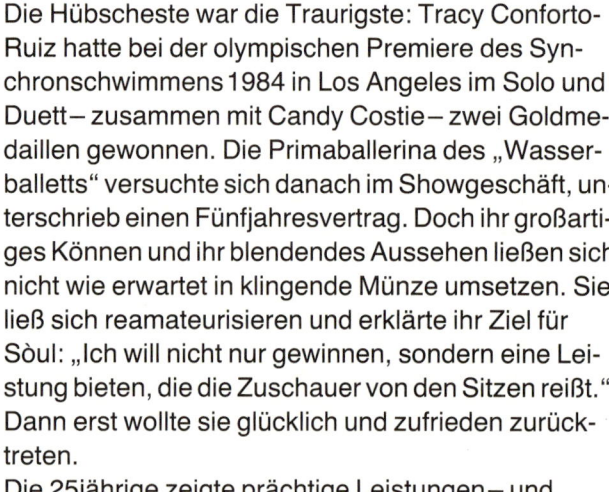

1–3 Faszination eines anmutigen Sports. Synchronität der Bewegung, demonstriert von Carolyn Waldo und Michelle Cameron aus Kanada. Sie waren die Eindrucksvollsten

Die Hübscheste war die Traurigste: Tracy Conforto-Ruiz hatte bei der olympischen Premiere des Synchronschwimmens 1984 in Los Angeles im Solo und Duett – zusammen mit Candy Costie – zwei Goldmedaillen gewonnen. Die Primaballerina des „Wasserballetts" versuchte sich danach im Showgeschäft, unterschrieb einen Fünfjahresvertrag. Doch ihr großartiges Können und ihr blendendes Aussehen ließen sich nicht wie erwartet in klingende Münze umsetzen. Sie ließ sich reamateurisieren und erklärte ihr Ziel für Sòul: „Ich will nicht nur gewinnen, sondern eine Leistung bieten, die die Zuschauer von den Sitzen reißt." Dann erst wollte sie glücklich und zufrieden zurücktreten.

Die 25jährige zeigte prächtige Leistungen – und wurde dennoch übertroffen. Denn für den Höhepunkt in der Olympia-Schwimmhalle sorgte nicht sie, sondern Carolyn Waldo. Die Kanadierin war bereits 1984 als Zweite ihre härteste Konkurrentin gewesen, aber nun, in der olympischen Entscheidung, war sie an Eleganz, Synchronität, Schwierigkeit und Ausstrahlung nicht zu übertreffen. Die 23jährige aus Calgary mußte sich zwar bei vorolympischen Wettbewerben in Sòul noch Tracy Conforto-Ruiz beugen, aber in der Stunde der Entscheidung hatte sie die besseren Nerven. Alle anderen hatten mit der Entscheidung in dieser attraktiven Sportart, die erst relativ neu ist im olympischen Programm, dennoch aber schon viele Anhänger gefunden hat, nichts zu tun.

Carolyn Waldo dominierte dann auch zusammen mit Michelle Cameron im Duett knapp vor dem USA-Zwillings-Duo Sarah und Karen Josephson. Die beiden Olympiasiegerinnen trainieren seit 1984 zusammen und haben noch keinen Wettkampf im Duett verloren. In beiden Konkurrenzen blieben – wie schon 1984 – die Europäer ohne Medaillen.

RUDERN

Irgendwann im Frühjahr 1988 tafelten fünf junge Frauen in einem der Restaurants des Hotels „Stadt Berlin". Gastgeber des chinesischen Essens bemerkenswerter Dimensionen waren Carola Hornig, Kapitän der DDR-Ruder-Nationalmannschaft der Frauen, und ihr Ehemann. Der nämlich ist Koch im gastlichen Haus am Alexanderplatz und hatte das Mahl mit 28 Gängen zubereitet.

„Über fünf Stunden brachten wir bei Reis, Muscheln, Bambusspitzen und vielen uns unbekannten kulinarischen Genüssen zu. Es war eine herrliche Abwechslung im Trainingsalltag und sollte für unseren Vierer mit Steuerfrau schon eine kleine Einstimmung auf die olympische Atmosphäre in Fernost einige Monate danach sein", erinnerte sich Carola Hornig später.

Ein Detail in Vorbereitung der Wettkämpfe von Sòul, von dem ewig ein Geheimnis bleiben wird, ob es überhaupt – und wenn ja wieviel – Einfluß auf den Ausgang des wichtigsten Saisonrennens am 24. September auf dem Han-Fluß nahm. Aber die zum Zeitpunkt der Spiele 26jährige Carola, Wirtschaftskaufmann von Beruf, fühlte sich eben nicht nur für das Geschehen im Boot und rund um den Sattelplatz zuständig. „Zusammengehörigkeitsgefühl, ohne das bei einer solchen Mannschaft gar nichts geht, entwickelt sich nicht nur zwischen Ruderkasten und Regattastrecke", ist sie sich sicher.

An jenem vierten Septembersonnabend hatte der Kapitän mit seiner Crew noch eine Pilotfunktion zu übernehmen. Der Zeitplan des ersten Finaltages am Wochenende führte dazu, daß der Frauenvierer die „Stimmungsweichen" für die Boote in den folgenden Entscheidungen zu stellen hatte.

Genau 6 Minuten und 56 Sekunden nach dem Startkommando war die erste Weiche auf Gold gestellt; Sieg für die Besatzung aus Berlin-Grünau und Leipzig, womit eine Goldwelle in Bewegung geriet, an die man sich nicht nur in Südkorea noch lange erinnern wird. Dieser Auftakt war auch insofern bemerkenswert, als der große Favorit und Weltmeister Rumänien nur auf Rang drei einkam. „In den vergangenen beiden Jahren ist nach wichtigen Rennen bei uns so manche Träne geflossen. Diesmal war das nun bei den Frauen aus dem Karpatenland der Fall", erzählte die Medizin studierende Steuerfrau Sylvia Müller nicht ohne Mitgefühl.

Jubel dagegen in Chinas Mannschaft, die sich zwischen die DDR und Rumäniens Vertretung schob. Erstes Olympiametall für die Ruderer aus dem Reich der Mitte überhaupt, dem der Frauenachter später noch Bronze hinzufügte. „Unsere Bemühungen der vergangenen Jahre zahlten sich aus. Dank gilt DDR-Trainer Erwin Krakau, der mehrere Monate zu Lehrgängen in China bei unserer Auswahl weilte", betonte

Zhang Xianghua aus dem Silbervierer in der Stunde des Glücks.

So hatte natürlich jede Entscheidung ihre Eigenheiten. Der siegreiche Doppelzweier mit Martina Schröter und Birgit Peter wird in der Chronik der DDR-Erfolge im Zeichen der fünf Ringe einen besonderen Platz erhalten. Die beiden Potsdamerinnen erkämpften die insgesamt 500. Medaille für die DDR bei Olympischen Spielen. „Ein herrliches Gefühl, hier noch einmal so gut abgeschnitten zu haben", strahlte Martina Schröter, die bereits 1980 in Moskau als 19jährige eine Medaille errungen hat. Im Einer gewann sie damals Bronze und war nun in Sòul unsere einzige Ruderin mit Olympiaerfahrung.

Doch standen ihr die Jüngeren nicht nach. Im Gegenteil! Bis auf den Zweier ohne (4.) gewannen alle DDR-Boote ihre Finals. Fünfmal Gold in sechs Rennen! Eine Bilanz, die seit der Premiere des olympischen Frauenruderns in Montreal 1976 ihresgleichen sucht. Doch alles, was auf dem künstlich angelegten Kurs von Sòul schließlich so locker und leicht aussah, war es bei weitem nicht. „Ich fühlte mich so aufgeregt wie nie bei einem Wettkampf zuvor", verriet Birgit Peter aus dem Jubiläumszweier. Und das als dreimalige Weltmeisterin im Doppelvierer! „Es lag auch sicherlich daran, daß bei unseren Vorläufen noch nicht alles optimal lief. Zudem sagte ich mir: Kristin Otto holt hier im Schwimmen eine Goldmedaille nach der anderen. Doch wir haben nur eine Chance, da muß alles stimmen. . ."

Im Finalwettkampf des Doppelzweiers stimmte dann tatsächlich alles, was man auch vom größten Skullboot sagen mußte. Der Doppelvierer der Frauen gilt ohnehin als Paradeboot unseres Verbandes. Noch nie blieb er bei Olympia ohne Gold für die DDR. Seit 1986 bewährt sich Jana Sorgers als Schlagfrau ihrer Crew. Sie war übrigens in der Schule für ihren Sport geworben worden. Die 1,81 m große Studentin für medizinische Assistenz ist in Pragsdorf zu Hause. „Das ist ein kleiner, nur rund 700 Einwohner zählender Ort bei Neubrandenburg, in dem man bisher nicht sonderlich viel Notiz davon nahm, daß ich eine recht erfolgreiche Sportlerin bin", meinte Jana Sorgers schmunzelnd in Sòul. Es änderte sich nach jenem Sieg schlagartig: Pragsdorf feierte die Heimkehr seiner Olympiasiegerin und die Siege der anderen – wie überall im Lande – mit großer Ausgelassenheit.

Frohsinn mußten Steuerleute und Trainer schon am Ort des Geschehens „ertragen". Jutta Lau, die in Sòul auch den Doppelvierer betreute, wurde im hohen Bogen ins Wasser befördert. „Weil wir ja keine Steuerfrau haben", begründete Jana Sorgers, die übrigens ihr Boot mit einem 38er Schlag ins Ziel brachte. Diesem Triumph konnten weder die Mitkonkurrenten

1 | 2
  | 3

Super-DDR-Frauen!
Vorseite: der Achter
1 *Glückliche Solistin: Jutta*
  Behrendt
2 *Schneller Vierer mit Steu-*
  erfrau unterwegs
3 *. . .und im Jubel an Land*

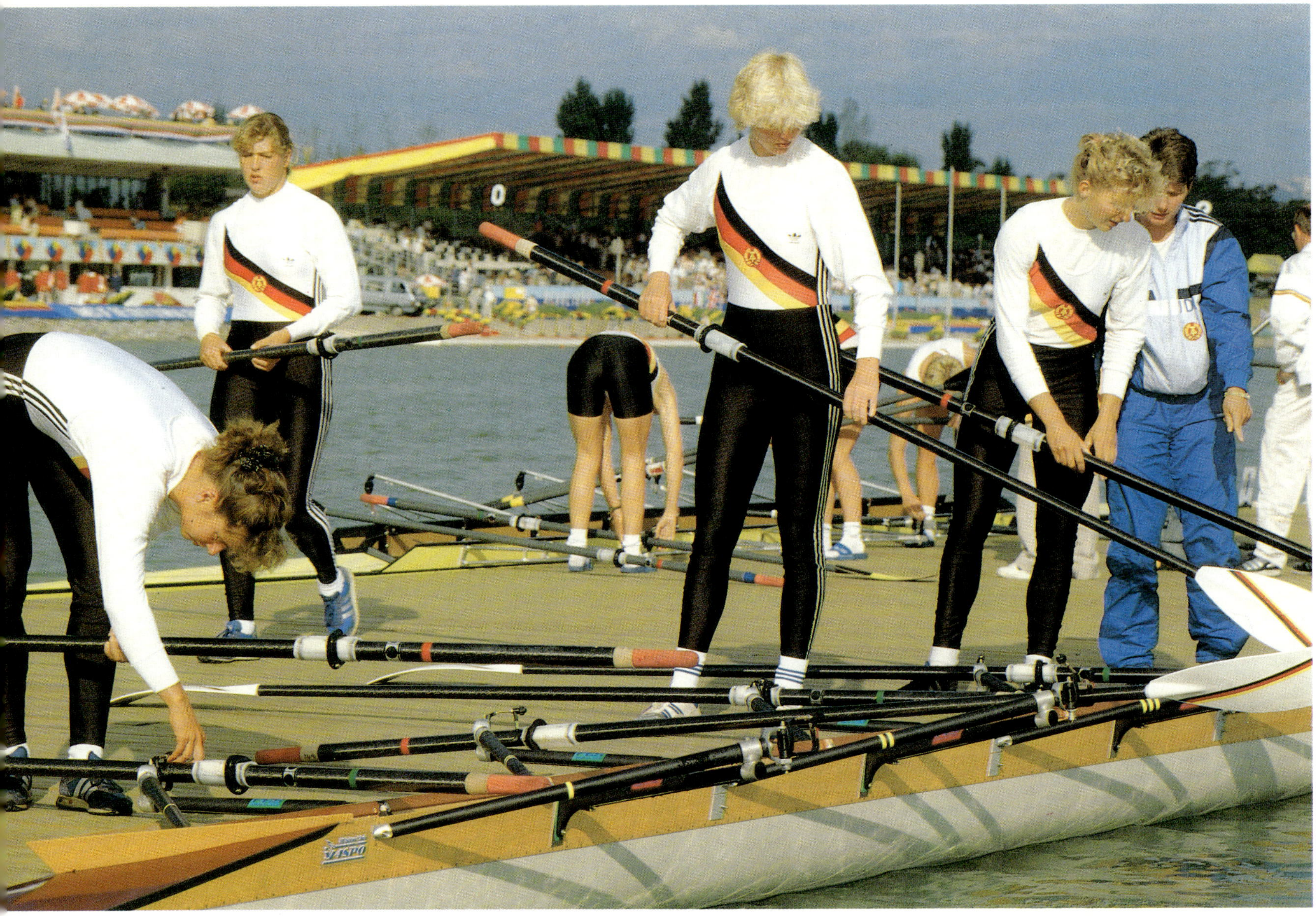

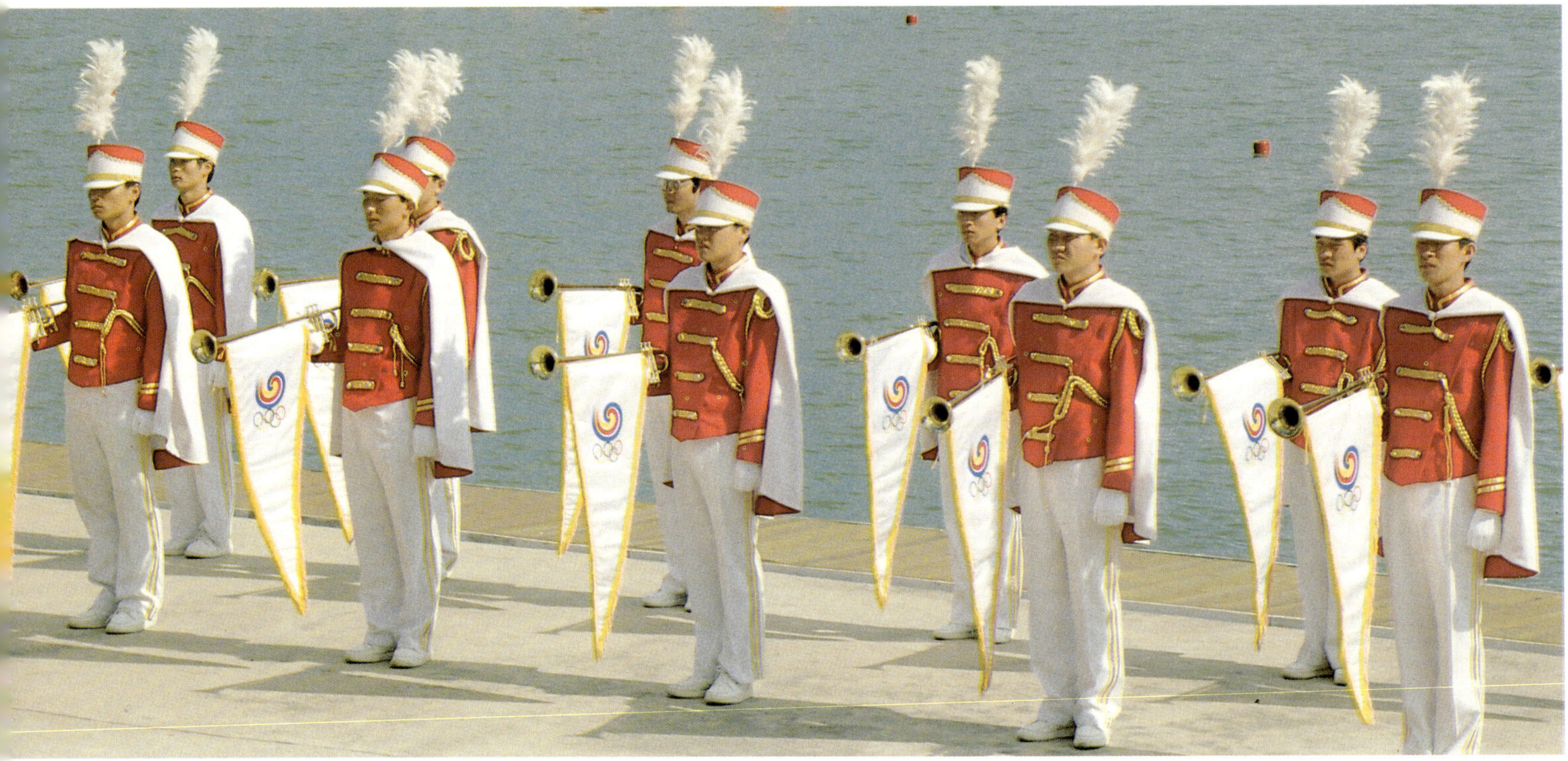

```
1 | 3    4
  |      5
2 | 6
```

1 Startpräparation beim späteren Sieger im Doppelvierer: DDR

2 An Land hat die Ehreneskorte bereits Aufstellung genommen

3/4 24. September 1988: Birgit Peter (r.) und Martina Schröter, Siegerinnen im Doppelzweier, gewannen die 500. Olympiamedaille in der Sportgeschichte der DDR

5 Die Goldmedaille im Zweier ohne Steuerfrau ging an Rumänien,

6 . . . Silber an Bulgarien (rechts), Bronze an Neuseeland (vorn), das DDR-Boot kam auf Platz vier

1   2

1 *Die DDR-Steuerfrau des
   Achters muß ins Wasser.
   Siegerpflicht*
2 *Chinas Ruderinnen ge-
   wannen ihre ersten olym-
   pischen Medaillen, Bronze für den Achter, Silber für den Vierer*

1–3 Wer dachte da noch an Karppinen oder Kolbe? Wer Thomas Lange aus der DDR auf dem Han erlebte und danach bei der Pressekonferenz, der war begeistert. Ein Sportsmann vom Scheitel bis zur Sohle, mit Kraft und Geist

1	3
2

1/2 Der Vierer mit aus der DDR mit traditioneller Zugabe. So jubilieren olympische Sieger!
3 So können sich auch Italiens Männer aus dem Doppelvierer freuen, die große Vorbilder hatten

aus Rumänien (3.) noch die aus der UdSSR folgen, die Silber holten. In Südkorea war es allerdings die einzige Frauenmedaille für die UdSSR im Rudern, was die Fachwelt verblüffte.

Verblüffung – allerdings in umgekehrter Richtung – verursachte auch der DDR-Frauenachter, der nicht gerade als Favorit ins Rennen ging. An dieser Stelle sei noch einmal an die Weltmeisterschaften 1987 in Kopenhagen erinnert: Lediglich ein Titel durch den Doppelvierer ließ auf fast trübe Olympiaaussichten schließen. In einer Frauensportart, die ihre Fans eigentlich seit Jahren mit Erfolgen verwöhnt hatte. Die Aktiven aus Rumänien mit drei WM-Siegen und aus Bulgarien (2) schienen da die weitaus besseren Karten in den Händen zu halten.

Unser Achter war 1987 nur Vierter geworden. Wer ihn in Sòul sah und wußte, daß er nach den DDR-Meisterschaften Ende Juli noch auf einigen Positionen umbesetzt worden war, konnte sich die Harmonie und technische Glanzleistung kaum erklären. Doch Beatrix Schröer, Kapitän im Boot, gab nach dem imponierenden Sieg Auskunft über einen Teil des Erfolgsrezeptes: „Wir sind mit vollem Risiko gefahren. Schon am Start war das deutlich zu erkennen. Wir wollten selbst auf die Gefahr eines Fehlstarts hin ganz schnell loslegen. Prompt wurden wir dann auch zurückgepfiffen, ließen uns davon aber nicht beirren. Beim zweiten

Versuch ging es ebenfalls forsch zur Sache. Später wurden wir dann mit jedem Meter sicherer."

Beatrix Schröer, die in Meißen mit dem Rudern begann, bei der BSG Einheit trainierte und dann zum SC Einheit nach Dresden delegiert wurde, bescheinigte ihrem Kollektiv eine beinahe Berge versetzende Moral: „Wir haben uns alle so in den Gedanken verstiegen, die favorisierten Frauen aus Rumänien nicht davonziehen zu lassen, daß unser Vorhaben, hier Gold zu holen, einfach klappen mußte."

Wehmütig verfolgten in Sòul Kerstin Spittler und Katrin Schröder, die eine von der SG Dynamo Potsdam, die andere vom SC Magdeburg, das Geschehen im großen Boot. Bei der Rotseeregatta von Luzern hatten beide noch im Achter gesessen. Doch in der Schweiz waren die Trainer mit der dortigen Zweierohne-Besatzung Ute Wild und Kathrin Haaker nicht so recht zufrieden gewesen. Eine Alternative vor allem zur überragenden rumänischen Vertretung Rodica Arba und Olga Homeghi wurde gebraucht. Da Kerstin Spittler und Katrin Schröder die DDR-Meisterschaft gewannen, waren sie plötzlich im Zweier ohne die erste Wahl.

Doch die routinierten Frauen aus dem Karpatenland ließen sich auch bei Olympia von niemandem ein X für ein U vormachen, siegten souverän, während unsere beiden Frauen noch hinter Bulgarien und Neuseeland auf Rang vier einkamen. Tröstende Worte waren vonnöten, zumal angesichts des goldenen Glanzes der Frauenflotte. Der Sport hielt auch hier seine Enttäuschungen bereit. Morgen kann dem Strebsamen das Glück schon wieder die Hand reichen.

Bestes Beispiel dafür war am Han-Fluß Einer-Olympiasiegerin Jutta Behrendt. Wie die Berlinerin gewann, das war wirklich sehenswert.

So schnell die Frau vom SC Dynamo Berlin auf dem olympischen Wasser war, bei der Dopingkontrolle brauchte sie Stunden, trank ein Bier nach dem anderen, ehe es damit klappte. Jutta Behrendt saß im medizinischen Trakt, schaute durch ein Gazefenster auf den Sattelplatz, der sich immer mehr leerte.

Doch eine blieb, stellte sich vor das Fenster und leistete der exzellenten Skullsolistin Gesellschaft, bis sie ihre letzte Pflicht erfüllt hatte – Carola Hornig, Kapitän vom Anfang bis zum Ende, vom Scheitel bis zur Sohle. Unmöglich, die wackere DDR-Frauenschar von der ersten bis zur letzten zu porträtieren. Die Skullsiegerin soll für alle stehen, um mehr offerieren zu können als nur die Abfolge der Regatta.

Es gab Leute am Ufer des Ruderkanals, die versicherten, Jutta Behrendt hätte sich einen Sonderpreis für ihren außergewöhnlichen Kampfgeist verdient. 500 Meter vor dem Ziel lag die Sportstudentin noch fast drei Sekunden hinter Magdalena Georgiewa.

„Ich hegte schon Befürchtungen, sie würde mir wieder entwischen, und ich begann mich schon darauf zu orientieren, den zweiten Platz zu sichern. Doch dann sah ich, daß sie nach drei Vierteln des Rennens Probleme bekam. Das war meine Chance, die ich unbedingt nutzen wollte."

Auf diesen abschließenden 500 Metern nahm Jutta Behrendt der großen Favoritin noch neun Sekunden ab! Ein Vorgang, der die Frau aus Plowdiw so schockierte, daß sie auch noch die US-Amerikanerin Anne Marden vorbeiziehen ließ. Die strahlende Siegerin war natürlich überglücklich, zumal sich die am 15. November 1960 geborene Sportstudentin der mißglückten Olympiageneralprobe in Luzern entsann.

„Das war eine Phase, in der meine Trainerin Rita Bludau und vor allem mein Mann ganz schön zu tun hatten, mich wieder aufzurichten und mir wieder Vertrauen zur eigenen Leistungsfähigkeit zu geben. Es begann mit dem Kampf um einen Platz im Einer bei uns im eigenen Lande und endete mit dem Rennen von Sòul." Beharrlichkeit und Ehrgeiz sind die hervorstechenden Eigenschaften der schlanken waschechten Berlinerin, die seit 1980 zur DDR-Nationalmannschaft gehört.

„Für einen Olympiastartplatz in Moskau reichte es aber damals noch nicht. Um so wichtiger war mir nun hier ein erfolgreiches Abschneiden, über das sich mit mir ein großer Bekanntenkreis und neben meinem Mann vor allem meine Eltern freuen werden." Nach Sòul wurde die 1,81 m große und 75 kg schwere junge Dame übrigens von einem kleinen Steinmännchen begleitet. „Ein Maskottchen, das mir mein Vater

vor Jahren schenkte und das bei keiner Wettkampfreise fehlt", wie Jutta Behrendt verriet. Es ist ein fleißiger Glücksbringer, denn einen Olympiasieg, zwei WM-Erfolge im Einer und ebenfalls zwei im Doppelvierer – wer kann schon auf solch eine Bilanz verweisen?

„Das entscheidende ist der Spaß am Rudern, zu dem es auch gehört, daß man sich manchmal durchs Training quält. Aber wenn wie hier der Erfolg da ist, weiß ich, wofür ich geschuftet habe. Und dann kann ich die Freude doppelt und dreifach genießen."

Statistiker haben ausgerechnet, daß Jutta Behrendt, die als Jutta Hampe bei der BSG EAW Treptow mit dem Sport begann, im Boot schon weit mehr als zweimal die Erde umrundet hat.

Doch der Kampf gegen Wasser, Wellen und sportliche Kontrahenten füllt natürlich nicht das ganze Leben der jungen Ehefrau aus, die den häuslichen Pflichten ebenso gerecht werden muß wie dem Studium an der DHfK Leipzig. Jutta Behrendt kocht in der Freizeit, liebt die Geselligkeit, schwingt gern mal das Tanzbein und mag das Autofahren ebenso wie das Lesen oder einen Bummel durch die Geschäfte ihrer Stadt.

Die Olympiasiegerin vom SC Dynamo Berlin steht in jeder Hinsicht mitten im Leben, fordert sich vielseitig und wurde in Ausbildung und Sport ebenso vielseitig gefördert. Jutta Behrendt vermittelte dem Rudersport unseres Landes Impulse wie einst die Dresdener Olympiasiegerin und vierfache Weltmeisterin Christine Hahn-Scheiblich, die für die beste Soloskullerin des Jahres 1988 immer ein Vorbild war.

Die 7:47,19 Minuten zum Erfolg im Einerfinale von Sòul gehören zweifelsfrei zu den Leistungen, die lange in Erinnerung bleiben werden, weil sie mit bewundernswertem Kampfgeist verbunden waren. Auch mit einem Willen, der zwar in diesem Falle nicht Berge, dafür aber die Kontrahenten versetzte.

Fotoapparate klickten, Journalisten drängten sich um Thomas Lange. Der Blondschopf aus Halle überragte fast alle in der Runde. Die Fragen der Reporter kamen fast mit der Heftigkeit eines Gewitterregens. So entging dem Medizinstudenten, wie im Hintergrund der Zweimeterriese Pertti Karppinen seinen bunten Rucksack mit den Ruderutensilien schnürte, noch einen Blick in die Runde warf und dann unauffällig und unbeachtet den Sattelplatz am Han-Fluß verließ. Der Finne aus Turku hatte Rudergeschichte geschrieben: Dreimal stand er als Goldmedaillengewinner im schmalen Skiff auf der höchsten Stufe des olympischen Ehrenpodestes. In Sòul verfehlte er die Fahrrinne zu olympischem Gold, er mußte einer neuen Generation den Weg freigeben. Doch Thomas Lange erwies in der Stunde seines Glücks jenen Reverenz, die vor ihm Großes geleistet haben: „Pertti Karppinen und Peter-Michael Kolbe aus der BRD verdienen meine Achtung. Beide sind Mitte Dreißig und haben sich noch einmal zu einem olympischen Wettkampf gestellt. Ich empfinde das als tolle Leistung, die zeigt, welche Kräfte Olympische Spiele mobilisieren."

Der in Oslo lebende 34jährige Hamburger Peter-Michael Kolbe lieferte Thomas Lange einen Kampf von hohem Niveau. „Aber", so gab der fünfmalige Weltmeister aus der BRD ohne Umschweife zu, „Thomas Lange ist ein hervorragender Ruderer. Mit meiner Silbermedaille hinter ihm bin ich sehr zufrieden."

Olaf Förster, Ralf Brudel, Thomas Greiner und Roland Schröder konnten ihr Glück kaum fassen. Kaum hatte der Vierer ohne nach der Siegerehrung am Bootssteg des olympischen Sattelplatzes festgemacht, als die Besatzung ihrem Trainer Dieter Grahn die funkelnden Goldmedaillen in die Hand drückte und so, wie sie war, in die Fluten des Han-Flußes sprang. Kaum wieder an Land, flog der Trainer im hohen Bogen ins Naß. Zwei Jahre war die Crew ungeschlagen gewesen. Plötzlich zog ausgerechnet vor Olympia die Gefahr herauf, daß diese Serie unterbrochen würde. Jens Lüdecke, angestammter Viererruderer und gleichzeitig Steuermann dieses Bootes, war krank geworden. Für ihn rückte der Hallenser Roland Schröder in die Kombination aus Berlin und Dresden. Er mußte nicht nur seine Kraft als Ruderer einbringen, sondern auch die Steuerfunktion übernehmen. „Aber Roland fügte sich sofort in unser Kollektiv ein", betonte Schlagmann Olaf Förster und beschrieb das Rennen mit den Worten: „Wir setzten uns bei der 1 000-m-Marke vom Feld ab und konnten auch das starke USA-Boot auf Distanz halten."

Ähnlich sicher wie der Vierer ohne Steuermann schwenkte auch der Steuermann-Vierer von Dynamo Potsdam mit Frank Klawonn, Bernd Eichwurzel, Bernd Niesecke, Karsten Schmeling und Steuermann Hendrik Reiher auf den Goldkurs in Sòul ein. Ihre stärksten Widersacher fanden die DDR-Ruderer dieser Bootsklasse in den Besatzungen aus Rumänien und Neuseeland. In Gefahr aber geriet der Sieg nach einem starken, von Schlagmann Karsten Schmeling inszenierten Endspurt nie. Ein überglücklicher Bernd Eichwurzel ließ seinen Gedanken freien Lauf: „Für mich als Ruderer ist es ein besonders stolzes Gefühl, wenn ich auf dem Siegerpodest unsere Hymne höre, da bei Weltmeisterschaften diese Tradition leider nicht gepflegt wird."

„Drei Brüder unterbrachen DDR-Siegfahrten", hatte eine Sòuler Zeitung ihren Bericht vom Zweier mit Steuermann und vom Doppelvierer überschrieben. Das englischsprachige Blatt bezog sich dabei auf die bewundernswerten Mailänder Ruderbrüder Carmine, Giuseppe und Agostino Abbagnale. Carmine und Giuseppe Abbagnale, die zusammen mit Giuseppe di Capua seit Jahr und Tag den italienischen Zweier mit Steuermann über die Regattastrecken treiben, zählen schon seit einem runden Jahrzehnt zur Weltklasse. Die Weltmeister des Vorjahres und Olympiasieger von 1984 zeigten sich auch in Sòul ihrer Aufgabe gewachsen. Allerdings brachten sie ihren „Lastkahn", wie der mit einem Steuermann fahrende Zweier zuweilen humorig genannt wird, nicht ohne Bedrängnis ins Ziel. Als Medaillenanwärter galten die Bulgaren und das UdSSR-Boot, aber weder die einen noch die anderen konnten sich in Szene setzen, weil neben den überraschenden Briten als Bronzemedaillengewinner das DDR-Trio – Mario Streit und Detlef Kirchhoff mit ihrem Steuermann René Rensch – über sich hinauswuchs. Den Männern der SG Dynamo Potsdam schienen Flügel zu wachsen. Nur knappe zwei Sekunden hinter den siegenden Italienern brachten die DDR-Jungen ihre Bugspitze über den imaginären Zielstrich. „Die Goldmedaillen der anderen in der Mannschaft, die tolle olympische Atmosphäre und die plötzlich auftauchende Chance, eine Medaille erkämpfen zu können, ließen uns alles rings um uns herum vergessen", erklärte Mario Streit nach dem Rennen. Trainer Bernd Landvoigt, einst selbst zweifacher Olympiasieger, bescheinigte seinen Schützlingen: „Ihr habt großartig gekämpft und uns alle mit eurer Leistung überrascht."

Im Achter hatten sich die BRD-Ruderer mit besonderer Akribie vorbereitet und feierten auch ihren Erfolg. Weder die traditionell starken sowjetischen Männer noch die USA-Crew konnten letztlich den Sieg des Achters aus der BRD verhindern.

Im Doppelzweier verblüfften zwei junge Niederländer. Roland Florijn aus Leiden und Nicol Rienks aus Amsterdam. Beide gehören im Rudersport zu den alten „Fahrensleuten", aber der ganz große Triumph blieb ihnen bisher versagt. Auf der Sòuler Regattastrecke erwiesen sich die beiden auf die Stunde topfit. Nach 500 m noch auf dem vierten Rang, nutzten die zwei Männer im doppelt besetzten Skullboot ihre Spurtkraft und schnappten den übrigen fünf Mitbewerbern des Finales auf den letzten Metern den Sieg weg. „Wir sind keine extrem athletische Crew, aber der Doppelzweier ist eine Bootsklasse, in der sich mit Technik viel herausholen läßt; diese Möglichkeit schöpften wir aus", erläuterte nach dem Rennen auf dem Sattelplatz Nicol Rienks. Roland Florijn verriet dazu: „Wir haben in den letzten Jahren den so überaus erfolgreichen Ruderern der DDR ein bißchen über die Schultern geschaut. Es hat sich gelohnt, ihrem Fleiß nachzueifern und sich von ihrer Trainingsmethodik einiges abzusehen."

Uwe Heppner und Uwe Mund, erfahrene Recken im DDR-Doppelzweier, konnten auf der olympischen Strecke 1988 ihre Kraft nicht ganz wie gewünscht ausspielen. Uwe Heppner versuchte zu erklären, warum ihr Schiff im Finale des Rudersportjahres nicht so recht auf volle Fahrt kam: „Bis zur 1 000-m-Marke orientierten wir uns an dem sowjetischen Boot, denn da saßen die vermeintlichen Favoriten. Als wir die Schlagzahl erhöhen wollten, brachte das nichts ein, im Gegenteil: wir fielen zurück."

Der Hallenser Uwe Heppner darf sich durchaus einige Anteile am Aufstieg von Thomas Lange anrechnen. Als Thomas 1982 den Junioren entwachsen war und in seiner Alterskategorie bereits drei Weltmeistertitel im Skiff für die DDR an Land gebracht hatte, nahm sich der vier Jahre ältere Uwe Heppner des Jüngeren an. Drei Jahre teilte er mit ihm den Doppelzweier, ruderte mit ihm zu Weltmeisterehren und

1 Traditions-Bootsklasse
der DDR – der Vierer ohne.
Sein Olympiasieg verdient
Respekt
2 Feierlicher Augenblick
auch für diese jungen Da-
men

verabschiedete ihn mit einem Berg von Erfahrungen und – wenn man so will – dem „Kapitänspatent" in den Einer, wo er nun zu einem der Größten aufstieg. Das Mutterland des Rudersports ist bekanntlich England. Bereits vor 200 Jahren schwangen dort die Themseschiffer das harte Ruderholz. Die traditionellen Rudervergleiche zwischen den Universitätsachtern aus Oxford und Cambridge ziehen nunmehr auch schon seit über 100 Jahren die Ruderfreunde auf der britischen Insel in ihren Bann. Bei den olympischen Ausfahrten aber standen die Briten schon lange nicht mehr auf den Siegerpodesten. Das Rudern in England, am Anfang der akademischen Jugend vorbehalten, öffnete sich zu Beginn des Jahrhunderts auch den „unteren Klassen". Der Maurer Andrew Holmes und Steven Redgrave unterzogen sich in Sòul einem ausgesprochenen Härteprogramm. Beide sind aus dem siegreichen Olympia-Vierer mit Steuermann des Jahres 1984 übriggeblieben. Vier Jahre später versuchten sie nun, im Zweier ohne und im Zweier mit Steuermann Medaillen zu erkämpfen. Im Zweier ohne ruderten sie zum Gold, im anderen Zweier kreuzten sie immerhin noch als Dritte die Lichtschranke nach der 2 000-m-Distanz. Damit gehörten die langen Engländer zu den erfolgreichsten Männern in den Ruderbooten der Olympischen Spiele 1988. Den Orden „Member of British Empire" hatten beide als eine der höchsten Auszeichnungen des Königreiches schon in früheren Jahren überreicht bekommen. Sie erwiesen sich in Sòul seiner würdig! Der DDR-Mannschaft mit Carl Ertel und Uwe Gasch gelang nicht der erhoffte Einlauf auf einen Medaillenrang, aber als fünfte Crew in der Wertung sorgten sie zumindest auch in dieser Bootsklasse für eine DDR-Finalteilnahme, denn gerade in dieser Kategorie plagen die DDR-Rudertrainer schon seit geraumer Zeit Besetzungssorgen.

Es läßt sich denken, daß sich mit acht Gold-, einer Silber- und einer Bronzemedaille vor der Bootshalle auf dem Regattagelände, in der die DDR-Mannschaft ihr Domizil aufgeschlagen hatte, eine Freudenparty arrangieren ließ. Gratulanten drängten sich. Sportler aus anderen Ländern wollten wenigstens ein Autogramm, wenn nicht gar im Tausch ein Trikot – DDR-Ruderhemden sind in aller Welt bei Ruderanhängern ein begehrtes Sammlerobjekt. Im Hin und Her des Sprachgewirrs entging vielen, wie sich Kerstin und Olaf Förster umarmten. Für sie war die Reise nach Sòul auch die Hochzeitstour. Die beiden Sportstudenten hatten im September 1987 geheiratet. „Doch zu einer Reise sind wir damals nicht gekommen. Die Vorbereitung auf die Spiele hatte Vorrang", so Olaf Förster. Der Verzicht hatte sich ausgezahlt: Kerstin und Olaf kehren von ihrem einjährigen Hochzeitstag im fernen Sòul als goldenes Paar an die Elbe zurück. Olaf saß als Schlagmann im Vierer ohne Steuermann und Kerstin als Bugfrau im goldenen Doppelvierer.

Etwas Abseits vom großen Getriebe stießen zwei Männer angesichts des großen Erfolgs und mangels

anderer Getränke mit Limonade an: Dr. Hans Eckstein und Dieter Grahn. Die zwei hatten gemeinsam über erste DDR-Rudertriumphe auf dem klaren Wasser des Bleder Bergsees in Jugoslawien gejubelt – Kerstin Förster war damals nicht einmal ein Jahr alt. Dr. Eckstein, damals schon Trainer in Dresden, und Dieter Grahn, Ruderer aus dem Vierer ohne Steuermann, der mithalf, die DDR-„Flotte" aus der Bedeutungslosigkeit in die Weltspitze zu steuern.

Seit 1972 widmete sich Dieter Grahn als diplomierter Trainer dem Rudernachwuchs. Dr. Hans Eckstein, bereits zwei Jahrzehnte lang Trainer, führte Rudermannschaften vornehmlich aus dem Dresdner Elbtal zu WM-Siegen und olympischen Medaillen. Unter der Leitung des verdienstvollen Prof. Dr. Theo Körner wuchs er zum Nationaltrainer heran, der jetzt die Männer wieder in die erste Reihe des Weltrudersports brachte. Nicht immer hatten diese in den letzten Jahren nach ihren Rennen so jubeln können wie in Sòul.

„Es gab Stagnationen, aber wir verbesserten das Zusammenwirken zwischen Trainer und Athlet. Zudem stellten wir uns taktisch besser auf das Rennen ein. Die drei Olympiasiege und weitere zwei Medaillen beweisen die Richtigkeit unseres Weges", so Dr. Hans Ecksteins Meinung. Worte, die sich leichter lesen, als sie zu realisieren sind. Indes: Gerade unsere Ruderer kamen durch Fleiß, weitsichtiges Denken und Konsequenz dazu, den vor 22 Jahren zum erstenmal erkämpften Spitzenrang zurückzuerobern.

| 1 | 3 |
| 2 | |

1/2 Beifall für zwei „fliegende Holländer" – für Florijn/Rienks. Sie siegten im Doppelzweier-Wettbewerb

3 Achter-Sieg für die BRD

145

KANU

Eine halbe Autostunde vom Stadtzentrum Sòuls entfernt – dabei drei der 23 Brücken der Olympiastadt überquerend – liegt abseits vom großen Han ein kleiner Flußlauf, für den die Einheimischen keinen genauen Namen anzugeben wußten. Hier legte man einen künstlichen Regattakurs an, den eine kleine Ortschaft umgibt: Misari, was ins Deutsche übersetzt soviel wie „besonderer Ort" bedeutet.

Für eine Frau aus der DDR erwies sich dieses Terrain, das nach den Spielen in einen Tummelplatz für Wasserskifahrer umgewandelt werden soll, als ein „besonderer Ort". Sie avancierte mit zweimal Gold und einmal Silber zur „Königin der Rennkanuten" – Birgit Schmidt, 26 Jahre alt, Sportstudentin, verheiratet, Mutter eines zweijährigen Sohnes. Als 16fache Weltmeisterin ist die Potsdamer Armeesportlerin in der Welt unübertroffen, und hätte sie nicht 1986 wegen der Geburt ihres Sohnes Ole das Paddel für einige Zeit aus der Hand gelegt, wäre ihre Erfolgsliste sicherlich noch um etliches länger.

Birgit Schmidt triumphierte auf dem Han im Zweierkajak zusammen mit ihrer Rostocker Partnerin Anke Nothnagel, und beide saßen 24 Stunden später auch im siegreichen Viererkajak gemeinsam mit der ebenfalls aus Rostock stammenden Ramona Portwich und der Berlinerin Heike Singer. Im Zweier lagen die DDR-Frauen nach der Hälfte der 500-m-Distanz hinter den ärgsten Widersachern, den Bulgarinnen Wanja Zwetkowa-Geschewa und Diana Paliska, noch um eine halbe Sekunde zurück, fuhren dann aber noch einen Vorsprung von 0,60 s heraus! Und der von Anbeginn das Renngeschehen diktierende und kontrollierende Vierer mit Schlagfrau Birgit Schmidt fuhr einen Start-Ziel-Sieg heraus, den die Bulgarin Wanja Geschewa mit dem Kommentar versah: „Auch wenn das Rennen noch weiter gegangen wäre – niemand hätte ernstlich die DDR-Frauen gefährden können. Sie waren souverän."

Ein Lob nicht von ungefähr, denn jene Wanja Geschewa – schon 28jährig – hatte am ersten Finaltag die Favoritin gestürzt, als sie Birgit Schmidt die erste Niederlage bei einer internationalen Regatta beibrachte. Zwölf Hundertstelsekunden entschieden über Gold und Silber. Die bis kurz vor dem Ziel noch in Front liegende Potsdamerin, die in diesem Wettbewerb 1980 in Moskau Olympiasiegerin war, hatte in der 500-m-Sprintentscheidung nicht mehr die Kraft, den anfänglichen kleinen Vorsprung bis ins Ziel zu retten.

Siegerin und Unterlegene lagen sich bei der Bootskontrolle nach dem Endlauf in den Armen. Eine Geste, die viel verrät über die langjährige Freundschaft und sportliche Konkurrenz dieser beiden Rennkanutinnen. Als Birgit Schmidt pausierte, hatte die Bulgarin

damals die Gelegenheit beim Schopfe gepackt und war Weltmeisterin geworden. „Zehn Jahre lang habe ich davon geträumt, einmal in einem Boot-an-Boot-Kampf Birgit zu bezwingen. Nun ist die glücklichste Stunde meiner Laufbahn gekommen. Aber Birgit ist nach wie vor die überragende Kanutin, die Beste, die es je gab, und eine faire Verliererin. Ihrer Herausforderung verdanke ich mein Olympiagold", kommentierte Wanja Geschewa ihren Erfolg.

Aus welchem Holz Birgit Schmidt geschnitzt ist, offenbarte sich 114 Minuten nach dieser Niederlage, als sie gelassen ins Zweierkajak zu Anke Nothnagel stieg, als würde sie ein Alltagsrennen auf dem heimischen Fritze-Bollmann-Revier in Brandenburg und kein olympisches Finale fahren. Eine gespielte Reaktion, die nach außen die Nervosität zu verdrängen sucht? Die im Zweier hinter ihr sitzende Anke Nothnagel meinte dazu: „Birgit ist nicht der Typ, der sich so leicht aus der Bahn werfen läßt. Im Gegenteil! Sie ist eine Kämpferin mit unglaublicher Konzentrationsfähigkeit. Jetzt erst recht – das ist ihre Devise im Zweier!" Die Rostockerin hatte sich nicht geirrt.

Mit zwei Doppelolympiasiegerinnen dieser Spiele – Birgit Schmidt und Anke Nothnagel – im Boot und obendrein im Ruf stehend, aus dem Lande des Weltmeisters zu kommen, trugen die DDR-Mädchen mit Bravour die Favoritenbürde für das Viererkajak-Finale. Erst seit der internationalen Regatta im ungarischen Szeged im Frühjahr des Olympiajahres hatte man die endgültige Besatzung beisammen. „Die Wochen danach waren eine Zeit des Reifens", erzählte die Schlagfrau Birgit Schmidt. „Wenn es mal nicht so lief, wurde kein Blatt vor den Mund genommen. So rauften wir uns zusammen. Wir sind eine verschworene Truppe." Mit über einer Sekunde Vorsprung ließen sie nun auf dem Han die Ungarinnen hinter sich. Im Endspurt hatte man ein Signal vereinbart, das Anke Nothnagel gab und das verhieß, nun einen richtigen Krafteinsatz mit dem Paddel zu wählen. Eine Lehre aus den ungleichmäßigen Fahrten im Finish bei den vorangegangenen Saisonrennen.

Die „Verschworenheit der Truppe" zeigte sich aber auch am Vorabend des Schlußtages der Spiele. Noch lange saßen sie in fröhlicher Runde im olympischen Dorf beisammen und überraschten Trainer Lothar Schäfer und Ersatzfahrerin Katrin Borchert mit einer selbst angesetzten Bowle.

Bei den Männern war der Favoritenkreis von vornherein weitgesteckt. Hatte es schon in den Vor- und Semifinalläufen packende Auseinandersetzungen gegeben, so bestätigte sich die Tendenz, daß die Asse zusammengerückt sind, in den Entscheidungsläufen gravierend. Auffällig bei allen neun Männerfinals auf der künstlichen Regattastrecke am Han war die Tat-

sache, daß sich nur die Kajak- und Kanadierspezialisten durchsetzten, die nach furiosem Start eine gleichmäßig hohe Schlagzahl hinlegten und dann noch im Finish das entscheidende Quentchen draufzusetzen vermochten.

In bestechender Weise demonstrierte das im C 1 der Kapitän unserer Kanuauswahl, der 26jährige Olaf Heukrodt. Überlegen eroberte der zweifache Weltmeister des Vorjahres Olympiagold auf der 500-m-Distanz. Der Magdeburger beendete damit eine lange Durststrecke, denn den bis zu diesem Triumph einzigen Olympiasieg eines DDR-Kanadiers hatte Jürgen Eschert 1964 in Tokio erkämpft. „Nach vielen Mühen gelang mir nun der große Erfolg. Ich habe alles gegeben und gewonnen", sprudelte es aus dem Mund des überglücklichen Rennkanuten, als er seinen „Einbaum" zur Waage brachte. Nach dieser Goldfahrt sorgten Kajakfahrer Andreas Stähle auf der 500-m-Distanz sowie Birgits Ehemann Jörg Schmidt auf der langen Einerkanadierstrecke für angenehme Überraschungen. Beide schafften jeweils Silber.

Eine auf internationalen Kursen selten gesehene Überlegenheit legten in den Kanadierbooten die Aktiven im roten Trikot mit dem UdSSR-Emblem auf der Brust an den Tag. Der Zweier Wiktor Renejski/Nikolai Tschurawski gewann zunächst den Sprint und deklassierte dann auf der Langstrecke die Konkurrenz mit einem Abstand von drei Sekunden. Das war der klarste Erfolg auf dem Han. „Einfach Extraklasse", so der Kurzkommentar des diesmal Zweitplazierten Olaf

Heukrodt. Ebenso behauptete sich der 27jährige Rigaer Lehrer Iwan Klementjew im Einer vor Jörg Schmidt und dem Bulgaren Nikolai Buchalow.

Einen Millimeterspurt gab es auf der „Königsstrecke", im Einer-Kajak über 1 000 Meter. Eine Hundertstelsekunde gab in diesem Fotofinish den Ausschlag zugunsten von Greg Barton aus den USA gegenüber dem Australier Grant Davies. Dritter wurde der Berliner André Wohllebe. Für eine weitere Überraschung sorgte der Amerikaner, als er eineinhalb Stunden später mit seinem Partner Norman Bellingham ins Boot stieg und zum Erfolg im K II kam. Der Jubel im amerikanischen Lager war verständlich, hatte doch letztmals mit Frank Havens 1952 in Helsinki ein USA-Rennkanute auf dem obersten Treppchen gestanden.

Ebenso rückten die Ungarn wieder verstärkt ins Rampenlicht. Sie gaben den gesamten Wettbewerben gewissermaßen den „goldenen Rahmen". Zum Auftakt nämlich setzte sich Zsolt Gyulay im Einerkajak über 500 Meter durch, und im Schlußspurt „vergoldete" das ungarische Quartett seine Paddel im klassischen Viererrennen.

1 | 2

1 Staatssekretär Prof. Dr. Günter Erbach im angeregten Gespräch mit unseren Kanutinnen im olympischen Dorf vor ihrer olympischen Prüfung
2 ...und die glücklichen Vier nach bestandenem Examen bei der heißen Pressekonferenz

149

1

2

3 4

1 So kann sich nur einer
freuen – Olaf Heukrodt!
2 Ein Millimeter-Finish entschied im 1 000-m-Wett-
bewerb – André Wohllebe
aus der DDR erkämpfte
Bronze
3 Silber für die Potsdamerin.
Glückwunsch von Birgit
Schmidt für Olympiasie-
gerin Wanja Zwetkowa-
Geschewa aus Bulgarien
4 Blumen für den Silber-
nen – für Andreas Stähle
(DDR)

1
2
3

1 Das neue Löffelpaddel
   fest im Griff hatte der Ungar Zsolt Gyulay. 500-m-
   Gold!
2 Den DDR-Frauen faire
   Konkurrentinnen waren
   die Bulgarinnen. Silber für
   Zwetkowa-Geschewa/Pa-
   liska
3 Zwei Neuseeländer
   schürften Gold und Silber – Ferguson/MacDo-
   nald (vorn)

4

5

4 Die Olympiasieger im Zweierkanadier über 1 000 m Wiktor Renejski und Nikolai Tschurawski aus der UdSSR – im Vordergrund – unterwegs. Die Silbermedaille erspurten Olaf Heukrodt und Ingo Spelly aus der DDR

5 Ein glückliches Trio im Einerkanadier-Wettbewerb über 1 000 m: Jörg Schmidt (DDR), Iwan Klementjew (UdSSR), Nikolai Buchalow (Bulgarien)

SEGELN

Vorseite: Die Flying Dutchman an der Wendeboje 2 vor Pusan

1	2	3
		4

1 Segellegende: Paul Elvström aus Dänemark. Als 60jähriger war er mit seiner Tochter Trine ein achtes Mal bei Olympia dabei. Im Tornadowettbewerb blieb dem viermaligen Olympiasieger diesmal ein Medaillengewinn versagt

2 Jochen Schümann (r.) mit seinen beiden Vorschotern Thomas Flach (l.) und Bernd Jäkel (M.)

3 Auf Triumphe von 1976 bis 1988 kann Jochen Schümann zurückblicken. Als 22jähriger wurde er im Finn-Dingi Olympiasieger, da saß er noch allein im Boot. Nun siegte er mit seinen Vorschotern im Soling-Boot. Zufrieden werden die Segel eingeholt

4 Mit vier Booten war die DDR-Seglerfamilie vor Pusan vertreten, erstmals darunter eine Frauen-Crew. Silke Preuß und Susanne Theel (l.) belegten in der 470er Klasse Rang sieben

„Flautenschieberei" war nicht angesagt in der Suyong-Bucht vor Pusan, wo die 370 Segler aus 60 Ländern ihre Regatten austrugen. Mittlere und starke Winde sorgten für reguläre Bedingungen, so daß sich nur die Besten durchzusetzen vermochten. Nur an einem Tag stürmte es so heftig, daß die fünfte Wettfahrt abgesagt werden mußte. Erfreulich, daß in den Spitzenbooten auch DDR-Segler saßen. Die Berliner Soling-Crew Jochen Schümann/Thomas Flach/Bernd Jäkel hielt sich von der ersten Wettfahrt an auf „Goldkurs". Allerdings verlangte das tägliche „Wechselspiel" an der Spitze zwischen den „Schümännern" und den Weltmeistern John Kostecki/William Baylis/Bob Bilingham einiges an nervlicher Konzentration ab. Jeweils dreimal belegten die Kontrahenten um die Goldmedaille den ersten Tagesrang, und die ausgeglichenere Serie entschied zugunsten der Europameister. Selbst die letzte Wettfahrt brachte nochmals ein Wechselbad der Gefühle. „Kostecki verschaffte sich durch drei, vier gute Schläge gleich nach dem Start einen Vorsprung. Wir lagen zunächst an neunter Stelle im Feld", schilderte der lange Berliner die Situation. Dann kämpfte sich die Schümann-Crew noch bis auf den zweiten Rang vor. Das reichte zur Goldmedaille in diesem Segel-Krimi.

Am Pier des neuerbauten Yachthafens der Vier-Millionen-Stadt, die etwa 420 km südlich von Sòul liegt, empfingen die Mannschaftskameraden, Trainer und Betreuer ihre goldenen Jungs mit einer Flasche Sekt, die Marke „Extra drei" wäre eigentlich angemessen gewesen. „Auf uns lastete doch ein erheblicher Erwartungsdruck, denn in der gesamten Saison hatten wir alle wichtigen Regatten gewonnen", meinte ein glückstrahlender Jochen Schümann, der eine besondere Verantwortung darin sah, daß er bei der Verabschiedung in Strausberg die verpflichtenden Worte aller Olympiakämpfer gesprochen hatte.

Er und seine Vorschoter krönten eine Serie, die seit dem erstmaligen Start 1985 bei der Europameisterschaft auf dem Balaton in jedem Jahr zumindest eine Medaille bei internationalen Meisterschaften brachte. Auch sonst ging der 34jährige Berliner in die Olympiageschichte ein. Zwölf Jahre zuvor hatte er nämlich schon Gold bei der olympischen Regatta vor Kingston gewonnen – damals noch im Finn, aus dem er 1984 in das größere Soling umstieg. „Er ist einer der besten Segler, die es jemals gab", urteilte der Österreicher Hubert Raudaschl, der zu jenen Senioren gehörte, die dem Segeln das besondere Flair geben. Einmal mehr als Raudaschl, nämlich achtmal, nahm der legendäre Däne Paul Bert Elvström teil, der die Liste der erfolgreichsten Olympiasegler mit viermal Gold, gewonnen zwischen 1948 und 1960, anführt. Ebenfalls zum achtenmal auf olympischen Gewässern se-

gelte der bereits 70jährige Durward Knowles von den Bahamas, der seinen ersten Einsatz im Star 1948 für Großbritannien hatte und dann aber von 1972 bis 1988 eine olympische Pause einlegte. Alle drei spielten bei der Medaillenvergabe allerdings keine Rolle. Der 60jährige Elvström, der mit Tochter Trine 15. bei den Tornados wurde und dessen andere Tochter Stine Ersatzfrau war, kündigte nun an: „Jetzt segele ich nur noch zum Spaß."

Die Elvström-Töchter aber könnten es in Zukunft gemeinsam in der 470er Klasse versuchen, die diesmal als Frauen-Kategorie ihr olympisches Debüt erlebte. Den Premierensieg errangen die US-Amerikanerinnen Allison Jolly und Lynne Jewell. Im Feld der 21 Boote war mit Susanne Theel/Silke Preuß auch eine DDR-Besatzung dabei. Die Amazonen aus Berlin erreichten mit ihrer „Lady blue" nicht das angestrebte Ziel, wurden siebente, wobei eine Disqualifikation in der 2. Wettfahrt bereits vorzeitig alle Medaillenträume zerstob. Außer der Schümann-Crew gelang keinem anderen DDR-Boot die vorher ins Auge gefaßte Plazierung. Bei den Tageswertungen zeigten aber alle mit guten Ergebnissen, daß sie durchaus zur Weltspitze gehören. Doch gezählt wurden eben die besten sechs von sieben Wettfahrten. Vor allem die routinierten Jürgen Brietzke/Ekkehard Schulz bei den 470ern blieben unter ihren Möglichkeiten. Die Schweriner holten sich bereits in den ersten beiden Wettfahrten gleich eine ungünstige hohe „Hausnummer", die sich in dem Weltklassefeld nicht wieder ausgleichen ließ. Am Ende wurden sie nur Elfte, zwei Plätze schlechter als ihre Klubkameraden Ulf Lehmann/Stefan Mädicke bei den Flying Dutchman.

Daß Segler auch faire Sportsmänner sind, bewies der kanadische Finn-Segler Lawrence Lemieux, der sich als Lebensretter betätigte. Bei der vorletzten Wettfahrt lag der 32jährige Finn-Segler an zweiter Position, als er etwa 50 Meter voraus einen Menschen in der stürmischen See treiben sah. Lemieux gab seinen guten Platz auf, bugsierte den Singapurer Chan Joseph, der über Bord gespült worden war, zu dessen manövrierunfähiger 470er Jolle und nahm dann das Rennen an 23. Position wieder auf. Die Jury belohnte diesen selbstlosen Einsatz des Kanadiers damit, daß er nur die 3,0 Punkte als Tageszweiter angeschrieben bekam. Das IOC ehrte die faire Haltung durch eine besondere Auszeichnung.

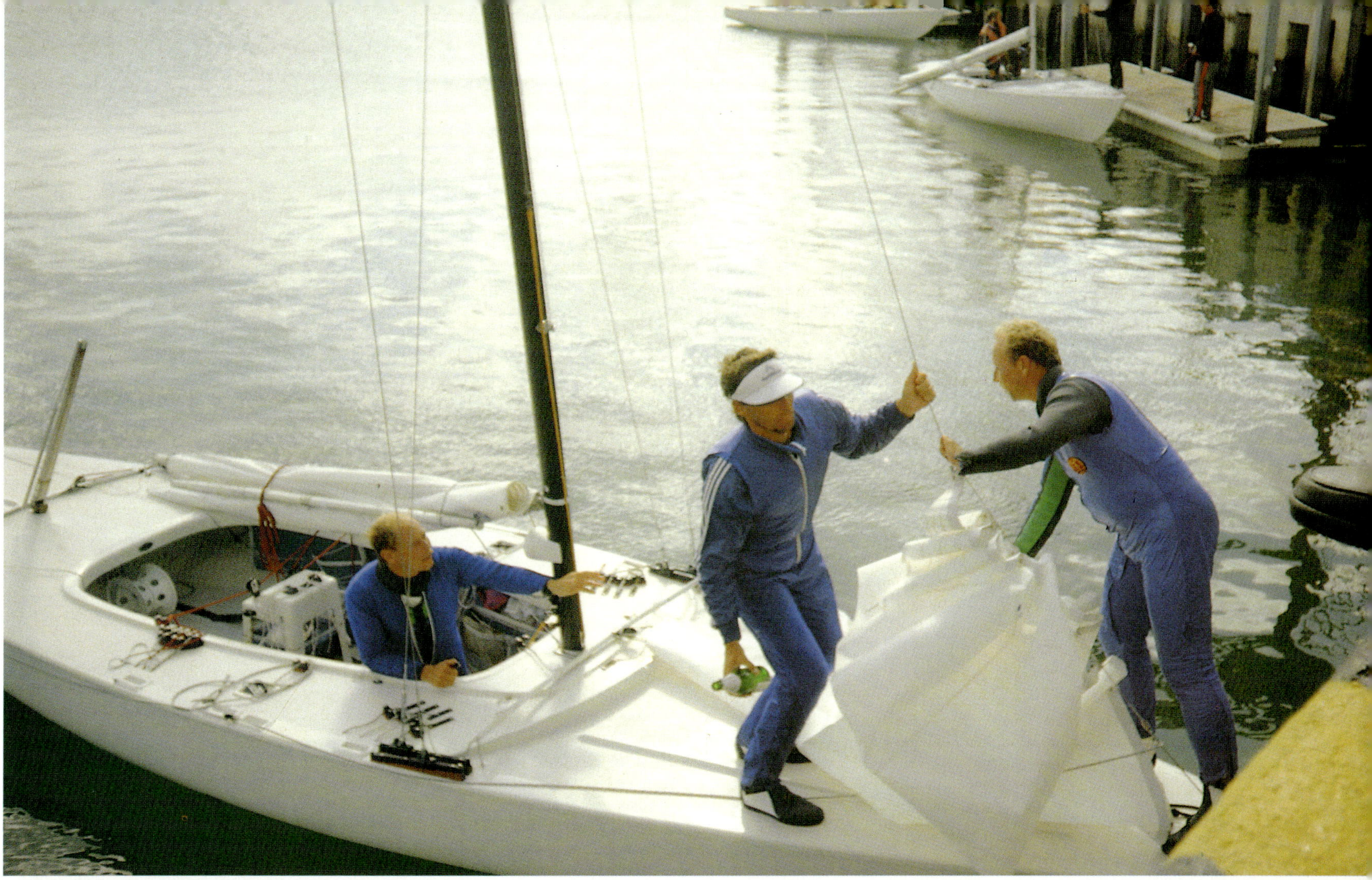

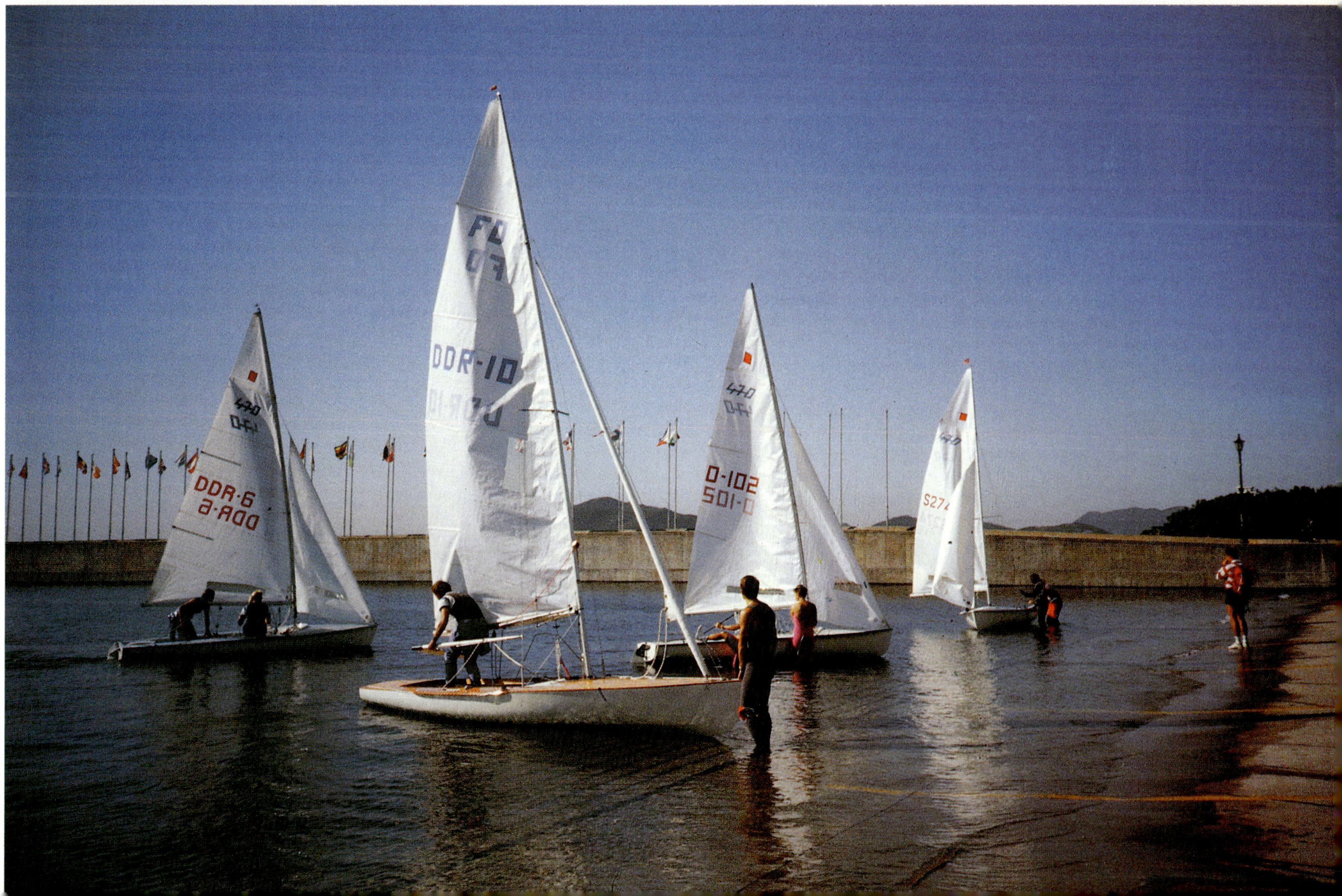

FD
DDR-10
DDR-6
470
D-102

SCHIESSEN

Jagd und Sport sind seit Jahrhunderten verschwägert. Zu den besonders reizvollen Disziplinen gehört seit langem das Taubenschießen. Einer der ältesten Stände der Welt, auf denen man diesem Sport frönte, liegt im Forst bei Heiligendamm, wo die Mecklenburger Herzöge mit ihren Gästen um die Wette nach aus Käfigen aufgelassenen Tauben schossen. Die Sportschützen haben diesen etwas martialischen Sport längst in humane Regeln gefaßt. Statt der Tauben werden Teller aus Asphalterde von programmierten Maschinen in die Schützenarena gewirbelt. Im Laufe der Jahre gelangte man sogar zu zwei verschiedenen Kategorien: Skeetschützen zielen aus einem Halbkreis auf „Tauben", die aus einem „Hoch"- und einem „Niederhaus" geschleudert werden, während die Trapschützen in einer Reihe parallel zu den Schleudermaschinen stehen und dem ersten Schuß noch einen zweiten hinterdreinschicken können. Als Gerät dienen Flinten Kaliber 12, die Patronen sind mit Schrot geladen. Soviel zum Umfeld des letzten Tages in der Schützenarena von Taerung, wo die DDR-Schützengilde eine Woche lang eifrig, konzentriert und auch mit Einsatz, aber vergeblich um Olympiagold gekämpft hatte. Axel Wegner war zur letzten Hoffnung aufgestiegen, alle fieberten mit ihm. Dabei hatte der GST-Schütze aus Leipzig nicht gerade einen erfolgversprechenden Start. Von den 75 Tauben des ersten Tages waren ihm zwei auf ihrem 65-m-Flug entkommen. Sechs Rivalen, die alle Tauben getroffen hatten, lagen an der Spitze, vier hatten 74 auf ihrem Konto und 14 mit Wegner 73. Eine Situation, die bei den Schützen als aussichtslos gilt. Doch Wegner gab nicht auf, erinnerte sich, daß er schon viermal in seinem Leben alle 200 getroffen hatte, überschlief die Lage und verließ am zweiten Tag mit null Fehltreffern den Stand. Am dritten Tag gelang ihm das gleiche. Damit war er an die Spitze gerückt – 198 Tauben, die außer ihm nur noch der Chilene Alfonso de Iruarrizaga aufzuweisen hatte. Das bedeutete Einzug in die Finalrunde, in der seit 1986 die sechs Besten zum Kampf um die Medaillen aufeinandertreffen.
Die Endrunde ließ erkennen, wie sehr dieser Vergleich an den Nerven aller zehrte. Der Chilene und der an dritter Stelle rangierende US-Amerikaner Daniel Carlisle verfehlten zwei Tauben, Wegner eine. Der letzte Schuß entschied alles. Wegner traf! Olympisches Gold. Der Standmeister freute sich derart mit ihm, daß er noch eine Ehrentaube abfeuerte. Auch die traf der Olympiasieger, und dann legte er ein letztes Mal an: Einer seiner Mannschaftskameraden hatte Wegners Mütze in die Luft geworfen. Durchlöchert segelte sie zu Boden. Seine letzten Schüsse dieses Jahres aber werden im heimischen Loitz bei

Demmin fallen, wo er der Jagdgesellschaft Kronwald angehört, die ihn gebührend empfangen will.
Einen Tag zuvor hatte Wegners Klubkamerad Ralf Schumann bei diesen Spielen mit der Schnellfeuerpistole die erste Medaille für unsere Mannschaft gewonnen – sie war aus Silber. Zwei Jahre lang hatte er im Vorfeld der Spiele keinen Wettkampf von Belang verloren. Nur im Juli in Madrid war er dem 41jährigen sowjetischen Armeesportler Afanassi Kusmin unterlegen, und der steigerte sich in Soul: Mit 598 Ringen stellte er schon im Vorkampf einen neuen olympischen Rekord auf. Der Leipziger GST-Sportler hatte einen Ring weniger getroffen. Dann mußte das Finale über die Medaillen entscheiden. Schumann übertraf noch den vor ihm liegenden US-Amerikaner John McNally. Seine besondere Freude: Mit dem zweiten Rang hatte er eine Tradition der DDR-Schnellfeuerpistolen-Schützen fortgesetzt: Gold und Silber in Montreal, Silber in Moskau. „Olympische Spiele sind wirklich eine harte Prüfung", gestand er hinterher, „aber das wußte ich natürlich. Verloren habe ich gegen einen an diesen beiden Tagen fast Unschlagbaren, und das tröstet mich."
Die Medaillen in den neun Männer- und vier Frauendisziplinen verteilten sich auf 19 Länder. Mit vier Goldmedaillen erwiesen sich die sowjetischen Schützen einmal mehr als die stärksten der Welt. Jugoslawien konnte sich über zwei Sieger freuen, die restlichen ersten Plätze gingen an die ČSSR, Bulgarien, Rumänien, die BRD, Norwegen und Großbritannien.
Im Schützenpark von Taerung waren die letzten Schüsse verhallt. Der allerletzte traf die Mütze des letzten Siegers.
Vor allem die Sieger werden noch nach Jahren von ihren Leistungen in den erstmals bei Olympischen Spielen ausgetragenen Finals schwärmen. Auf den Ständen in Soul allerdings waren die Sichtmöglichkeiten für die Zuschauer sehr eingeschränkt. Die meisten der wenigen Plätze reichten gerade aus, um die Aktiven aufzunehmen. Von den Organisatoren der Spiele 1992 in Barcelona war von Plänen zu hören, für die Finals eine amphitheaterähnliche Anlage zu bauen, damit noch mehr Zuschauer die eigentlichen Höhepunkte miterleben können.

1 | 2 5
  | 3 6
  | 4

1 u. 3 Pistole, Gehörschutz, Brille, Mütze und Identitätskarte – Ralf Schumann hat alles beisammen, starke Nerven dazu und errang die Silbermedaille im Finale, das Afanassi Kusmin (r.) aus der UdSSR gewann

2 Axel Wegner, Olympiasieger in der Disziplin Wurftaube – Skeet, holte das dritte Schützengold für die DDR in der olympischen Geschichte

4 Bester mit der Freien Pistole war der Rumäne Sorin Babii

5 Dmitri Monakow aus der UdSSR prüft noch einmal den Lauf seiner Trap-Büchse. Alles in Ordnung, befindet der spätere Sieger

6 Erstmals ermittelten die Frauen unter sich die Olympiasiegerin. Gold in der Disziplin Luftpistole ging an Jasna Sekaric aus Jugoslawien

MODERNER FÜNFKAMPF

Beim Modernen Fünfkampf gehört seit 1952 ungarischer Paprika zum gelungenen olympischen „Gericht". Dieser Mehrkampf aus den schwer zu vereinbarenden Disziplinen Gelände-Parcourreiten, Degenfechten, Pistolenschießen, Freistilschwimmen und Geländelauf entstand Anfang des Jahrhunderts im schwedischen Heer als ein standesgemäßer Vergleich unter Offizieren und fand bei den Spielen 1912 in Stockholm Eingang ins Programm. Nach anfänglicher Dominanz der „Erfinder" machten die Magyaren diesen Sport zu ihrer Domäne. Von den Spielen 1952 an brachten sie dreimal Gold, viermal Silber und eine Bronzemedaille in den Einzelwettbewerben in ihren Besitz. Seit 1948 gibt es einen Mannschaftsentscheid, in der Ungarn drei Gold- und je zwei Silber- und Bronzemedaillen errang.

Auch 1988 in Sòul gelang es der derzeit besten Fünfkampf-Nation, ihren Ruf zu bestätigen. Der 23jährige Mannschaftsweltmeister Janos Martinek war mit neun Sekunden Rückstand zu Wachtang Jagoraschwili (UdSSR) als Zweiter nach vier Disziplinen an den Start des 4-km-Geländelaufes gegangen. Schon zwei Kilometer später jubelten die im hügligen Gelände des Olympiaparks stationierten magyarischen Beobachter: „Janos liegt in Front!" Unter dem unbeschreiblichen Jubel seiner Landsleute holte Martinek das vierte olympische Gold in einem Einzelwettbewerb. Auch Italiens Exweltmeister Carlo Massullo passierte noch den UdSSR-Läufer und gewann Silber.

Eine nicht minder große Leistung vollbrachte Attila Mizser, der zehn Mitbewerber überholte und als Vierter im Ziel Ungarns Mannschaftsgold rettete. Italien feierte nicht nur Silber im Einzel, sondern auch mit der Mannschaft vor Großbritannien.

Begonnen hatte der fünftägige Wettkampf mit einigen Überraschungen. Auf dem sehr schwierigen Reit-Parcours mit 15 Hindernissen und 18 Sprüngen kamen einige Favoritenteams ins Straucheln. So verlor die UdSSR durch Stürze fast 600 Punkte gegenüber Ungarn. Mit Alexander Watson (Australien) und Mohammed Abouesouad (Ägypten) zogen Außenseiter in Front. Aber schon beim Fechten spielten die Medaillenkandidaten ihre Stärken aus. Die Ungarn eroberten die Spitze und hielten sie auch nach dem Schwimmen. Der Weg zu den beiden Goldmedaillen schien nur noch Formsache, doch brachte das Schießen noch einmal dramatische Aspekte. Als einziger der Favoriten behauptete sich Massullo mit 196 Ringen vorn. Martinek kam nur auf 188 – die Führung war dahin. Neue Spitzenreiter waren Italien und Jagoraschwili. Schließlich brachte der Lauf alles wieder in die „Paprika"-Reihe.

1
4 2 3

1 Der Geländelauf schließt die Härteprüfung ab
2 Olympiasieger wurde Janos Martinek aus Ungarn
3 Attila Mizser trug zum Mannschaftserfolg der Ungarn bei
4 Die BRD-Männer – hier Michael Zimmermann – hatten beim Fechten keine starken Nerven

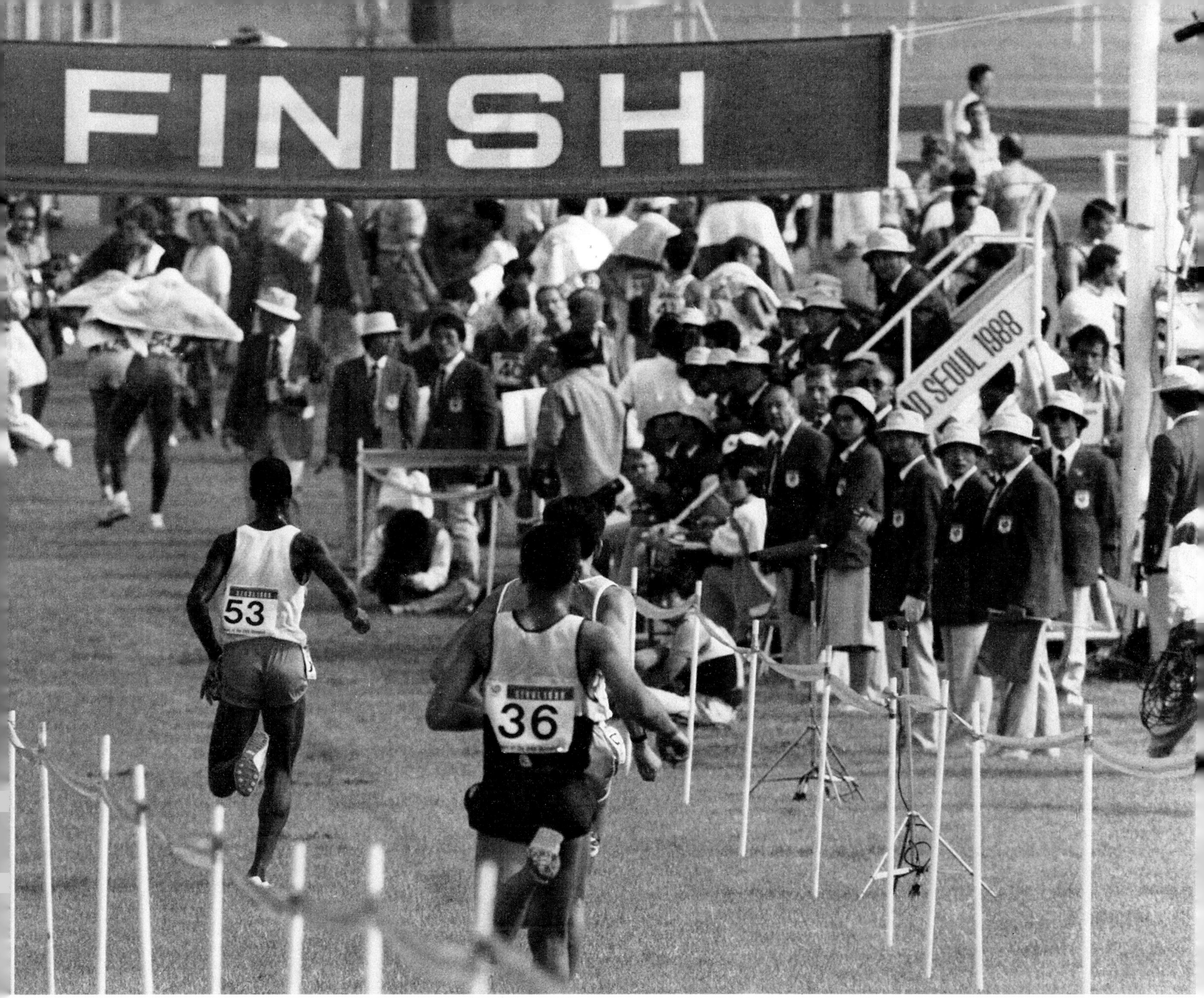
FINISH
SEOUL 1988
53
36

32

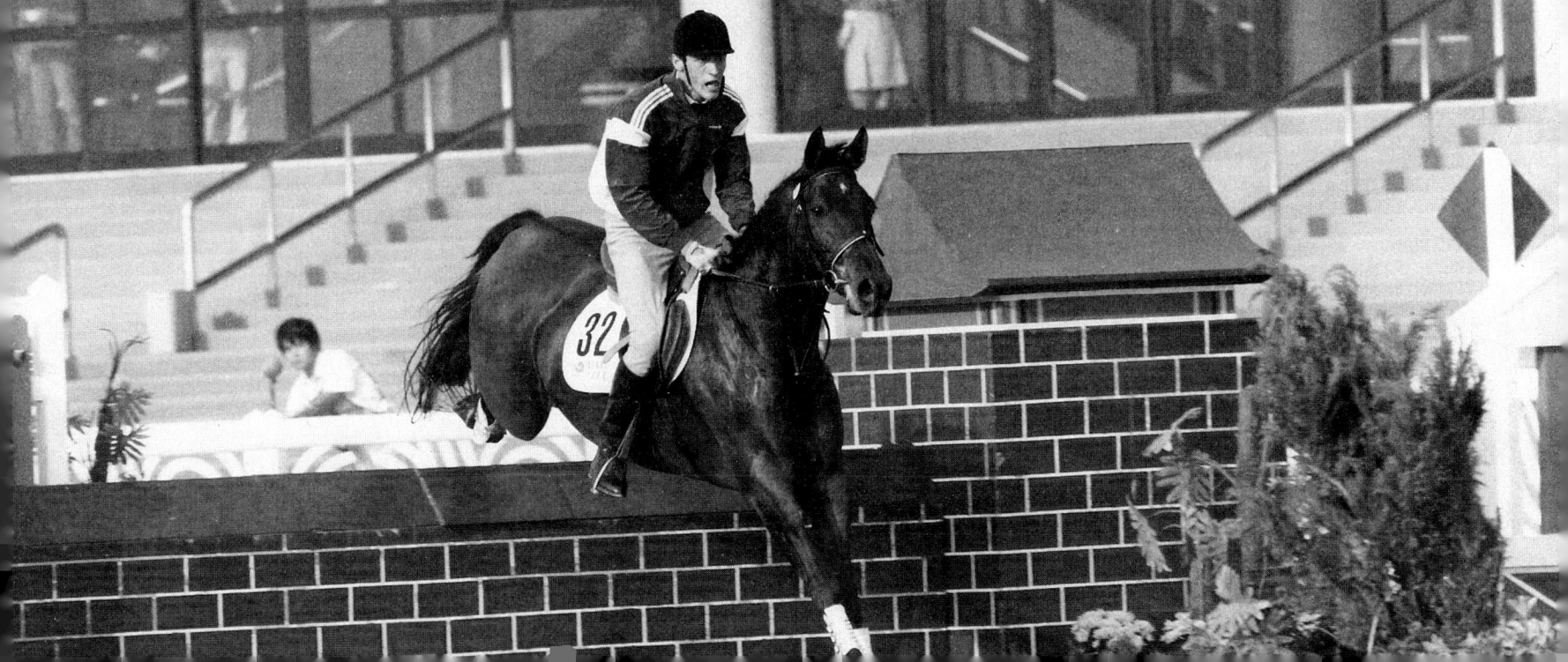

TURNEN

Im Hallenrund war es still. Die 15 000 Zuschauer beobachteten gespannt ein Drama, das kein Regisseur hätte besser in Szene setzen können: Die Entscheidung im Duell um die Mehrkampfkrone der Frauen fiel am allerletzten Gerät, mit dem allerletzten Sprung. Jelena Schuschunowa überprüfte noch einmal ihre Anlaufmarke, zupfte am Trikot, versuchte sich auf den Sprung zu konzentrieren, denn in ihrem Unterbewußtsein pulsierte unaufhörlich der Gedanke: Nur die Note „10" kann dir den Sieg bringen! Minuten zuvor hatte ihre ärgste Konkurrentin, Daniela Silivas, für einen sehr guten Sprung übers quergestellte Pferd 9,95 Punkte erhalten; und da die Rumänin über 0,025 Zähler Vorsprung verfügte, blieb der UdSSR-Turnerin nur noch die Hoffnung auf die Supernote. Der Anlauf – Rondat aufs Sprungbrett, Überschlag rückwärts auf den „Pferderücken", kräftiger Abdruck mit den Händen vom Gerät und anschließend gestreckter Salto rückwärts mit einer Körperlängsdrehung in den sicheren Stand. Auf der Anzeigetafel leuchtete die „10".

Jelena Schuschunowas Traum hatte sich erfüllt. Nach Europa- und Weltmeistertitel 1985, nach dem Weltcupsieg 1986 und der WM-Silbermedaille von 1987 nun der Olympiasieg im Klassement der Alleskönner. In der Chronik des UdSSR-Turnens wird sie als sechste Mehrkampfolympiasiegerin seit 1952 registriert. Für die 19jährige war dieses Sologold von Sòul bereits das zweite, denn zwei Tage zuvor hatte sie sich mit der sowjetischen Riege zum Mannschaftsolympiasieger küren lassen können. Unter der Leitung des langjährigen Auswahltrainers Andrej Rodionenko haben die UdSSR-Turnerinnen mit diesem Sieg verlorenes Terrain zurückgewonnen, denn 1987 bei den Weltmeisterschaften in Rotterdam triumphierte die rumänische Riege.

Spannend verlief in der Sòuler Olympic Gymnastics Hall auch der Kampf um die Bronzemedaille zwischen den Mädchen der DDR und den wieder erstaunlich auftrumpfenden US-Amerikanerinnen. Unsere Riege mußte dabei das Handikap tragen, daß aufgrund einer Verletzung von Martina Jentsch nur fünf Turnerinnen eingesetzt werden konnten und für die Mannschaftswertung somit jede Note angerechnet wurde. Nach einem unglücklichen Auftakt am Balken – Dagmar Kersten und Dörte Thümmler verließen unfreiwillig das Gerät – erwies sich schließlich der Stufenbarren für die DDR-Riege als Medaillen-„Rettungsring". Sichere, virtuos vorgetragene Übungen von Dörte Thümmler, Dagmar Kersten, Bettina Schieferdecker, Ulrike Klotz und Gabriele Fähnrich wandelten den Ein-Zehntel-Rückstand zu den USA noch in einen Drei-Zehntel-Vorsprung und damit den Bronzeplatz um.

Daniela Silivas kam noch zu ihrer „Revanche" für das verpaßte Mehrkampfgold. Die temperamentvolle 18jährige WM-Dritte von 1987 avancierte zwei Tage später zur „Königin" der Gerätefinals: Am Stufenbarren, Balken und Boden wurde sie mit höchstem olympischem Ruhm geehrt, und der dritte Platz am Sprung verschaffte ihr eine imponierende Bilanz bei diesen Spielen: dreimal Gold, zweimal Silber, einmal Bronze. Einen Solopart unter den DDR-Turnerinnen spielte Dagmar Kersten. Die 17jährige Berlinerin konnte als einzige für unsere Farben einen Medaillenplatz geltend machen. Die Vizeweltmeisterin von 1985 flog mit Jäger-Salto und Tkatschew-Kontergrätsche, mit einem bildschönen Lichtensteiner Handstand zur Höchstnote 10 im Finale. Doch neben Jelena Schuschunowa erhielt auch Daniela Silivas eine „10", und sie konnte obendrein die höhere Vornote geltend machen. 13 Tausendstelpunkte Differenz nur – Dagmar Kerstens Silbermedaille hatte goldenen Schimmer.

Als nach der letzten Siegerehrung die Hallenscheinwerfer verlöschten, die Weltbühne des Turnens ins Dunkel zurücksank, zogen die Statistiker Bilanz. Rumäniens Frauen mit drei Gold-, drei Silber- und zwei Bronzemedaillen schnitten knapp vor der UdSSR (3/2/2) am erfolgreichsten ab; 16mal zeugte die Höchstnote 10 für perfekte Darstellungskunst. Dagmar Kerstens Silbermedaille schließlich vollendete die DDR-Bilanz.

Das Kompliment eines „Meistermachers": „Von diesen DDR-Turnern wird auch in Zukunft noch einiges zu erwarten sein!" Die Anerkennung von UdSSR-Trainer Leonid Arkajew schloß zuerst allerdings Gegenwärtiges ein, denn hinter seinen souverän turnenden Männern hatten in der Olympic Gymnastics Hall die DDR-Aktiven einen phantastischen Silberplatz erobert – vor China, dem Weltmeister von 1983 und Vizeweltmeister von 1985 und 1987. Welch ein Gipfelsturm! Nachdem im vergangenen Jahr die DDR-Riege bei den WM in Rotterdam bereits die über Jahrzehnte dominierenden Japaner bezwungen hatte, nun dieses Husarenstück der Hoffmann, Kroll, Behrendt, Tippelt, Büchner und Wecker. Grandioser Auftakt einer olympischen Woche, nach der für uns einmal Gold, zweimal Silber und dreimal Bronze zu Buche standen. Noch nie kehrten DDR-Turner von Olympischen Spielen derart medaillengeschmückt nach Hause zurück.

Vom besonderen Mannschaftsgeist war in jenen Tagen in der DDR-Riege viel die Rede, von einem Zusammenhalt, der letztlich auch die Basis für die glänzenden Einzelresultate darstellte. Obenan Holger Behrendt, der den dritten Olympiasieg eines DDR-Turners präsentierte. Nach Klaus Köste 1972 im

Sprung und Roland Brückner 1980 am Boden erkämpfte sich der 24jährige Potsdamer gemeinsam mit Dmitri Bilosertschew die Goldmedaille an den Ringen. Bei seiner einmaligen Kraftkombination Kopfkreuz – Felge – Kopfkreuz – Stützwaage – Kreuzstütz preßte er förmlich das Wasser aus dem Holz, zudem zeigte der Sportstudent als einziger aus dem Finalfeld einen Tsukahara-Abgang. Die Freudentänze anschließend in unserer Riege galten auch Sven Tippelt, der mit Bronze diesen Erfolg komplettierte.

Der Leipziger hatte in den Tagen zuvor bereits seine Fähigkeiten als Mehrkämpfer unter Beweis gestellt. Hinter dem sowjetischen Trio plazierte er sich im Mehrkampffinale auf Rang vier – die bisher beste Position eines DDR-Turners bei Olympischen Spielen. Mit großen Hoffnungen war Sylvio Kroll ins Sprungfinale gegangen. Der Cottbuser kontra Lou Yun – ein Duell wie zur WM 1987. Gab es damals zwei Sieger, so behielt diesmal der Chinese die Oberhand. 9,975 Punkte für den Überschlagsalto gestreckt mit halber Drehung und 9,95 für die gehockte Überschlagsalto-Variante mit anderthalbfacher Drehung reichten Sylvio Kroll nicht zum Sieg. Die Winzigkeit von 13 Tausendstelpunkten sprach zugunsten des Kontrahenten. Eine Flugschau, wie so oft, boten die Finalisten am Reck.
Erfreulich dabei, daß DDR-Turner das Bild der spektakulären Auftritte wesentlich mitbestimmten. Bereits

im Mannschaftskampf hatte für Aufsehen gesorgt, daß die DDR-Riege gleich mit vier Turnern den sogenannten Kovacs-Salto – einen Doppelsalto rückwärts über die Stange hinweg in den erneuten Hang – präsentierte, der Junioreneuropameister Andreas Wekker gleich in zweifacher Ausfertigung. Eine Stabilitätsquote dieser seltenen Flugnummer, wie sie keine anderes Land vorweisen konnte. Außerdem brillierte Holger Behrendt mit einem „Kopplungsmanöver" an der Reckstange, das in der Welt eine technische Neuheit darstellte: Kovacs-Salto mit anschließendem Deltschew-Salto. Die 15 000 Zuschauer riß es von den Sitzen, und der kühne Flieger vom ASK Vorwärts Potsdam wurde für Kreativität und Courage mit der Bronzemedaille belohnt.

Leonid Arkajew, der sowjetische Trainer, konnte Komplimente genug auch an seine Männer verteilen, schließlich nahmen sie acht Gold-, drei Silber- und eine Bronzemedaille mit nach Hause. Soviel Edelmetall auf einmal gewann bei Olympischen Spielen noch kein Land in der Geschichte des Männerturnens.
Zum Helden der Arena avancierte dabei der „Wladimir aus Wladimir" – Wladimir Artjomow. Der 23jährige aus der Turnschule der Stadt Wladimir holte sich vier Olympiasiege: im Mehrkampf, mit der Mannschaft, am Barren und am Reck, dazu noch Silber am Boden. Kompliment diesem Meister!

1   2

1 Dagmar Kersten aus der DDR freut sich über ihre Note
2 Die DDR-Turner Ulf Hoffmann, Holger Behrendt, Ralf Büchner, Sylvio Kroll, Andreas Wecker und Sven Tippelt. Noch steht ihnen alles bevor. . .

1
3 | 4
2

1/2 Geschafft! Silber für die
DDR-Turner, bezwungen
die Japaner, die Chine-
sen. Was für ein Tag!
3/4 Gold für Holger Beh-
rendt an den Ringen. Wer
freut sich mehr – Trainer
Reinhard Rückriem oder
Holger?

1 Vom Turnkampf gezeich-
net: Dmitri Bilosertschew
aus der UdSSR

2 Dem ewigen Zweiten Wla-
dimir Artjomow gelang es
diesmal, die Mehrkampf-
krone zu erkämpfen

3 Kleiner Mann – ganz groß!
Sven Tippelt turnte sich
verwegen auf den vierten
Platz der Vielseitigkeitsprüfung

4 Die Blütenträume der Chinesen reiften nicht. Lou
Yun gewann am Schluß-
tag aber noch Gold im
Pferdsprung

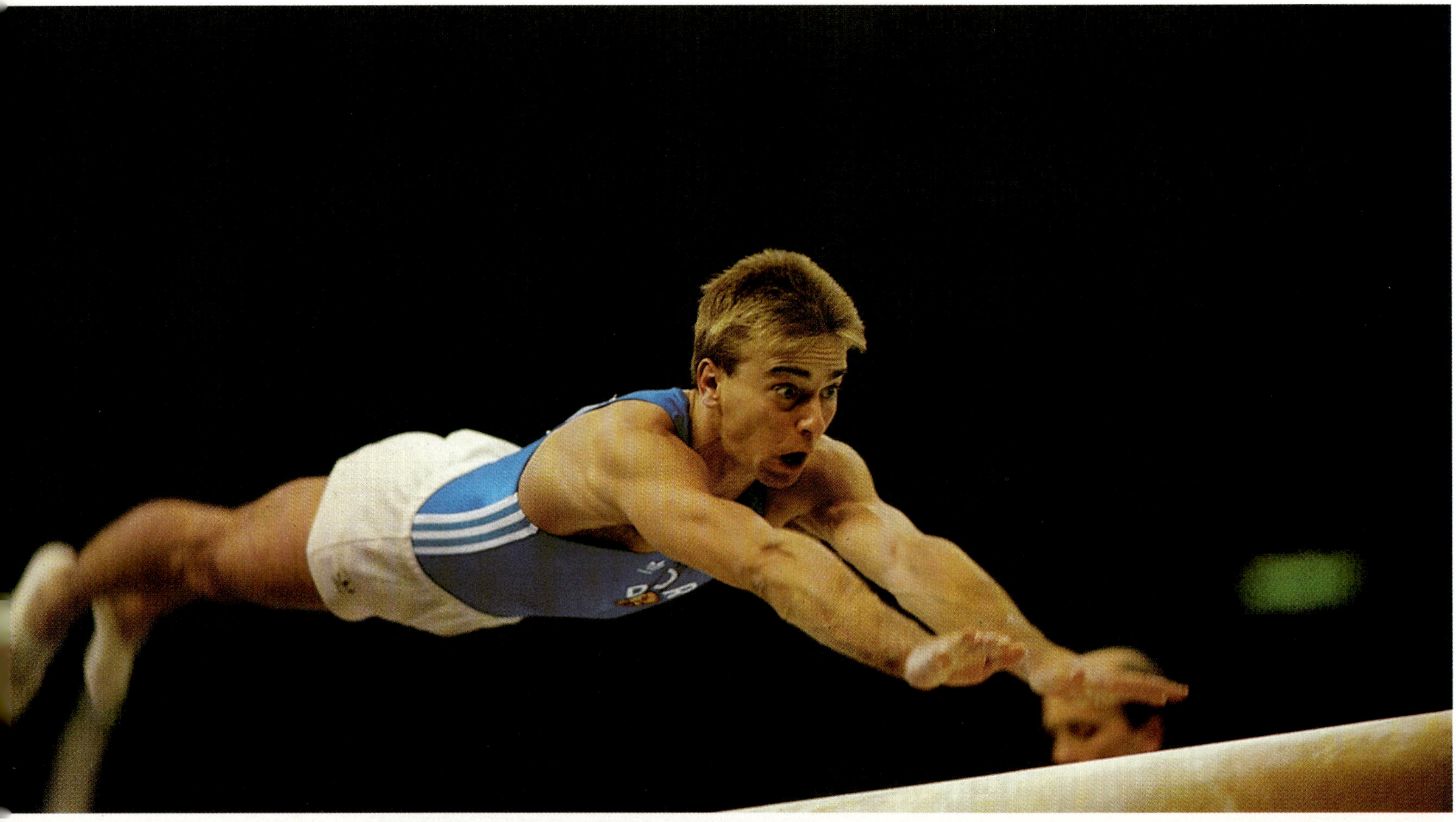

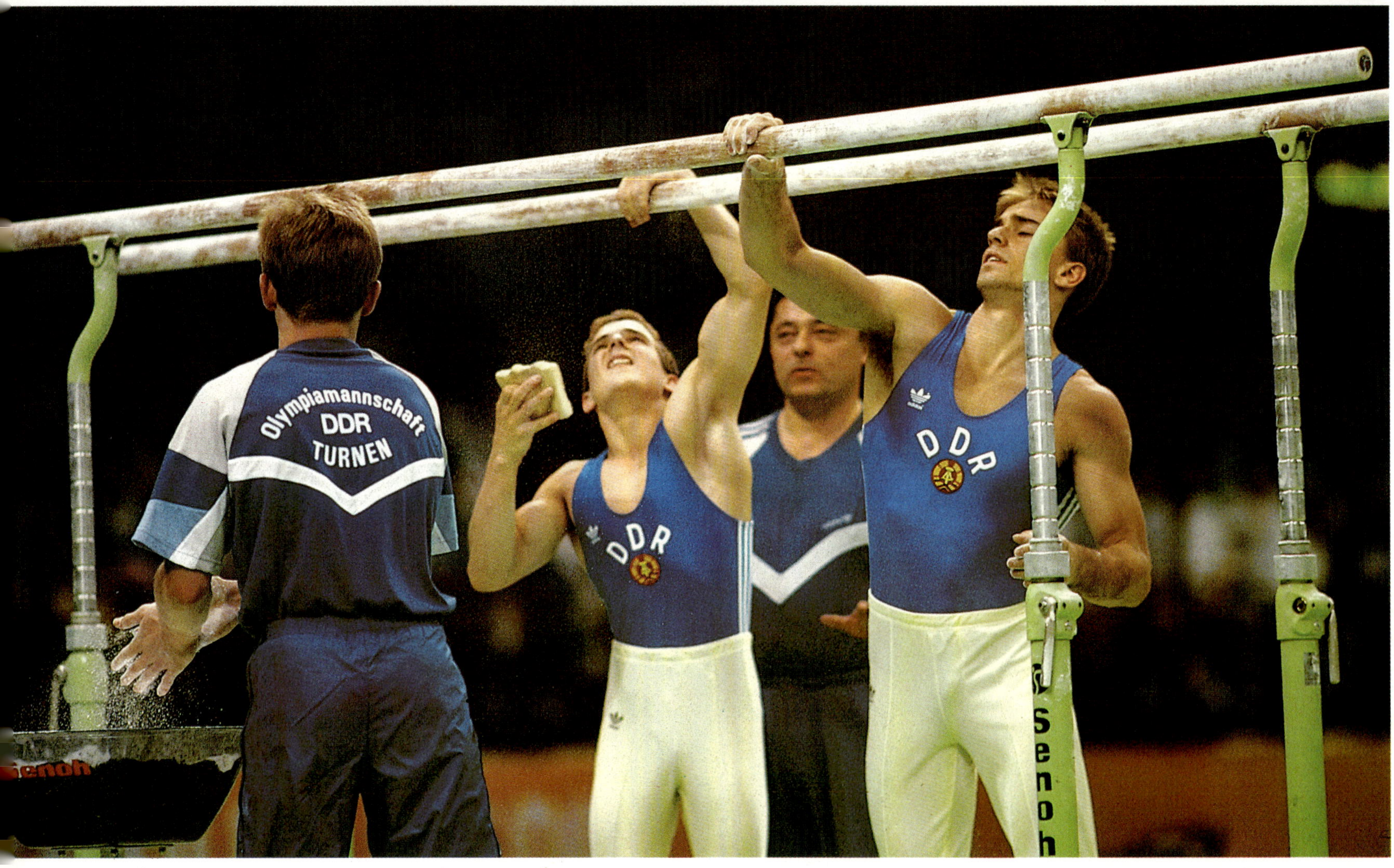
Olympiamannschaft
DDR
TURNEN
DDR
DDR
senoh
Senoh

1 | 4
2 | 3

1 Anflug von Weltmeister Sylvio Kroll auf das Pferd. Der DDR-Turner gewann die Silbermedaille
2 Alle für einen. Präparation der Holme für die Barrenübung Sven Tippelts (Mitte)
3 Erst 17 und schon ein Meister: Yukio Iketani aus Japan
4 Sven Tippelt: zweimal Bronze im Finale

174

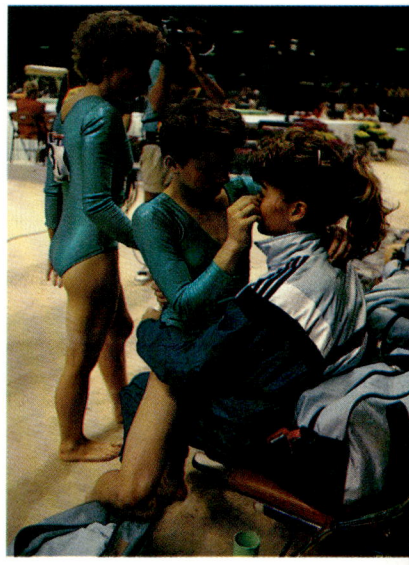

1		4
	2	3

1 Die Rumänin Daniela Silivas: Wird es für mich reichen?

2 Jelena Schuschunowa
aus der UdSSR bietet alle
Kräfte auf, bezwingt die
Rumänin und gewinnt die
Goldmedaille im Mehr-
kampf

3 Dagmar Kersten: Ge-
wagt – gelungen!

4 Martina Jentsch schied
nach dem Pflichtturnen
verletzt aus. Die DDR-
Riege turnte zu fünft zur
Bronzemedaille

4 1 | 5 6
2 | 7
3 | 7

1 Swetlana Boginśkaja, als
  Fünfzehnjährige schon
  eine Könnerin par excel-
  lence
2 Eine 10 – für wen? Hier galt
  sie Jelena Schuschunowa
3 Natalja Laschtschenkowa
  wagte viel und erwies sich
  als die große Entdeckung
  in der UdSSR-Riege
4 Ljudmila Turischtschewa,
  diesmal Oberkampfrichte-
  rin, war mit ihren Nachfolgerinnen sehr zufrieden
5 Mehrkampfweltmeisterin
  Aurelia Dobre aus Rumä-
  nien turnte couragiert,
  doch diesmal gab es Bessere
6 Dörte Thümmler war – mit
  Platz sieben – wie bei den
  Weltmeisterschaften be-
  ste DDR-Mehrkämpferin
7 Es ist vollbracht, Bronze
  für die DDR-Mädchen!

RHYTHMISCHE SPORTGYMNASTIK

2 | 1
3 |

1 Die Favoritin Bianka Panowa aus Bulgarien tat sich schwer auf dem olympischen Podium. Sie blieb ohne Medaille.
2 Marina Lobatsch aus der UdSSR hatte die stärksten Nerven. Idealnote 60 und Olympiasieg!
3 Anmutig und beherzt auch diese Gymnastin aus China

Scheinbar ruhig stand Neschka Robewa, wenn ihre Schützlinge die Bodenfläche betraten, neben einem Blumengebinde im Hintergrund, die Arme verschränkt, die Kostümjacke lose über die Schultern gehängt. So kennt man die bulgarische Erfolgstrainerin seit Jahren und weiß auch, daß sie dabei mit jeder Faser ihres Herzens die Bewegungen der bulgarischen Mädchen verfolgt. Was mag an diesem Finaltag bei den letzten Vorträgen ihrer Eleven in ihr vorgegangen sein, als sie wußte, daß weder Bianka Panowa noch Adriana Dunawska mehr in der Lage waren, den Olympiasieg ins Land der Rosen zu holen? Eine bittere Stunde für eine Trainerin, deren Schülerinnen in den achtziger Jahren die Szene der Rhythmischen Sportgymnastik entscheidend prägten, die Weltmeisterin um Weltmeisterin geformt hatte, Persönlichkeiten wie Anelia Ralenkowa, Diliana Georgiewa und Bianka Panowa.

Was war geschehen? Im Vorkampf war ausgerechnet Bianka Panowa, der beeindruckenden fünffachen Weltmeisterin von 1987, mit den Keulen ein krasser Fehler unterlaufen, der nur eine Note von 9,55 Punkten einbrachte. Im Sport der grazilen Damen ein Tiefstwert, denn seit Jahren stehen für die Besten der Welt Zehner-Supernoten auf der Tagesordnung. Selbst Adriana Dunawska, die Vizeweltmeisterin 1987, schien mit einer 9,90-Note im Keulen-Part die Siegchance verspielt zu haben.

Und in der Tat, als Marina Lobatsch aus der UdSSR ihre letzte Kür, die Bandübung, beendet hatte und die Note 10 erhielt, stand fest, daß ihr die beiden Bulgarinnen die Krone der Mehrkampfkönigin nicht mehr streitig machen konnten. 60 Punkte, so lautete ihr Resultat – das Nonplusultra der Kampfrichtergunst. Für jede ihrer acht Übungen mit Seil, Reifen, Keulen und Band zogen die Juroren eine Zehn. Marina Lobatsch, das 18jährige, 1,62 m große und 41 kg wiegende Persönchen, präsentierte sich in der Olympic Gymnastics Hall als „Superfrau" – als Olympiasiegerin ohne Fehl und Tadel.

„Ich denke", versuchte UdSSR-Cheftrainerin Natalja Kusmina den Erfolg ihrer Sportlerin zu begründen, „daß der hohe Stabilitätsgrad unserer Vorträge den Ausschlag gegeben hat. Wir lernten in der Vergangenheit aus den Niederlagen gegen die bulgarischen Gymnastinnen und haben uns besonders auf die Sicherheit der Darbietungen konzentriert." 28 Zehnerwertungen unterstrichen im Nachhinein die Bedeutung dieses Anspruchs.

Nach der Siegerehrung suchte man Neschka Robewa vergebens. Sie war unbemerkt aus der Halle gegangen.

RADSPORT

Der Auftakt kam vom Maßschneider: Jede Naht beim 100-km-Mannschaftsrennen war doppelt gezogen! Monate vor der Stunde der Entscheidung hatten Wissenschaftler in Berlin leichtere Räder entworfen, konstruiert und gefertigt – gewickelte Kohlefasern, die dem Weltraumdruck zu widerstehen imstande sind, dabei aber alle anderen Werkstoffe an Gewicht unterbieten. Das fertige Rad war der Technischen Kommission der internationalen Föderation vorgeführt worden, um sicher sein zu können, daß niemand eine Regelwidrigkeit „entdeckt". Ein Zertifikat wurde ausgeschrieben. Die Reifen aus Waltershausen hatten bei zahlreichen Tests ihre Weltspitzenqualität nachgewiesen. Mechaniker Alfons Kindermann klebte sie schon in Berlin auf die Felgen und rückte sie in Sòul nur für einen 50-km-Test heraus: „Der oberste Gummi soll runter!"

Am Sonntagmorgen mußten alle früh aus den Betten. Um die Schlange an den Speisesaalschaltern kam man nicht herum, aber danach bezog man Quartier in einem Motel unweit des Starts. Ruhe vor dem Sturm. Als die Schweden 22 Minuten nach 9 Uhr losgerollt waren, erschien unser Quartett auf der Bildfläche, bereit, sich warmzufahren.

Inzwischen hatte der USA-Mannschaftsleiter mit einem Protest gegen die DDR-Räder gedroht, doch hatten ihm erfahrene Kommissäre geraten, sich nicht zu blamieren und vor allem nicht seine Neukonstruktionen in die Prüfmühlen der Techniker geraten zu lassen.

Soviel zu Technik und Organisation. Als Jan Schur hinterher von einem Journalisten gefragt wurde, wie groß er den Anteil der Räder am DDR-Erfolg beziffere, antwortete er: „Die Räder gaben uns vorher moralischen Auftrieb. Sie bewiesen auch, daß wir über einfallsreiche Techniker verfügen, die sich Gedanken machen. Aber entschieden wird letztlich alles durch den Menschen, seine Energie, sein Können und seine Leidenschaft."

Diese Eigenschaften – und das ist das Besondere dieser erst seit 1960 auf dem olympischen Programm stehenden Disziplin – müssen bei vier gleich starken Fahrern in gleichem Maße vorhanden sein. Ausgeglichenheit heißt hier nicht, daß jeder aus dem Quartett gleichmäßig die 100 km fährt – was physisch faktisch unmöglich ist –, sondern daß die vorübergehende Schwäche des einen durch im gleichen Augenblick vorhandene Stärken des anderen ausgeglichen werden kann.

Trainer Wolfram Lindner hatte Jahre nach diesem Quartett geforscht, was nicht leicht fiel, weil in der Regel alljährlich nur drei bis vier solcher Rennen auf dem Kalender stehen. Bei der letzten Probe hatte Jan Schur in der zweiten Mannschaft eine überzeugende Leistung geboten und war dadurch „aufgestiegen". Mithin: Gut vorbereitet und zum Kampf um eine Goldmedaille fest entschlossen, die die DDR noch nie hatte erobern können, ging das Quartett ins Rennen. Sein ärgster Rivale war das Aufgebot Polens, vom klugen Ryszard Szurkowski sorgfältig aufgebaut und in glänzender Verfassung.

Wolfram Lindner hatte sich nach einem Test drei Tage vor dem Rennen eine Marschtabelle von 29:20 min für die Strecke bis zur 25-km-Wende notiert. Das mußte viel Kraft kosten, aber seine Losung lautete: „Nur wer riskiert, hat eine Chance zu gewinnen." Auf dem ersten Teilstück konnte der Plan um 3,5 s unterboten werden, was Szurkowski – mit seiner Mannschaft früher gestartet – zu sofortiger Reaktion bewog. Mit einem furiosen „Zwischenspurt" wurden die auf dem ersten Viertel verlorenen 20 s um 9 s reduziert. Doch hatte dieser Kraftakt zuviel Energie gekostet – selbst ein imponierend starkes Finish vermochte den DDR-Sieg nicht mehr zu vereiteln. Die Schweden jubelten über Bronze. UdSSR-Trainer Alexander Gusjatnikow konnte sich den siebenten Rang seines Quartetts ebensowenig erklären wie der niederländische Trainer Boskamp den elften seiner Jungen.

Die Fortsetzung war schon bald nach dem Start ein Fall für den Arzt: Petra Roßner hatte im Frauenrennen die Zielgerade am Ende der ersten Runde schon vor Augen, als sich vor ihr eine Japanerin versteuerte und sie dadurch zu Fall kam. Ein Schlüsselbeinbruch bedeutete das „Aus" für sie. Angela Ranft, vor allem als „Begleiterin" für Petra aufgeboten, hatte im Kampf gegen die Favoritinnen keine Chance.

Das Finale konnte ein Drehbuchautor geschrieben haben: Fall und Glanz des Olaf Ludwig in 72 Stunden. Im Punktefahren auf der Bahn hatte sich der Geraer im ersten Spurt zwar als Zweiter gut in Szene setzen können, aber als die Rundenjagden begannen, fand er nie das richtige Hinterrad, verlor vermutlich in dem Trubel auch ein wenig von seinem sonst ausgeprägten Selbstbewußtsein und hatte nie eine Chance, auch in Sòul den zweiten Rang hinter dem Weltmeister von 1987, dem Dänen Dan Frost, zu belegen. Mit drei Runden Rückstand zum Sieger – eine Rarität in der Karriere des Bahnfahrers Ludwig – fand er sich auf dem 14. Rang in der Resultatsliste. Ein Resultat, das viele entnervt und vor allem entmutigt hätte, im Straßeneinzelfahren einen weiteren Versuch zu unternehmen.

Anders Olaf Ludwig. Er war 72 Stunden nach der Enttäuschung auf der Bahn nicht wiederzuerkennen – was übrigens Masseur Ruthenberg mit ziemlicher Bestimmtheit vorausgesagt hatte.

Vorseite: Raste mit mehr als 50 km/h zum Olympiagold: der DDR-Straßenvierer

1
2

1 *Schwarze Räder, goldene Hände: Mechaniker Alfons Kindermann*
2 *Fahrlehrer für Wasserspringerin Silke Abicht im olympischen Dorf: Olaf Ludwig*

Konzentriert verfolgte er jede Phase des Rennens, ließ sich durch gewagte Alleinfahrten und Vorstöße der bei solchen Entscheidungen üblichen Ausreißer nicht irritieren und behielt auch die Nerven, als eine dieser Gruppen schon fast drei Minuten Vorsprung herausgefahren hatte. Wirksam wurde er dabei unterstützt von Uwe Ampler und Uwe Raab, die alles dafür taten, ihm die besten Voraussetzungen zu schaffen, wenn ein Spurt über die Medaillen entscheiden würde. Als auf der letzten Runde eine elfköpfige Spitzengruppe entstand, setzte Olaf nach und erreichte sie. Doch als im gleichen Augenblick Bernd Gröne (BRD) davonstürmte, jagte Ludwig hinterher. Wie immer in solchen Situationen wollte keiner der Verfolger zuviel Kraft riskieren, zumal der Geraer enorm aufs Tempo drückte. Das Ziel kam in Sicht. Ludwig schaltete auf das große Kettenblatt, das er sich morgens extra hatte auflegen lassen, weil er sicher war, es auf der abfallenden Zielstrecke zu benötigen. Er passierte Gröne mit so explosivem Antritt, daß der sich mit Silber zufriedengab und dem Geraer den größten Triumph seiner an Höhepunkten reichen Karriere kampflos überließ!

Erika Salumäe aus der UdSSR konnte einem ein bißchen leid tun. Sie saß als Olympiasiegerin im Radsprint bei der Pressekonferenz vor den Journalisten, aber das Feuerwerk der Fragen galt der Zweitplazierten Christa Luding. Sie nahm die Situation gelassen hin. Sie wußte, daß die DDR-Sportlerin etwas ganz Besonderes, bisher Einmaliges vollbracht hatte. Es gab vor 1988 keine Frau, die sowohl bei Sommer- als auch bei Winterspielen auf dem Siegerpodest stand. Noch nie gelang das jemand innerhalb eines Jahres – bis zu Christa Luding.
Der Dresdnerin glückte im Winter dieser Zugriff im westkanadischen Calgary mit Gold über 1 000 m und Silber über die 500-m-Eissprintstrecke. Dem Sprint blieb die Dresdnerin auch im Sommer treu. Sie wechselte lediglich das Fortbewegungsmittel. Statt auf Schlittschuhen wie in Calgary ging es für die Sportstudentin in Sòul auf dem Rennrad rund. Der Radsprint hat es Christa Luding schon lange angetan. „1977 kamen wir auf die Idee, für das Sommertraining auch den Bahnradsprint zu betreiben. Mir gefiel dieser Sport so sehr, daß ich mich seit 1979 an den DDR-Meisterschaften beteiligte. Und da es nach Meinung der Fachexperten ganz ordentlich aussah, wie ich die Rennen gestaltete, konnte ich 1986 zum erstenmal bei einer Weltmeisterschaft starten", erklärte die sportlich doppelt begabte Athletin. 1986 erkämpfte sie sich den Weltmeistertitel. Trotz kurzer Vorbereitungsphase nach Calgary jagte die DDR-Sportlerin auch in Sòul ins Finale des Radsprints der Frauen. Zu

drei Läufen forderte sie dort ihre Dauerpartnerin Erika Salumäe und unterlag schließlich im alles entscheidenden dritten Lauf um Daumenbreite.

Die Rundenjagden auf der Radpiste im Sòuler Olympiapark lebten jedoch nicht nur bei den Frauen vom Zweikampf UdSSR–DDR. In drei der insgesamt sechs olympischen Bahnraddisziplinen fuhren in den Finals Radsportler unserer beiden Länder gegeneinander. Im Sprint der Männer spielte dabei Lutz Heßlich vom SC Cottbus seine seit Jahren dominierende Rolle weiter. Der „Lausitz-Expreß" jagte stets schneller um die Bahn als seine Widersacher, und so verlor er keinen Lauf während der Olympiatage von Sòul. Nach 1980, wo sich Lutz Heßlich mit dem Franzosen Yave Cahard in drei Läufen duellierte und zum erstenmal als Olympiasieger heimkehrte, traf er in Sòul auf den sowjetischen Radsprinter Nikolai Kowsch. „Ich hatte in einem Zweierlauf zwar gegen ihn noch nie verloren, aber Olympia stellt etwas ganz Besonderes dar. Da wachsen Sportlern Flügel. Ich ging deshalb ganz konzentriert in die Rennen und überraschte Nikolai Kowsch mit zwei vielleicht von ihm nicht ganz erwarteten Varianten. Einmal suchte ich bereits 300 m vor dem Ziel in der Flucht mein Glück, und im zweiten Lauf verzögerte ich so lange, bis er meinen Antritt nicht mehr parieren konnte", schilderte der Modellathlet seine Taktik.
Als einziger Vertreter unseres Landes wollte Lutz Heßlich natürlich auch Gold für die anderen DDR-Weltklassesprinter mit nach Hause bringen. „Dazu fühlte ich mich verpflichtet, denn auch Michael Hübner, Ralf-Gudo Kuschy oder Bill Huck wären würdige Olympiateilnehmer gewesen. Doch leider darf in unserer Disziplin je Land nur ein Sportler starten."
Der DDR-Bahnradvierer in der Besetzung Steffen Blochwitz, Dirk Meier, Roland Hennig und Carsten Wolf wahrte den Silberschein, den auch DDR-Bahnmannschaften über die 4 000-m-Distanz schon in früheren Jahren verbreitet hatten. Allerdings schien die Goldmedaille durchaus greifbar. Aber so komisch es klingen mag: Unser Quartett „verfuhr" sich in der letzten Runde leicht auf dem olympischen Holzoval. Als eine halbe Runde vor Schluß die DDR-Sportler in der Annahme, sie seien bereits auf der Zielgeraden, das Finish einleiteten, verwandelte sich das mögliche Gold endgültig in Silber.
Wjatscheslaw Jekimow, Anturas Kasputis, Dmitri Neljubin und Gintautas Umaras hatten die Weichen zum olympischen Gold aber bereits in der Qualifikation gestellt, wo sie in der Weltrekordzeit von 4:16,00 min um die Bahn rasten. Im Finale bestätigten sie dann ihre gute Form mit einem Vorsprung von rund acht Zehntelsekunden vor der DDR.

Die Silbermedaille unserer Mannschaft und der dritte Rang des Berliner Dynamo-Fahrers Bernd Dittert in der 4 000-m-Einzelverfolgung sind ein Ausdruck des Könnens der DDR-Bahnradverfolger. Schon in der Qualifikation erreichte Bernd Dittert in 4:34,45 min Bestzeit. „Leider traf Bernd dann aber im Halbfinale auf den Australier Dean Woods. Gegen ihn hatte er noch nie gewonnen. Er ist für ihn ein Angstgegner", glaubt der DDR-Bahnradtrainer Siegfried Möckel die Ursachen für die Niederlage seines Schützlings im Halbfinale zu kennen. Im Kampf um Platz drei mit dem Engländer Colin Sturgess drehte der DDR-Bahnverfolger vom SC Dynamo wieder wie gewohnt auf und holte sich Bronze. Das Duell um Platz eins entschied ganz klar der sowjetische Rennfahrer Gintautas Umaras zu seinen Gunsten. Dean Woods aber jubelte ebenfalls und meinte: „Die Silbermedaille ist ein schöner Abschluß meiner Laufbahn."

Selbst in Radsportkreisen galt der Name des jungen Kiewers Alexander Kiritschenko bis zu den Olympischen Spielen 1988 kaum als eine Größe. In Sòul hat sich das schlagartig geändert. Obwohl noch 14 Rennfahrer nach dem Start des Ukrainers die Chance hatten, dessen Zeit zu verbessern, vermochte keiner den Kilometer unter 1:04,499 min zurückzulegen. Der Leipziger Maic Malchow, immerhin Weltrekordler und Exweltmeister über diese Distanz, kam auf den ersten Metern nicht gleich richtig in Schwung und erreichte 1:05,393 min, die Platz sechs bedeuteten.

1　4
3
2　5

1　Polonia-Express nach den
　100 km. Alle Leiden waren
　nach Silber vergessen
2　Die Lokomotive des DDR-
　Schnellzuges war Uwe
　Ampler. Er fuhr die
　schnellste Zeit
3　Auch die Schweden
　machten Dampf: überra-
　schend Platz drei
4　Der mit Triathlon-Rennlen-
　kern ausgerüstete USA-
　Vierer hatte keine
　Chance – Rang zehn
5　Für den WM-Dritten Öster-
　reich reichten diesmal die
　Kräfte nicht

1 | 3
2 |

1/3 Spontane Freude bei
Olaf Ludwig, Zufriedenheit
bei Trainer Wolfram Lind-
ner. In der Schlußrunde
hatte Olaf die große Initia-
tive ergriffen. Spurt und
Sieg!

2 Uwe Ampler paßte auf im
Feld, so seinen Mann-
schaftskameraden vorn
unterstützend. Teamwork!

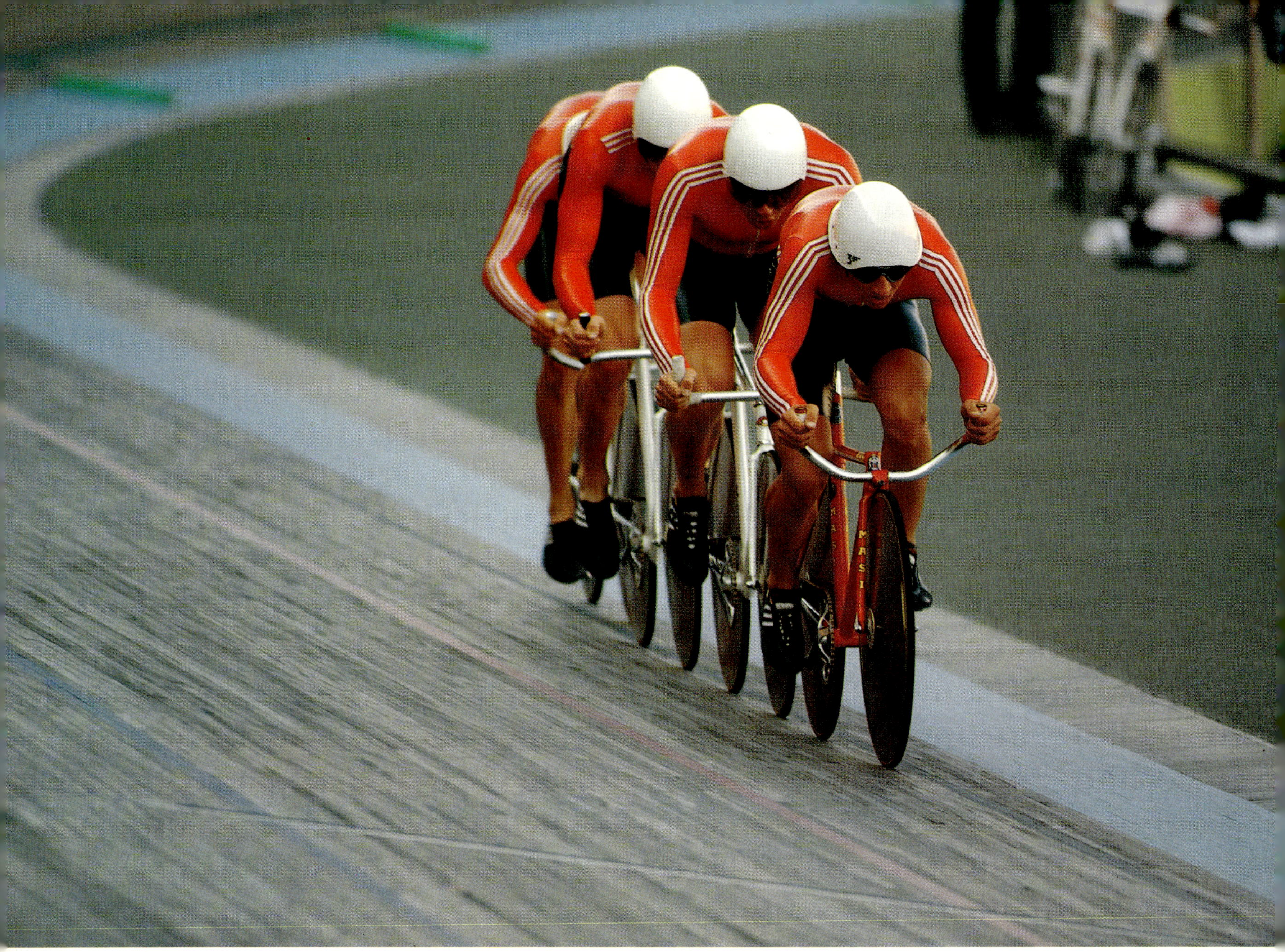

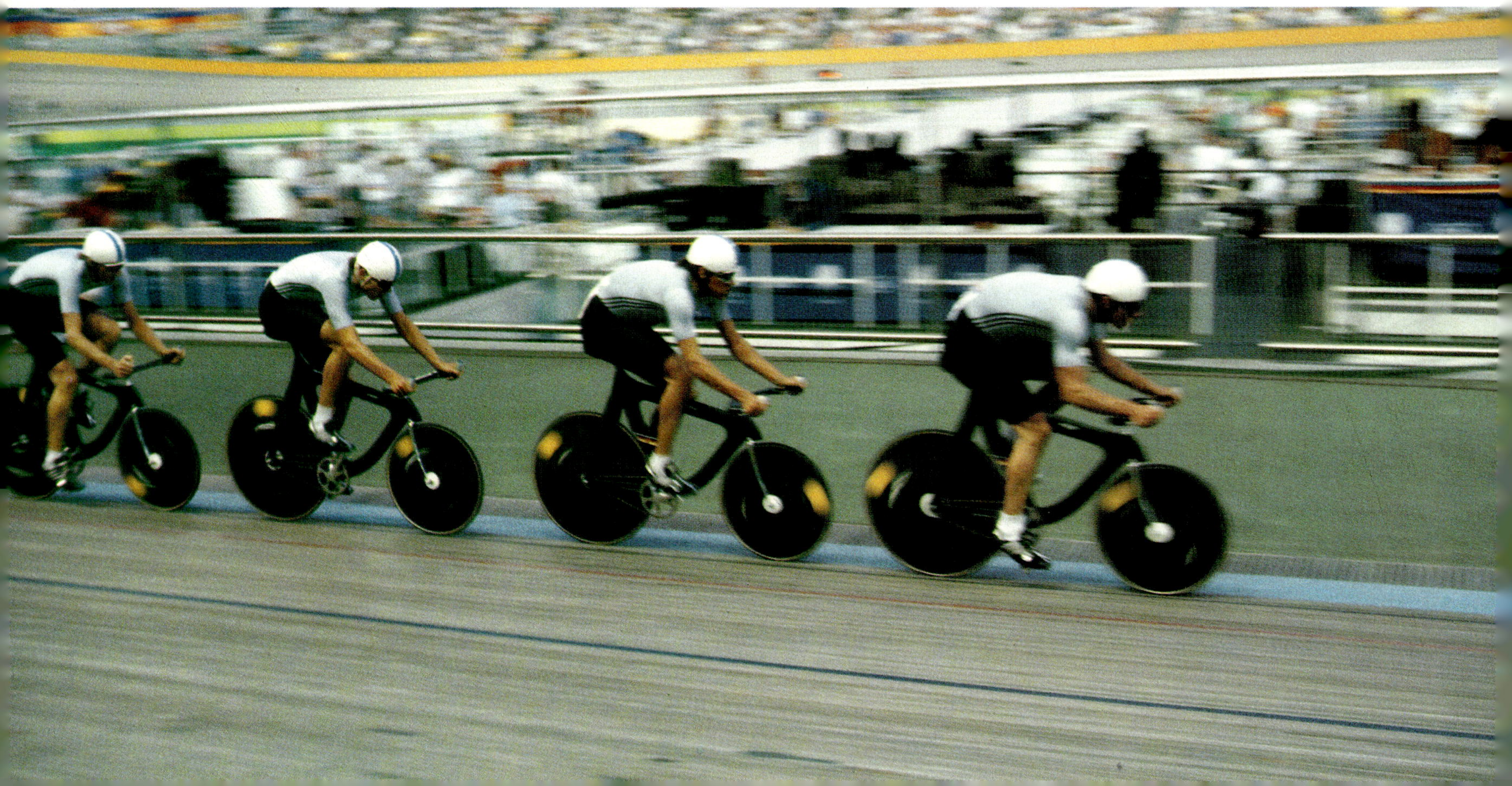

1 | 4
2 | 3 5

1 UdSSR – der Weltmeister
wurde auch Olympiasie-
ger
2 DDR – der Vizeweltmeister
ist auch Olympiazweiter
3–5 Lutz Heßlich – der Weltmeister meditiert, dehnt
sich und wird – wie vor
acht Jahren schon – als
Olympiasieger gefeiert

1   3

2 |

    5 4

1 *Sieger im Kleinen Finale:*
   Bernd Dittert (DDR)

2 *König der Verfolger: Gin-*
   tautas Umaras (UdSSR)

3/4 *Eine Sternstunde der*
   olympischen Geschichte:
   Christa Luding unterliegt
   im Frauensprint zwar Erika
   Salumäe (UdSSR) denk-
   bar knapp, doch nach
   olympischem Gold und
   Silber im Winter in Calgary
   nun Silber in Sòul

5 *Fröhliche Ausfahrt – Chri-*
   sta mit Trainer-Ehemann
   Ernst

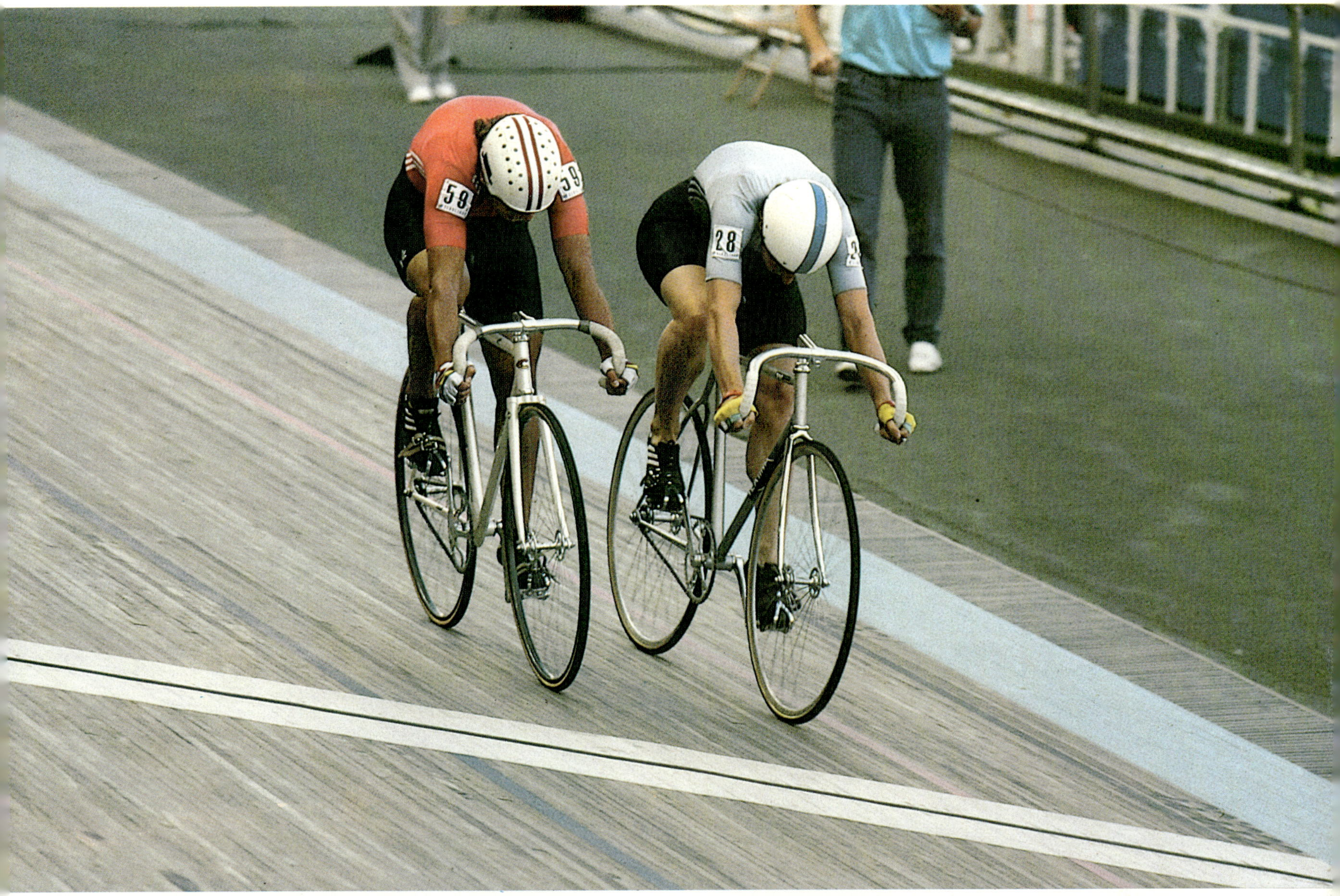
59
28

309
310
311
312
313
314
315

28
59

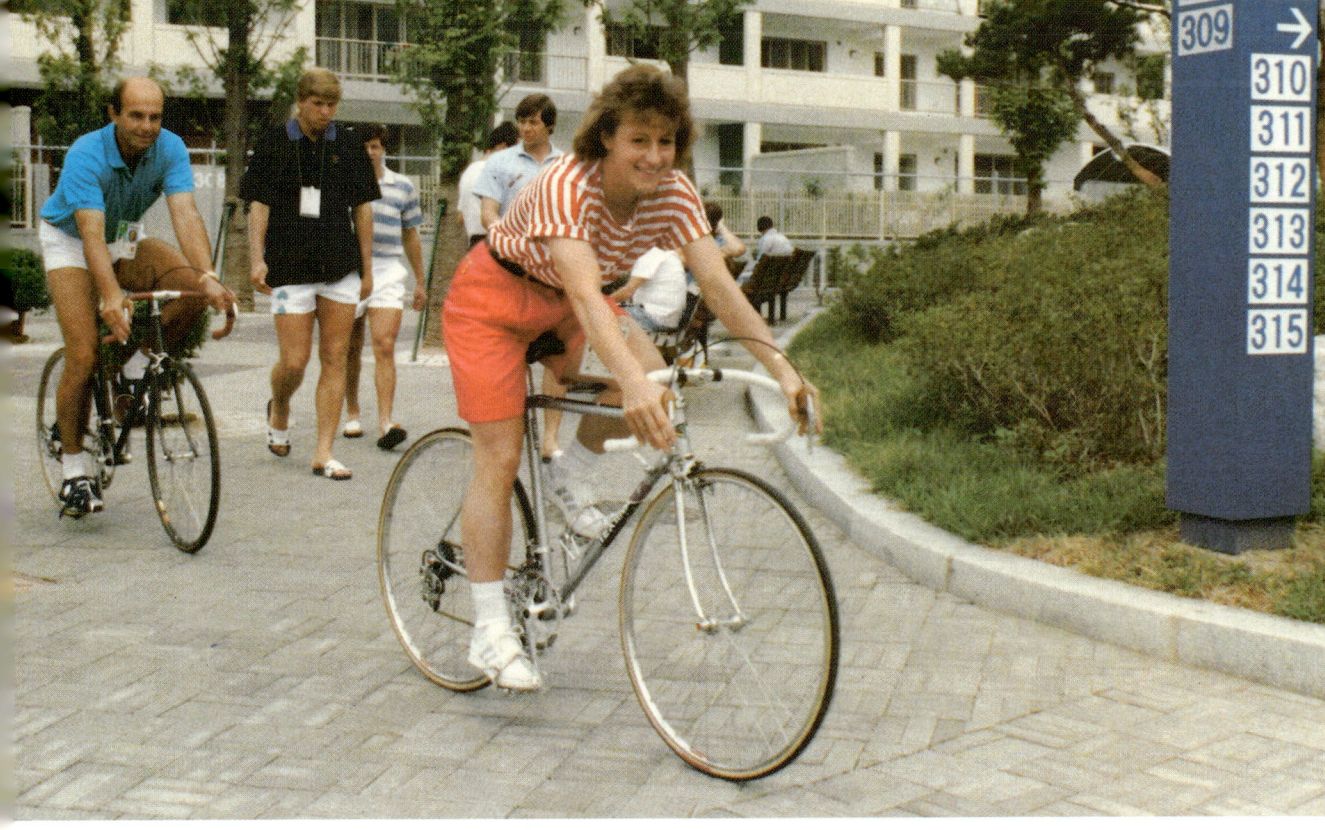

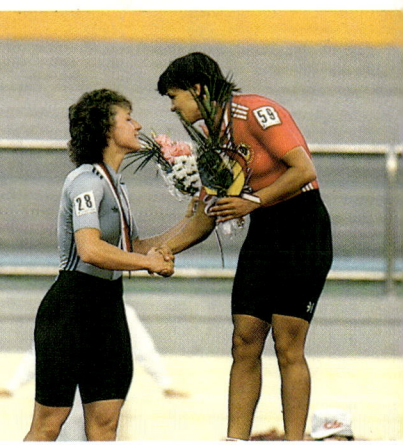

$$\begin{array}{cc|c} & 2 & 5 \; 6 \\ 4 & 1 & 7 \\ & 3 & \end{array}$$

1/2 143 Fahrerinnen aus 57 Ländern waren dabei – jedes Rad wurde zuvor vermessen

3/4 Monique Knol aus den Niederlanden hat gut lachen – an Ansporn und Applaus für die Olympiasiegerin mangelte es nicht

JUDO

16 Judosiege zieren die olympische Bilanz Japans, des Mutterlandes dieser Sportart. Seit der Zweikampf der „Weißkittel" 1964 als Reverenz an die damaligen Gastgeber der Spiele in das Programm aufgenommen wurde, haben die Könner aus dem Kodokan, dem Mekka des Judosports in Tokio, nie weniger als drei Goldmedaillen gewonnen. In Sòul mußten sie bis zum allerletzten Kampf des Turniers warten, um nicht ganz in die zweite Reihe abzurutschen. Der Olympiasieger von 1984 im Schwergewicht, Hitoshi Saito, rettete die Judoehre Japans und gewann als einziger Vertreter seines Landes eine Goldmedaille. Die Kämpfe in der stets ausverkauften Halle des Changchung-Gymnasiums bestätigten eindeutig, daß sich der Schwerpunkt des Judosports mehr und mehr nach Europa verlagert hat. Daran hatten auch die Judokas der DDR Anteil. Unsere vier „Zweikämpfer" gewannen drei Medaillen.

Der Hoppegartener Sven Loll war mit überzeugenden Leistungen in den Endkampf vorgedrungen. Auf dem schweren Weg dorthin mußte er auch den Weltmeister Michael Swain (USA) und den später wegen Dopings disqualifizierten britischen Weltmeisterschaftsdritten Kerrith Brown ausschalten. Der Franzose Marc Alexandre war im Finale zweier Gleichwertiger der Glückhaftere, als er einen Angriff geschickt konterte. Ein Koka (kleinste technische Wertung) entschied das Finale gegen den tapferen Sven Loll, der mit einem zweiten Rang seinen bis dahin größten Erfolg feierte.

Mit einer Silbermedaille wurde auch Henry Stöhr ausgezeichnet. Seinen Weg in das Finale des Schwergewichts hatte er sich mit drei kurzzeitigen Ippon-Siegen frei gemacht. Und dann mußte er auch noch den Weltmeister von 1987, Grigori Weritschew aus der UdSSR, bezwingen. Dabei verletzte er sich am Fuß. Das erwies sich im Finale gegen den 143 kg schweren Hitoshi Saito — Stöhr brachte 120 kg auf die Waage — als arges Handikap. Stöhr später dazu: „Gegen einen solchen Klassemann, noch dazu mit diesem Gewicht, kann man mit großen Techniken nicht zum Erfolg kommen. Ich mußte es folglich mit kleinen Wertungen versuchen, aber dazu braucht man Kraft und keine Schmerzen im Fuß." Immerhin gestattete er seinem namhaften Konkurrenten keine Wertung, so daß Bestrafungen wegen Passivität, von denen Stöhr eine mehr hatte, über den Olympiasieg entschieden. Eine Bronzemedaille hatte im Halbmittelgewicht Torsten Brechot, der zwei Jahre zuvor an gleicher Stätte Vizeweltmeister geworden war, gewonnen. Weniger Glück hatte der Leipziger Udo Quellmalz im Halbleichtgewicht, der dem japanischen Weltmeister Yosuke Yamamoto einen beherzten Kampf lieferte und denkbar knapp unterlag.

Vorseite: 1 Silber für Sven Loll (oben), 2 Bronze für Torsten Brechot aus der DDR

	3
1	2 4

1/3/4 Japan gilt als das Mutterland dieses Sports, doch 19 der 28 Olympiamedaillen gingen nach Europa. Drei Momentaufnahmen – drei Studien!

2 Henry Stöhr aus der DDR konnte seine Träume verwirklichen – eine Medaille: Silber! Nur der Japaner Hitoshi Saito war im Superschwergewicht besser

GEWICHTHEBEN

Es gab in der DDR eine Generation von Gewichthebern, auf die Auswahltrainer Werner Baumeister lange bauen konnte. Die Karl-Marx-Städter Andreas Letz und Joachim Kunz sind in diesem Zusammenhang zu nennen, der Dresdner Falko Jeschke, der Frankfurter Hermann Kubenka, auch Superschwergewichtler Senno Salzwedel aus Berlin und natürlich der zweimalige Leichtgewichtseuropameister Andreas Behm.

Sie alle spielten auch in den Olympiakalkulationen der Verantwortlichen des DDR-Gewichtheberverbandes für Sòul eine Rolle. Doch den Sprung auf die Heberbühne im fernen Asien schaffte nur einer von ihnen: Joachim Kunz. Er meisterte seinen Auftritt dort mit Bravour. Die anderen Asse konnten aus verschiedenen Gründen kein Olympiaticket erkämpfen, obendrein verletzte sich leider Andreas Behm kurz vor dem Abflug.

Doch in Reserve standen noch Aktive wie der erst 21jährige Mittelgewichtler Ingo Steinhöfel. Das erstemal hatte der Schwarzschopf 1987 bei den Weltmeisterschaften in Ostrava ein „Reifezeugnis" abgelegt. Hinter den beiden Bulgaren Borislaw Gidikow und dem vielfachen Weltchampion und Weltrekordler Alexander Warbanow wurde der Schützling von Klaus Kroll Dritter!

Die Frage „Wer ist denn dieser Steinhöfel?" hörte man auch in der südkoreanischen Olympiastadt von Journalisten, die nicht so sehr im Metier der Eisenheber zu Hause sind, recht oft. Man konnte sie ins Bild setzen: Er stammt aus Plauen, wo er als Zehnjähriger unter den Fittichen von Dietmar Bayer das Hantel-Abc gewissenhaft erlernt hat. An seinen derzeitigen Qualitäten ließ der Kraftfahrzeugmechaniker, der beim SC Karl-Marx-Stadt trainiert, auch keine Zweifel. Im Gegenteil: Sein Ostravaresultat steigerte Ingo Steinhöfel noch: Silber mit 360,0 kg hinter Borislaw Gidikow (375,0) und diesmal vor Alexander Warbanow, der 2,5 kg weniger auf der Liste hatte als der DDR-Heber.

Der Explauener, im neunten Wettkampfjahr stehend, hatte Mühe, die Dimension seines Erfolges in Sòul zu erfassen. Bis zu den Spielen von 1988 gab es für die DDR durch Gerd Bonk, Jürgen Heuser und Joachim Kunz erst dreimal eine Silberplakette. Ingo Steinhöfel haderte dennoch mit sich, im dritten Versuch des Stoßens die 200 kg nicht gemeistert zu haben.
Ähnlich reagierte nach dem Wettkampf zunächst Ronny Weller, der im 2. Schwergewicht mit 425,0 kg als 19jähriger Bronze gewann. Dieser stämmige Bursche vom ASK Vorwärts Frankfurt (Oder) war ein Jahr vor den Olympischen Spielen eine in der Fachwelt ebensowenig bekannte Größe wie Ingo Steinhöfel.

Doch einer schwor darauf, daß Ronny einmal zu den „Großen" der Gewichtheber aufsteigen würde: Vater Günter Weller, ehrenamtlicher TZ-Trainer für junge Stemmer in Marxwalde im Bezirk Frankfurt. Er entwickelte mit seinem Filius zu Beginn der achtziger Jahre einen Plan. Und der sah gestaffelt jene Lasten für Ronny vor, mit denen er in Sòul in die Weltspitze eindringen könnte.

Für das Jahr 1988 enthielt der „Weller-Plan" exakt jene Lasten, die Ronny dann in der Stunde der Entscheidung auch umsetzte. Allerdings war der Maschinen- und Anlagenmonteur diesem Plan zeitlich schon ein Stück voraus. 440,0 kg – nur 12,5 kg unter dem Weltrekord des Ausnahmekönners Juri Sacharewitsch – meisterte der Schützling von Peter Käks im August bei den DDR-Allkategorien-Meisterschaften in seinem Heimatdorf.

„Olymische Spiele sind dann eben doch etwas ganz anderes. Selbst bei meinem WM-Einstand vor einem Jahr war ich nur halb so aufgeregt. Mit Bronze ja – aber mit meiner Last wird Vater wohl nicht so recht zufrieden sein", spielte der junge ASK-Mann auf seine vier Fehlversuche an.

„Bronze ist Bronze, Junge, außerdem hast du den größten Teil der Heberzukunft noch vor dir", rückte DGV-Generalsekretär Horst Gülle die Leistung wieder in die richtigen Dimensionen. Lasten, wie sie jener Juri Sacharewitsch hochwuchtete, waren in Sòul ohnehin nicht nur fürs 2. Schwergewicht Sonderklasse. Mit seinem zweiten Versuch im Reißen (205 kg) verbesserte der 25jährige seinen eigenen Weltrekord um anderthalb Kilogramm und legte dann im dritten Durchgang noch einmal fünf drauf!
Nach der ersten Hebung des Stoßens (245 kg) war mit 455,0 kg auch ein neuer phantastischer Zweikampfweltrekord geboren. Das Lächeln, mit dem Juri zu fast jedem seiner Versuche antrat, erklärte er später so: „Ich kann mich schon während des Wettkampfes über gelungene Aktionen sehr freuen. Das entspricht meinem Naturell."

Bemerkenswert war noch im 2. Schwergewicht: Michael Schubert vom TSC Berlin, mit 20 Jahren ebenfalls einer aus der Nachfolgegeneration, wurde mit gleicher Leistung wie Ronny Weller Vierter. Der Kfz-Schlosser brachte nur etwas mehr Körpergewicht auf die Waage. Hätten unsere Trainer geahnt, daß das Niveau im Superschwergewicht – dort fiel allerdings Mitfavorit Leonid Taranenko erkrankt aus – nach den beiden Erstplazierten so dürftig sein würde – Bronze durch Zawieja (BRD) für 415 kg –, hätten sie gewiß versucht, einen schon bei den Olympischen Spielen von 1976 gelungenen Coup zu wiederholen.

Vorseite: Olympischer Dauerbrenner: Joachim Kunz. Silber 1980, Gold 1988

```
1   | 2  3
    |
    | 4
```

1 Ingo Steinhöfel aus der DDR ist angekündigt
2 Konzentration ist wichtig
3 Geschafft! Der Grundstein für Silber ist gelegt
4 Mit Weltrekorden zum Olympiasieg: Juri Sacharewitsch aus der UdSSR

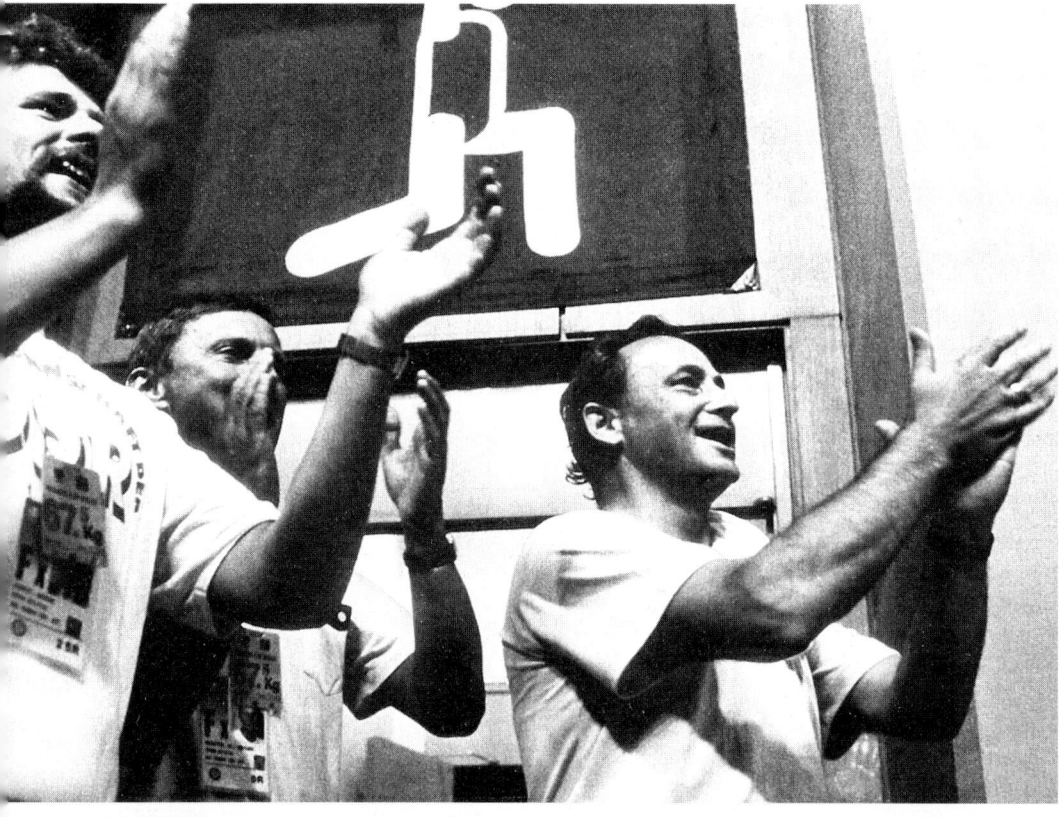

In Montreal wurde danach der ursprünglich für die Klasse bis 110 kg vorgesehene Stralsunder Helmut Losch mit Hilfe einiger Stücken Torte zum Superschwergewichtler „aufgepäppelt". Danach holte er Bronze. Die fehlenden 1,25 kg hätte Michael Schubert sicherlich in Sòul auch ohne Mühe zugelegt. Ungeachtet dessen verdiente sich der 1,84-m-Recke viel Respekt.

Den hatten zuvor schon viele Freunde dieses Sports dem 29jährigen Karl-Marx-Städter Joachim Kunz gezollt. 340 kg meisterte der ehemalige Turner, vertrat damit den kurzfristig verletzten Andreas Behm hervorragend und wurde in Südkorea nur von Angel Gentschew übertroffen. Leider gehörte der wie ein weiterer Bulgare zu den Athleten, die verbotene Mittel eingenommen hatten. In jenem Falle ein harntreibendes Präparat zur schnellen Gewichtsreduzierung, das noch nicht allzulange gesperrt ist. Gentschew wurde disqualifiziert und seine Goldmedaille Joachim Kunz zuerkannt. Der Dopingmißbrauch der bulgarischen Heber, die sich nach dem zweiten Vorfall vom Turnier zurückzogen, wurde von NOK-Präsident und IOC-Mitglied Iwan Slawkow vor der internationalen Presse verurteilt. Er kündigte genaue Untersuchungen dieser Vorfälle und die Bestrafung der Verantwortlichen an.

Joachim Kunz ging somit als erster Olympiasieger der DDR in dieser Sportart in die Chronik ein. „Ich freue mich riesig über meine Leistung, zumal es bei mir in den vergangenen drei Jahren bei den Höhepunkten oft nicht so gut lief", meinte der Sportstudent, der das Kunststück fertigbrachte, seine mit Silber belohnte Last von Moskau nach acht Jahren noch um fünf Kilogramm zu übertreffen. Wer sich im Gewichtheben so lange in der Weltspitze hält, der ist ohne Frage ein Großer, auch wenn er wie der gebürtige Stollberger nur 1,64 m mißt.

Der Weltmeister von 1981 und 1983 trug so wesentlich dazu bei, daß die nur fünfköpfige DDR-Equipe hinter der überragenden sowjetischen Vertretung zu den besten der Welt zählte. „Jetzt möchte ich meine Erfahrung nutzen, um unseren jungen Hebern bei kommenden Höhepunkten zumindest eine moralische Stütze zu sein", meinte Joachim Kunz und machte damit klar, daß er noch längst nicht an seinen Rücktritt dachte – eher an weitere ähnlich erfolgreiche Auftritte.

| 5 | 4 | 3 | 2 | 1 |

1		4
	3	5
2		6

1 Trainerbeifall für unsere
  Heber
2 Ronny Weller – vom
  „Stärksten Pionier" zum
  Olympiadritten
3 Platz vier für Michael
  Schubert
4 Scheiben
5 Stange
6 Schade!

203

RINGEN

Schon vor fünftausend Jahren sollen die Ägypter bereits die Handgriffe angewandt haben, von denen die Ringer noch heute Gebrauch machen. Keine leichte Sache also, sich in einer der ältesten Sportarten etwas Neues einfallen zu lassen, um damit in der Olympiaarena des Sangmu-Gymnasiums von Sòul seine Gegnerschaft zu überraschen.

Trotzdem waren die DDR-Klassiker Mike Bullmann (82 kg) und Olaf Koschnitzke (90 kg) mit dem festen Vorsatz aufgebrochen, sich in den Gefechten mit den Weltbesten zu behaupten, vielleicht sogar in Medaillennähe zu kommen.

Für den Frankfurter Halbschweren Olaf Koschnitzke begann es sogar blendend: Mit Aushebern gegen Foy (USA) klar in Führung gegangen (8:5 nach 1. Runde), schaffte er nach 5:20 Minuten nach einem Abreißer den Schultersieg. Auch Jin-Han Um (Südkorea) bezwang er nach Punkten. Den Vizeweltmeister Major (Ungarn) hatte Olaf noch zur Europameisterschaft klar besiegt. Trainer Werner Heppner stellte ihm die Aufgabe, voll auf Angriff zu ringen. Das klappte auch hervorragend bis zum Ende der 1. Runde: 9:3-Führung. Dann aber ließ er sich von dem Ungarn „beringen" und verlor noch nach Punkten.

Gegen Weltmeister Wladimir Popow (UdSSR) – den späteren Bronzemedaillengewinner – war Olaf Koschnitzke ohne Chance. Nach 1968 triumphierte mit Atanas Kamtschew erstmals wieder ein Bulgare im Halbschwergewicht und sicherte damit den einzigen Klassiker-Olympiasieg für die Farben seines Landes.

Im Mittelgewicht sah es für Mike Bullmann anfangs auch nicht schlecht aus: Mit 6:0 besiegte er den Japaner Mukai nach Punkten. Schon im zweiten Kampf aber verspielte er Medaillenhoffnungen. Bei einer 1:0-Führung gegen den Finnen Niemi erhielt er Ende der 1. Runde erst eine vermeidbare Verwarnung und gab dann eine unnötige Dreipunktewertung ab. Von nun an lief er verzweifelt dem Rückstand hinterher. Trotz zweier Runterreißer, seiner Spezialtechnik, unterlag er knapp nach Punkten. Nach einem 7:6-Erfolg über den Südkoreaner Kim kam dann das Aus gegen den Weltmeister Michail Mamiaschwili (UdSSR), dessen physische Voraussetzungen, dessen technisch-taktisches Vermögen und Cleverneß ihn über die gesamte Konkurrenz im Mittelgewicht triumphieren ließen. Deutlich wurde das im Goldduell von Sòul gegen den Weltmeister des Vorjahres Tibor Komaromi. Dem Budapester Konditor verging Hören und Sehen bei den lehrbuchhaften Aushebern und Würfen, und Michail Mamiaschwili krönte mit seinem Erfolg den Schlußspurt der sowjetischen Klassiker, die mit insgesamt vier Olympiasiegen die erwartete Dominanz boten. Die anderen sechs Goldmedaillen gingen an

Athleten aus sechs verschiedenen Ländern, was die gewachsene Breite im „Klassikerlager" unterstrich: An Ringer aus 13 Ländern wurden die 30 olympischen Medaillen vergeben!

DDR-Ringer waren auch diesmal nicht auf den Siegerpodesten. Die Silbermedaille von Heinz-Helmut Wehling 1976 in Montreal bleibt auch weiterhin die bislang letzte olympische Medaille, und die Olympiasiege von Rudolf Vesper und Lothar Metz 1968 bewahren sich nur in der Erinnerung, wenngleich sie auch Ansporn für solche jungen Männer wie Mike Bullmann und Olaf Koschnitzke sind. Den Rückstand zur Weltspitze konnten sie diesmal noch nicht verringern, aber vielleicht löst ihr olympisches Debüt einen neuen hoffnungsvollen olympischen Anlauf aus.

Im Freistil begannen die DDR-Athleten in den Vorrunden zunächst furios: Halbfliegengewichtler Volker Anger siegte in seinen ersten beiden Kämpfen ebenso wie sein Luckenwalder Klubkamerad Vizeeuropameister Karsten Polky (62 kg), Uwe Westendorf (74 kg) und der Hallenser Hans Gstöttner (82 kg). Die Routiniers standen ihnen nicht nach: Der Jenaer Superschwere Andreas Schröder schulterte den baumlangen Polen Sandurski schon nach einer Minute, und der international erfolgreichste DDR-Freistilringer Uwe Neupert (90 kg) hatte sich nach einer komplizierten Schulterverletzung im vorolympischen Jahr wieder in eine olympische Form gebracht, die ihn sagen ließ: „Ich fühle mich fit wie ein Zwanzigjähriger!" Und so kämpfte der Modellathlet vom SC Motor Jena auch, der seine ungeheure Physis mit der Erfahrung seiner 31 Lenze paarte: Schultersieg nach 56 Sekunden über Spieß (Brasilien). Nach knapp 2 Minuten fand sich der Japaner Honda auf beiden Schulterblättern wieder. Der Türke Sezgin – EM-Dritter 1985 – leistete größeren Widerstand, verlor aber mit 3:5. Dann wieder kurzrundige Siege über Joe (Südkorea) und über Jahvlantugs (MVR).

Zum Schlüsselkampf wurde seine Begegnung mit dem dominierenden Schwergewichtler der letzten Jahre, mit Leri Chabelow (UdSSR). Daß der nur 3:1 gegen Uwe Neupert gewann, sprach für die Klasse unseres Mannes am Ende seiner großen internationalen Laufbahn: 18 Medaillen brachte der zweifache Welt- und dreifache Europameister seit 1978 mit nach Hause, und seiner olympischen Silbermedaille von 1980 wollte er noch eine bronzene hinzufügen. Greifbar nahe war sie, als er im kleinen Finale gegen den Vizeweltmeister von 1986 William Sherr (USA) auf der Matte stand, aber sein Kontrahent war nur schwer zu greifen. 0:0 stand es nach der ersten Runde, doch

zu Beginn der letzten drei Minuten, als eigentlich noch alles offen war, passierte für Uwe Neupert fast Tragisches: Einer eigenen Aktion folgte eine kleine Unachtsamkeit, in der Sherr sein Körpergewicht rücklings derart geschickt verlagerte, daß es Uwe Neupert über beide Schulterblätter rollte.

Nicht nur der physische, viel mehr wohl der seelische Schmerz ließen den Ringerrecken für kurze Zeit auf der Matte liegen. Sekunden später aber stand der langjährige Auswahlkapitän wieder, wie ihn alle kennen und schätzen, aufrecht und stolz, gratulierte seinem Bezwinger, und trotz der verpaßten, greifbar nahen Medaille ging er wieder zur Tagesordnung über. Der Dritte der Olympischen Spiele von 1984 Vasile Puscasu (Rumänien) hatte mehr Glück. In einem vorwiegend von Taktik bestimmtem Kampf gegen Leri Chabelow verteidigte sich der 32jährige Mattenfuchs so geschickt bis zum Ende des Kampfes und überraschte dann den Favoriten mit einem einzigen Punkt, der für seinen umjubelten Olympiasieg reichte.

Solcherart ausgewiefte Taktik war natürlich von unseren jungen Männern noch nicht zu erwarten. Trotzdem sah der Kampf von Volker Anger gegen Sergej Karamtschakow (UdSSR) nicht schlecht aus, ging Hans Gstöttner ganz knapp am Finale vorbei. Doch alle Wenn und Aber zählen nicht, ein kleines Quentchen fehlte eben (diesmal) noch zum großen Sieg. Andreas Schröder allein schaffte im Superschwergewicht die Ehrenrettung: Nach der Niederlage gegen Baumgartner (USA) machte er gegen den Ungarn Klauz alles klar, wendete gegen ihn gar seine neue Technik, die Beinspindel, an und ließ sich neben dem goldenen David Gobededschwili (UdSSR) als überglücklicher Dritter feiern, ohne zu diesem Zeitpunkt zu wissen, daß er die 100. Medaille für die DDR bei diesen Olympischen Spielen errungen hatte.

1

2

1 Andrzej Wronski aus Polen – Pose des Siegers in der 100-kg-Klasse der Klassiker
2 Kraftvolle, konzentrierte Aktion. Bruno Beudet aus Frankreich und Abdullah Algrbi aus der VDR Jemen lieferten sich diesen herrlichen Freistilkampf

1 Andreas Schröder gewann in Sòul die 100. Medaille für unsere Olympiamannschaft. Wahrlich ein Grund zum Jubeln!
2 Reverenz an den Sieger. Sergej Beloglasow aus der UdSSR nach dem Finale auf den Schultern des Iraners Mohammedian

1
  2 | 4
3

1–3 Gesichter nach dem
     Kampf: An Dae-Hyun aus
     Südkorea, Bratan Zenow
     aus Bulgarien, Kamandar
     Madshidow aus der
     UdSSR
4 Matten-Tanz: Akaisni (Japan)–Carr (USA)

BOXEN

Eine der ältesten olympischen Sportarten – seit 1904 im Programm – hatte in Sòul mit 441 Boxern aus 106 Ländern eine Beteiligung aufzuweisen wie niemals zuvor. Das hatte den Internationalen Boxverband (AIBA) bewogen, einer Variante der Gastgeber zuzustimmen, die es zuvor nur einmal – 1952 in Helsinki – gegeben hatte: Es wurde im Sòuler Chamshil-Gymnasium in der Vorrunde in zwei Boxringen gekämpft, die weniger als zehn Meter voneinander entfernt standen. Die AIBA bemühte sich – die auftauchenden Probleme wohl ahnend –, in eine zweite Halle auszuweichen, fand damit aber bei den Südkoreanern kein Gehör.

So trat schließlich ein, was zu befürchten war: Verwirrungen, die in Fehlentscheidungen gipfelten. Die verschiedenen akustischen Signale, eine Glocke und ein Pfeifton, waren kaum auseinanderzuhalten. In der Hektik des Geschehens liefen Kämpfe weiter, die gestoppt und in die Pause hätten gehen müssen, während im Nebenring ein Kampf unterbrochen wurde, der nach den Uhren noch mitten im Gange war. Der Halbweltergewichtskampf zwischen Todd Foster (USA) und Chun Jin Chul (Südkorea) mußte sogar wiederholt werden. Er war zunächst abgebrochen worden, weil sich Boxer und Ringrichter durch das Pausensignal von nebenan hatten irritieren lassen. Foster traf den Gegner nach dem Trennkommando jedoch noch derart schwer, daß der zu Boden ging. Aufgrund des Nachschlagens nach dem Schlußzeichen hätte der USA-Boxer eigentlich disqualifiziert werden müssen. Da der Fehler aber auch beim Ringrichter lag, wurde das Duell neu angesetzt. Der Südkoreaner wurde jedoch erneut schwer getroffen.

Die DDR-Boxer feierten 32 Jahre nach Wolfgang Behrendts erstem Olympiasieg für die DDR in Melbourne einen zweifachen olympischen Triumph durch Leichtgewichtler Andreas Zülow und Mittelgewichtler Henry Maske. Der 23jährige Schweriner Zülow hatte auf dem Weg ins Finale vier der fünf Kämpfe mit einstimmigem Urteil für sich entschieden: gegen den Kenianten Patrick Waweru, den Italiener Giorgio Campanella, den Ägypter Mohamed Hegazy und im Halbfinale gegen den USA-Meister Romallis Ellis. Lediglich im dritten Vorrundenkampf mußte er sich mit einem 3:2-Urteil über Konstantin Tschju (UdSSR) begnügen.

Auch im Finale ließ er dem Schweden George Cramne, in Liberia gebürtig und von einer schwedischen Familie adoptiert, keine Chance, war in jeder Runde schneller auf den Beinen und mit den Fäusten, wobei er taktisch klug die Nahdistanz mied. Nach ihm kletterte der Frankfurter Mittelgewichtler Henry Maske in den Finalring. Vier Faustgefechte hatte er bis dahin absolviert: gegen Helman Palije

(Malawi), Michele Mastrodonato (Italien) und, im Halbfinale, gegen Chris Sande (Kenia). Er gewann sie allesamt mit 5:0-Richterstimmen. Um seinen zweiten Vorrundenkampf gab es einige Verwirrung. Simeon Stubblefield aus Liberia war zum Auftakt kampflos zum Sieger über Sello Mojela aus Lesotho erklärt worden, weil Mojelas Name auf der Wiegeliste fehlte. Die Mannschaftsleitung von Lesotho konnte jedoch mit Hilfe der Wiegekarte dessen Anwesenheit nachweisen. Der daraufhin neu angesetzte Kampf endete mit einem überzeugenden Erfolg über Mojela, der sich dabei jedoch verletzte und gegen Maske nicht mehr antreten konnte

Im Finalkampf nutzte der 24jährige Frankfurter gegen den Kanadier Egerton Mercus seine Stärken, war in seinen Aktionen eindeutig schneller als der Gegner und kam mit seinem manchmal kritisierten sparsamen Boxstil – nicht auf Schönheitspreise bedacht – zum einstimmigen Olympiasieg.

Die Silbermedaille durch den Schweriner Fliegengewichtler Andreas Tews, der den Südkoreaner Kim Kwang Sun schon durch K. o. hätte besiegen müssen, um als Sieger den Ring verlassen zu können, vervollständigte die beachtliche Bilanz der DDR-Boxer, die ihren Ruf als beste Europas bestätigten.

Das Turnier litt unter vielen Mängeln, deren Wurzeln vor allem in dem Bemühen der Gastgeber lag, den „Heimvorteil" in extremer Weise zu nutzen.

17 Kampfrichter mußten zudem abgelöst werden, weil sie entweder den Forderungen, die ein solches Turnier an die Unparteiischen stellt, nicht gewachsen oder in Verdacht geraten waren, nicht nach bestem Wissen und Gewissen geurteilt zu haben.

Ein tragisches Kapitel olympischer Boxgeschichte nach dem Kampf zwischen dem bulgarischen Europameister Alexander Christow und dem Südkoreaner Byung Jong Jil machte Schlagzeilen in aller Welt. Trainer und Funktionäre, die mit dem Urteil - Punktsieger Christow - nicht einverstanden waren, stürmten in den Ring, schlugen den neuseeländischen Ringrichter Walker nieder und veranlaßten ihren Schützling, den Ring zum Schauplatz eines „Sitzstreiks" zu wählen, der fast eine Stunde währte. Die fünf Südkoreaner, die an dem unolympischen Treiben beteiligt waren, wurden disqualifiziert und werden beim nächsten Boxkongreß bestraft. Die südkoreanische Presse nahm das energische Durchgreifen der AIBA-Exekutive zum Anlaß, eine Kampagne gegen deren führende Funktionäre zu starten. So warf man dem Generalsekretär Karl-Heinz Wehr (DDR) vor, Zusammenkünfte von einem feudalen City-Hotel ins olympische Dorf verlegt zu haben, was schwer als Vorwurf zu begreifen war. So geriet das Turnier auf diese Weise leider in den Schatten Olympias.

Vorseite: Henry Maske (r.) aus der DDR boxte sich zum Olympiasieg durch

1
2 | 3

1/2 *Schwerstarbeit außerhalb des Rings – Günter Debert (l.) und Fritz Sdunek*
3 *Neuer Meisterschüler der Schweriner Boxschule: Olympiasieger Andreas Zülow*

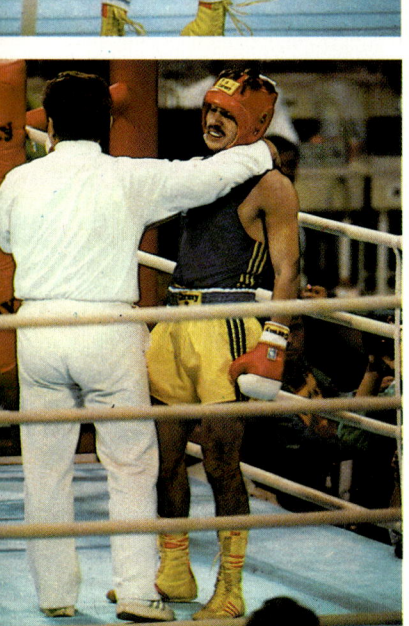

1 3
2
  4

1/2 Des einen Freud (Giovanni Parisi aus Italien) war im Finale des Federgewichts des anderen Leid (Daniel Dumitrescu aus Rumänien)

3 Kim Kwang-Sun aus Südkorea: Auftrag erfüllt! Über Silber freute sich Andreas Tews

4 Heiße Debatten auch bei den Kampfrichtern.

1 2
3

1 Er war der dritte DDR-Boxer, der das Finale erreichte: Andreas Tews
2 Der Bulgare Iwailo Marinow ging aus dem Finale im Halbfliegengewicht als Sieger hervor
3 Kleines Einmaleins durch Ringrichter Gustav Baumgart (DDR) für Superschwergewichtler Riddick Bowe aus den USA, der im Finale dem Kanadier Lennox Lewis unterlag

1 Auslosung für das Mammutturnier, das in zwei Ringen ausgetragen wurde
2 Ein schwarzer Fleck im olympischen Boxturnier waren die Ausschreitungen des südkoreanischen Bantamgewichtlers Byun Jeong-Il gegen Ringrichter Keith Walker aus Neuseeland
3 Halbweltergewichtler Wjatscheslew Janowski war der einzige aus der UdSSR-Staffel, der eine Goldmedaille gewann
4 Halbmittelgewichtler Roy Jones aus den USA wurde im Finale zum Verlierer erklärt, anschließend aber von der Jury zum besten Boxer des olympischen Turniers gekürt

FECHTEN

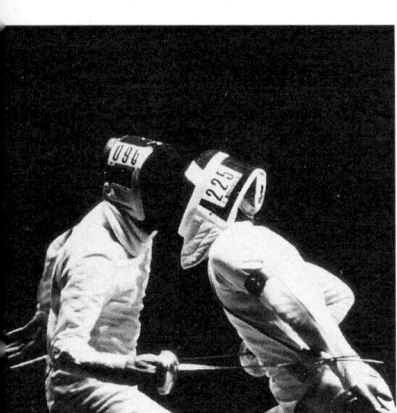

Vorseite: Finale im Florett-
fechten – Udo Wagner
(DDR/r.) mit dem Italiener
Stefano Cerioni

```
1    2
     3 4 5
```

1 Nahkampf mit Degen
2 Gültig oder ungültig?
3 Udo Wagner bezwang in
  der Finalrunde den Un-
  garn Zsoltan Ersek mit
  10:5
4 Jens Howe (DDR/ll.) im
  Viertelfinalkampf gegen
  Ulrich Schreck aus der
  BRD
5 Waffenprüfung

Unserem Fechtsport bescherte Sòul eine historische Stunde: Zum erstenmal in unserer Olympiagechichte gewann ein DDR-Sportler eine Olympiamedaille, und gleich eine silberne! Der 24jährige Dresdener Elektronikfacharbeiter Udo Wagner, dem dieses Kunststück gelang, gestand hinterher, daß er diese Stunde wohl erst viel später richtig begreifen werde. „Noch ist eine Medaille bei Olympischen Spielen für unseren Fechtsport schließlich eine Rarität", meinte der gebürtige Bautzener, dessen Frau Ute ebenfalls das Florett zu führen weiß.

Man mag noch so intensiv die olympischen Annalen durchforsten, mehr als ein paar wenige achtbare Plazierungen zwischen 1968 und 1980 wird man für unsere Fechter nicht finden. Dem athletischen Udo Wagner, der im Vorfeld der Spiele bereits mit vorderen Rängen bei Weltranglistenturnieren auf sich aufmerksam gemacht hatte, blieb es nun vorbehalten, in Gefilde vorzudringen, in denen Medaillen vergeben werden. Allerdings: Sein zweiter Platz war nun auch wiederum keine olympische Sensation, wie das vielleicht manchem Zaungast dieser Sportart vorgekommen sein mag. Seit langem schon wurden unsere Florettfechter eines solchen Erfolgs für fähig gehalten. Nur: Wenn es darauf ankam, diesen Qualitätsgewinn nachzuweisen, dann fehlte oft ein entscheidender Treffer.

Nicht aber in Sòul. Nicht nur Udo Wagner focht prächtig, sondern auch unsere beiden anderen „Musketiere" schlugen eine feine Klinge. Wie der Dresdner gelangte der Potsdamer Armeesportler Jens Howe ins Achterfinale – er wurde Siebenter –, das der Dynamo-Fechter Aris Enkelmann nur knapp verfehlt hatte. Der Berliner lag im letzten Gefecht der Hoffnungsrunde im Direktausscheid gegen den Italiener Stefano Cerioni bereits mit 7:3 in Führung. Dann jedoch ließ seine Konzentration nach, so daß der ungestüme Azzurri mit einem 10:7-Sieg die Niederlage noch abwenden und durch das Hintertürchen ins Finale schlüpfen konnte.

In dieser Situation dachte wohl keiner, daß der temperamentvolle Italiener ein paar Stunden später gegen Udo Wagner um die Goldmedaille fechten würde. Der Dresdner hatte den kürzesten Weg ins Finale gewählt, im Direktausscheid hochklassige Konkurrenz wie Boris Korezki aus der UdSSR und Vizeweltmeister Matthias Behr aus der BRD und in der Endrunde zuerst den Ungarn Zsolt Ersek und danach Ulrich Schreck aus der BRD ausgeschaltet. Auch gegen Stefano Cerioni, der 1984 mit der italienischen Mannschaft bereits Olympiagold erkämpft hatte, stand Udo Wagner keineswegs auf verlorenem Posten. Mit einer sehenswerten Parade-Riposte über den Kopf ging er sogar kurzzeitig in Führung, verlor dann aber in der mittleren Phase des Gefechts, als einige Parade-Riposten die Metallweste des Gegners verpaßten, den Anschluß. Auch ein vehementer Schlußspurt konnte seine 7:10-Niederlage nicht mehr abwenden.

Nach der Einzelkonkurrenz verwunderte es nicht, daß die DDR-Florettfechter für die Mannschaftsentscheidung als Geheimfavorit galten. Aris Enkelmann, Adrian Germanus, Jens Gusek, Jens Howe und Udo Wagner rechtfertigten diesen Ruf in der Vorrunde mit überzeugenden Siegen gegen Kuweit (9:0), Großbritannien (9:2) und die Volksrepublik China (9:5). Selbst der Einzug ins Viertelfinale gegen Polens Fechter gelang mit 9:3 vorfristig, doch dann – im Halbfinale mit einem 9:4-Erfolg – stoppte Vizeweltmeister BRD das Weiterkommen, und dieser hatte es vor allem dem erfahrenen Mathias Gey zu danken. Der 28jährige Tauberbischofsheimer Diplomarchitekt gewann alle vier Gefechte gegen die DDR-Sportler. Da konnte in unseren Reihen nicht einmal Udo Wagner mithalten, der gegen Thorsten Weidner, Ulrich Schreck und Matthias Behr erfolgreich war und nur gegen Mathias Gey verlor. Doch mit Ausnahme von Jens Howe konnte an diesem Tage kein weiterer DDR-Fechter einen Sieg beisteuern. Schließlich entglitt dem DDR-Quartett auch noch die Bronzemedaille, die Ungarns Team dank eines überragenden Zsolt Ersek holte, der alle Kämpfe gewann.

Dieser vierte Platz unserer Florett-Mannschaft ist jedoch ebenso wie der fünfte unseres Degen-Spezialisten Torsten Kühnemund ein großer Erfolg. Der gebürtige Wittenberger ging aus dem Direktausscheid als Nummer eins hervor und scheiterte dann im Finale erst an dem prominenten Italiener Sandro Cuomo. „Ich denke, unser Abschneiden in Sòul wird der gesamten Fechterfamilie in der DDR weiteren Auftrieb geben", so die Überzeugung von Torsten Kühnemund. Und ohne Zweifel wäre dies das Schönste, was das Auftreten der DDR bei diesen Olympischen Spielen nach sich ziehen könnte.

Der „Goldschmied" des Olympiaturniers in Sòul war einmal mehr Emil Beck, Trainer der BRD, dessen Schützlinge drei Olympiasiege errangen, dazu auch noch drei Silbermedaillen und eine bronzene gewannen. Er hat es verstanden, das badische Tauberbischofsheim mit seinen nur 12 000 Einwohnern zu einem mustergültigen Leistungsstützpunkt auszubauen, in dem Siegertypen für das Fechten geformt werden.

BOGEN-SCHIESSEN

Bogenschießen – das klingt wild, mutig und sanft zugleich. Es animiert Gedankenflüge. „Wild" läßt an Tschingis-Chan und seine Scharen denken. Beim Schwirren ihrer Pfeile soll sich der Himmel verdunkelt haben. Mutig war Robin Hoods historischer Auftritt. Er spannte die Sehne für Unterdrückte. Sanft ist die Urlauberphantasie. Minimal bedreßte schöne Damen visieren bunte Strohscheiben an.

Bogenschießen bei Olympia bot von alledem nichts, wenngleich die Frauen und Männer dieser Disziplin von alledem etwas haben. Unterschiedlich dosiert. Natürlich! Doch in erster Linie – stellten sie sich an die „Feuer"-Linie – waren es tolle Athleten. Ausgestattet mit exzellenter Sehschärfe, stabilen Nerven, brillanter Reaktion und kräftigen Bizeps. Denn im Verlauf des zweitägigen Einzelwettkampfes summieren sich die Kilopond beim Spannen und Abdrücken der Pfeile zu Tonnen.

Bogenschießen hat seinen Ursprung in Asien. Historisch ist das nachgewiesen, in Sòul bestätigte sich das. Von vier möglichen Goldmedaillen holten die Südkoreaner drei. Das komplette Gastgeber-Festival auf dem Thron konnte der US-Amerikaner Jay Barrs verhindern. Das Herren-Solo trug sehr pikante Akzente. Ehe das Finale der besten Acht begann, hatten schon drei Favoriten ihre Requisiten verstauen müssen und auf der Zuschauertribüne Platz genommen: der Olympiasieger von 1980, Tomi Poikolainen (Finnland), dessen Nachfolger 1984 in Los Angeles, Darrell Pace (USA), und Weltrekordler Juri Leontjew (UdSSR). Pace und Leontjew besaßen allerdings gute und würdige „Stellvertreter" in ihren Teamgefährten Barrs und Wladimir Jeschejew, der für die „Sbornaja" Bronze schoß.

Wie ein Wunder aus dem andauernd blauen Himmel über dem Hwarang Archery Field kam der Medaillensegen für den Olympia-Gastgeber 1988 nicht. Denn Bogenschießen gehört in Südkorea zum Schulsport. Und sehr viele Mädchen und Jungen bleiben dieser Disziplin später treu. So sind im Verband 17 000 Aktive aller Altersgruppen registriert. Aus diesem Fundus kann man schöpfen. Verständlich, daß die Pfeil- und Bogenschützen des Landes schon seit geraumer Zeit in der Weltspitze rangieren.

Übrigens gab es in Sòul zwei Premieren. Neben den Einzel- standen auch Mannschaftskonkurrenzen für Männer und Frauen auf dem Programm – wie zuletzt 1920. Und erstmals bei Olympia wurde die Große FITA-Runde praktiziert. Dabei schmilzt im Ausscheidungsverfahren von Serie zu Serie das Teilnehmerfeld, bevor die letzten Acht um die Medaillen schießen. Einhelliger Kommentar der Sportler: „Eine gute Lösung."

1–5 Mit Pfeil und Bogen verstanden die Gastgeber am besten umzugehen. Drei von vier Goldmedaillen gingen auf ihr Konto

REITEN

Die Vielseitigkeitsprüfung im Sattel, für viele Krone des olympischen Reitsports, wurde im Sòuler Pferdesport-Park und auf der Wondong Ranch ausgetragen. 50 Reiter aus zehn Ländern bewarben sich in dem offiziell als Military im Programm geführten Wettbewerb um die Medaillen, aber in ihrer Mitte war ein Mann, der alle beherrschte: Mark Todd aus Neuseeland. Der 32jährige Farmer hatte sich auf seinem schwarzbraunen Wallach „Charisma" schon in der Dressur an die Spitze gesetzt. Im Geländeritt auf der Wondang-Ranch spielte der Neuseeländer erneut sein Können aus. Mit null Fehlerpunkten beendete er diesen komplizierten Test. Im abschließenden Springreiten konnte er sich sogar fünf Fehler leisten, ohne daß sein Gesamtsieg in Gefahr geriet. Auf den Ehrenplätzen wahrten Ian Stark und Virginia Leng britische Tradition.

Ein strahlender Mark Todd, der nach 1984 zum zweitenmal das begehrte Military-Gold holte, hatte schon als Kind zu Hause in Cambridge auf seinem Pony „Nugget" davon geträumt, einst seine Heimat bei olympischen Reiterspielen vertreten zu können. „Das Erlebnis dieser Freude wird nun mein ständiger Begleiter sein", meinte der Neuseeländer. „Charisma", das in Sòul seine sportliche Karriere beendete, ist das einzige Pferd in der olympischen Geschichte, das die Drei-Tage-Vielseitigkeitsprüfung zweimal gewann.

Im Einzelfinale der Dressur behielten die Experten recht, die den vierten Frauenerfolg prophezeit hatten. Dies sagt alles über die Dominanz der Damen – der „beste" Mann war der Schweizer Otto Hofer: Siebenter! Die gelungenste Vorführung bot Nicole Uphoff aus der BRD auf „Rembrandt 24". Auf dem Siegerpodest wurde sie von der Europameisterin Margit Otto-Crepin aus Frankreich und der Olympiasiegerin von 1976, Christine Stückelberger (Schweiz), flankiert. In den Mannschaftswettbewerben holten die Reiter aus der BRD die wertvollsten Medaillen. Sowohl in der Military als auch in der Dressur und im Springreiten um den „Preis der Nationen" wurden sie mit Gold geehrt. Damit brachten die Reiter allein vier der insgesamt 11 Goldmedaillen der BRD auf ihr Konto. Einer der prominentesten Teilnehmer war wohl der Brite Mark Phillips. In dem Militaryteam errang er zwar den zweiten Platz, hatte aber selbst dazu nur wenig beitragen können, weil sich sein Pferd „Cartier" während des Geländeritts verletzte und ausschied. Was die Präsidentin der Internationalen Reitsport-Föderation, Prinzessin Anne, ihrem Ehemann zuflüsterte, als sie ihm die Medaille überreichte, blieb allerdings allen verborgen.

VOLLEYBALL

„Wenn diese sowjetische Mannschaft zu ihrer Gala-form findet, kann sie Olympiasieger werden, es ist die beste Mannschaft des Turniers", urteilte DDR-Trainer Siegfried Köhler vor dem Volleyball-Endspiel der Frauen. Er sollte Recht behalten, auch wenn Perus dunkelhäutige Ball-Artistinnen ihren Gegnerinnen das Siegen sehr schwer machten. Ein aufregendes 3:2-Spiel stand am Ende eines strapazenreichen We-ges, der auch den UdSSR-Damen eine Vorrunden-Niederlage durch den alten Rivalen Japan beschert hatte.

Wenn auf allen Kontinenten jetzt 150 Millionen aktive Volleyballspieler registriert sind, so hat für viele ihrer Verbände die sowjetische Spielweise einst als erste Anleitung gedient. Doch das ist lange her. Heute ha-ben sich in den wichtigsten Ländern eigene Stil-Vor-stellungen entwickelt. „Deshalb mußten auch wir schnellstens die gegenüber den Südamerikanerin-nen und Asiatinnen entstandenen Nachteile in der be-weglichen Feldabwehr abbauen, ohne unsere Stär-ken im Angriff und in der Arbeit des Blocks zu min-dern", erläuterte Nikolai Karpol, Auswahl-Trainer seit 1987, seine wichtigste vorolympische Aufgabe. „Auf dieser veränderten Basis hatten wir unsere ganze Spielorganisation zu erneuern." Das Resultat dessen bekamen auch Weltmeister China und Europamei-ster DDR in 0:3-Niederlagen zu spüren.

Die Berliner und Schweriner Schützlinge des ver-dienstvollen Trainers Siegfried Köhler mußten das olympische Turnier ausgerechnet gegen die ihnen nahezu unbekannten Südkoreanerinnen beginnen. Die 1:3-Niederlage war deutlich, doch sie demorali-sierte unsere Frauen nicht, wie anschließend mit dem 3:2 gegen Japan bewiesen wurde. Mit den folgenden 3:1-Siegen gegen die USA und Brasilien wurde ein fünfter Platz erspielt, „der unseren vierten Rang bei der Weltmeisterschaft 1986 bestätigt hat. Wir sind an die Weltspitze herangerückt, aber die letzten Schritte nach oben erfordern noch Jahre voller Mühe", pro-phezeite der DDR-Trainer.

Die Dynamik des Spiels verkörpern heute vor allem auch die Peruanerinnen. 1973 kam Park Manbok, Südkoreas ehemaliger Auswahltrainer, ins Anden-land. Für die Südamerikanerinnen entwickelte er neue Stilverbindungen. „Die Technik der Asiatinnen, die Athletik der UdSSR und USA, das wollte ich kom-binieren." Es entstand eine verwirrende und aggres-sive Spielweise, so daß Peru in diesem olympischen Turnier nur eine einzige Niederlage erlitt — jene im Endspiel gegen die UdSSR.

Ohne Niederlage spielten sich bei den Männern die USA bis ins Finale. Ein Jahr lang war diese Mann-schaft in San Diego konzentriert worden. „Operation Gold" hieß die Aktion, die den in Abwesenheit der

UdSSR errungenen Erfolg von 1984 verteidigen sollte. Sponsoren, die am aufblühenden Strandvol-leyball verdienen, hatten die aufwendige Vorberei-tung finanziert. Der Gewinn der Goldmedaille und zuvor des WM-Titels, des Weltcups sowie des Panamerika-turniers unterstrichen die Favoritenstellung der USA in dieser Sportart.

Aber im Vorfeld der Spiele hatte sich andernorts auch viel bewegt. Die Niederlande, Schweden und Frank-reich spielten sich in Europas Elite. Viele ihrer Spit-zenklubs sind heute Werbeträger finanzstarker Kon-zerne. Auch das Gros der schwedischen Auswahl ist unter solchen Umständen engagiert und konnte so athletisch bestens vorbereitet werden.

Die UdSSR hingegen hatte einen Generationswech-sel zu verkraften. Waleri Losew, der jahrelang im Schatten von Wjatscheslaw Saizew gestanden hatte, lebte als Dirigent des Spiels förmlich wieder auf. Mit 3:0-Siegen gegen Bulgarien, Schweden, Südkorea und 3:1 gegen Italien wurde eine Grundlage erspielt, die auch durch die 2:3-Niederlage gegen Brasilien am Ende der Vorrunde nicht mehr gefährdet wurde. „Wir waren physisch und nervlich zur rechten Zeit in beste Verfassung gekommen", lobte Trainer Gennadi Par-chin seine Männer.

Im November 1987 hatte die UdSSR im FIVB-Cup— dem Pokal der internationalen Volleyball-Födera-tion— in der gleichen Halle, die auch das olympische Basketballturnier erlebte, die USA mit 3:2 bezwun-gen. Es war eine der wenigen Niederlagen der Ameri-kaner in ihren 58 Spielen in jenem Jahr. „Wenn wir nicht auf ihre Tricks und Finten hereinfallen, können wir sie schlagen", hatte Hauptangreifer Steve Tim-mons orakelt. Im ersten Satz (13:15) sah es nicht da-nach aus, doch im athletischen Durchsetzungsver-mögen dominierten dann die USA. 15:10, 15:4, 15:8 entschieden sie die nächsten Sätze und verhinder-ten, daß die sowjetischen Männer wie die Damen zum viertenmal Gold erobern konnten. Argentinien, das Brasilien 3:2 bezwang, bestieg als Dritter erstmals die Medaillentreppe.

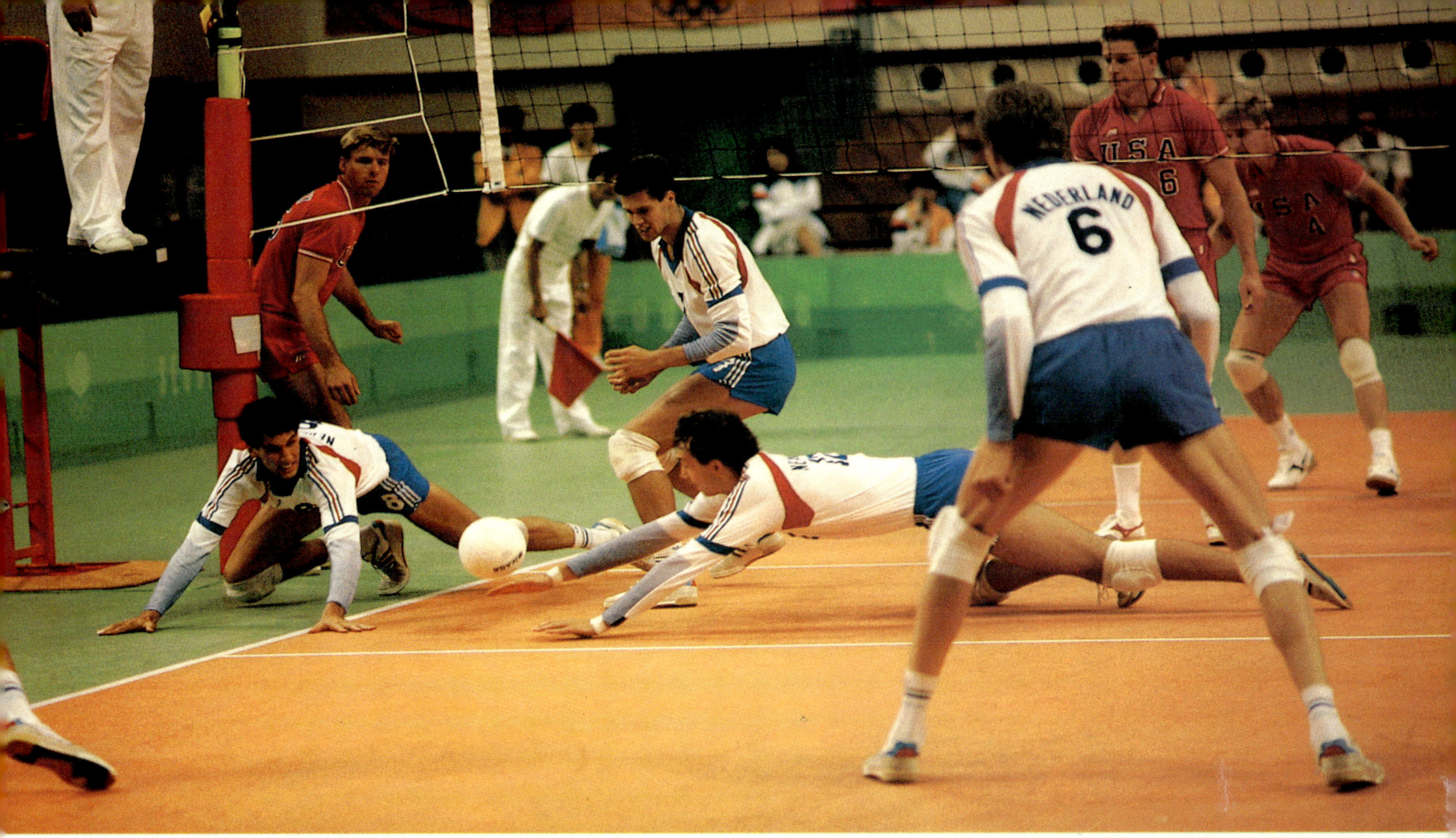
USA
6
NEDERLAND
6

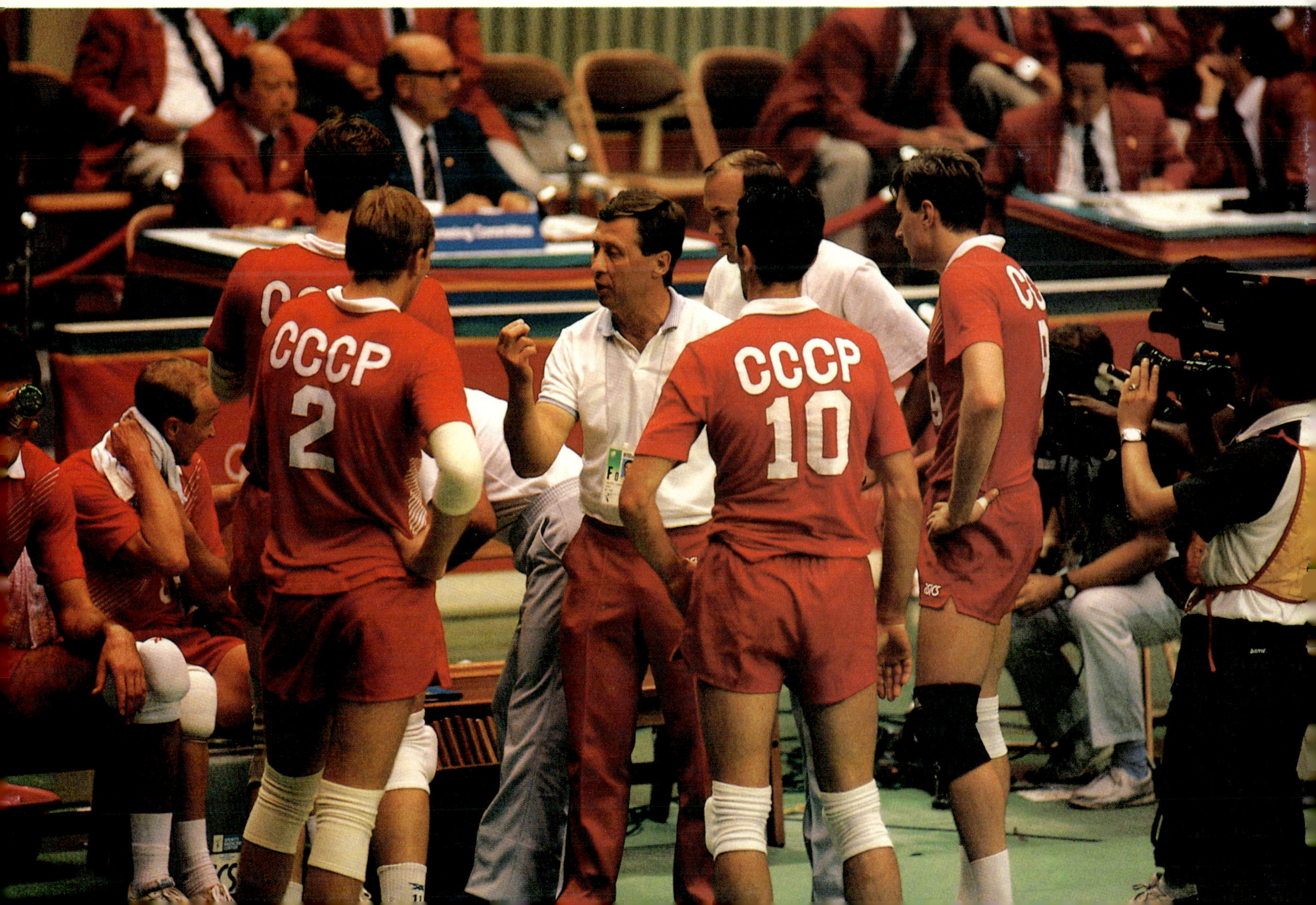
CCCP
2
CCCP
10

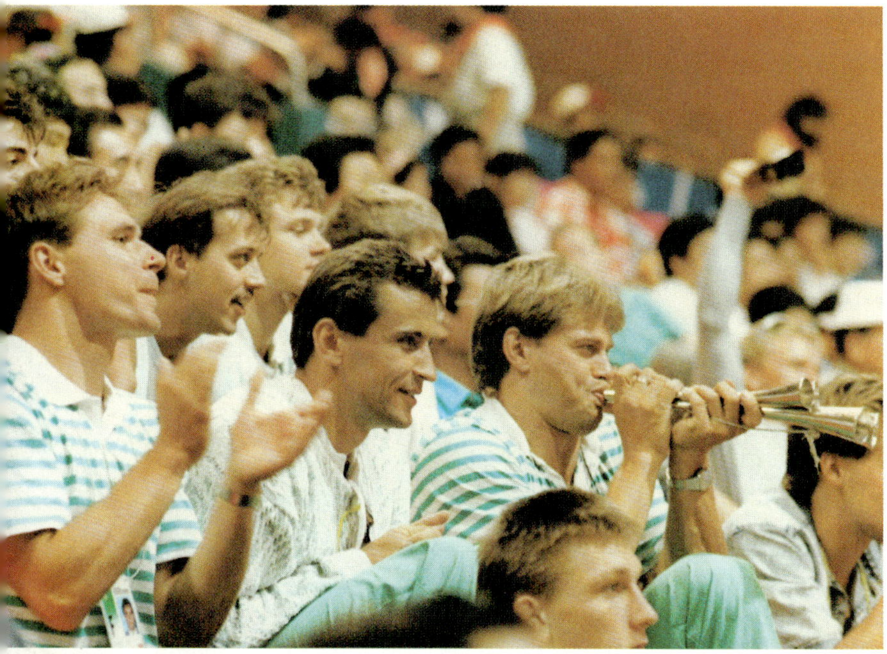

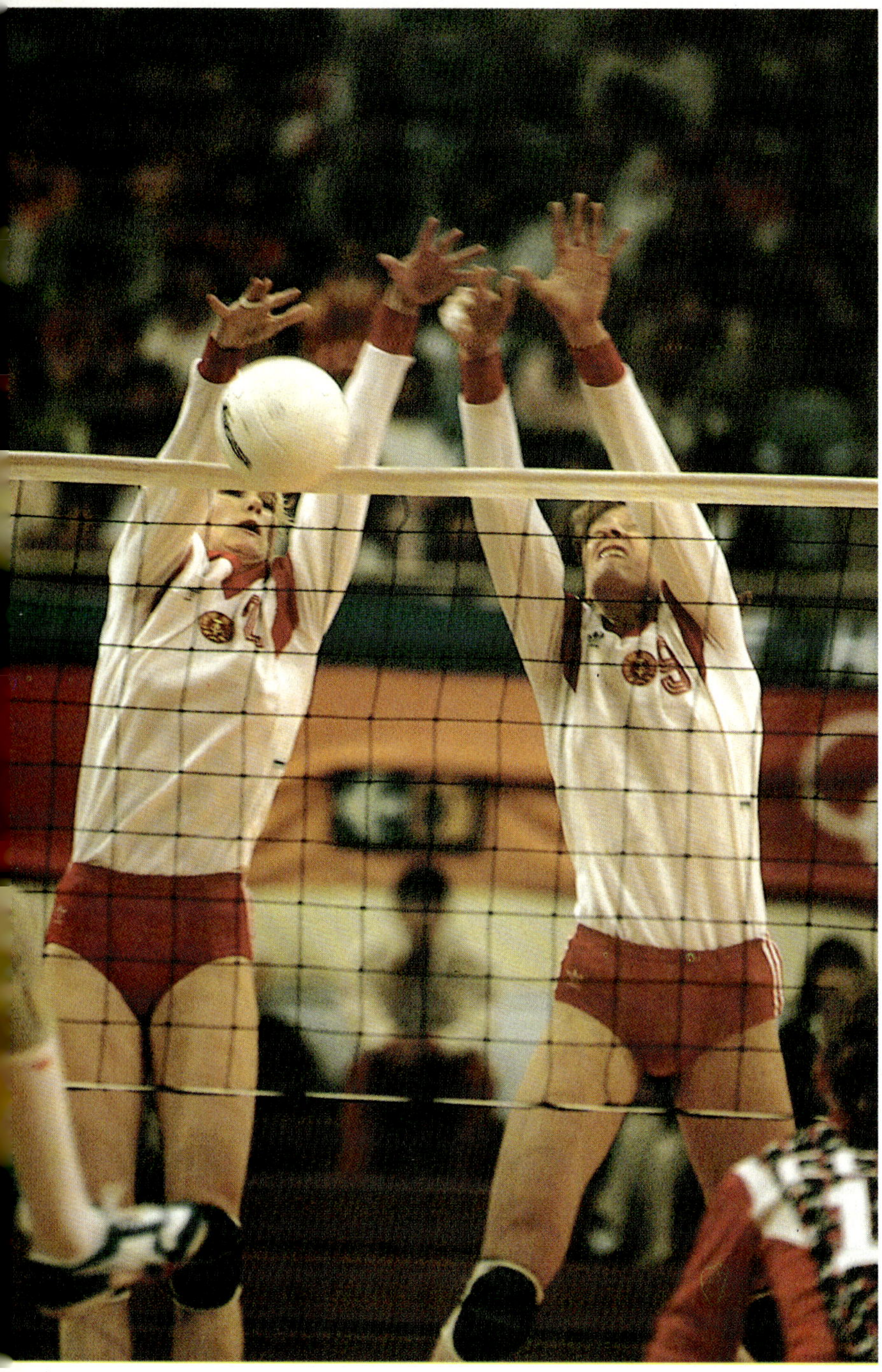

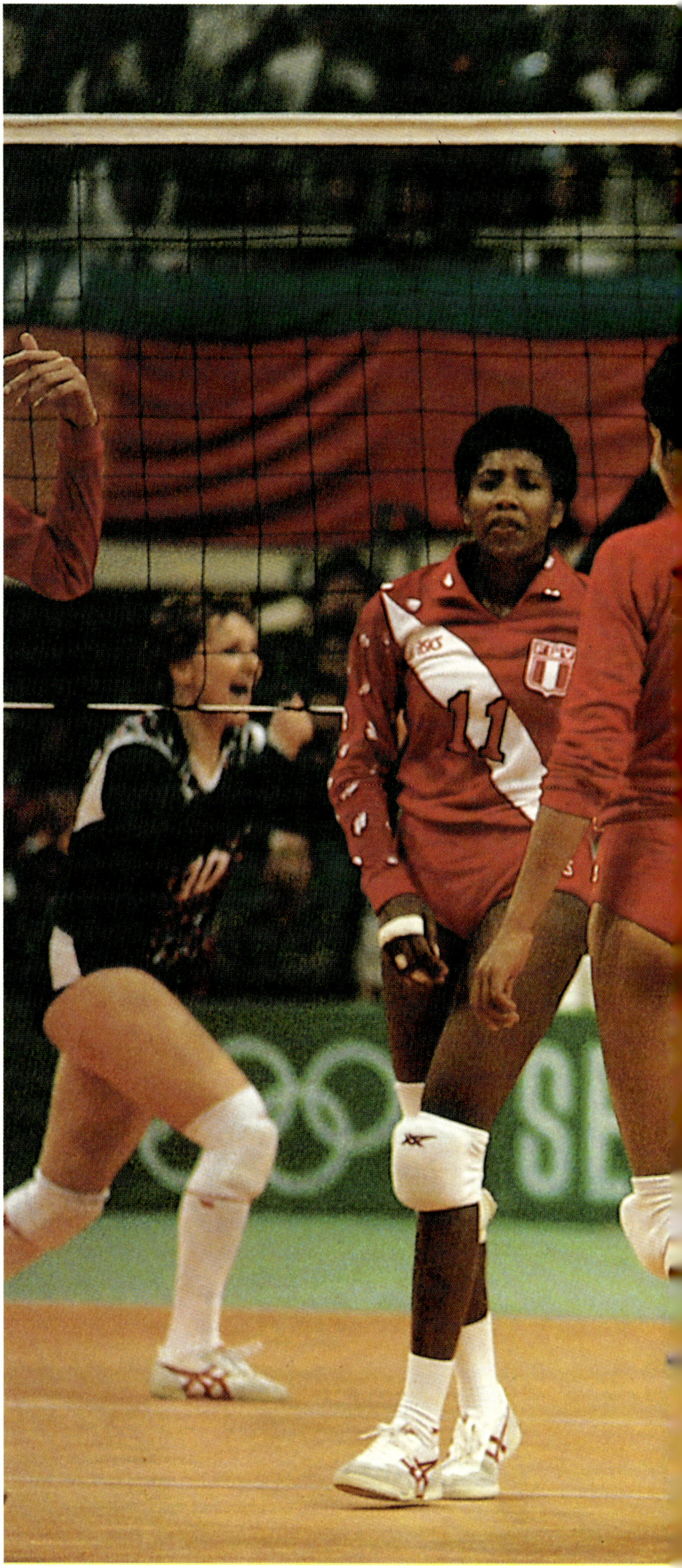

TENNIS

Gabriela Sabatini, die hübsche und spielstarke Argentinierin, fühlte den Widerspruch selbst. Einerseits strebe sie für ihr Land eine Goldmedaille an, denn dies sei seit 1952 nicht mehr gelungen. Andererseits sei das Olympiaturnier für sie persönlich nicht so bedeutend, weil es keine Punkte für die Rangliste bringe.

Als Tennis 1924 aus dem olympischen Programm gestrichen wurde, hing jene Entscheidung mit Statusfragen zusammen, also mit dem beginnenden Professionalismus. Inzwischen hat sich dieser Prozeß bekanntlich in einem Ausmaß eskaliert, das mit dem damaligen Zustand nicht mehr vergleichbar ist. Darum war die Teilnahme von Profis, die eindeutig gegen den olympischen Grundsatz verstoßen, daß niemand am Sport verdienen darf, vor Sòul lange umstritten. Dennoch wurde die weltweit in wenige Stars und viele Anhänger geteilte Sportart nach Demonstrationswettbewerben in den Jahren 1968 und 1984 wieder für die Olympischen Spiele zugelassen. In dem entsprechenden Beschluß des IOC war allerdings die Einschränkung enthalten, das Turnier 1988 sei als Experiment zu betrachten und nach den Spielen erneut zu diskutieren.

Ein Tennismanager machte im Zusammenhang mit der Neuauflage die Haltung der hinter den Spielern stehenden Interessengruppen deutlich. Olympiasieger sei ein Titel, der bleibe. Das werde seinen Marktwert in der Werbung anheben. Da falle es nicht ins Gewicht, wenn die Aktiven bei ein oder zwei Grand-Prix-Turnieren auf Siegprämien in fünfstelliger Höhe verzichten müßten.

Erwartungsgemäß behaupteten sich in Sòul die entsprechend ihrer Plazierung in der Profirangliste gesetzten Teilnehmer. Miroslav Mecir (ČSSR), Steffi Graf (BRD), Pam Shriver/Zina Garrison (USA) und Kenneth Flach/Robert Seguso (USA) hießen die ersten Olympiasieger nach 64 Jahren Pause. Sie verzichteten für zwei Wochen auf die sonst übliche Beschriftung ihrer Bekleidung. Im Feld der Herren fehlten allerdings namhafte Spieler wie Mats Wilander, Ivan Lendl, Boris Becker, Pat Cash und andere, die wegen geschäftlicher Überlegungen oder bei Olympia unzulässigen Kontakten zu Südafrika auf die Teilnahme verzichten mußten.

Nach anfänglichem Zögern übte das Tennisturnier in Sòul starke Anziehungskraft aus. Bleibt für seine Zukunft die Frage offen: Wird der Schauwert oder der Marktwert dominieren?

1		
---	---	3
2		

1 Eine der drei Goldmedaillen für die ČSSR erkämpfte Miloslav Mečir
2 Bronze ging an Stefan Edberg, Schweden
3 Herausragende Akteurin war Stefanie Graf (BRD), die das Einzel gewann und mit Claudia Kohde-Kilsch im Doppel den dritten Platz belegte

TISCHTENNIS

Viele Jahre lang dominierte China im internationalen Tischtennis. Die Männer gewannen sechs der letzten sieben Weltmeisterschaften, die Frauen alle sieben. Auch in den Einzelkonkurrenzen setzten sich die chinesischen Aktiven häufig durch, zuletzt 1987 im Herreneinzel, Herrendoppel und Dameneinzel. Jeweils sechs chinesische Namen fanden sich zudem unmittelbar vor den Olympischen Spielen in den aktuellen Ranglisten der Internationalen Tischtennisföderation. Nun stand das olympische Debüt dieser weltweit millionenfach betriebenen Sportart bevor, die erst mit der jetzigen Liberalisierung der Regeln zum Zuge kam, weil der Weltverband seit seiner Gründung im Jahre 1926 nie zwischen Profis und Amateuren unterschieden und damit in ständigem Konflikt mit den olympischen Grundsätzen gelebt hatte.

Vor der Premiere deutete sich bereits an, daß die Verfolger gegenüber China aufgeholt haben. Das galt für die Südkoreaner, die bei den Asienspielen 1986 in Sòul schon die Herren-Mannschaftskonkurrenz gewonnen hatten. Das betraf auch die Schweden und einige weitere europäische Einzelspieler, die der Übermacht aus Asien Paroli zu bieten versuchten. Insofern war der Verlauf des Turniers keine eigentliche Sensation mehr.
Im Herreneinzel, der spektakulärsten Disziplin, erreichten zwar mit zwei Südkoreanern auch der Schwede Erik Lindh und der erfahrene Ungar Tibor Klampar das Halbfinale. Doch im Endspiel waren Yoo Nam-Kyu und Kim Ki-Taik unter sich. Im Dameneinzel und in den Doppeln konnten dagegen die Rivalen mithalten. Mehr noch: War bei den Herren kein Chinese unter den letzten Vier, so fehlten in der Vorendrunde der Damen die Südkoreanerinnen.

Bestimmend für den Sieg war mehr denn je der kaum zu bremsende Angriffswirbel der Spielerinnen und Spieler aus Asien, die sich durch extrem hohe Sicherheit und Konzentrationsfähigkeit auszeichnen und trotz Penholder-Griff auch auf der Rückhand nicht mehr anfällig sind.
Da haben die Rivalen aus Europa, mit konservativer Schlägerhaltung und in der Regel langsamer reagierend, nur selten eine Chance. Oft konnten auch vorübergehend erspielte Vorteile am Satzende nicht in Gewinne umgemünzt werden. Von zunehmender Bedeutung ist außerdem das immer weiter verfeinerte und spezialisierte Material, das hinsichtlich der Beläge und der Holzbeschaffenheit genau auf das jeweilige Spiel abgestimmt ist.

1–3 Olympische Premiere für das Tischtennis – zweimal Gold für China, zweimal für Südkorea

236

HANDBALL

Beide Mannschaften der hohen sowjetischen Handballschule in den Endspielen – das war normal. Jedesmal Südkoreas Vertretung der Gegner – das verblüffte und machte zugleich Tendenzen im internationalen Handball deutlich.

Heinz Seiler, langjähriger Auswahl- und Verbandstrainer im DHV der DDR und in Sòul vom Kongreß des Weltverbandes nach verdienstvoller Tätigkeit im IHF-Rat mit minutenlangem Beifall verabschiedet, kennzeichnete die Situation so: Die asiatischen Mannschaften müssen ihre körperliche Unterlegenheit wettmachen. Sie erreichen das durch Schnelligkeit, Gewandtheit und Dynamik im Spiel. Sie zeigen eine offensive, aggressive Deckung, um die großen Rückraumspieler des Gegners schon im Ansatz zu stören. Sie überwinden scheinbar überlegene Abwehrformationen durch Würfe durch die Deckung, mit schnellem Armzug ausgeführt und mit hohen Sprüngen eingeleitet. Die „Notwehr" gegen den körperlichen Nachteil erweist sich zugleich als spielerischer Vorteil. Handball, so gespielt, wird attraktiver. Und größere Attraktivität hat das Spiel durchaus nötig, sind doch andere Spielsportarten auf dem Weg zu dauerhafter Publikumsgunst schon weiter.

Die Mittel, wie der Herausforderung der „Kleinen" zu begegnen ist, sind durchaus bekannt. Bewegung ohne Ball ist nötig statt erstarrten Positionsspiels, diagonale Läufe sollen Lücken schaffen, das 1:1-Verhalten, also der direkte Zweikampf Mann gegen Mann, muß ausgeprägt werden. Die Spieler müssen, vornehmlich in der Abwehr, schneller auf den Beinen sein. Gute Beinarbeit vermeidet plumpe Reaktionen mit dem Oberkörper, die häufig geahndet werden müssen.

Doch nur ein Teil der Mannschaften aus dem internationalen Vorderfeld war während des Olympiaturniers von Sòul, dessen meiste Spiele im 50 km entfernt gelegenen Suwon ausgetragen wurden, den flinken südkoreanischen Mannschaften schon gewachsen. Am ehesten gelang das den sowjetischen Männern, die über eine neue „Sbornaja" mit hochgewachsenen und zugleich geschmeidigen, schnell denkenden und handelnden Spielern verfügen, die dem erstrebenswerten Typ modernen Handballs schon sehr nahe kommen und völlig zu Recht Olympiasieger wurden. Auch die Spanier hielten an guten Tagen mit und brachten Südkorea am letzten Spieltag der Gruppe B nicht zufällig die erste Niederlage bei. Bei den Frauen dagegen war selbst die erfahrene sowjetische Auswahl um Erfolgstrainer Igor Turtschin nicht in der Lage, den Wirbel des Endspielrivalen zu stoppen.

Vorseite: Auch die 42jährige Sinaida Turtschina (4) konnte mit den Erfahrungen von mehr als 300 Länderspielen die 19:21-Niederlage der UdSSR gegen Südkorea nicht verhindern

1 | 2 4
  | 3

1 War beim 24:21 gegen die ČSSR ein Aktivposten der DDR-Auswahl: Rüdiger Borchardt (8)
2/3 Gewannen alle sechs Spiele und wurden verdient Olympiasieger: die sowjetischen Männer. Ihre Freude nach dem 32:25-Endspielsieg über die Gastgeber ist verständlich
4 Was DDR-Trainer Paul Tiedemann hier wohl Holger Schneider zu sagen hatte? Auf der Auswechselbank sitzen Frank-Michael Wahl (4) und Rüdiger Borchardt

Während die DDR-Frauen bereits in der Qualifikation gescheitert und nicht im Feld der acht Mannschaften – gegenüber zwölf Männerteams – vertreten waren, konnten unsere Männer nicht an den großen Erfolg von Moskau 1980 anknüpfen. Damals waren die Tiedemann-Schützlinge nach einem dramatischen Endspiel gegen Gastgeber UdSSR Olympiasieger geworden. Diesmal besiegte sich die DDR-Mannschaft trotz günstiger Auslosung in die Gruppe B selbst. Gegen Südkorea führten die Männer um Kapitän Frank-Michael Wahl, den sehr gut haltenden Wieland Schmidt, den fehlerlosen Siebenmeterschützen Rüdiger Borchardt und den Abwehrstrategen Peter Pysall schon 14:9 – und unterlagen noch.
Gegen Ungarn bot sich noch einmal die Gelegenheit, nach dem Finale und nach Gold zu greifen. Aber wieder konnte ein Vorteil – 9:6 Pausenstand – weder gehalten noch ausgebaut werden. Erneut fehlte beim Abpfiff ein einziges Tor.

Die vor allem für ein Spiel um Rang 1 oder Platz 3 erhoffte Zuspitzung fand diesmal eine Etage tiefer statt. Im Duell mit Island um den siebenten Platz stand es nach regulärer Spielzeit und Verlängerung jeweils remis. Erst das Siebenmeterschießen entschied die Begegnung zu unseren Gunsten, wobei der Magdeburger Wieland Schmidt seine gute Gesamtleistung wiederum mit drei gehaltenen Würfen unterstrich.
Dieser siebente Rang berechtigt wenigstens zur Teilnahme an der nächsten Weltmeisterschaft und läßt den neuen Anlauf nicht allzulang werden. Daß ein Neubeginn in dieser im Lande so populären Sportart nötig ist, bleibt unabhängig davon unbestritten. Er muß darauf gerichtet sein, den attraktiven Handball dieser Tage mitzuspielen und möglichst mitzubestimmen.
An Optimismus sollte es dabei nicht fehlen. Denn auch das olympische Handballturnier der Männer hat wieder die Erkenntnis bekräftigt, daß die Dichte an der Spitze des internationalen Leistungssports überall zunimmt und auch in diesem Fall der große Triumph und die bittere Enttäuschung eng beieinanderliegen. Die Kurven der einzelnen Mannschaften sind aufschlußreich. Von den ersten Sechs der Weltmeisterschaft 1986 in der Schweiz behaupteten sich Weltmeister Jugoslawien und Vizeweltmeister Ungarn, die diesmal den dritten Rang unter sich ausmachten, erneut vorn. Schweden hielt sich, die ČSSR zeigte sich verbessert.
Island als Achter und Spanien als Neunter verabschiedeten sich dagegen ebenso wie die DDR aus dem damaligen Spitzensextett. In zwei Jahren, bei Halbzeit auf dem Weg nach Barcelona 1992, wird erneut abgerechnet.

```
    | 2
  1 | 3  4
```

1 Nach Bronze bei der Weltmeisterschaft nun Silber bei Olympia für Norwegens Handballdamen. Verständlich der Freudentanz ihrer beiden Torfrauen Kjerstin Andersen und Vibeke Johnsen nach dem alles entscheidenden 20:15 gegen Jugoslawien
2 Bewährte sich auch in Sòul als Siebenmetertöter: DDR-Torhüter Wieland Schmidt, der hier in großem Stil einen Strafwurf des Spaniers Julian Ruiz pariert
3 Leitete souverän die entscheidende Damenbegegnung UdSSR–Südkorea: das DDR-Schiedsrichter-Duo Peter Rauchfuß und Rudolf Buchta
4 Tor-Jubel parterre!

FUSSBALL

Carlos Silva weinte. Welche Gedanken mögen ihm durch den Kopf gegangen sein? Dreimal waren die Fußballprofis Brasiliens Weltmeister geworden, aber noch nie Olympiasieger. Vor vier Jahren stand die Mannschaft zum erstenmal im Finale gegen Frankreich und unterlag 0:2. Diesmal wollte der Trainer mit seiner Elf endlich Olympiagold nach Rio de Janeiro mitnehmen.

Die Mannschaft blieb in der Vorrunde ohne Punktverlust, bezwang im Viertelfinale den Südamerikarivalen Argentinien mit 1:0. Danach bestand sie in einem dramatischen Halbfinalduell mit der BRD die Nervenprobe von Verlängerung und Elfmeterschießen mit einem 3:2 vom Strafstoßpunkt. Carlos Silva strahlte.

96 Stunden später war der brasilianische Traum durch eine UdSSR-Vertretung, die nach einem 1:1 in der regulären Spielzeit dank einem überlegten Heber von Juri Sawitschew in der 113. Minute den längeren Atem besaß, beendet.

Trainer Anatoli Byschowez und seine Fußballer – in den Gruppenspielen gleichfalls ungeschlagen, im Viertelfinale 3:0-Sieger über Australien – mußten ebenso wie Brasilien im Halbfinale in die Zusatzspielzeit.

Erst dann war Italien 3:2 bezwungen. In der Begegnung um olympischen Lorbeer gab es lange Zeit keine klaren Vorteile für einen der beiden Kontrahenten. Die Brasilianer kamen nach einem Eckstoß urplötzlich zur Führung. Doch Romario Farias Treffer (30.) wurde von Igor Dobrowolski per Foulstrafstoß (60.) egalisiert.

Das 1:1 erschien gerecht: Die UdSSR-Auswahl beeindruckte mit Mannschaftsgeist und abgewogenen Aktionen in Abwehr, Mittelfeld und Angriff. Die Südamerikaner setzten dem ihre Geschmeidigkeit, ihre individuelle Klasse entgegen. Raunen gab es auf den Rängen, wenn ihre Stürmer sich mit Ball am Fuß in Szene zu setzen verstanden. Typisch brasilianischer Stil, der sich jedoch häufig allein in Schönheit erschöpfte. Demgegenüber zeichnete sich die „Sbornaja" mit gefährlicherem Angriffsspiel aus.

Zu den auffallenden Akteuren beim Olympiasieger zählte Alexej Michailitschenko. Der offensive Mittelfeldspieler bewies während des ganzen Turniers seine Torgefährlichkeit. Mit fünf Treffern nahm er einen Spitzenrang in der Liste der erfolgreichen Schützen ein, die der Brasilianer Romario Farias mit sieben Toren anführte. Nun freute sich der 25jährige UdSSR-Spieler über die Steigerung seiner Mannschaft: „Ich glaube, daß dieses Turnier das Ansehen des Fußballs in der Welt gestärkt hat. Es stand dem Niveau der Europameisterschaft nicht viel nach."

Alexej Michailitschenko muß es wissen, denn er war auch in der BRD dabei und wurde dort mit seiner Mannschaft Vizeeuropameister.

Das Olympiaturnier unterstrich die Tendenz der letzten Jahre, daß vermeintliche Außenseiter manchen Großen in Schwierigkeiten brachten. Wie ein Lauffeuer verbreitete sich aus Kwangdschu die Kunde vom 4:0 Sambias über Italien, bei dem die Brüder Bwalya alle vier Treffer markierten. Am selben Ort hatten zuvor Australien mit einem 1:0 die jugoslawischen Hoffnungen auf den Einzug unter die letzten Acht zunichtegemacht. Die großen Überraschungen blieben im Viertelfinale allerdings aus. So gerieten die

Vorseite: Die Tornetze wurden schon abgebaut, da konnte Brasiliens Torschützenkönig Romario Farias immer noch nicht die 2:1-Endspielniederlage seiner Elf gegen die UdSSR fassen

Kasatschok kontra Samba. Die UdSSR gewann das Endspiel gegen Brasilien mit 2:1 nach Verlängerung. Hier stoppte Verteidiger Igor Skliarow seinen brasilianischen Widerpart Sergio Luiz

für soviel Furore sorgenden Fußballer Sambias in der Runde der letzten Acht gegen die BRD 0:4 ins Hintertreffen.

Erneut erwiesen sich die Vertreter Europas und Südamerikas letztlich überlegen. Die Mannschaften dieser beiden Kontinente mußten wie schon vier Jahre zuvor auf Beschluß der FIFA auf Spieler verzichten, die an WM-Treffen teilgenommen hatten. Im Vorfeld Olympias hatte die Weltföderation angekündigt, beim nächsten Turnier in Barcelona 1992 eine Altersbegrenzung von 23 Jahren einzuführen und allen Profis Startgenehmigung zu erteilen. Diese Bemühungen stießen auf vielerlei Widerstand. Wie aus Kreisen des

IOC verlautete, werde Wert darauf gelegt, daß die Olympischen Spiele zu keinen „Jugendspielen" degradiert werden dürften und die Regel, nach der es keine Altersbegrenzung gibt, einzuhalten ist. Für die Popularität der Olympischen Spiele und ihres Fußballturniers spricht die Tatsache, daß sich 114 Vertretungen aller Erdteile um einen der 16 Endrundenplätze beworben hatten.

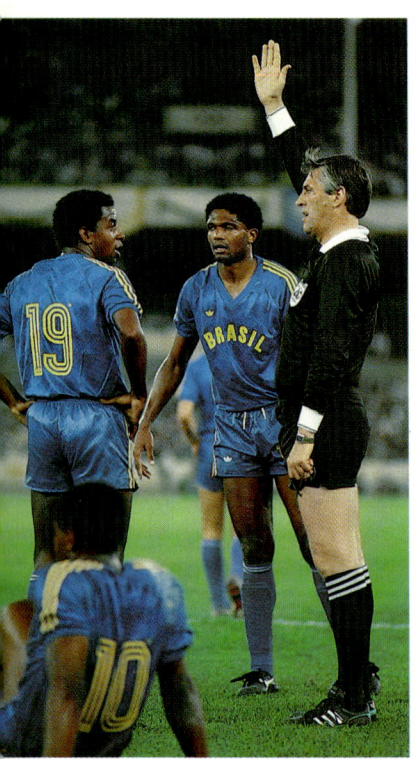

1/2 Schiedsrichter Biquet aus Frankreich bewahrte Ruhe, was bei den brasilianischen Heißspornen wie Romario Farias (Nr. 11), Hamilton Souza (Nr. 10) und Jorge Silva nicht immer ganz einfach war

3 Schwerstarbeit hatte UdSSR-Torhüter Dmitri Charin vor allem in der ersten Halbzeit zu leisten. Gegen Brasiliens Stürmerstar Romario Farias (Nr. 11) kam er hier zu spät, was jedoch ohne Folgen blieb

4 Der Trainer – Anatoli Byschowitz –, er lebe hoch!

BASKETBALL

1–3 Tagtäglich ging es bei den „Riesen" hoch her. Die meisten Körbe warfen die Männer der UdSSR und vereitelten die Frauen der USA

Steht Alexander Gomelski mitten unter seinen Spielern, ist der Trainer der sowjetischen Basketballspieler kaum zu sehen. Der kleine weißhaarige Mann wird von den meisten seiner Schützlinge um gut einen halben Meter überragt. Im Spiel der großen Leute – so der erfahrene Trainer, Jahrgang 1928 und seit 1951 in dieser Funktion – komme es nicht allein auf lange Beine und Genauigkeit beim Werfen an, sondern ebenso auf intellektuelle Fähigkeiten. Das wiederum, auf diesen Sport bezogen, heißt: rasches Erfassen der Situation, schnelles Reagieren, Verblüffen des Gegners. Trainer Gomelski ist es gelungen, eine Mannschaft zu formieren, die dies vortrefflich beherrscht. Nach 16jähriger Unterbrechung holten die Männer um den 2,23 Meter großen Center Arvidas Sabonis die olympische Krone wieder in die UdSSR zurück. Alexander Gomelski nach dem Schlußzeichen im Chamshil Gymnasium: „Das ist der schönste Tag in meiner langen Trainerlaufbahn!"

Die Spieler aus Kaunas, Riga und Moskau hatten gegen den späteren Finalpartner Jugoslawien in der Vorrunde mit 79:92 den kürzeren gezogen, vollbrachten jedoch ihr Meisterstück im Semifinale, als sie die neu formierte favorisierte Vertretung der USA, deren Vorgänger zuletzt 1984 Olympiasieger und 1986 Weltmeister geworden war, in begeisterndem Match mit 82:76 ausschaltete. Im Endspiel mit dem WM-Dritten lief das sowjetische Team fast in der gesamten ersten Hälfte einem Rückstand hinterher, baute aber nach knapper 31:28-Pausenführung seinen Vorsprung aus und triumphierte schließlich mit 76:63 deutlich. Rang drei ging an den entthronten Titelverteidiger USA, der den Australiern mit 78:49 Punkten überlegen war.

Das gleiche Quartett machte bei den Frauen die Medaillenränge unter sich aus, und beim Siegeszeremoniell wurden die gleichen Fahnentücher – nur an verschiedenen Masten – emporgezogen: USA vor Jugoslawien und UdSSR. Australien war auch hier Vierter. Eine Parallele gab es zum Turnier der Männer: Im Semifinale kam es ebenfalls zum Aufeinandertreffen zwischen der UdSSR und den USA, das zugleich Neuauflage des WM-Endspiels von 1986 darstellte. Abermals behielten die US-Amerikanerinnen um die überragende, „nur" 1,80 m große Teresa Edwards die Oberhand, diesmal mit 102:88.

Als bester Korbwerfer ging bei den Männern mit deutlichem Vorsprung der 30jährige Brasilianer Oscar Schmidt (338 Punkte) aus dem Turnier hervor. Bei 97 Freiwürfen beförderte er den Ball 89mal in den Korb und brachte 35 Drei-Punkt-Bälle ins Ziel. Bei den Frauen teilten sich mit je 98 Punkten die Bulgarin Jewladia Stefanowa und Choi Kyung Hee (Südkorea) Rang eins in dieser Wertung.

HOCKEY

Es ist gewiß ungewöhnlich, im Hockey von Rekorden zu sprechen, aber die internationale Hockey-Föderation FIH führte eine Bestenliste in einem eigens für das olympische Turnier in Sòul gedruckten Magazin „Welthockey". Danach führt der Niederländer Ties Kruize in einer dem Eishockey verwandten „kanadischen Wertung", die Torerfolge und Vorlagen mit Punkten honoriert, mit 18 Zählern die Rangliste aller Olympiaturniere an – erzielt 1972 bei den Olympischen Spielen in München.

Dieser „Rekord" blieb zwar auf dem Rasen des Songnam-Stadions unangetastet, aber einmal mehr sorgte ein Niederländer für Schlagzeilen: Floris Jan Bove Lander. Der 22jährige Biologiestudent wurde mit neun Punkten „Ranglistenerster" des olympischen Turniers 1988. Seine überragende Klasse reichte jedoch nicht aus, um seine Mannschaft ins Finale zu führen. Ein 2:3 gegen Australien – vor vier Jahren medaillenloser Vierter und vor zwei Jahren Weltcupgewinner – war zwar die einzige Vorrunden-Niederlage, aber im Semifinale scheiterten die „Oranjes" mit 1:2 am Weltcupdritten BRD. Auch die Australier blieben als Gruppensieger in der Vorschlußrunde hängen und mußten Großbritannien durch ein 2:3 ins Finale ziehen lassen. Dort schwangen sich die Briten mit einem 3:1-Sieg über die BRD-Mannschaft auf den olympischen Gold-Thron, 80 Jahre nach ihrem ersten Sieg in dieser Sportart und 68 Jahre nach ihrem letzten!

Auch bei den Frauen belegte eine Niederländerin den ersten Platz der Rangliste: Lisanne Lejeune, eine 25jährige Sekretärin aus Den Haag, die in der niederländischen Auswahl stand, die 1986 Weltcup-Erster und im Vorjahr Europameister werden konnte. Damit waren die Niederländerinnen zweifellos Topfavorit unter den acht Frauenmannschaften. Lisanne Lejeune war mit acht erzielten Toren so erfolgreich wie keine andere Spielerin und vermochte damit den bisherigen „olympischen Rekord" von Beth Anders (USA) zu egalisieren, die vor vier Jahren in Los Angeles ebenfalls acht Bälle ins Netz geschlagen hatte.

Doch wie schon die Männer, mußten sich auch die Frauen aus dem Tulpenland mit einem dritten Rang zufriedengeben. Der Favorit stolperte als Gruppensieger im Semifinale am Zweitplazierten der anderen Gruppe, Australien, mit 2:3, erkämpfte sich aber im „kleinen Finale" durch ein 3:1 gegen Großbritannien dann die Bronzemedaille. Das Finale sah die Australierinnen – nunmehr dritter Olympiasieger in der erst seit 1980 auf dem Programm stehenden Frauenhockey-Entscheidung – mit einem 2:0 über die Gastgeberinnen vorn.

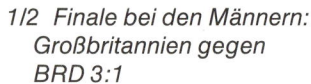
1/2 Finale bei den Männern: Großbritannien gegen BRD 3:1

Tagebuch

17.9. Sonnabend

Eröffnung– die Olympische Charta bestimmt Ablauf, Gesänge und die Zelebration der Feierstunde, der Gastgeber zimmert den Rahmen, meist aus Folkloretraditionen. Die Sòuler ließen die größte Trommel der Welt– der geschichtlichen Legende des glückbringenden Drachens folgend– auf dem Han-Fluß bis vors Stadion rudern und begannen die Zeremonie somit schon außerhalb des Stadions.

Glück können die Olympischen Spiele gebrauchen, und in seiner Rede versicherte Park Seh-Jik, Präsident des Organisationskomitees der Spiele, daß man viele ideologische und politische Barrieren vor den Spielen übersprungen habe, um zu Harmonie und Fortschritt bei dem großen Fest zu gelangen. Man sollte es ihm glauben, aber über die Worte von Frieden und Freundschaft nicht jene Töne überhören, die in den Stunden vor dem Auftakt in mancher Zeitung der Olympiastadt zu finden waren und harten antikommunistischen Lack trugen. Die Stunde der frohen Farben und rhythmischen Klänge im Stadion wurde von Milliarden an den Bildschirmen verfolgt. In gutem Glauben!

Sie hielten das Programmheft nicht in Händen, das man in Sòul verteilt hatte und auf dessen letzter Seite die Losung lautete: „Kämpft um Gold!", womit die Südkoreaner gemeint waren.

18.9. Sonntag

Das Zweimillionenauflagenblatt „Chansun Ilbo" offerierte seinen Lesern eine Sensation: Das Treffen zweier „Veteranen". Am 1. Dezember 1956 hatte Wolfgang Behrendt im West Melbourne Stadium die Goldmedaille im Bantamgewichtsboxen errungen. Wie man bei uns zu Hause gut weiß, war es das erste olympische Gold für die DDR– und zwar nach einem erbittert geführten Fight gegen den Südkoreaner Song. Diesen Song– heute Boxlehrer an einer Sporthochschule in Sòul– hatte „Chansun Ilbo", von Fotografen und Reportern eskortiert, ins Pressedorf gebracht, wo die kleine Schar einen halben Nachmittag auf Wolfgang Behrendt wartete. Der war nämlich mit der Kamera unterwegs gewesen, brachte die schwere Fototasche in seine Wohnung und kam dann zu dem Treffpunkt auf einem Platz im olympischen Dorf. Blitzlichter, als sich die beiden, 32 Jahre nachdem sie in Melbourne den Ring verlassen hatten, wieder gegenüberstanden. Man nahm Platz und erinnerte sich als erstes des Kampfes. Song: „Ich bin heute noch überzeugt, daß ich ihn gewonnen hatte." Der Schmerz der Niederlage muß tief sitzen, denn er klingt noch immer frisch.

Behrendt versöhnlich: „Schlagschnell warst du, keine Frage, aber vielleicht nicht schnell genug auf den Beinen, um mich zu treffen."

Song– nach kurzem Bedenken– nickend: „Das wohl."

„Kinder?" Der Südkoreaner hat zwei Töchter und zwei Söhne, ist schon Großvater. Behrendt hat zwei Söhne und ist auch schon „Opa". Ob Mario Behrendt, der 1980 in Moskau geboxt hat, einer dieser Söhne war? Wolfgang bestätigt es, das Gespräch fortsetzend. Am nächsten Tag erfahren zwei Millionen Südkoreaner von diesem Treffen.

19.9. Montag

Norweger luden zu einem Drink. Wohlgemerkt: Kein Gelage, nur eben ein Schluck wasserklaren Aquavits auf die Wahl Lillehammers zur Olympiastadt 1992. Die Flasche wurde tief aus einem Koffer gekramt, denn im Kühlschrank befanden sich nur Mineralwasser und Brause. Wer hatte schon mit Lillehammer gerechnet?

Wir gratulierten den norwegischen Freunden und grübelten gemeinsam– die Phantasie durch Aquavit beflügelt–, wie diese Entscheidung zustande gekommen sein mochte. Favoriten waren das schwedische Östersund und Sofia. Die Schweden bemühen sich als klassisches Wintersportland seit 60 Jahren um olympische Gastgeberschaft. Sofia hatte eine interessante Version offeriert: Spiele der kurzen Wege in einer Landesmetropole. Anchorage hatte schneesichere Alaskahügel angeboten. Aber Lillehammer gewann.

Auch die Norweger kennen den Kneipenspruch von dem einen Bein, auf dem man nicht stehen kann. Also tranken wir einen zweiten Aquavit. Unser Rätsel lösten wir nicht. Gehört hatte man, daß Fernsehreklamehändler sich umgehorcht und erkundet hatten, wo das größte Geschäft zu machen sein würde. Danach plazierten sie ihre Karten und setzten.

Man soll nicht allen Gerüchten glauben, aber manchmal. . .

20.9. Dienstag

Die UdSSR und die DDR-Mannschaft haben im olympischen Dorf fast die gleiche Adresse– Nachbarn. Ein Zufall? Anatoli Kolessow, der eine Ringergoldmedaille von 1964 besitzt, hier Chef de Mission des UdSSR-Aufgebots, wußte Antwort auf diese Frage. „Bei einem früheren Besuch baten wir die Gastgeber um gute Nachbarn, Rivalen im Kampf um die Medail-

2
1 | 3
4

1 Treffen zweier Box-„Veteranen": Song aus Südkorea und Wolfgang Behrendt
2 Kamen schnell ins Fachsimpeln: Radsprint-Vizeweltmeister Michael Hübner und der sowjetische Ruderer Waleri Dossenkow
3 Eine Tradition wurde in Sòul fortgesetzt. Freunde kommen zu Freunden. Im Namen der DDR-Mannschaftsleitung begrüßt Rudolf Hellmann seine sowjetischen Partner
4 Waren nicht nur auf der Tartanbahn ein unzertrennliches Paar: Sigrun Wodars und Christine Wachtel. An der stets aktuellen Wandzeitung informieren sie sich über das Neueste aus der Heimat

len, aber von gleicher Ideologie wie wir, Kommunisten! So kam das." Er hatte das bei einem Freundschaftstreffen im Vorfeld der Spiele erzählt, als sich die Nachbarn besuchten, sich gegenseitig Erfolg wünschten, Medaillen fürs Land und für den Sozialismus. NOK-Vizepräsident Rudolf Hellmann hatte die Nachbarn gemeinsam mit Mannschaftsleiter Horst Röder willkommen geheißen und damit auch eine Tradition fortgesetzt, die schon Jahrzehnte währt. Freunde, Nachbarn und Genossen – mit der fast gleichen Adresse.

21.9. Mittwoch

Michele Verdier, gebürtige Französin, demzufolge auch ausgestattet mit der Französinnen Charme, grübelte in ihrem Büro, ob sie nach der Rückkehr von diesen Spielen die ersten grauen Haare in ihrem kurzgeschnittenen schwarzen Schopf finden würde.
Die Direktorin für Presse und Information des Internationalen Olympischen Komitees konnte sich vor Beschwerden und Klagen kaum retten. Zuweilen waren die Gastgeber völlig überfordert, in anderen Fällen hatten sie manchen guten Rat in den Wind geschlagen.
Das Interviewzelt beim Straßenrennen war gerade groß genug für eine Skatrunde. Daß es den Ansturm von Hunderten Journalisten überstand, ist ein erstaunlicher Beweis für Journalistendisziplin.
In der Boxhalle beklebte man 52 Tische mit großen Schildern: „Westeuropa", 12 mit „Osteuropa". Der Repräsentant der europäischen Sportjournalistenunion protestierte mit Nachdruck, Michele Verdier ließ die schon nicht mehr kuriosen Schilder auf der Stelle entfernen.
So emsig die Helfer, Busfahrer und Sicherheitsbeamten sind – deutete sich doch auch an, daß man sich bei der Absicht, „Superspiele" zu organisieren, hier und da übernommen hatte.
Die Mannschaft der BRD protestierte gegen die viel zu fleischarme Verpflegung im olympischen Dorf, andere Mannschaften ließen ihre Attachés vorstellig werden. Obendrein mußten die Athleten bis zu einer halben Stunde anstehen, um ihre Tabletts füllen zu können.
Nicht nur die charmante Michele wird wohl nach den Spielen zum Friseur gehen müssen . . .

22.9. Donnerstag

Auch im olympischen Dorf sind Termine knapp. In allen Büros hängen Stundenpläne. Bei der DDR werden Lücken genutzt, um Gäste einzuladen. Der Begriff „Gast" resultiert aus den Formalitäten, die vonnöten sind, um einen Besuch zu arrangieren. Treffender wäre: Freunde, noch präziser formuliert aber: Genossen.
Der Staatssekretär für Körperkultur und Sport beim

Ministerrat der Deutschen Demokratischen Republik, Günter Erbach, ist natürlich öfter mal bei seinen Mitstreitern, aber an diesem Mittag wird er „offiziell" empfangen, willkommen geheißen und zu Tisch gebeten. Mannschaftsleiter Horst Röder dankt für die Hilfe der Regierung, die sie der Sòul-Expedition zuteil werden ließ.
Nachmittags kommen ganz andere Gäste. Hätten sie ihre „Dienstkleidung" angelegt, wäre ein exotisches Bild möglich gewesen – Trainer, die in Kuwait, Ägypten, Mexiko und Kolumbien wirken.
Chronistenpflicht gebietet mitzuteilen, daß Horst Schmidt den Termin ebensowenig wahrnehmen konnte wie Dr. Lothar Oelmann. Der eine war mit den kolumbianischen Straßenfahrern auf der Strecke, der andere betreute die ägyptischen Schwimmer beim Training. Anwesend waren die Leichtathletiktrainer Sepp Breitschaft, Klaus Stapf, Günter Berg, Rainer Paul und der Boxtrainer Peter Thomas. IOC-Mitglied Günther Heinze dankte den DDR-Bürgern in friedlichen, fremden, aber befreundeten Diensten. Ihre Nominierung für die Sòul-Mannschaft der Gastländer sei Beweis für ihre wirksame Tätigkeit.
Bier, gebraut in Radeberg, Würstchen aus dem Eberswalder Fleischkombinat, Vollkornbrot, gebakken in Berlin – ein Stündchen „wie zu Hause".

23.9. Freitag

Der Polizeipräsident von Sòul ließ mitteilen, daß er Maßnahmen eingeleitet hat, um die Schuldigen des Skandals in der Boxhalle zu ermitteln.
Unzufrieden mit einem Punktrichterurteil, waren drei Offizielle und zwei Trainer des Gastgeberlandes in den Ring gestürmt und hatten den Ringrichter niedergeschlagen. Zudem hatten sie den angeblich benachteiligten Boxer ermuntert, den Ring zum Schauplatz eines „Sitzstreiks" zu machen und damit wiederum auch Zuschauer angespornt, das Spektakel noch durch Wurfgeschosse zu eskalieren.
Die internationale Boxföderation (AIBA) nannte die Affäre „beispiellos", sperrte die fünf Antifairneß-Täter bis zur Verhandlung im März und ließ den Ringrichter sicherheitshalber nach Hause fliegen. Der Präsident des Organisationskomitees, Exgeneral Park, entschuldigte sich in aller Form, und damit schien alles „beigelegt".
Der Ankündigung des Polizeipräsidenten folgte wenige Stunden später eine andere: Der Präsident des Nationalen Olympischen Komitees Südkoreas, Kim Chong-Ha, erklärte seinen Rücktritt.
Muß man in ihm einen „Schreibtischtäter" sehen? Hatte er Losungen ausgegeben, die letztlich zu solchen Nerven-Kurzschlüssen führten?
Der Rücktritt glich jedenfalls einem Geständnis. Doch der Polizeipräsident ließ dennoch weiter ermitteln.

24.9. Sonnabend

Tag der Rekorde in Sòul. Die DDR jubelte über ihre 500. olympische Medaille – errungen von den Ruderinnen Birgit Peter und Martina Schröter – und über Kristin Otto, die sich mit ihrer fünften Goldmedaille an die Spitze der „ewigen Landes-Bestenliste" schwamm. Ein kurzer Blick zurück: Harry Glaß hatte in Cortina 1956 die erste Medaille erobert. Unvergessen für eine ganze Generation jener Sonntagnachmittag in den Alpen, als er nach dem ersten der beiden Spezialspringerdurchgänge sogar die Spitze behauptete und die sieggewohnten Springer aus den Nordländern maßlos verschreckte. Zwar holten sich die Finnen an jenem Tag noch Gold und Silber, aber die bronzene des hageren Jungen aus dem Vogtland glänzte wie Gold. Der Weg von Harry Glaß bis zu Kristin Otto markiert auch den Weg unserer sozialistischen Sportorganisation, die eine Woche vor dem 40. Jahrestag ihrer Gründung mit solchen Rekorden noch für attraktiven Girlandenschmuck sorgte.

Die Einladung für medaillenlose Athleten gehört schon zum „olympischen Programm" unserer Mannschaft. DDR-Mannschaftsleiter Horst Röder (stehend) spricht ihnen für den Einsatz Worte des Dankes und der Anerkennung aus

25.9. Sonntag

Der Chronist hatte schon von Alpträumen gehört: Man steht auf einer schmalen Brücke, ein Zug kommt angerast, links kein Schritt Platz, rechts ein hohes unüberwindbares Gitter...
Letzte Nacht träumte der Chronist, daß er die Identitätskarte 925902 morgens beim Verlassen des Zimmers an der Klinke hatte hängen lassen und gedankenlos aus dem Pressedorf spaziert war. Am Bus die fatale Entdeckung: Die Karte fehlt! Der Sicherheitsbeamte, der den Bus begleitet, lächelt freundlich, schüttelt aber den Kopf. Kein Zutritt. Zurück, die Karte holen. Der Sicherheitsbeamte am Dorfeingang, der mit einem Spezialgerät die unsichtbaren elektronischen Merkzeichen der Karte prüft, lächelt freundlich wie der Mann am Bus – und schüttelt den Kopf. Endlich erschien ein per Funk gerufener Vorgesetzter, lächelte noch freundlicher und eskortierte den Chronisten zum Haus 122. Dort indes: Lächeln und Kopfschütteln: Ohne Karte keinen Schlüssel! Der Vorgesetzte war nicht mehr zuständig. Zurück zum Ausgang? Der Chronist irrte zwischen piependen Spezialgeräten und kopfschüttelnden Lächlern hin und her, bis er endlich erwachte. Die Karte hing an der Tür. Fortan wird er mit ihr schlafen.
Um Mißdeutungen vorzubeugen: Olympische Spiele müssen geschützt werden, aber das führt manchmal eben auch zu Alpträumen.

26.9. Montag

Telegramme über Telegramme. Dem Olympiasieger Holger Behrendt gratuliert ganz Sacrow, Potsdamer „Vorort", in dem er geboren wurde. Aus Karl-Marx-Stadt kam eines von Familie Benesch: „Viele herzli-

che Grüße von unserer Hochzeitsreise zu Euch nach Sòul. Wir wünschen Euch für alle Wettkämpfe maximale Erfolge. Für diejenigen, bei denen die Erfolge ausbleiben, trotzdem viel Mut zum Weitermachen. Bleibt verschont von Krankheit und Verletzung und sammelt weiter fleißig Edelmetall für unser Land und laßt den Sport in Frieden gedeihen!"

27.9. Dienstag

Die Mannschaftsleitung der DDR gibt eine Gartenparty. 27 Athleten sind geladen – medaillenlose. Eine seit Jahrzehnten gepflegte Tradition wird fortgesetzt. Horst Röder dankt für Kampfgeist, Einsatz und Engagement, auch wenn sie ohne Medaillenlohn blieben. „Eine Mannschaft kann nicht nur aus Siegern bestehen, und unser Respekt gilt immer auch denen, die nach großem Kampf Besseren unterlagen. Wir wissen, wie bitter es ist, wenn sich langgehegte Träume nicht erfüllen, konsequentes Training über Jahre in der Stunde der Entscheidung ohne den großen Erfolg bleibt. In unserem Land, in unserer Gesellschaftsordnung zählt nicht nur der Sieger!"
Udo Beyer, Kugelstoßolympiasieger von 1976, in Sòul nur knapp ohne Medaille geblieben, bekennt, daß er mit einem „weinenden und einem lachenden Auge" an der Tafel Platz genommen habe, hat dann aber doch zwei trockene Augen und dankt im Namen all derer, denen diese Stunde nicht schlechthin Trost brachte, sondern die Würdigung ihrer Leistung.
Michael Hübner, der Welt unbestritten zweitbester Sprinter, dem das olympische Reglement keine Startmöglichkeit bot, sah Rennfahrer zu Medaillen kommen, die er oft genug bezwungen hatte. Er war in den Tagen der Bahnentscheidungen überall zu finden. Als sich Maic Malchow – nach verpatztem Start beim 1 000-m-Zeitfahren nur Sechster und auch mit als Gast zu dieser Party geladen – für sein Rennen warmfahren wollte, stieg Hübner aufs Rad und betätigte sich als sein Schrittmacher.
„Warum?"
Der Sprintvizeweltmeister: „Das sind so Augenblicke, in denen man einen Freund in der Nähe wissen möchte. Nicht, um sich zu unterhalten, sondern nur, um nicht allein zu sein." Der Mittag in dem Gartenrestaurant, an dem auf Tischen gegrillt, mit Stäbchen Gemüse aus Schalen zu essen versucht und koreanisches Bier getrunken wurde, bewies allen, die ihn erlebten – und auch denen, die davon hörten –, daß in unserer Mannschaft auch in Sòul keiner allein war.

28.9. Mittwoch

Der amerikanische 110-m-Hürdensieger Roger Kingdom beschrieb die Stimmung in seinem Appartment im olympischen Dorf so: „Ich wachte auf, hörte die anderen erregt diskutieren, ging hinaus, fragte, was passiert sei. Da erzählten sie mir die Geschichte mit

Johnson. „So konnte man am nächsten Morgen nachlesen, wie die Nachricht in das Quartier der USA-Mannschaft gelangt war. Nachrichtenagenturen, Fernsehmoderatoren, Rundfunkreporter hatten sich schon in der Nacht zuvor ausgiebig damit befaßt. Als in Sòul Extrablätter gedruckt wurden, schlich sich Ben Johnson, der bis zu dieser Nachricht überzeugendste 100-m-Olympiasieger aller Zeiten, in ein Flugzeug nach New York. Mit ihm – aber natürlich nie fotografiert – sein „Clan": Manager, Berater, ein Arzt, der keine Praxis mehr unterhält, sondern nur – exzellent bezahlt – Johnson begleitet, und ein Trainer. Jeder weiß, daß es nie Ben Johnson gewesen sein kann, der in einer Apotheke nach Stanolozol gefragt hat – aber alle Enttäuschung lädt sich nun auf ihn, einen einfachen Jungen, der mit seiner redlichen Mutter aus einem Slum Jamaikas nach Kanada gelangte und dort weltberühmt wurde. Staunend erlebte er, daß sich Männer darum rissen, seine „Freunde" zu sein, die ihm nicht einmal die Hand geschüttelt hätten, wäre er nicht der berühmte Sprinter gewesen. So stieg er auf. Und da den „Freunden" das Geld noch immer nicht genug war, griffen sie zum Gift. Das Opfer heißt Ben Johnson, die Täter wird man nie ermitteln!

29.9. Donnerstag

Niemand erwartet, daß bei den Boxern ein Frieden einzieht, der sie zwischen den Seilen dazu bringt, statt der Fäuste Kirschblütenzweige zu schwingen, aber Ordnung und Fairneß an den Tischen der Kampfrichter wird man erwarten können. Sportarten, deren Entscheidungen von subjektiven Urteilen abhängen, werden nie ohne Probleme bleiben, aber – es geht um Prinzipien, die zu respektieren bleiben. Der Trainer des Sudan schickte seinen Superschwergewichtler in den Ring und warf ihm das Handtuch zum Zeichen der Aufgabe hinterher, noch ehe sein Schützling die Ringmitte erreicht hatte. Das Motiv für diesen in der Geschichte des Boxsports einmaligen Protest? „Er traf auf einen Südkoreaner und hätte also keine Chance gehabt zu gewinnen. Warum sollte ich ihn in diesen sinnlosen Kampf schicken?", begründete der Trainer seine ungewöhnliche Aktion. Die Exekutive der AIBA griff durch, traf Entscheidungen, die für den Rest des Turniers das Extremste verhindern sollte. Generalsekretär der Föderation ist Karl-Heinz Wehr aus der DDR. Er zog sich den Zorn der Gastgeber zu, die in den Medien eine Kampagne gegen ihn starteten.
Einer der zahllosen unsinnigen Vorwürfe galt der Unterbringung der Kampfrichter. Die Südkoreaner hatten ein feudales City-Hotel gebucht, die internationale Box-Föderation plädierte für den Komplex, in dem die „Olympic Familiy" Quartier bezogen hatte. Dieses Quartier – so die Zeitungen Sòuls – sei unzureichend in seinen Bedingungen für Boxkampfrichter. Schwer zu verstehen, wieso es dann der olympischen Familie offeriert wurde.

30.9. Freitag

Christan Schenk, Medizinstudent aus Rostock, erwacht im olympischen Dorf und ist versucht, an einen Traum zu glauben: Olympiasieger im Zehnkampf! Er hat nicht geträumt.

1.10. Sonnabend

An diesem Morgen ist für alle im DDR-Haus schon früh Wecken: Ein Appell steht auf dem Programm. Vor 40 Jahren wurde in Berlin durch Erich Honecker, damals Vorsitzender des Zentralrates der FDJ, und Hans Jendretzki, Vorsitzender des Freien Deutschen Gewerkschaftsbundes, ein neues Kapitel in der Geschichte des deutschen Sports aufgeschlagen. Jugendbewegung und Gewerkschafter als Paten einer Organisation, die später die sozialistische Sportbewegung schuf. Vor dem Wohnblock in Sòul, Tausende Kilometer von zu Hause entfernt, wird an jene Stunde des Jahres 1948 erinnert, vor allem aber an den Weg, der seitdem zurückgelegt wurde, ein oft steiniger Pfad, hürdenreich, immer an der Seite der Freunde des sozialistischen Lagers, die erst mit Ratschlägen und Interventionen gegen Bonner Alleinvertretungsansprüche halfen, später oft harte Rivalen im Kampf um sportliche Siege waren, aber immer Freunde blieben.
Der Zeitunterschied sorgt dafür, daß die Sòuler Olympioniken die ersten sind, die den Tag feiern!

2.10. Sonntag

Ausklang der Spiele. Von den 4 000 Tauben, die am Eröffnungstag aufgelassen worden waren, um symbolisch der Welt den Beginn der Feier zu melden, blieben 41 im Stadion. Wohlgelitten, denn man zählte sie schon bald zur olympischen Familie. Zwei Wochen lang kreisten sie über Hunderttausenden von Zuschauern und über denen, die hier um die Medaillen kämpften. Ständig daran erinnernd, daß sie in der Welt als das Symbol derjenigen gelten, die sich um den Frieden bemühen.

DEMONSTRATIONS-SPORTARTEN

1–3 In Barcelona 1992 im olympischen Programm: Frauen-Judo und Baseball

4 Taekwondo – eine spezifische koreanische Kampfsportart

Die erste Halle, an deren Kassen das Schild „Karten ausverkauft" prangte, war die des Changchun-Gymnasiums im Zentrum der Stadt. Dabei war sie eine der wenigen Wettkampfstätten, in denen nicht um olympisches Gold gekämpft wurde: Taekwondo. Eine typisch koreanische Sportart, bei der sowohl mit der Faust geschlagen als auch mit den Füßen getreten werden darf. „Tae" steht für springen, stoßen und schlagen, „kwon" für Faust und „do" für Weg. Nach den alten Regeln mußten Tritt und Hieb fünf Zentimeter vor dem Ziel gestoppt werden. Dies ist jetzt aber nicht mehr so, und deshalb tragen die Taekwondoka – wie die Wettkämpfer heißen – einen Kopfschutz, der nur das Gesicht freiläßt, und eine „Weste", die die Körperpartien vom Unterleib bis zum Hals schützt. Ein Treffer mit dem Fuß gegen den Kopf, der nur mit katzengewandten Drehungen des Körpers in der Vertikalachse Aussicht auf Erfolg hat, weil der Gegner alle anderen Trittversuche sehen würde, erbringt zwei Punkte. Auch Treffer gegen Hals und Rumpf werden gewertet, ebenso gelungene Meidbewegungen, ähnlich wie beim Boxen.

Daß Taekwondo am Rande der Spiele seine vollen Ränge hat, ist seiner Popularität und der Regel 48 der Olympischen Charta zuzuschreiben, wonach jedes Organisationskomitee der Spiele das Recht hat, dem IOC zwei Sportarten vorzuschlagen, die als „Demonstration" ausgetragen werden können, aber nicht zum offiziellen Programm gehören. Wettkampfprotokolle und Akkreditierungskarten dieser Sportler müssen sich sogar von den olympischen unterscheiden. Im Changchun-Gymnasium beherrschten die Gastgeber bei den Männern in sieben der acht Gewichtsklassen die Szene. Die südkoreanischen zweikämpfenden Amazonen hingegen wurden nur zweimal zu den acht Siegerehrungen gerufen. Annemette Christensen aus Dänemark belegte mit ihrem Erfolg, daß diese asiatische Sportart auch in Europa schon Freunde gewonnen hat.

Die Geschichte der Demonstrationswettbewerbe beginnt bereits im Jahre 1900, als man in Paris in der Leichtathletik Vorgaberennen startete, deren Gewinner aber nicht als Olympiasieger anerkannt wurden. Glima, eine isländische Ringkampfform, zeigte man 1912 in Stockholm. Zwölf Jahre später erlebte in Paris Pelota, ein tennisähnliches Rückschlagspiel seine Premiere. Lacrosse, Segelflug, Badminton, Wasserskilauf, Päsäpallo, ein finnisches Baseballspiel, gehörten bei zurückliegenden Spielen zu den Demonstrations-Wettbewerben. In Sòul hatte man diese auf drei Sportarten ausgedehnt: Frauenjudo, Taekwondo und Baseball, das mit seiner fünften Auflage an der Spitze steht und 1992 nun in Barcelona den Sprung ins wirkliche olympische Programm geschafft hat.

Hand
in Hand...

Das gehört wohl auch zu den Olympiaresultaten: Erfolgskomponist Giorgio Moroder glückte ein neuer Hit. Auf den Wellen der allgemeinen Olympia-Euphorie treibt sein Schlager zu beachtlichen Umsatzrekorden. Eine Million Single-Scheiben sind bereits abgesetzt, die nächste Million rollt. Okay, und warum auch nicht? Der englische Text, den Tom Whitlock verfaßte und den er als Lyrik verstanden wissen will, spricht den Träumen und Wünschen vieler Menschen rund um die Welt aus dem Herzen. Tag für Tag strömte die Musik in beträchtlichen Wattstärken aus den Stadionlautsprechern. Hunderttausende sangen mit. Und abends, wenn ich meist leicht angeschlagen, aber ob der Erfolge unserer Athleten glücklich im Pulk der Tausende den U-Bahn-Schächten entgegenpilgerte, ertappte ich mich dabei, das „Hand in Hand" mitzusingen. Das inspirierte mich dann auch zu diesen Gedankensplittern.

Zuerst zurück...
1952 übertrug ich zum erstenmal Olympische Spiele. Im Stadion von Helsinki saß ich staunend auf der Reportertribüne und nahm das Leben und Treiben ringsherum wie einen bunten Traum wahr. Was alles geschah, und was ich alles kennenlernte! Da, zum Handschlag nahe, saßen, sprachen auch die bekannten Mikrofonmeister jener Jahre, Raymond Glendenning von der BBC, eine Legende, Moskaus Wadim Sinjawski, wohlwollender und väterlicher Freund, der ideenreiche Franzose Marcilliac und viele dazu. Nicht alle, die dort ihre Berichte über die Ätherwelle schickten, nahmen uns, die DDR-Reporter, zur Kenntnis, übten wenigstens normale Olympiafreundlichkeit. Und nur wenige gaben uns die Hand.
Heute, hier in Sòul...

Die Reihen der Bekannten von damals haben sich gelichtet. Das erinnert an den unerbittlichen Fluß der Zeit. Ja, das andere Ufer rückt immer näher. Doch wenn ich mich jetzt vom Reporterplatz Nr. 60 umblicke, nach links schaue, wo die Kollegen aus Italien, aus Frankreich sitzen, wenn ich mich über den Monitor beuge und in der Reihe davor die jetzigen Männer der BBC und rechts von uns die heutigen Berichterstatter aus Moskau, Zürich, Madrid... beim Übertragen beobachte, fällt mir auf, dies sind alles mehr oder minder gute Kollegen, die sich über die gemeinsame Sport- und Olympiawegstrecke der vergangenen Jahrzehnte kennen- und schätzengelernt haben. Längst wurde es normal und mehr, sich

die Hand zu geben, und mit Freunden begrüßt man sich herzlich und tauscht gemeinsame Erinnerungen und frische Informationen aus. Die Welt, auch die Reporterwelt rückte seit Helsinki zusammen. Und besonders die letzten Jahre intensiver Kooperationen trugen dazu bei. Der dankbare Händedruck gehört deshalb auch wieder den Technikern, ohne die nirgendwo etwas läuft und die auch hier in engagierter Fleißarbeit die Hunderte, wenn nicht Tausende von Kabelkilometern legten. Solche Marathonleistungen der Übertragungen in alle Welt sind heute nur durch das menschliche Miteinander, von Hand in Hand, zu lösen, auch wenn zu guter Letzt der Satellit und die Elektronik die Wunder der Technik zu vollbringen scheinen.

Deshalb, auch in dieser kleinen Welt der großen Olympiawelt ist abzulesen, daß es nur in gegenseitiger Achtung gemeinsam weitergeht. Whitlock fand die schönen Zeilen, die mein Freund Klaus Ullrich folgendermaßen übertrug:

Wir wissen um die Chance zu leben
für alle Zeiten Hand in Hand,
stehend Hand in Hand
weit über das Land.
Laßt uns diese Welt zu einem besseren Ort machen,
auf dem wir Hand in Hand lebend
uns besser verstehen...

Und deshalb denke ich hoffend nach vorn: Barcelona wird kommen, und dann vielleicht Athen und Peking – wer weiß. Gleichwohl, wer dann vor den Mikrofonen sitzen wird, ich hoffe für alle, daß sich ihre Hände längst zur Freundschaft fanden, fest und für immer, und das mit allen Menschen überall. Olympia ist und bleibt für das Leben eine große Chance.

4 | 2
1 | 3

1 Schlangen vor dem Hauptstadion
2/4 Drei von rund 9000 Journalisten, die von den 237 Entscheidungen rund um die Uhr in alle Kontinente berichteten

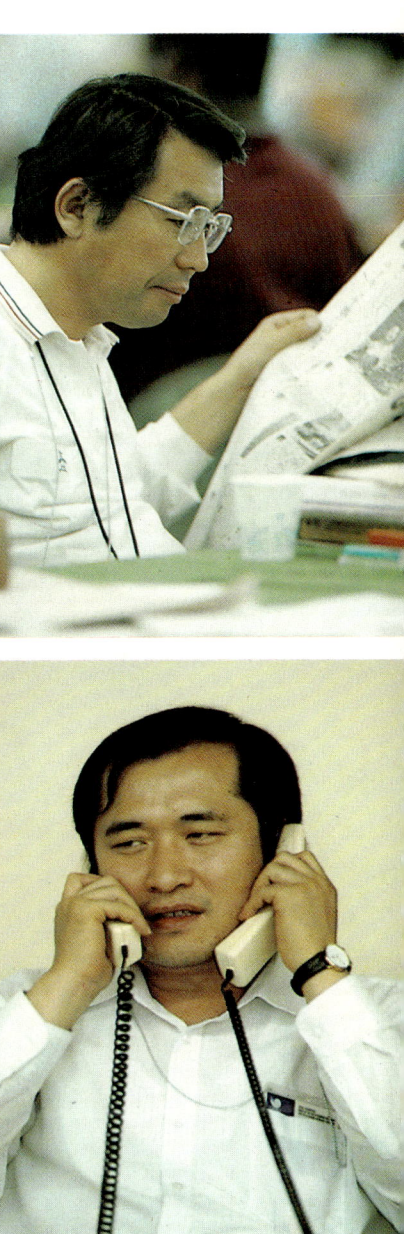

S. 262/63: Unsere Sportler hatten Grund zur Freude!

261

Abschluß

Die Spiele endeten, wie sie begonnen hatten: feierlich und mit viel Symbolik, wie immer bei der offiziellen olympischen Zeremonie. Kulturellsportliche Selbstdarstellung, wie sie zuvor auch von anderen Olympiaausrichtern praktiziert wurde. Wohl wissend, daß der letzte Eindruck der bleibende sein kann, zelebrierten die Sòuler Veranstalter ein folkloristisches Feuerwerk im wahrsten Sinne des Wortes.

Es begann mit dem Klang der tausendjährigen 72 Tonnen schweren Emile-Glocke, deren dumpfer Nachhall alle einheimischen Rekorde bricht. Nachklang für ein Ereignis, das 16 Tage die internationale Sportwelt in Atem hielt. Sangmo-Tänzer schwenkten geschickt die zwölf Meter langen Bänder an der Spitze ihrer Bauernhüte. Tänzerinnen und Tänzer in bunten Gewändern ließen im Nebel der Pyrotechniker die alte asiatische Fabel vom Brückenschlag der Elstern lebendig werden, der es zwei Liebenden ermöglichte, zueinanderzukommen. Wegfahrende Boote, tänzerisch interpretiert, symbolisierten die altkoreanische Version des Abschieds. Licht und Ton dominierten im abendlichen vollbesetzten Olympiastadion.
Und dann kamen noch einmal die Hauptakteure der vergangenen Wochen zum Zuge. Diesmal je-

doch nicht in exakter Marschformation nach koreanischem Alphabet, sondern scheinbar ungeordnet, bunt durcheinander.
Die Lebensfreude und jugendliche Ausgelassenheit der Sportlerinnen und Sportler aus 160 Ländern ließ die Anstrengungen, den Kampf um die Medaillen vergessen. Völkerfreundschaft als Ausdruck olympischer Bemühungen.
Stolze Gesichter unter den Fahnenträgern. Das sowjetische Ringer-As Alexander Karelin, der österreichische Judospezialist Peter Seisenbacher bis hin zu unserem Goldkanadier mit Silberschweif – der 26jährige Magdeburger Olaf Heukrodt – gehörten zu jenen Aktiven, die das Bild dieser Spiele geprägt haben.

Die Gedanken mobilisierten Erinnerung. Was waren das für Tage hier für uns, welch eine prächtige Mannschaft vertrat hier unsere Republik! Jeder gab sein Bestes, geprägt von Kampf- und Kollektivgeist. Großartige Leistungen vollbrachten sie, die Olympiasieger, die Medaillengewinner – aber nicht nur sie. Auch jene, die Plätze unmittelbar hinter den Medaillenrängen erkämpften – und das waren nicht wenige! –, und natürlich auch jene, deren Hoffnungen und Wünsche unerfüllt blieben, trotz unermüdlichen Trainings, trotz aller Einsatzbereitschaft, trotz

	3
1	2

1 Die Spiele der XXIV. Olympiade sind beendet
2 Die olympische Fahne wird eingeholt
3 Der Kanusportler Olaf Heukrodt trug die DDR-Fahne

höchster Anstrengungen. Ihnen allen, für die
Olaf Heukrodt unsere Fahne zum würdigen
Finale der Spiele trug, Dank und Anerkennung!
IOC-Präsident Samaranch beendete schließlich
das Fest des Sports und rief entsprechend der
Tradition die Jugend aller Länder auf, sich in vier
Jahren in Barcelona zu versammeln, um dort die
Spiele der XXV. Olympiade zu feiern. Die olympische Flagge wanderte durch Bürgermeister-
hände von Sòul in die spanische Mittelmeer-
metropole. Das olympische Feuer erlosch.
Zehntausende bunte Laternen flackerten von
den Rängen des Olympiastadions, untermalten
eine beeindruckende Show von Tänzen, Gesän-
gen und Lichteffekten. Nach altem koreanischem Brauch sollte damit den Gästen aus aller
Welt heimgeleuchtet werden.

Unter den Klängen des „Arirang", eines Volks-
liedes, das den koreanischen Widerstand gegen
die Kolonisatoren vergangener Jahrhunderte
symbolisiert, entschwebten Hodori und Kobi,
die Maskottchen der 88er und 92er Spiele, als
Ballon-Plastfiguren in den nächtlichen Himmel.
Sie blickten auf Olympische Spiele zurück, die
von den Gastgebern unter dem Motto „Frieden –
Harmonie – Fortschritt" organisiert worden waren.

Empfang in der Heimat

Das satte Grün des Sommers war inzwischen dem Gelb gewichen, und manche Blätter hatten sich auch rot gefärbt. Eine neue Jahreszeit war bereits angebrochen, als unsere Olympiamannschaft in mehreren Gruppen nach jeweils 16stündigem Flug in Berlin-Schönefeld eintraf. Es waren goldene Herbsttage.

Zu den ersten, die wieder heimatlichen Boden betraten, gehörten unsere erfolgreichen Schwimmerinnen und Schwimmer, die großartigen Ruderer und Bahnradsportler. Nasen wurden an den Fenstern der IL 62 der INTERFLUG plattgedrückt. Wer wird mich abholen, lautete in dem Moment, als der silberne Vogel ausrollte, die meistgestellte Frage. – Und sie waren da. An der Gangway standen Ehemänner und -frauen, und nicht wenige hatten den strahlenden Nachwuchs auf dem Arm. Manche Mutter und mancher Vater verdrückte schnell eine Träne der Rührung, um dann den Sohn oder die Tochter in die Arme zu schließen. Endlich zu Hause, so das allgemeine Aufseufzen.

„Willkommen in der Heimat!" Egon Krenz, Mitglied des Politbüros und Sekretär des ZK der SED, entbot es als erster, als schließlich die dritte und letzte Gruppe unserer Olympiakämpfer glücklich gelandet war. Harry Tisch, Mitglied des Politbüros des ZK der SED und Vorsitzender des Bundesvorstandes des FDGB, schüttelte unzählige Hände zur Begrüßung, nicht anders der Stellvertreter des Vorsitzenden des Ministerrates Wolfgang Rauchfuß, der 1. Sekretär des Zentralrats der FDJ, Eberhard Aurich, der 1. Vizepräsident des DTSB der DDR, Klaus Eichler, und viele andere Freunde des Sports.

Musikalisch der Gruß dann vor dem Klubhaus der INTERFLUG – ein Fanfarenzug unserer Sportorganisation entbot ihn. Drinnen ergriff Egon Krenz das Wort, er überbrachte Grüße und Glückwünsche des Generalsekretärs des ZK der SED und Vorsitzenden des Staatsrates der DDR, Erich Honecker. Mit 102 Medaillen, so Egon Krenz, habe die DDR-Olympiamannschaft wie

schon 1976 in Montreal, als letztmals alle großen Länder am Start waren, den zweiten Platz hinter der Sowjetunion und vor den USA erreicht. Und obwohl niemals zuvor gute Plazierungen so hart umkämpft waren wie diesmal in Sòul, errangen unsere Olympioniken noch zehn Medaillen mehr als damals. Jeder zweite Teilnehmer unserer Republik hatte das Glück, auf dem Siegerpodest zu stehen. „Ihr habt euch als faire Wettkämpfer bewährt und erneut zum Ausdruck gebracht, daß die olympischen Ideale in der DDR eine Heimstatt haben. Ihr habt unsere Republik würdig vertreten", rief Egon Krenz den Sportlern zu. In den Dank schloß er auch alle jene ein, die zwar ohne Medaille zurückkehrten, doch mit gleich großem Einsatz ihr Bestes gegeben hatten. Dank galt schließlich auch dem großen Team von Trainern, Betreuern, Technikern, Sportwissenschaftlern und -medizinern, den Sportjournalisten und den vielen anderen, die mit ihrer Arbeit zum erfolgreichen Abschneiden der DDR-Mannschaft beigetragen hatten. Nicht zu vergessen die Familien der Sportler, die immer großes Verständnis aufgebracht hatten.

Der Segler Jochen Schümann hatte bei der Verabschiedung stellvertretend für alle die Verpflichtung gesprochen. Jetzt nun, rund vier Wochen später, merkte man dem Berliner den Stolz an, daß die DDR-Olympia-Mannschaft die hohen Erwartungen erfüllt hat, aber auch er selbst wie schon 1976 eine olympische Goldmedaille

dazu beisteuern konnte. Diese großartige Bilanz kennzeichnete er als Ergebnis jahrelanger kontinuierlicher Vorbereitung und als Resultat der klugen Politik der SED, der Förderung durch sie, die es überhaupt erst ermöglichte, daß sich Talente entfalten und bis zur sportlichen Meisterschaft geführt werden können. Als Zeichen des Dankes überreichten die Leichtathletin Heike Drechsler und die Turnerin Dagmar Kersten Egon Krenz und Harry Tisch das Maskottchen dieser Spiele, den Tiger „Hodori".

So herzlich wie in der Hauptstadt wurden unsere Olympiakämpfer dann auch an ihren Heimatorten und in ihren Sportklubs willkommen geheißen. Vielerorts begegneten sie dabei olympischer Stimmung, nur diesmal auf eine ganz andere Art. Mehr als 33 000 „Olympiatreffs" für jedermann aus Anlaß des 40jährigen Gründungsjubiläums unserer sozialistischen Sportorganisation fanden an jenem letzten olympischen Wochenende statt. Und dort, wo unsere Olympiakämpfer bereits wieder eingetroffen waren, trafen sie sich mit ihren Bewunderern, gaben sie Autogramme und machten sie auch selbst mit. Olympischer Alltag, aus dem neue Olympiakämpfer hervorgehen werden.

„Ihr habt Euch als faire Wettkämpfer bewährt und erneut zum Ausdruck gebracht, daß die olympischen Ideale in der DDR eine Heimstatt haben. Ihr habt unsere Republik würdig vertreten!"
(Aus der Begrüßungsrede von Egon Krenz)

Herzlich willkommen und Dankeschön!

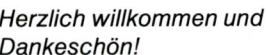

1 3 | 5 7
2 4 | 6 8

1–5 „Unser Dank gilt den Werktätigen, die tagtäglich am Arbeitsplatz Hervorragendes leisten und uns fest die Daumen hielten." (Jochen Schümann im Namen der Olympiamannschaft beim Empfang in der Heimat)

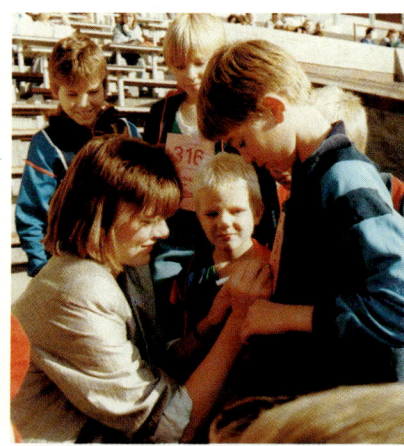

6–8 Olympischer Alltag

Autogramme von Kristin Otto in Leipzig, Katrin Meißner, der Jüngsten unserer Mannschaft, in Berlin, und einen Gruß der Pioniere in Cottbus für Dirk Meier, Roland Hennig und Lutz Heßlich. Symbolisch reichten sie den Staffelstab weiter. Sportlicher Alltag überall in unserem Lande bei Olympiatreffs. Olympiasieger Lutz Heßlich: „Ich hoffe, daß noch viele Jungen und Mädchen zu uns kommen. Aus diesem Quell können neue Erfolge entspringen bis hin zu Olympia."

Erich Honecker in seinem Toast beim festlichen Ball im Palast der Republik am 11. November:

„Die Erfolge im kanadischen Winter und bei den Sommerspielen verdeutlichen, wie der Sozialismus auf deutschem Boden alle Talente des Volkes fördert. Bei uns hat jeder die Chance, seine Fähigkeiten durch eigenen Fleiß voll zu entfalten. Was auf Grund der Arbeiter-und-Bauern-Macht in Körperkultur und Sport erreicht wurde und was wir weiter anstreben, ist einer von vielen Beweisen für die Leistungsfähigkeit unserer Republik. Diese sozialistische Gesellschaft haben wir gemeinsam aufgebaut. Nach den Beschlüssen des XI. Parteitages der SED gestalten wir sie weiter aus. Auf diesem guten Fundament hat auch der Sport beste Entfaltungsmöglichkeiten."

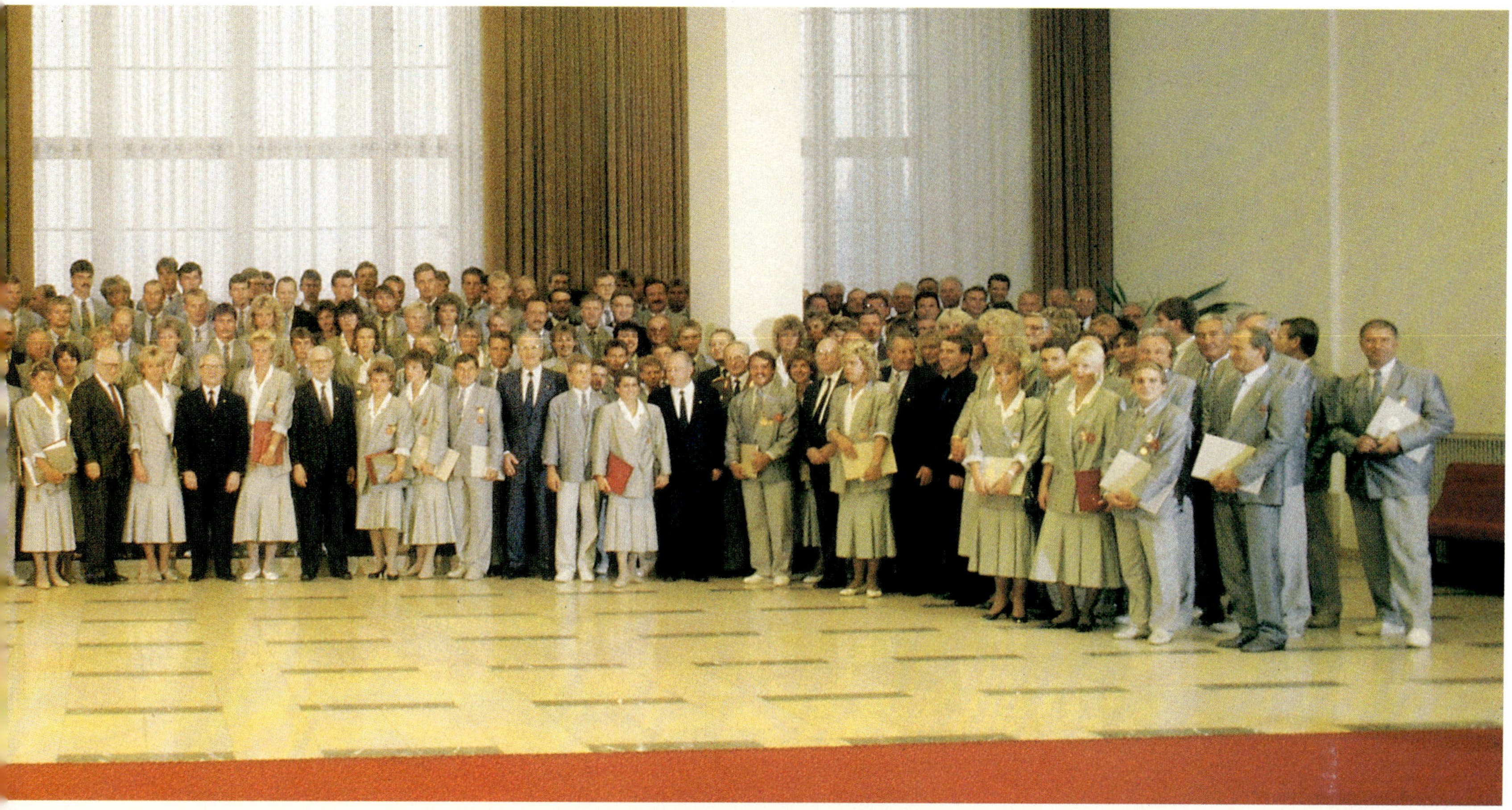

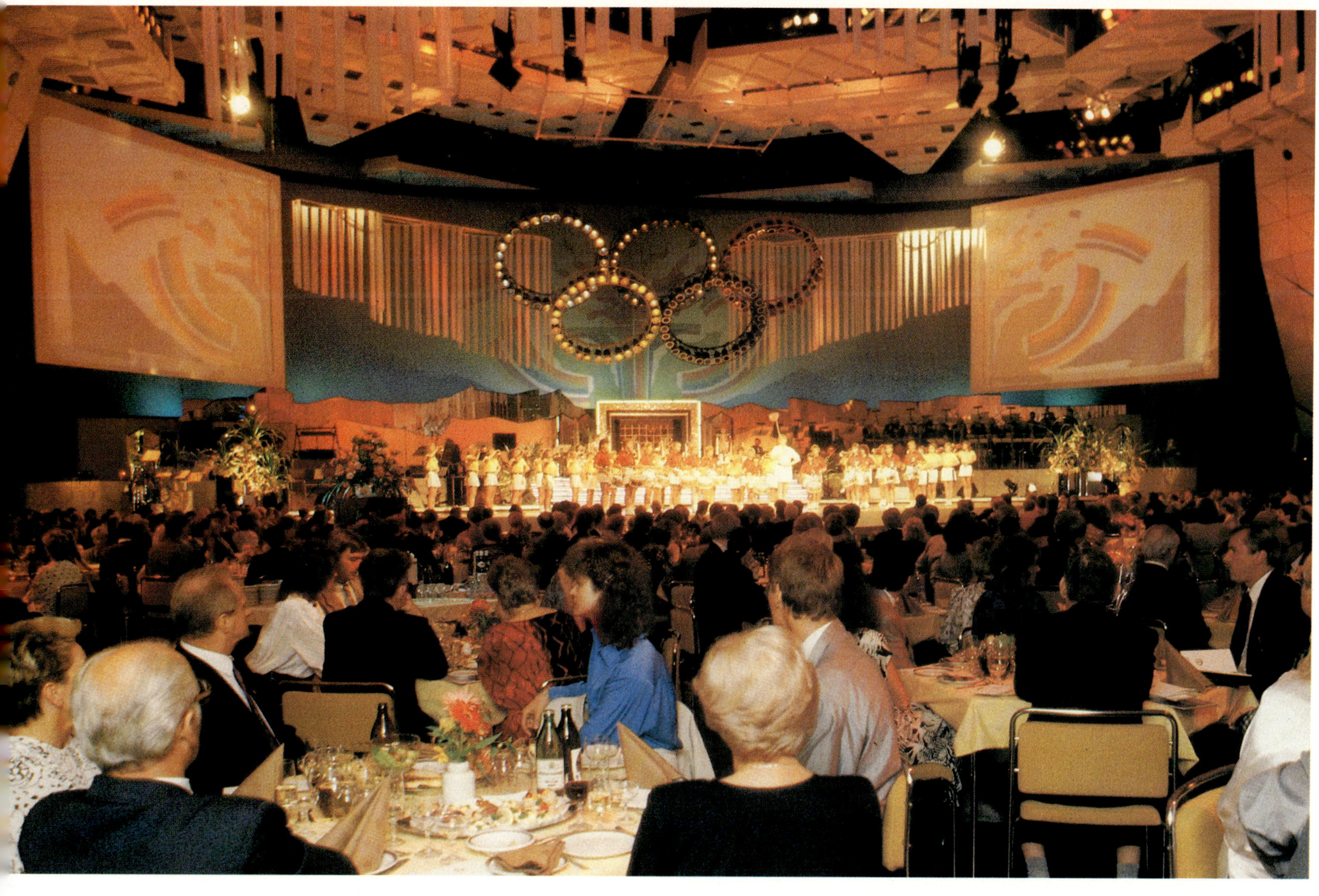

À BIEN

BARCE

EN 1

ITOT A

LONE

992

xv.Olympische Winterspiele

CALGARY 1988

Geleitwort

Unsere Gesellschaft – eine nach Hunderttausenden zählende Vereinigung der Freunde der olympischen Bewegung in der DDR – setzt auch nach den XV. Olympischen Winterspielen ihre Tradition fort, mit einem Bildband vielen das Erlebnis der Spiele zu vermitteln. Millionen Bürger unseres Landes haben das Ereignis in über 10 000 km Entfernung voller Spannung vor den Fernsehschirmen verfolgt, haben Wettkampfberichte, Reportagen und Kommentare im Rundfunk gehört oder in den Zeitungen gelesen. Mit diesem Buch legen wir das Kollektivwerk unserer in Calgary tätigen Journalisten vor, Augenzeugen der dramatischen Stunden, in denen Frank-Peter Roetsch seine beiden Goldmedaillen gewann, Katarina Witt in ihrem Duell mit Debi Thomas triumphierte, Wolfgang Hoppe seine beiden Silbermedaillen auf der Kunsteisbahn eroberte.

Noch einmal kann man die Atmosphäre dieser Spiele in Wort und Bild nacherleben.

Das Anliegen des Buches aber geht weit darüber hinaus: Es soll Zeugnis ablegen von unserem gemeinsamen Willen, die olympische Idee gegen alle Angriffe zu schützen, sie vor allem aber auch zu stärken, damit sie weiter dazu beitragen kann, das wichtigste Anliegen der Menschheit, die Verteidigung des Friedens, zu unterstützen.

Unsere Gesellschaft hat sich dieses Ziel in vielfacher Hinsicht gesteckt, indem sie den olympischen Gedanken verbreiten hilft. Dieses Buch dient beiden Anliegen!

Präsident

GOLD

```
1 | 3
2 | 4
```

Frank-Peter Roetsch
Biathlon, 10 und 20 km
Dynamo Zinnwald
Trainer: Steffen Thierfelder

Christa Rothenburger
Eisschnellauf, 1 000 m
SC Einheit Dresden
Trainer: Ernst Luding

Steffi Walter
Rennschlittensport, Damen-
einzel
SC Traktor Oberwiesenthal
Trainer: Franz Schneider,
Wilfried Jüchert

Katarina Witt
Eiskunstlauf, Damen
SC Karl-Marx-Stadt
Trainerin: Jutta Müller

```
1 | 4
2 | 5
3
```

André Hoffmann
Eisschnellauf, 1 500 m
SC Dynamo Berlin
Trainer: Joachim Franke

Jörg Hoffmann
Rennschlittensport, Doppel-
sitzer
ASK Vorwärts Oberhof
Trainer: Bernd Jäger,
Norbert Hahn

Uwe-Jens Mey
Eisschnellauf, 500 m
SC Dynamo Berlin
Trainer: Joachim Franke

Jens Müller
Rennschlittensport, Herren-
einsitzer
ASK Vorwärts Oberhof
Trainer: Bernd Jäger,
Norbert Hahn

Jochen Pietzsch
Rennschlittensport, Doppel-
sitzer
ASK Vorwärts Oberhof
Trainer: Bernd Jäger,
Norbert Hahn

SILBER

```
1 | 3
  | 4
2 | 5
```

Andrea Ehrig
Eisschnellauf, 3 000 m und
5 000 m
SC Einheit Dresden
Trainer: Rainer Mund

Karin Kania
Eisschnellauf, 1 000 m und
1 500 m
SC Einheit Dresden
Trainer: Rainer Mund

Wolfgang Hoppe
Bobsport, Zweier und Vierer
ASK Vorwärts Oberhof
Trainer: Raimund Bethge

Bogdan Musiol
Bobsport, Zweier und Vierer
ASK Vorwärts Oberhof
Trainer: Raimund Bethge

Ute Oberhoffner
Rennschlittensport, Damen-
einzel
ASK Vorwärts Oberhof
Trainer: Bernd Jäger,
Norbert Hahn

282

1	4
2	5
3	6

Christa Rothenburger
Eisschnellauf, 500 m
SC Einheit Dresden
Trainer: Ernst Luding

Jan Behrendt
Rennschlittensport, Doppel-sitzer
ASK Vorwärts Oberhof
Trainer: Bernd Jäger,
Norbert Hahn

Stefan Krauße
Rennschlittensport, Doppel-sitzer
ASK Vorwärts Oberhof
Trainer: Bernd Jäger,
Norbert Hahn

Uwe-Jens Mey
Eisschnellauf, 1 000 m
SC Dynamo Berlin
Trainer: Joachim Franke

Dietmar Schauerhammer
Bobsport, Vierer
ASK Vorwärts Oberhof
Trainer: Raimund Bethge

Ingo Voge
Bobsport, Vierer
ASK Vorwärts Oberhof
Trainer: Raimund Bethge

BRONZE

1 | 4
2 | 5
3 | 6

Gabi Zange
Eisschnellauf, 3 000 m und
5 000 m
SC Karl-Marx-Stadt
Trainer: Rainer Mund

Andrea Ehrig
Eisschnellauf, 1 500 m
SC Einheit Dresden
Trainer: Rainer Mund

Karin Kania
Eisschnellauf, 500 m
SC Einheit Dresden
Trainer: Rainer Mund

Cerstin Schmidt
Rennschlittensport, Damen-
einsitzer
SC Traktor Oberwiesenthal
Trainer: Franz Schneider,
Wilfried Jüchert

Bernhard Lehmann
Bobsport, Zweier
ASK Vorwärts Oberhof
Trainer: Raimund Bethge

Mario Hoyer
Bobsport, Zweier
ASK Vorwärts Oberhof
Trainer: Raimund Bethge

Wir in Calgary

1 | 4
2 | 5
3 |

1 Der Botschafter der DDR in Kanada, Heinz Birch, gab für die DDR-Mannschaft einen Empfang. Unter den Gästen IOC-Präsident Juan Antonio Samaranch, hier begrüßt von Katarina Witt

2 Gelöste Atmosphäre beim traditionellen Freundestreff, als die DDR-Mannschaft in ihrem Quartier sowjetische Gäste empfing

3 Freundschaftstreffen der Sportler Kanadas und der DDR: Die Bobfahrer Howard Bell und Dietmar Schauerhammer

4 Unsere erfolgreichen Rennschlittensportlerinnen beim Stadtbummel

5 Andrang bei einer Pressekonferenz mit Katarina Witt: über 600 Journalisten kamen

Über dem Eingang des Rathauses von Calgary flammte abends Leuchtschrift auf: „Willkommen der Welt!" Die Losung, unter der die Spiele standen, lautete: „Come together in Calgary – Kommt zusammen in Calgary!"

Die DDR-Mannschaft fühlte sich so herzlich begrüßt wie alle anderen Gäste, und sie trug ihren Teil dazu bei, daß das Zusammenkommen der Sportjugend aus aller Welt ein Erfolg wurde. Zum einen durch sportliche Leistungen, die entscheidend zum Glanz der XV. Olympischen Winterspiele beitrugen, zum anderen durch aktive Bekenntnisse zu den Idealen der olympischen Bewegung.

Wir in Calgary – das war auch: Unterzeichnung eines Freundschaftsvertrages mit dem kanadischen Sport, Freundschaftstreffen im Quartier der DDR-Mannschaft mit Athleten aus der Sowjetunion und Kanada, Besuche bei Repräsentanten der Freundschaftsgesellschaft Kanada–DDR.

Wir in Calgary – das war vor allem: Eine glänzend vorbereitete Mannschaft, die das beste Ergebnis aller Zeiten erreichte und damit fast so viel Medaillen wie die DDR-Mannschaft bei den Winterspielen von 1956 bis 1972!

Wir in Calgary – das schloß Enttäuschungen nicht aus: Die Spezialspringer blieben ohne Medaille, im nordischen Skisport kam nicht ein Aktiver aufs Siegerpodest, im Eiskunstlauf der Herren mußten wir uns mit einem 23. Rang begnügen. Indes: Die Mannschaft war Kollektiv genug, um Niederlagen mit unerwarteten Siegen wettzumachen, und das ist eines der größten Komplimente, das man einer aus Sportlern so vieler verschiedener Disziplinen zusammengesetzten Mannschaft machen kann.

Wir in Calgary – das war in jeder Hinsicht würdige Repräsentanz der sozialistischen Heimat. Tausende Journalisten bestürmten unsere Aktiven mit Fragen. Die Antworten, die sie erhielten, ließen die starken Bindungen zu unserer Gesellschaft spüren, einer Gesellschaft, deren marxistische Erziehungsprinzipien zur Entwicklung allseitig gebildeter Menschen auch den Sport beflügeln.

Wir in Calgary – das war auch aktives Bekenntnis zur Olympischen Charta, die die Entwicklung jener physischen und moralischen Eigenschaften verlangt, die die Grundlage jeglichen Sports darstellen, die Verständigung unter den Sportlern fördert, um eine bessere und friedvollere Welt zu schaffen.

Wir in Calgary – das war vielfacher Dank an die kanadischen Gastgeber. Die XV. Olympischen Winterspiele wurden durch widrige Wetterbedingungen beeinträchtigt, ihr Klima aber war warmherzig, tolerant, fast unübertreffbar gastfreundlich – mit einem Wort: olympisch. Die DDR-Mannschaft trug ihren Teil dazu bei!

1
2 3 | 4

Seite 20/21:

1 62 000 Zuschauer füllten das McMahon-Stadion
2 Unter den fast 8000 Mitwirkenden eine Formation der vor über hundert Jahren in der Stadt gegründeten berittenen Polizei
3 . . . Sänger, die die fünf olympischen Ringe nachbildeten
4 . . . Hunderte Tänzerinnen und Tänzer

1 | 2
3 5
4

1 Das olympische Feuer unter einem stilisierten Zelt
2 Frank-Peter Roetsch trug die DDR-Fahne
3 Die sowjetische Mannschaft
4 Gastgeber Kanada
5 Die ehemaligen alpinen Rennläufer Cathy Priestner und Ken Read trugen gemeinsam die olympische Flamme in die Arena

Die Zeiten, da Olympische Spiele nach einem strengen Reglement eröffnet wurden, das nur wenig Raum für folkloristische Darbietungen zuließ, sind lange vorbei. – Soll man ihnen nachtrauern. . .? Diese Frage war nach der bunten Zwei-Stunden-Schau im McMahon-Stadion umstritten. Doch es hätte wohl kaum dem Gemüt der „Calgarians" entsprochen, sich allein auf ein erhabenes Zeremoniell festzulegen. Die Spanne zwischen der klassischen olympischen Hymne des Samara und der ausgelassenen Country-Musik ist beträchtlich, und man kann den Gestaltern der Eröffnungsveranstaltung das Kompliment machen, alles in allem diese Schwierigkeit gemeistert zu haben. Sie wahrten – da, wo es nötig erschien – die Würde des Augenblicks, aber sie ließen auch die 62 000 Zuschauer im Stadion und die schätzungsweise zwei Milliarden Menschen an den Fernsehgeräten an der ansteckenden Fröhlichkeit der Westkanadier teilhaben. Die Kritik kam vom Chefgestalter Paddy Sampson selbst: „Die Show wurde – ich weiß nicht warum – dreißig Minuten zu lang. . ."

Die feierlichen Handlungen, in ihren Grundzügen vom Begründer der olympischen Bewegung, Pierre de Coubertin, ersonnen, um Wettkämpfer wie Betrachter auf das große Fest einzustimmen, waren in Calgary eingebettet in eine Art Varietéprogramm, in dessen Verlauf ein weiter Bogen in die Geschichte der heutigen Provinz Alberta geschlagen wurde und in dem weder gewaltige aufgeblasene Dinosaurier, reitende Indianer und Trapper, Hunderte nach Country-Musik-Klängen tanzende Paare noch über das Stadion hinwegdonnernde Düsenjägerstaffeln fehlten. Und mittendrin dann das olympische Protokoll, die Übergabe der Traditionsfahne, die seit den Olympischen Winterspielen von Oslo 1952 jeweils vom Bürgermeister der Ausrichterstadt bewahrt wird und die nun aus den Händen des Sarajevoers Salko Selimović in die des Lord Mayor Ralph Klein überging; der Einmarsch der teilnehmenden Mannschaften, der in Calgary länger war als jemals zuvor, an zwanzigster Stelle unter den 57 die unserer Republik – angeführt vom dreifachen Biathlon-Weltmeister Frank-Peter Roetsch, auf den unter vielen Würdigen die Wahl gefallen war, die Fahne unserer Republik zu tragen.

Kurz dann die Ansprachen. Der Präsident des Organisationskomitees der Winterspiele, Frank King, drückte aus, was die Einwohner seiner Stadt in dieser Stunde fühlten: „Der Traum ist Wirklichkeit geworden!" Calgary 88 war da, und

IOC-Präsident Juan Antonio Samaranch überbrachte seine Glückwünsche für die hervorragende Vorbereitung der Winterspiele, ehe er an den Generalgouverneur Kanadas, Jeanne Sauvé, die Bitte richtete, das olympische Fest nunmehr offiziell für eröffnet zu erklären. Und mit der dafür vorgeschriebenen knappen Formel kam die Statthalterin der britischen Königin in Kanada dem nach.

Beifall und tausendfacher Flügelschlag zum Himmel aufsteigender Tauben gingen akustisch ineinander über. Die Taube auch im weißen Sand der Arena, dort nachgebildet von Hunderten Jungen und Mädchen – ein Symbol für die Friedenssehnsucht, die die Menschheit mit den Olympischen Spielen verbindet.

Der Idee des fairen Miteinanders war auch der Fackellauf gewidmet, der über 18 000 Kilometer der bisher längste wurde. 6 500 Läufer trugen die Flamme, deren Kurs auch durch alle kanadischen Provinzen führte. Vom Kleinkind bis zum 101jährigen Greis – sie alle wollten die Fackel nach Calgary tragen, und angesichts dieser von der olympischen Idee ausgelösten Begeisterung, deren Auswirkungen nun auch im McMahon-Stadion zu spüren war, wurde es einem trotz des kalten Windes, der von den Rocky Mountains blies, warm ums Herz.

Der Jubelsturm schlug um in Erhabenheit: Die Flamme war da! Alpine Rennläufer aus Calgary – Cathy Priestner und Ken Read – trugen sie gemeinsam ins Stadion und übergaben sie der letzten Staffelläuferin, der 12jährigen Eiskunstläuferin Robyn Perry, die davon träumt, auch einmal bei Olympischen Spielen an den Start gehen zu können – und die damit symbolhaft für die Zukunft steht.

Die Flamme loderte in der kupfernen Pylone. Pierre Harvey, der als erster kanadischer Sportler sowohl an Winter- als auch an Sommerspielen teilnahm, kam die Ehre zu, den olympischen Eid der Teilnehmer zu leisten, während die Eiskunstlauf-Preisrichterin Suzanne Morrow Francis für die Gilde der Kampfrichter den Schwur der Unbestechlichkeit abgab.

Jetzt gab's für die Kanadier kein Halten mehr. Ein turbulentes Bild der Lebensfreude unten in der Arena, furios das Finale Hunderter Tänzer; stehende Ovationen dafür auf den Rängen. Doch dann andächtiges Schweigen für einen der rund 6 500 Mitwirkenden, von denen nur drei Dutzend Berufskünstler waren. Der Inuit Daniel Tlen interpretierte die Nationalhymne „O Canada", und alle stimmten ein.

1
2
3

1 Unter den Klängen der Hymne des Samara stieg die olympische Fahne am Mast empor
2 Wildwest-Romantik
3 Hidy und Howdy, die olympischen Maskottchen

Tagebuch

13.2. Sonnabend

Der Olympiagast aus der DDR – große Feste durchaus gewohnt – erfährt Überraschendes schon am Stadiontor: Man bittet ihn mitzuwirken an der olympischen Ouvertüre – „Helfen Sie uns, die Welt willkommen zu heißen!" Wer wollte derlei ablehnen? In Reihe 33, Block F, fand er auf dem Sitzplatz weitere Order: Eine weiße Robe überziehen und keinesfalls den Platz mit dem Besitzer einer andersfarbigen Robe tauschen. Die Hinweise waren mit dem Dank für guten Willen verbunden. Früher gekommene Nachbarn zeigten die „Schlupflöcher", und als der Sprecher im Stadion mitteilte, daß nun den zwei Milliarden Zuschauern an den Fernsehschirmen in aller Welt der Vorhang geöffnet würde, setzten sich alle zurecht – 62 000 „Mitwirkende" verwandelten das McMahon-Stadion in einen dachlosen olympischen Ballsaal, in dem die Gäste aus aller Welt empfangen wurden.

Die DDR-Mannschaft wurde mit dem Beifall Kundiger empfangen: Seit 1976 Kornelia Ender und Waldemar Cierpinski Schlagzeilensiege feierten, gelten DDR-Sportler als „erste Wahl". Die Mannschaft erlebte die festliche Stunde in der Gewißheit, aus einem Land zu kommen, das viel für die olympische Bewegung getan hat und auch in Zukunft tun wird. Das Treffen mit Mitgliedern der sowjetischen Mannschaft am Vorabend demonstrierte, daß die Freundschaft nicht bei dem Handschlag am Start endet.

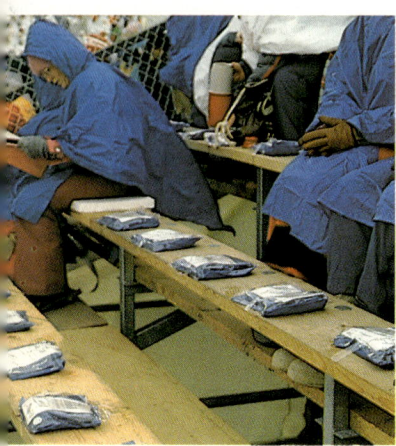

14.2. Sonntag

Der erste Wettkampftag war noch lange nicht zu Ende, als schon der 35. Goldmedaillengewinner in der Geschichte des DDR-Wintersports gefeiert werden konnte. Uwe-Jens Mey hatte das Ereignis angemessen mit einem Weltrekord geschmückt. Die Kanadier feierten tüchtig mit. Sie teilten nicht nur unsere Freude, sondern erwarben sich bei allen Gästen unermeßliche Sympathie durch ihre Gastfreundschaft. Sie waren nicht immer der Regeln aller Wettbewerbe kundig – viele der olympischen Disziplinen sind fremd oder jung in Kanada –, aber was den Umgang mit Gästen betraf, so beherrschten sie alle Regeln. Zehntausende – viele darunter, die für die Eintrittskarten gespart hatten – strömten an die Rennschlittenbahn und ließen die Aktiven durch eine Beifall und Jubel widerhallende Röhre rasen. Über 50 000 jubelten den Skispringern zu, Tausende feierten Mey und natürlich auch die Eiskunstlaufpaare, ganz zu schweigen von den Eishockeyspielern. Da ist schließlich jeder Kanadier ein Experte.

Am Eingang des Rathauses leuchtet abends „Willkommen der Welt!", die Losung „Kommt zusammen in Calgary" drückt optisch aus, was die Menschen in Calgary und in der Provinz Alberta empfinden. Die Wahl dieses Olympiaorts war vortrefflich!

15.2. Montag

Bob Nivens Stuhl steht in einem der Wolkenkratzer Calgarys. Das Büro hat er allerdings für einige Wochen verriegelt, denn für diese Zeit residiert er im Campus der Universität als „Bürgermeister" des olympischen Dorfes. Herzlich begrüßte er die Mannschaften, überreichte den Chefs de Mission weiße Stetson-Hüte, cocktailte mit den Aktiven, dann bemühte er sich um gute Atmosphäre in seiner 2 600-Seelen-Gemeinde, in der nahezu 40 Sprachen gesprochen werden. Daß sich dennoch alle glänzend verstanden, war auch Bob Nivens Verdienst. „Im Gegensatz zu den Wettkämpfen, in denen verständlicherweise oft verbissen um den Sieg gekämpft wird, sollen sich im Dorf alle entspannen und, wenn es ihre Zeit und ihr Ziel erlaubt, auch vergnügen. Mein größter Wunsch: daß Tausende Freundschaften geschlossen werden." Dies sind einige Worte aus der „Regierungserklärung" des Bürgermeisters, die er Journalisten gegenüber abgab. Auch die DDR-Mannschaft fühlt sich in diesem Dorf pudelwohl. Vor dem Büro eine mit Liebe gestaltete Wandzeitung, die statt eines Titels die beiden schmunzelnden Bärenmaskottchen Hidy und Howdy trägt.

NOK-Präsident Manfred Ewald besucht am Nachmittag dieses Tages den Präsidenten des Organisationskomitees, Frank King, um den Dank der DDR zu übermitteln.

16.2. Dienstag

Mittags, als die Spiele eine Atemhol- und Essenpause einlegten, wurden im „Palliser"-Hotel – Hauptquartier des IOC – vor laufenden Fernsehkameras Verträge unterschrieben. Man würdigte das Ereignis zunächst mit Worten. Kanadas Sportminister Otto Jelinek nannte den Kontrakt zwischen Kanada und der DDR einen wertvollen Beitrag zur Vertiefung der Freundschaft zwischen beiden Ländern, und DTSB-Präsident Manfred Ewald betonte seinen Wert für die Bemühungen um eine friedliche Welt. Dann galt es für beide, je dreimal zu signieren: Ein Programm der sportlichen Beziehungen bis 1992, den für elf Sportarten geltenden Austauschplan für 1988 und die Stiftung des Doug-Gilbert-Preises. Man enthüllte das Modell des Diploms, mit dem künftig Journalisten beider Länder geehrt werden sollen, die dem brillanten Publizisten Doug Gilbert – Autor des einzigen bisher in Nordamerika erschienenen Buches über den DDR-Sport – nacheifern. Journalisten beider Länder würdigten das Leben Gilberts. Eine gewiß kleine, aber doch auch große olympische Stunde – Regel 1 der Olympischen Charta in Aktion!

17.2. Mittwoch

Das Wetter ist zuweilen windkritisch, das Klima indes gut. Einer, der es mit einem „Tief" zu stören versucht, macht schlechte Erfahrungen. Marty Hall, Trainer der kanadischen Langläufer, hatte Journalisten, die jeder antikommunistischen Verdächtigung ihr Ohr leihen, ein Märchen vom Blutdoping erzählt, mit dessen Hilfe die sowjetischen Läufer zu ihren Erfolgen gelangt seien.

Die olympische Familie – und in diesem Fall erwies sie sich als solche – war schockiert. Ein IOC-Mitglied empfahl dem Brunnenvergifter, sich um die Form seiner Athleten zu kümmern, anstatt die Besten zu schmähen. Der kanadische Chef de Mission gab eine Erklärung ab, die Distanz zu Hall und seinen Worten bekräftigte. Damit nicht genug: Kanadas Sportminister Jelinek entschuldigte sich namens seiner Regierung beim sowjetischen Sportminister in aller Form. Die „Störung" war schnell vertrieben, das Klima wieder vom olympischen „Hoch" bestimmt.

Bitter für Hall: Selbst das Boulevardblatt, das seine unolympischen Ausführungen wiedergegeben hatte, ließ ihn fallen und konstatierte in einem Leitartikel, daß dies ein besonders arger Fall von mangelndem Sportgeist sei...

18.2. Donnerstag

Gleich ein Quartett von Medaillen für die DDR! Am Vormittag sichern die Rennschlitten-Ladies – die englische Vokabel trifft die in ihrer Persönlichkeit vereinte Kombination von Wettkampfhärte und Charme besser als das deutsche „Fahrerin" – einen Dreifacherfolg. Sie machen sich zwar gegenseitig den Sieg streitig, verlieren aber nie das gemeinsame Ziel aus den Augen, und am Abend fügt Uwe-Jens Mey seinem 500-m-Gold noch 1 000-m-Silber hinzu!

Die durch die böigen Winde heraufbeschworenen Absagen häufen sich. Über eine Viertelmillion Dollar sind bereits aus dem für diese Fälle vorgesehenen „Notfonds" gezahlt worden, und die Organisatoren fürchten, daß das noch längst nicht alles sein wird. Die Ursache für die extrem böigen Winde ist vor allem Chinook, ein Wind, der sich seinen indianischen Namen bewahrt hat. Er entsteht durch Warmluft, die vom Pazifik her gegen die Rocky Mountains drängt, diese – im wahrsten Sinne des Wortes – überwindet und die kalten Luftmassen dann von oben drückend vor sich herschiebt. Dieser hier simpel beschriebene Vorgang setzt Luftmassen in Bewegung, und das Resultat sind die warmen Winde. Die Kanadier berufen sich auf meteorologische Analysen, wonach achtzig Prozent der Februartage günstige Bedingungen sichern. Aber was helfen Analysen gegen die Realität?

19.2. Freitag

Die „Meile" ist von Mittag an überfüllt – eine Fußgängerzone mitten im Zentrum wurde zum Treffpunkt aller, denen Begegnung, Trubel und Lärm am Herzen liegen. Fliegende Händler, Budenhändler, Aussteller, deren Angebote von Briefmarken bis zu preisgekrönten Ochsen reichen, und Musikbands, denen man anmerkt, wieviel Spaß ihnen das Spiel mit den Instrumenten bereitet. Dazwischen wimmeln Kanadier aus nah und fern.

Sinkt der Abend, leert sich die „Meile". Man zieht zum Olympic Plaza, wo Musik und Trubel in geordnete Bahnen geraten; die Ehrung der Sieger des Tages versammelt „Meilenläufer" und Einwohner in trauter Gemeinsamkeit. Jubel ist den Olympioniken sicher! An diesem Abend präsentierten sich die beiden Rennschlittendoppelsitzer aus der DDR auf den obersten Stufen des Podestes. Die Flagge der Arbeiter- und-Bauern-Republik stieg in den Nachthimmel, unsere Hymne erklang, und das Gefühl des Sieges noch einmal durchlebend, streckten Jörg Hoffmann, Jochen Pietzsch, Stefan Krauße und Jan Behrendt die Arme in die Höhe, den Tausenden bekundend: „Danke! Ihr versteht es, Sieger zu feiern!" Laserstrahlen tasten sich Häuserwände hinauf, das farbenfrohe Spektakel steigt hoch über die Köpfe. Ein olympischer Tag klingt aus in Calgary.

20.2. Sonnabend

Nachmittags versucht Gaétan Boucher sein Glück: Schafft er bei seinen vierten Spielen zum drittenmal eine Medaille? Kanada drückt ihm die Daumen, aber es mißlingt. Ein Land trauert mit dem großen Schnellläufer. Der Abend beschert neue Hoffnung: Brian Orser. Vielleicht bringt das „Figurenlaufen" mehr Glück. Die Preisrichter rücken kein Zehntel „Zuschlag" für den Gastgeber heraus – ein anderer Brian gewinnt: Boitano aus den USA. Und Eishockey, kanadischste aller kanadischen Sportleidenschaften? „Team Canada" muß gegen die „zweitklassigen" Franzosen fünf Tore hinnehmen, fast ein Grund, Tränen zu vergießen.

Selten zuvor war der Drang olympischer Gäste, den Gastgebern Gold zu wünschen, so groß wie in Calgary. So hart die Medaillen umkämpft sind, man wünscht den Kanadiern eine jener wertvollsten. Bei allen Enttäuschungen, die sie erleben, leidet die Gastfreundschaft um nichts.

Die Stadt ist in diesen Tagen auch Stätte vieler Begegnungen: IOC-Präsident Samaranch konferiert mit einer Delegation des NOK der DDR. Manfred Ewald bekennt namens der Mannschaft der DDR, daß die Tage von olympischer Atmosphäre geprägt sind. IOC und Organisatoren haben viel getan, um dieses Klima zu erzeugen. Der IOC-Präsident dankt dem NOK der DDR für sein wirksames Bemühen in der olympischen Familie.

2
1	3
4

1 Jeder Besucher der Eröffnungsveranstaltung fand auf seinem Platz einen farbigen Poncho, zog ihn über und war Mitwirkender

2 Die „Meile" – Fußgängerzone im Herzen der Olympiastadt

3 „Chinook", der gefürchtete warme Wind

4 Der olympische Ausgleichssport Nummer eins: „Pins"

21.2. Sonntag

Im Glenbow-Museum, Prachtbau im Zentrum, erinnert sich Kanada seiner Geschichte: Leben und Wirken, Kultur und Gütertausch der Indianer und Inuits – Eskimo, lernt man, ist ein Schimpfwort – werden dargestellt. Auch Museen der DDR sind daran beteiligt, ein Bild jener Vorfahren entstehen zu lassen, die die ersten Kapitel kanadischer Geschichte schrieben, über Hunderte von Jahren hindurch. Im Land unterm Ahornblatt legt man Wert darauf, die Ureinwohner in der Vergangenheit nicht mit Musketen niedergemetzelt zu haben wie der südliche Nachbar. Die Regierung in Ottawa hielt sich an geschlossene Verträge. Ärger kam erst auf, als Konzernmultis auf Indianerboden Öl fanden und mit gerissenen Advokaten und schmutzigen Tricks nach spottbilligen Schürfrechten drängten. Am härtesten traf es den Stamm der Lubicons, die am Friedensfluß seit einem knappen halben Jahrhundert um ihr verbrieftes Landrecht kämpfen. Die Versammlung der Stämme in Alberta bekundete Solidarität mit ihnen und unterstützte viele Proteste. Einer der Ölmultis sonnt sich in den olympischen Tagen als Sponsor der Glenbow-Ausstellung, und das erboste die Urenkel der einst das Land bewohnenden Stämme. Andererseits: Auch die Indianer wollten in puncto Gastfreundschaft nicht nachstehen, und so sannen sie lange über einen Plan, das eine zu tun und das andere nicht zu lassen. Als eine Tanzgruppe der Westküstenindianer vom Regenbogenfluß kam, zeigten sie ihre Kunst und – sammelten anschließend für die Lubicons . . .

22.2. Montag

Geben wir dem Häuptling der Goodstoney-Indianer, John Snow, das Wort, dem Häuptling des Stammes, auf dessen Heimatland sich heute die Hochhäuser von Calgary erheben. Zusammen mit den Chinikos und den Bearspaws bewohnen sie das seit 1969 von ihnen selbst verwaltete Reservat zwischen der Olympiastadt und Canmore. Anläßlich der Spiele arrangieren die Indianer ein dreitägiges Tanzfestival, und das wurde von Häuptling Snow mit den Willkommensworten eröffnet: „Im Namen der Ureinwohner dieses Landes begrüße ich Sie in der Stoney-Reservation zum Nakota Olympia-Pow-Wow (Medizinmännertreffen) '88. Ich hoffe, daß viele unserer Gäste die Gelegenheit nutzen werden, unsere Kultur kennenzulernen, die Schönheit unseres Landes und die Freundschaft unseres Volkes. Viele der Gesänge, die Sie hören werden, wurden uns ebenso wie die Tänze von unseren Vorvätern überliefert. Sie haben oft einen tieferen Inhalt, als man im ersten Augenblick glauben mag. Unsere Versammlung ist mehr als Singen und Tanzen. Und heute hat dieses Treffen auch die Bedeutung einer Begegnung gefunden, bei der man neue Freunde kennenlernt. Wenn unser Fest vorüber ist, möge der Große Geist alle auf sicherem Wege nach Hause geleiten."

23.2. Dienstag

Viele neugierige Gesichter, als eine Mannschaft in schmucken Anzügen das Restaurant auf Calgarys Fernsehturm betritt. Das nach dem Medaillenspiegel an zweiter Stelle rangierende Land feiert seine ersten Sieger. Man erinnert sich einiger Namen, hält Ausschau nach Uwe-Jens Mey, nach Steffi Walter, vermag aber kein Gesicht zu erkennen, dessen man sich aus dem Fernsehen erinnern könnte. Fragen werden gestellt. Endlich klärt sich für alle in dem Drehrestaurant hoch über den Dächern Calgarys die Situation: Das Nationale Olympische Komitee der DDR hat die „Medaillenlosen" eingeladen! Es verwirrt die Kanadier rundum: Erfolg und Sieg sind in ihrem Leben Maßstab der Dinge.
Die Verlierer? Was geht in den Köpfen der Leute aus dem fernen, kleinen, aber längst nicht mehr unbekannten Land vor? Denken sie so anders über Verlierer? Man liest in den Mienen, daß die „Verliererparty" manchen nachdenklich stimmt.
An den Tischen unserer Mannschaft bestimmt gute Laune die Szene. Man fühlt sich geachtet. Silke Braun, mit 18 Jahren jüngste aller Skilangläuferinnen, die wir je einsetzten, war durch die Härte der Staffelstunde vielleicht überfordert. Alles ging ihr daneben, Minuten wurden verloren. „Das hier gibt mir wieder Mut", strahlt sie. Michael Walter kämpfte im Rennschlitten um eine Medaille. Der 28jährige wurde Fünfter. Er spürt, daß sein Kampfgeist anerkannt wird.

24.2. Mittwoch

Bruce Kidd ist Professor in Toronto, aber auch eine kanadische „Legende". Als 17jähriger hatte er für einen Hallen-Leichtathletik-Wettkampf in Boston gemeldet, aber die Organisatoren wollten ihn nicht laufen lassen. Bruce gab sich so unnachgiebig, daß sie ihn zusätzlich auf die Liste setzten, vertrauend darauf, daß er hinterherlaufen und die Favoriten nicht behindern würde. Kidd gewann dieses Rennen, und das war die Geburtsstunde eines über Jahre hin erfolgreichen Läufers.
Als Historiker und Sportpolitologe erwarb er in Toronto neuen Ruhm; seine Vorlesungen sind überlaufen, man wählte ihn zum Präsidenten der Olympischen Akademie Kanadas.
Seit Jahren ist Bruce gern gesehener Gast in der DDR. 1984 marschierte er in der Berliner Maidemonstration mit: „Um die Menschen in diesem Land besser kennenzulernen."
Am Abend dieses olympischen Februartages hatte er seine Wohnung in Calgary in einen kleinen Ballsaal verwandelt. Zwei riesige Fahnen – Kanadas Ahornblatt und das Schwarzrotgold mit den Insignien unserer Republik – schmückten die Wand. (Ausgeliehen hatte er beide beim Organisationskomitee der Spiele, genauer: bei seiner Frau, die für die Zeremonien verantwortlich war.) Viele Gäste kamen, Kanadier und Bürger der DDR. Ein Abend der Freundschaft.

25.2. Donnerstag

Olympia ist ein harter Kampf um die Medaillen. Jubel beim Sieger, Tränen oft bei den Verlierern. Zuweilen bleibt aber auch noch Raum und Zeit für einen Spaß. Als beim Zweierbobrennen der heftige Wind viel Sand in die Bahn wehte, stieg ein Neuseeländer am Ziel aus dem Bob und fragte seinen „Bremser". „Hast Du unterwegs auch das Kamel gesehen? Wir sind – glaube ich – eben durch die Wüste gerast!"
Ein Kanadier, der zweimal vergeblich zur Sprungschanze gepilgert war, gab der Abkürzung COP für Canada Olympic Park neuen Sinn. „Cancelled or postponend", zu deutsch: Abgesagt oder verlegt.
Solche olympischen Späße ließen sich seitenlang auflisten und könnten ein neues Buch ergeben, denn es ist auch ein Zeichen von Verlierenkönnen, wenn ein schwedischer Skilangläufer, mit aussichtslosem Rückstand ins Ziel kommend, grinsend versichert: „Ich war so verschlafen heute morgen, daß ich die falsche Wachstube gegriffen habe." Vor allem aber sind Zitate wie diese ein Beleg für die Atmosphäre bei diesen Spielen. Man kämpft um den Sieg, aber wenn geklärt ist, wer der Bessere war, kehrt das Lächeln zurück und mit ihm auch der Spaß, der Niederlagen besser ertragen läßt als verbissene Mienen.

26.2. Freitag

Stimmungsvolles Treffen im „wilden Westen": DDR-Botschafter Heinz Birch hat die Mannschaft in das „Nikolaiviertel" von Calgary eingeladen. Saloons, Waggons der ersten Eisenbahn, die Kanada durchquerte, das Büro des Sheriffs und mittendrin Gunns alte Milchscheune, heute ein Zweietagenrestaurant, eingerichtet im Westernstil: Tische entlang den Wänden, der Bank folgend, die die Scheune umläuft. Ein altes Klavier, bespielt von einer als tugendhafte Matrone aus dem vorigen Jahrhundert gekleideten Stimmungsmacherin. Später noch ein Chor derber Cowboystimmen, begleitet von zartem Frauengesang. Riesige Steaks vom Rost. Die Mannschaft vergnügt sich ausgelassen und feiert den Botschafter, als er sie in einer kurzen Begrüßung willkommen heißt. Später werden noch Kanadier mit der Ehrennadel der Liga für Völkerfreundschaft ausgezeichnet, und plötzlich Bewegung an der Tür: IOC-Präsident Juan Antonio Samaranch ist die enge Scheunenstiege hinaufgekommen, schüttelt dem Botschafter die Hand, plaudert mit Katarina Witt und Jutta Müller, bespricht einiges mit IOC-Mitglied Günther Heinze und wünscht dann – mit einem dreifachen dröhnenden „Sport frei" verabschiedet – der Mannschaft noch Spaß und weitere Erfolge.
Nach zwei Stunden versinkt Gunns Scheune wieder im Dunkel. Ein vergnügter Abend ist zu Ende. Der nächste Morgen stellt neue Aufgaben!

27.2. Sonnabend

Calgary war außer Atem geraten: Katarina oder Debi? Und was, wenn Liz Manley als Siegerin aus der Arena getragen wird? Journalisten hatten beim letzten Training spioniert, mit der Stoppuhr jeden Schritt vermessen. Mehr Schwierigkeiten bei Thomas, signalisierten sie am nächsten Morgen den gespannten Lesern. Die Witt hält mit einem langsameren Teil in der Mitte, choreographisch erstaunlich, dagegen. Wo liegen die höheren Trümpfe?
Die „Scalpers" – Schwarzmarkt-Kartenhändler – hatten den größten Tag der Spiele. Kein Eishockeyticket erbrachte so viel Gewinn wie eine Karte für diesen Abend.
Der Zufall hatte die beiden Stars des Abends die gleiche Rolle wählen lassen: Zweimal „Carmen". Komponist Georges Bizet konnte vor mehr als hundert Jahren nicht ahnen, daß seine so schnell berühmt gewordene Oper sängerlos auf dem Eis des Saddledomes an einem Abend gleich zweimal aufgeführt werden würde.
Katarina Witt hatte schon kurz nach dem Eintreffen versichert: Es entscheiden die besseren Nerven! Sie mußte als erste aufs Eis und tanzte auf schmalen Kufen eine „Carmen", die hinriß. Die Zeitung „Sun" am nächsten Morgen: „Witt zur Königin gekrönt".

28.2. Sonntag

Zwei Impressionen von der Bobbahn. Bud Greenspan, mit dem Olympischen Orden ausgezeichneter Filmemacher und verantwortlich für den Film über die XV. Winterspiele, hofft mit Wolfgang Hoppe, Dietmar Schauerhammer, Bogdan Musiol und Ingo Voge, sie mögen den Bob Schweiz I um eine Hundertstelsekunde unterbieten. Er hofft es, weil sein Film eine Sammlung menschlicher Geschichten vereinen soll. Er hat den Zuschauer Schauerhammer beim Zweierbob gefilmt, die bitteren Stunden der Karin Kania eingefangen und den Empfang der Medaillenlosen auf dem Fernsehturm in Calgary gedreht. „Jeder erinnert sich, wer wie gewann", erklärt er seine Konzeption. „Der Film muß Schicksale darstellen, soll den Leuten zeigen, wer diese Athleten sind, wie sie zu Hause leben."
Als die Sieger der letzten Bobkonkurrenz von der Anzeigetafel verschwunden sind, flammt plötzlich eine im Eiltempo abrollende Namensliste auf. Kein Bobfahrer darunter – es sind die Namen der Ehrenamtlichen, die hier wirkten. Wir applaudieren, signalisieren auf diese Weise Dank an Calgary und seine unermüdlichen Helfer, die auch das Organisationskomitee nie vergaß. Der Erfolg dieser Spiele war ihr Erfolg.

1 | 3
2 | 4

1 NOK-Präsident Manfred Ewald lud jene Sportler, die keine Medaillen gewannen, aber unsere Farben würdig vertreten hatten, zu einer gemütlichen Runde auf den „Tower" ein

2 Manfred Ewald und der Sportminister Kanadas Otto Jelinek unterzeichneten die Vereinbarung über die Zusammenarbeit beider Länder im Sport. Dabei zugegen: IOC-Mitglied Dr. Günther Heinze (rechts)

3 Rodeo im Stampede Park

4 Irene Besse auf der Hammondorgel verkürzte im Saddledome den 19 000 Zuschauern die Wartepausen

BOB

Als der erste Tag der Viererbobrennen vorüber war, schrieb der in Calgary erscheinende „Herald": „Es gehört mehr dazu als gutes Fahren, um Wolfgang Hoppe auf der Bobbahn zu bezwingen. Vonnöten wären Wind, Dreck und was man sonst an Unberechenbarem seinem königlichen blauen Bob in den Weg werfen könnte. Wenn aber das Unberechenbare auf seiner Seite ist, wie es bei den ersten beiden Läufen der Fall war, dann wären seine Konkurrenten besser beraten, ihren Bob auf den Rücken zu laden und zu Fuß die 1 475 m hinabzugehen. Hoppe hatte bei den Zweierrennen das Unglück, sehr weit hinten starten zu müssen, und gewann dennoch drei der vier Läufe und damit die Silbermedaille. Er ist die Nummer 1 unter den Piloten der Welt! Befragt, ob ihn die beiden Siege von Sarajevo belasten, zuckte er nur die Schultern und antwortete: ‚Das ist ein alter Hut und Vergangenheit. Jetzt und hier muß ich es schaffen!'"

Wie man weiß, schaffte er zwei Silbermedaillen und erhärtete damit seinen Ruf – das „Herald"-Lob relativierend –, einer der weltbesten Bobpiloten zu sein. Die Schweizer „Sonntagszeitung" hatte schon die Entscheidung der Zweierbobs das „verrückteste Bobrennen seit Jahren" genannt und damit zweifellos den Nagel auf den Kopf getroffen. Die Probleme waren nicht allein durch das widrige Wetter entstanden, sondern auch durch die hohe Zahl der teilnehmenden Bobs. 24 Duos waren 1984 in Sarajevo am Start, diesmal mußten 41 ausgelost werden, und damit stand bereits fest, daß seine Hoffnungen begraben mußte, wen das Los nicht begünstigte.

In letzter Stunde war noch der Mann hinter Hoppe gewechselt worden. Zahlreiche Tests ergaben, daß Bogdan Musiol beim Anschieben höhere Effektivität erzielte als Dietmar Schauerhammer. Da dieser noch an den Folgen einer alten Verletzung litt, die Startzeit aber bei der Calgary-Bahn von ausschlaggebender Bedeutung war, entschloß man sich schweren Herzens, die so vielfach bewährte Besatzung zu trennen. Musiol, der schon mit Meinhard Nehmer zusammen gefahren war, bewies schnell seine Anpassungsfähigkeit, so daß die neue Besatzung bereits beim Abschlußtraining mit guten Zeiten imponierte. Schauerhammer fiel es verständlicherweise nicht leicht, auf diesen Start zu verzichten, aber er bewies in dieser Stunde bewundernswerte menschliche Größe; das gemeinsame Ziel stand für ihn im Vordergrund.

Bevor noch der Kampf um die Medaillen begann, gesellte sich der gefürchtete „Chinook"-Wind zu den Zehntausenden Besuchern an der Bobbahn. Der warme Wind ließ nicht nur die oberste Eisschicht weich werden, sondern blies schließlich so viel Sand in die Bahn, daß einige scherzhaft von Sandbahnrennen sprachen.

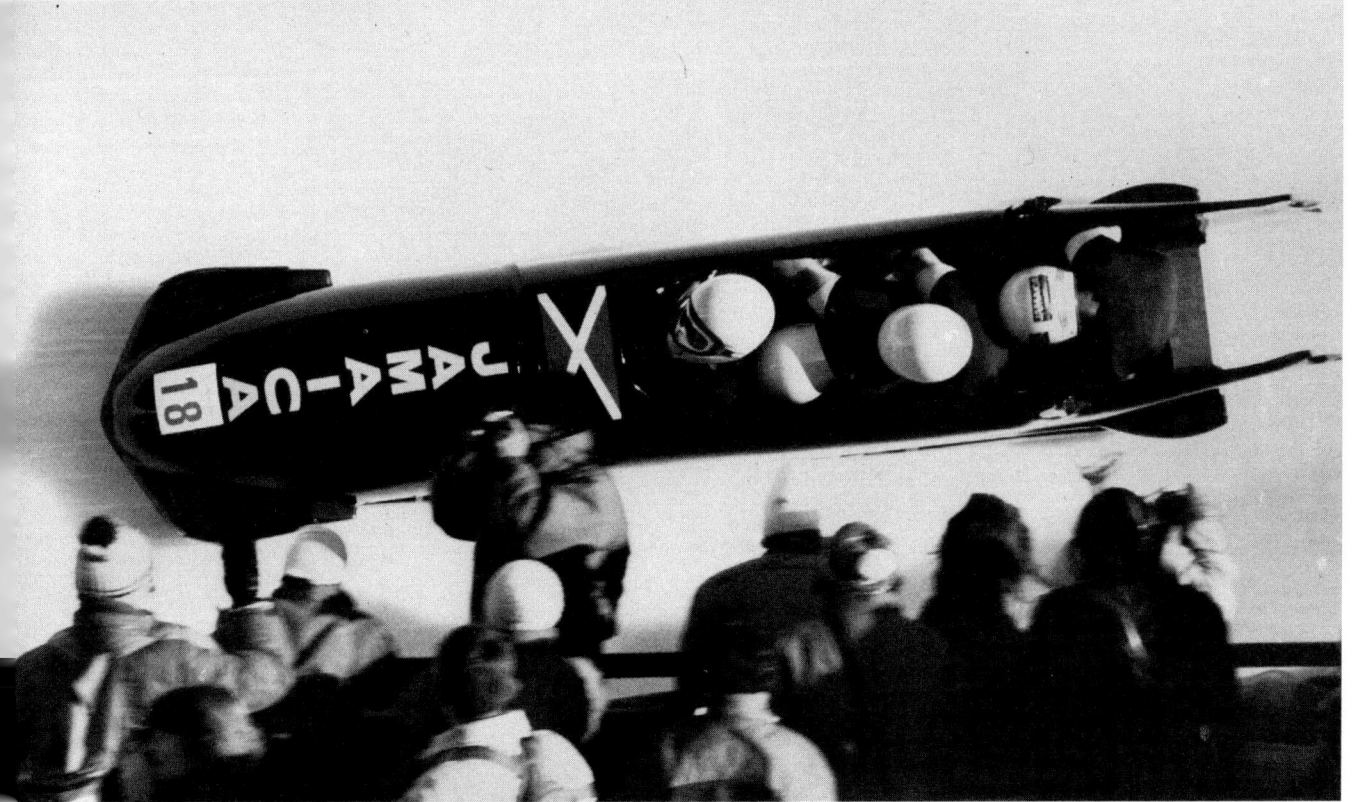

1 | 2
  | 3

1 Olympiasieger im Zweierbob: Janis Kipurs und
Wladimir Koslow (UdSSR)
2 Mit Fegen war nicht zu
verhindern, daß die Bahn
von Stunde zu Stunde –
und mitunter von Minute
zu Minute – schlechter
wurde
3 Jamaikas Viererbob
stürzte wenig später,
schrammte bis ins Ziel und
hinterließ tiefe Spuren im
Eis

1 | 4

2 3 | 5

1 In drei von vier Wettfahrten
schnellster Bob: Wolfgang
Hoppe und Bogdan Mu-
siol

2 Alle Mühe half nichts: Die
Bahn schwamm weg

3 Österreich I mit Ingo Ap-
pelt und Harald Winkler im
Ziel

4 „Krisensitzung" der Jury:
Weil die Eisfläche fast zu
Sandpapier geriet, mußte
die Zweier-Konkurrenz un-
terbrochen werden

5 Platz drei für Bernhard
Lehmann und Mario Hoyer
(DDR II)

Mit dem neuen Bahnrekord von 57,06 s übernahm Wolfgang Hoppe an den Lenkseilen von DDR I vor dem Bob UdSSR I, der von Janis Kipurs gesteuert wurde, die Spitze. Der zweite Lauf fand bereits unter völlig irregulären Bedingungen statt. Hoppe hatte das Pech, unter den letzten Startern zu sein. Im Ziel kommentierte er seine Fahrt: „Ich bin fast haargenau die gleiche Spur wie vor eineinhalb Stunden gefahren, aber das Eis hat sich durch den Staub wie in Sandpapier verwandelt. Das schlimme daran: Man kann nichts dagegen unternehmen. Selbst die tollsten Steuerkünste wären vergebens gewesen." Die Zeit, die er gefahren war, bestätigte seine Worte überzeugend: 2,2 s langsamer als im ersten Durchgang! Damit waren bereits Würfel gefallen, die niemand noch einmal ausspielen konnte.

Janis Kipurs, der nun an erster Stelle lag, war fair genug zuzugeben: „Wenn Wolfgang in einem Lauf 1,2 Sekunden langsamer ist als ich, geht es nicht mit rechten Dingen zu."

Vierundzwanzig Stunden später sollte die zweite Halbzeit ausgetragen werden, aber als der 28. Bob das Ziel erreicht hatte, trat die Jury zusammen und entschied ohne lange Diskussion: Abbruch!

Am Montagvormittag jagten Böen durch die Bahn, die den Start ebenfalls unmöglich machten. Die Jury beschloß, gegen Mittag einen neuen Versuch zu unternehmen. Die Aktiven warfen prüfende Blicke zu den Flaggen, wärmten sich immer mal wieder auf und trainierten im übrigen ihre Nerven.

Die Jury hatte indes zu tun. Von einigen Mannschaften wurde die logische Frage gestellt, ob nicht die Weltcupregelung – die bestplazierten Bobs der ersten beiden Läufe starten in der Reihe ihrer Rangfolge – der einzige Ausweg aus dieser Misere wäre. Der Antrag wurde abgelehnt, weil diese Variante im Olympiareglement nicht vorgesehen ist.

Lange nach Mittag wurde dann endlich Lauf 3 gestartet. Wolfgang Hoppe versuchte zwar, noch einiges von dem Rückstand gegen Kipurs wettzumachen, aber da inzwischen der „Chinook"-Wind Calgary den Rücken gekehrt und einer Kaltluftfront die Szene überlassen hatte, wurde die Bahn von Minute zu Minute wieder härter, und die Startreihenfolge spielte kaum mehr eine Rolle. So blieb Kipurs Sieger vor Hoppe und dem 39jährigen Veteranen des Feldes, Bernhard Lehmann, der mit Bremser Mario Hoyer das Kunststück fertigbrachte, zwölf Jahre nach seinem Debüt als letzter Mann auf dem in Innsbruck siegreichen Nehmer-Bob noch einmal Bronze zu erkämpfen.

Vor der Viererbob-Entscheidung hatte sich die Internationale Bobföderation stark gemacht: Energisch forderte sie vom IOC, von allen Forderungen des USA-Fernsehunternehmens ABC keine Notiz mehr zu nehmen und allein sportliche Gesichtspunkte gelten zu lassen: Start um 8 Uhr morgens!

Das IOC gab schnell nach, und so konnte man die zweite Entscheidung unter relativ guten Bedingungen in Angriff nehmen. Allerdings währte die Freude nicht lange, denn die von den Meteorologen prophezeite

Windstille blieb aus, die Vorhersage erwies sich als kapitaler Irrtum. Wieder kamen heftige Böen auf, und wieder wurden Sand und Staub von den Wegen entlang der Bahn auf die Eisfläche gewirbelt. Wieder übernahm Wolfgang Hoppe mit seinem Trio die Spitze – seine 56,16 s wurden von niemandem an diesem Tag auch nur annähernd erreicht –, und im zweiten Durchgang büßte er nur drei Hundertstelsekunden gegen seinen Konkurrenten aus dem Zweierbobrennen Janis Kipurs ein. Kopfschüttelnd verließ der Steuermann von DDR II die Bahn: Detlef Richter hatte in allen Trainingsläufen weit bessere Zeiten erzielt als Wolfgang Hoppe, wurde aber schon im Ziel des ersten Laufs nur als Dreizehnter registriert, und diese mäßige Plazierung dürfte ihn psychisch derart belastet haben, daß er bis zum Schluß nicht mehr imstande war, sich entscheidend zu verbessern.

In der Nacht zum zweiten Tag hatte die Kälte die Bahn aufgefrischt, und Ekkehard Fasser mit Schweiz I nutzte die Gunst der Stunde mit der Startnummer 6. Mit 5,21 s eine der schnellsten Startzeiten erreichend, passierte er alle Zeitnahmen mit Bestzeiten und setzte sich an die Spitze. Wolfgang Hoppe mußte 18 Bobs abwarten, ehe er mit seiner Besatzung seinen Schlitten in die Eisrinne schieben konnte. An Fassers Zeit kam er nicht mehr heran, und auch der zweite Durchgang ergab keinen Wechsel mehr an der Spitze des Feldes. Obwohl Hoppe alles riskierte, blieb dem Schweizer ein Vorsprung von sieben Hundertstelsekunden – und das am Ziel einer Strecke von 5,9 km!

Es sei auch erwähnt, daß der Sturz des jamaikanischen Bobs das Rennen letztlich auch noch beeinflußte. Der kufenoben die Bahn hinunterrutschende Schlitten sorgte für Löcher und Rinnen, die die nachfolgenden Bobs behinderten. Es ist zu begrüßen, daß die Zahl der teilnehmenden Länder auch durch das internationale Schulungssystem der Bobföderation ständig wächst, doch wird man wohl keine andere Wahl treffen können, als die Anwärter auf WM- oder Olympiamedaillen in zwei Gruppen zu teilen – wie es die Rennschlittenföderation bereits getan hat – und dann eine neue Startregel zu formulieren, die die Favoriten nicht in die Rolle von Roulettespielern zwingt.

1
2   4
3

1 Der Bob USA I fuhr im letzten Durchgang Bestzeit und kam noch auf Rang vier
2 Der beste kanadische Bob – Kanada II – landete auf Platz 13
3 UdSSR II mit Janis Kipurs an den Lenkseilen
4 Trotz Superstartzeiten nur Rang 6 für Österreichs ersten Vierer

1 2
3   5
4

1/3 Jubel bei den Schweizern: Der Vierer von Ekkehard Fasser sicherte mit sieben Hundertstelsekungen Vorsprung den Olympiasieg vor dem Hoppe-Bob

2 Alle für einen, einer für alle . . . Österreich I am Start

4 Freude über die Bronzemedaille: UdSSR II

5 Geschafft! Zum zweiten Mal Silbermedaillengewinner

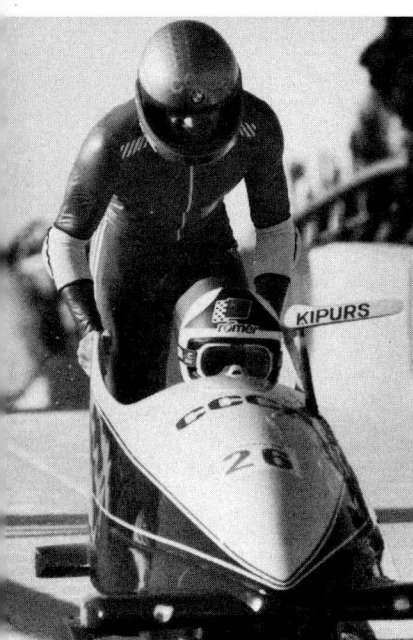

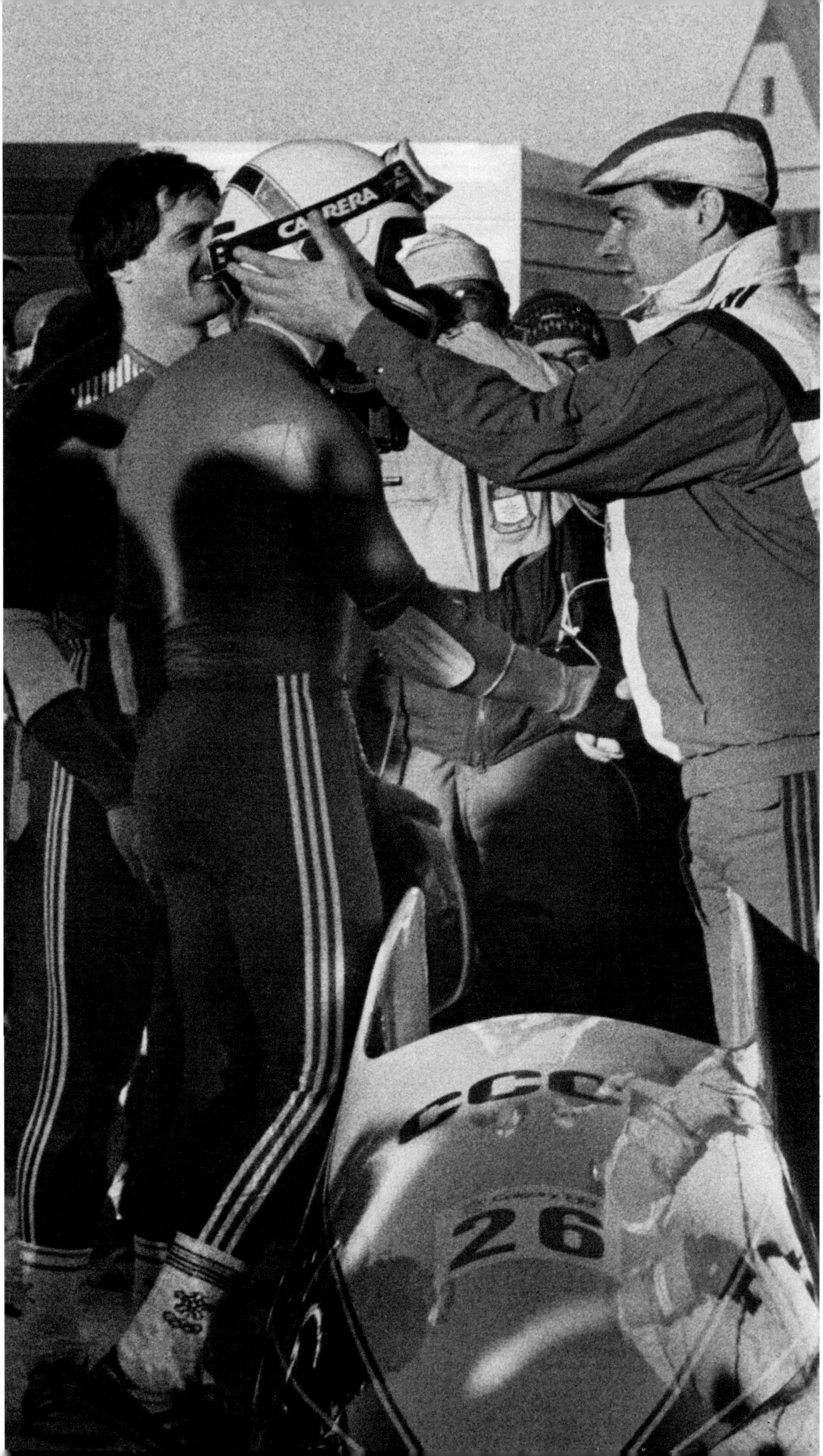

2 | 3
1 |
| 4

1 Glückwunsch! Wolfgang Hoppe gratulierte Janis Kipurs
2 UdSSR-Gold-Zweier
3 Warten, bis der Wind nachläßt . . .
4 30 000 Zuschauer erlebten das Finale der Zweierbob-Entscheidung direkt an der Bahn mit

RENNSCHLITTEN

Wenn Rennschlitten-Verbandstrainer Walter Jentzsch zu Superlativen in der Wortwahl greift, wenn er Emotionen zeigt, die sonst hinter kühl-sachlicher Haltung verborgen bleiben, dann muß etwas Besonderes geschehen sein. „Das ist wohl der schönste Tag, den ich als Trainer bisher erlebt habe", formulierte er, sichtlich um Fassung ringend. Nur wenige Augenblicke zuvor hatten die DDR-Doppelsitzer auch die dritte Entscheidung dieser Sportart nicht aus den Händen gelassen. Denn die 86er Europameister und Olympiazweiten von Sarajevo, Jewgeni Beloussow und Alexander Beljakow aus der UdSSR, konnten es als letzte der 18 gestarteten Doppelsitzer-Besatzungen nicht verhindern, daß Rang eins an die dreimaligen Weltmeister Jörg Hoffmann und Jochen Pietzsch ging und daß deren Oberhofer Klubkameraden Stefan Krauße und Jan Behrendt, die 20jährigen Neulinge auf dem internationalen Rennschlittenparkett, sich die Silbermedaille sicherten.

Damit war den DDR-Athleten auf der Eisschlange im Olympic Park ein Gesamtergebnis gelungen, das nahe an das Resultat von 1972 (dreimal Gold, zweimal Silber, dreimal Bronze) herankam. Den Damen gelang durch Steffi Walter, Ute Oberhoffner und Cerstin Schmidt ein dreifacher Erfolg. Jens Müller sicherte sich die Goldmedaille im Herren-Einsitzer, und dazu kam dann noch der bereits erwähnte Triumph der Doppelsitzer. Grund genug für einen Verbandstrainer, der seit rund zwei Jahrzehnten im Beruf steht, aus der Fassung zu geraten.

Zu den ersten Gratulanten gehörten auch der Chef de Mission der DDR-Olympiamannschaft, Thomas Köhler, der Vizepräsident der Internationalen Rennschlitten-Föderation (FIL), Klaus Bonsack, am Olympiaort als Technischer Delegierter eingesetzt, der Verbandstrainer unserer Bobsportler, Horst Hörnlein, und auch Hans Rinn, der so viel Geschick an den Tag legt, wenn es um die Vorbereitung der Rennschlitten geht. Sie alle haben etwas gemeinsam: olympische Goldmedaillen im Doppelsitzer-Wettbewerb. Köhler und Bonsack die mit der Jahreszahl 1968, Hörnlein – zusammen mit Reinhard Bredow – die von 1972, und Hans Rinn – zusammen mit Norbert Hahn – hat sogar zwei, die von 1976 und von 1980.

Bei einer derartigen Siegesserie bleibt das Interesse der internationalen Öffentlichkeit nicht aus. Die Pressekonferenzen mit unseren Athleten waren gut besucht. Mit hartnäckigen Fragen versuchte man immer wieder, einem „Geheimnis" dieser Erfolge auf die Spur zu kommen. Jörg Hoffmann und Jochen Pietzsch erwiesen sich dabei als ebenso reaktionsschnell wie bei der Jagd um die Hundertstelsekunden. „Wir haben gute Trainer, gute Bedingungen und wohl auch die Erfahrungen vieler Jahre, die wir von

Generation zu Generation weitergeben." Der Steuermann verwies dabei auf die neben ihm sitzenden Klubkameraden Krauße/Behrendt. „Das können einmal unsere Nachfolger werden. Und da wir gemeinsam trainieren, werden wir ihnen unser Wissen und

Lautstarke Unterstützung durch die „Jugendtourist"-Delegation

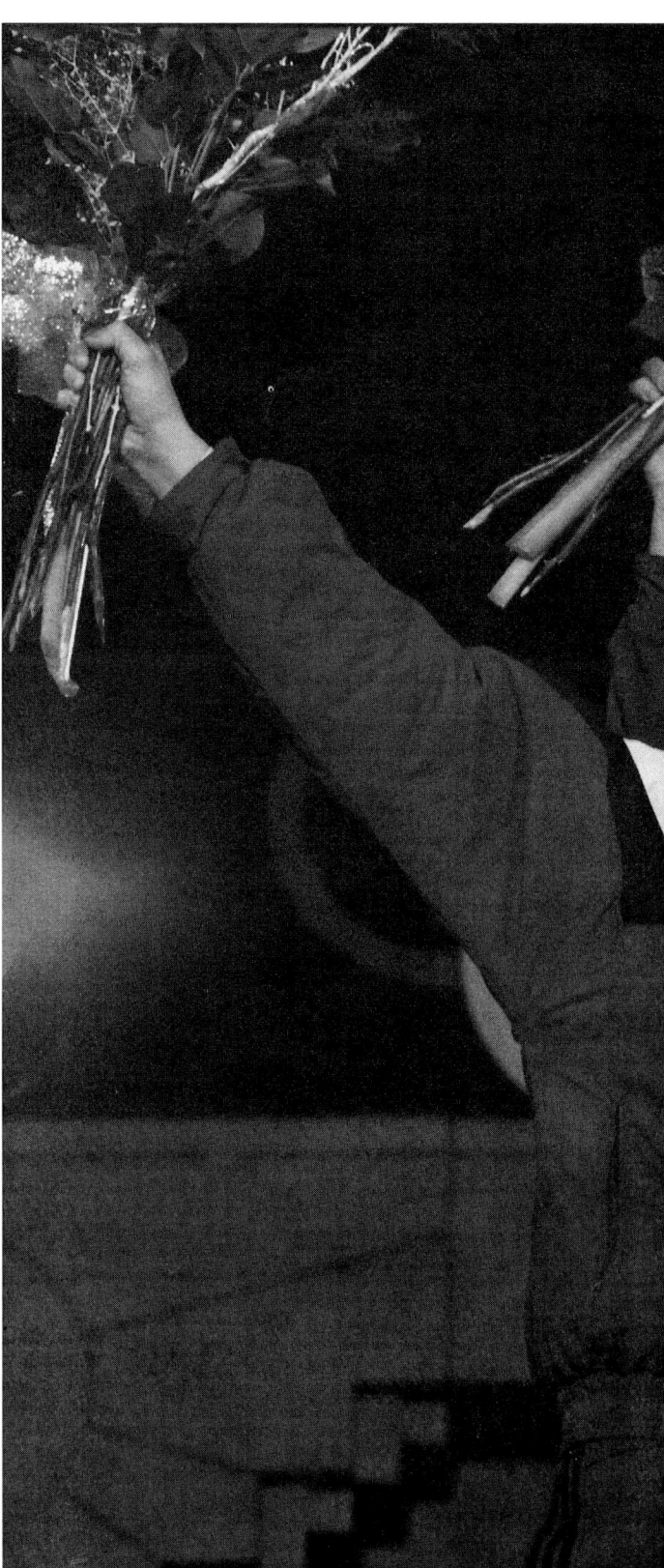

1 | 3 4
2 | 5

1 *Zum zweiten Mal Olympiasiegerin: In Sarajevo hatte Steffi Walter, damals noch unter ihrem Mädchennamen Martin,den ersten Sieg errungen*
3 *Vor vier Jahren als Ute Weiß Bronzemedaillengewinnerin, in Calgary als inzwischen verheiratete Ute Oberhoffner nun einen Rang höher*
4 *Auch eine Art, sich vor dem Start zu konzentrieren: Cerstin Schmidt*
5 *Julia Antipowa (UdSSR): als Fünfte beste sowjetische Teilnehmerin*

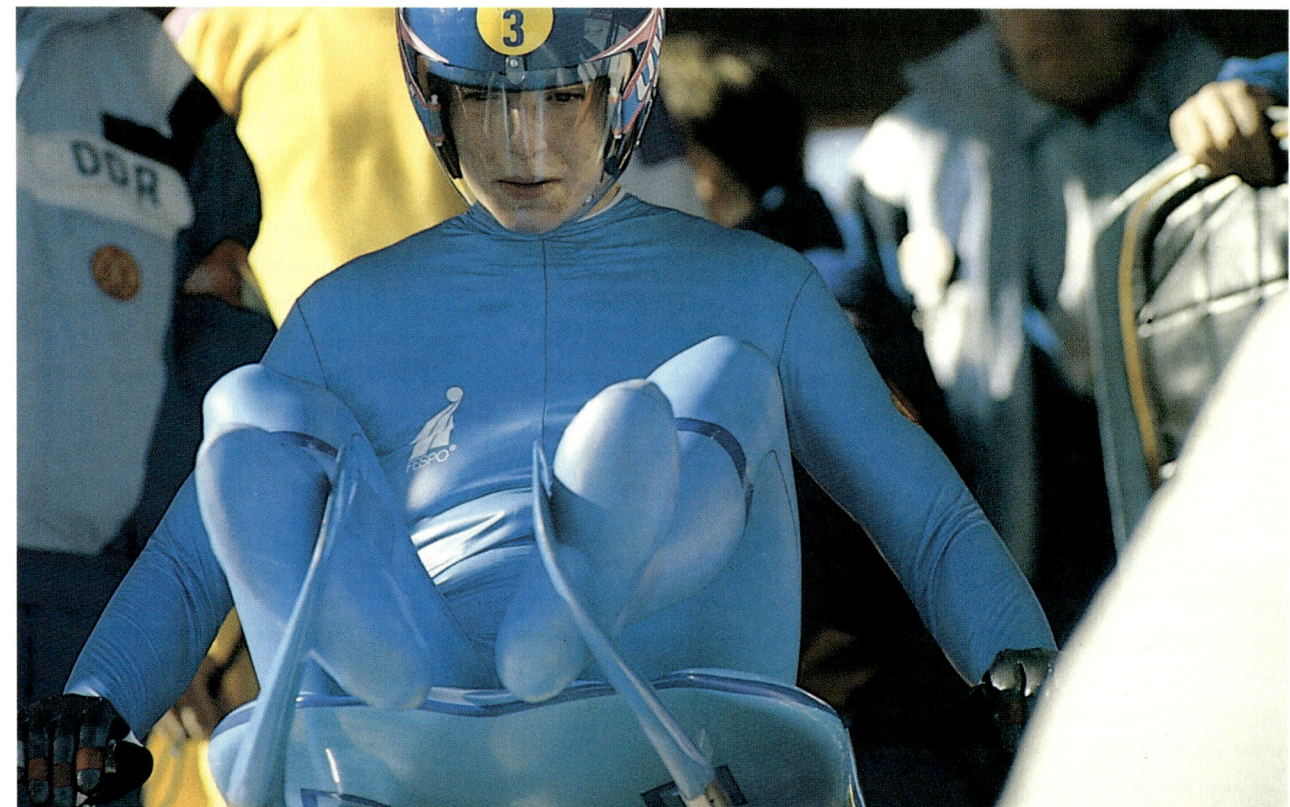

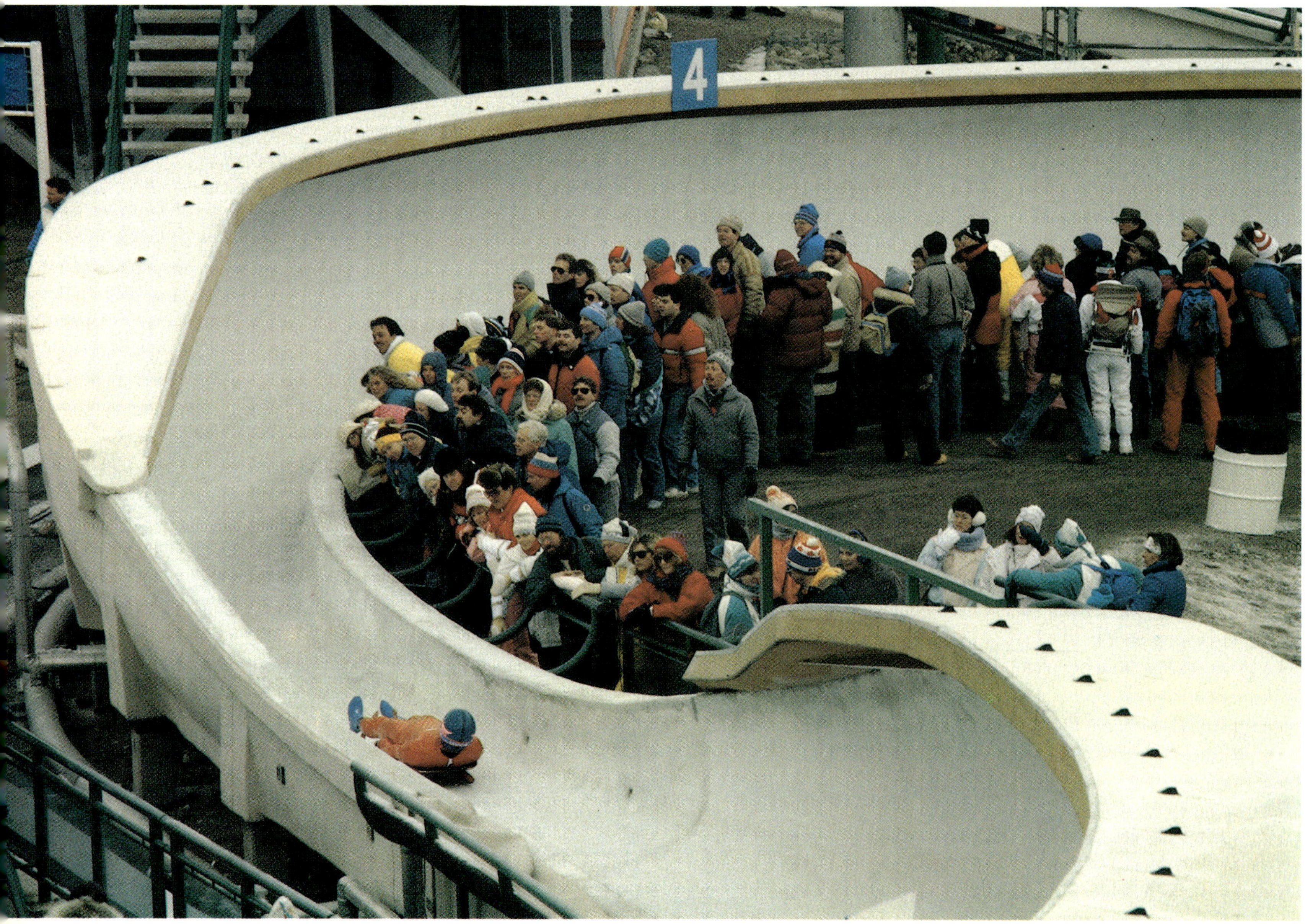

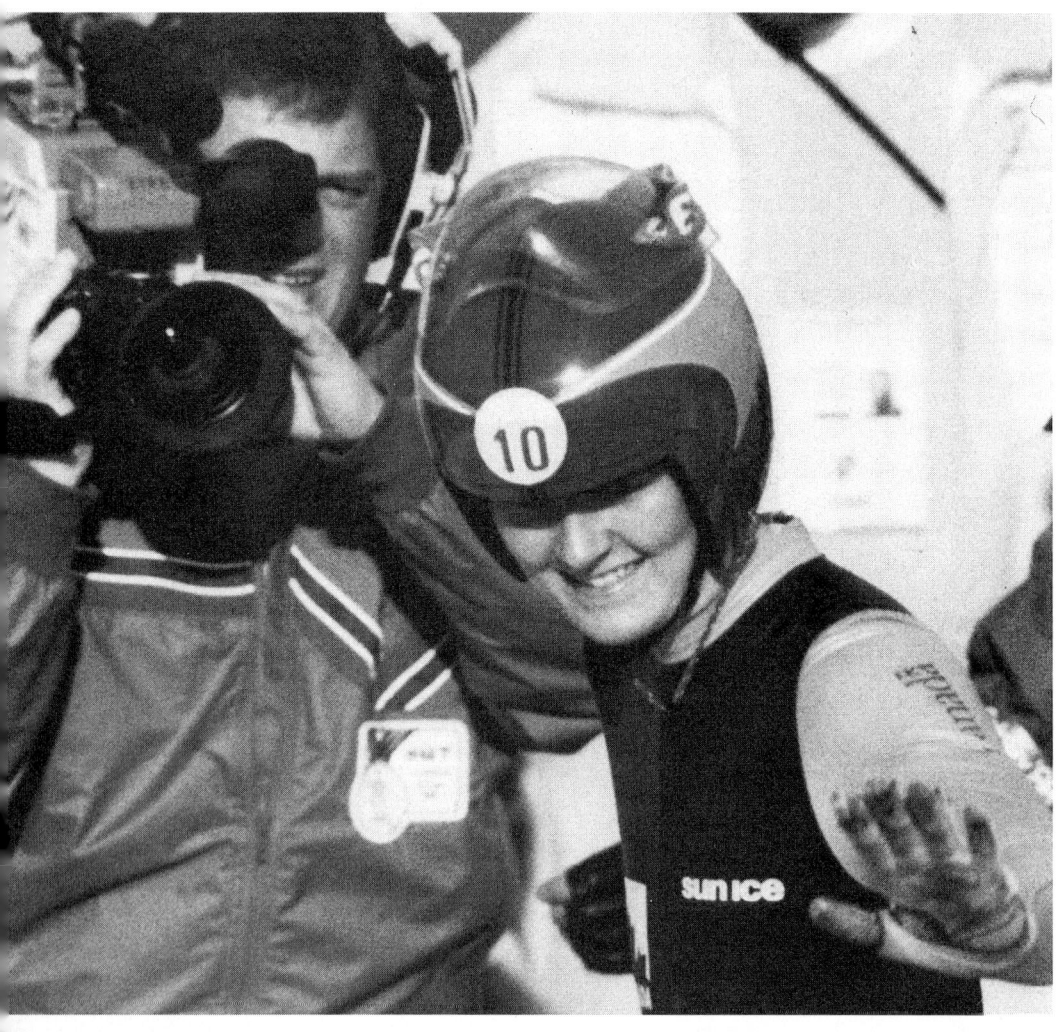

unsere Erfahrung weitergeben. Im übrigen möchte ich vor ihrer Leistung hier in Calgary den Hut ziehen." Die beiden Jüngeren bedankten sich für dieses Kompliment. „Wenn man täglich mit den Weltmeistern trainiert, weiß man nicht nur, wo man leistungsmäßig steht, sondern kann sich so manchen Kniff abschauen."

Daß sie da sehr genau hingeschaut haben müssen, wird durch ihr Calgary-Ergebnis belegt. Ohne jegliche Erfahrung eines WM- oder EM-Starts, mit Problemen noch in allen Trainingsläufen, ließen sie Prominente dieser Disziplin hinter sich. Nicht nur Beloussow/Beljakow, sondern auch die zwei Wochen zuvor als Europameister geehrten Thomas Schwab und Wolfgang Staudinger (BRD), das zweite UdSSR-Duo Melnik/Alexejew sowie die renommierten Mannschaften aus Österreich und Italien. „Ich hätte nie gedacht, daß einen ein olympischer Wettkampf nicht schlafen läßt. Wir hatten ganz schön zu tun, den psychischen Druck abzubauen", gestand Stefan Krauße nach den beiden Rennläufen.

Geholfen haben ihnen dabei viele, auch ihr Klubkamerad Hans Rinn. „Über die Einzelmedaillen habe ich mich natürlich riesig gefreut, aber an den Doppelsitzern hängt mein Herz ganz besonders, weil wir schließlich in unserem Oberhofer Klub eine lange Tradition haben; und außerdem mit Norbert Hahn, meinem früheren Partner, auch einen Trainer, der viel eigene Erfahrungen in das Training einbringt." Zwei olympische Medaillen kommen nun hinzu, die Traditionen des Oberhofer Armeesportklubs wurden fortgesetzt.

Bei den Damen hatten unsere drei Vertreterinnen bereits nach den ersten beiden Läufen die Rangliste der Bewerberinnen angeführt: Ute Oberhoffner, die Europameisterin, vor Steffi Walter, unter ihrem Mädchennamen Martin bereits 1984 Olympiasiegerin, und Weltmeisterin Cerstin Schmidt.

Doch bevor das endgültige Ergebnis gedruckt werden konnte, mußte eine unfreiwillige Pause in Kauf genommen werden. Kein Wärmeeinbruch, kein Dauerschneefall zwang zur Verschiebung, sondern der mit Geschwindigkeiten von über 50 km/h in die Bahn blasende Wind veranlaßte die Jury zu dieser Entscheidung. „Wir haben bei jedem Trainingslauf die Windgeschwindigkeiten gemessen und auch die kanadischen Landesmeisterschaften zu Rate gezogen. Danach wurde von der Jury festgelegt – und zwar vor dem Wettbewerb –, daß bei auftretenden Böen mit Geschwindigkeiten von mehr als 30 km/h das Rennen abgebrochen wird." So Klaus Bonsack zum Jury-Entscheid.

Das Warten hat die drei DDR-Rodlerinnen nicht aus dem Rhythmus gebracht. Mit bestechender Gleichmäßigkeit zogen sie ihre Spuren in das Eis. Steffi Walter brachte dabei ihre ganze Routine, ihre Nervenstärke, ihr fahrerisches Können zum Einsatz. Als einzige konnte sie im dritten Lauf unter der 46-Sekunden-Grenze bleiben. Damit zog die junge Frau vom SC Traktor Oberwiesenthal, dort von Franz Schnei-

1 | 4
  | 3 5
2 |

1 Marie-Claude Doyon (Kanada) belegte Rang sieben
2 Auf Platz 6 unter 24 Starterinnen: Bonny Warner (USA)
3 Österreichs Doppel Georg Fluckinger und Robert Manzenreiter
4 Gut getroffen! Ute Oberhoffner und Jens Müller
5 Zaungäste

```
  1 |
2 3 | 5
  4 |
```

1 Olympiasieger Jens Müller
  (DDR)
2 Juri Chartschenko
  (UdSSR) erkämpfte die
  Bronzemedaille
3 Europameister Georg
  Hackl (BRD) belegte
  Rang zwei
4 Zum fünften Mal
  Olympiateilnehmer und
  diesmal Zehnter:
  Paul Hildgartner (Italien)
5 Die hundertste
  Olympiamedaille für die
  DDR bei Winterspielen:
  Jörg Hoffmann und
  Jochen Pietzsch

der und Wilfried Jüchert betreut, an der Thüringerin vorbei. „Daß ich nach der einjährigen Pause, die ich wegen der Geburt meines Sohnes eingelegt habe, wieder den Anschluß schaffen konnte, machte mich schon glücklich. Doch nun der erneute Olympiasieg – ich kann es kaum fassen."

Bei der abendlichen Siegerehrung auf dem Olympic Plaza im Zentrum von Calgary, die vor Zehntausenden, Einwohnern und Gästen, zu einem wahren Volksfest wurde, stellte sich ein Trio der jubelnden Menge, dem man das Glück und die Freude über diese komplette Leistung förmlich ansah. „Ich stand zwar dicht vor der goldenen Medaille, doch Rang zwei macht mich auch sehr froh." So Ute Oberhoffner, die als Ute Weiß vor vier Jahren als Drittplazierte schon auf dem Siegerpodest stand. Und auch Cerstin Schmidt, die Weltmeisterin von 1987, die in der olympischen Saison nicht die blendende Form des Vorjahres finden konnte, war mehr als zufrieden. „Gerade weil es nicht so gut lief, bin ich doppelt froh, hier zu einer Medaille gekommen zu sein. Daß wir von Anfang an zu dritt an der Spitze lagen, hat uns allen viel Sicherheit gegeben." Die Konkurrentinnen bekamen das zu spüren.

Auch bei den Männern waren nach dem ersten der vier angesetzten Läufe die Weichen bereits gestellt. Jens Müller, der Vizeweltmeister des Vorjahres, lag an der Spitze, und bereits abgeschlagen so prominente Piloten wie Weltmeister Markus Prock aus Österreich, wie Italiens Routinier Paul Hildgartner, der bereits seine fünften Olympischen Winterspiele erlebte, oder wie Sergej Danilin aus der UdSSR, der auch schon zu Weltmeisterehren gekommen war. Obwohl der Oberhofer die Saison über nicht der dominierende Mann war und vor allem am Start Probleme hatte, waren sich die Experten schon zu Beginn des Wettkampfjahres einig: Ein Trio hat die Favoritenbürde zu tragen – Markus Prock, Juri Chartschenko aus der UdSSR und Jens Müller. Prock ging dabei leer aus; Müller (1.) und Chartschenko (3.) unterstrichen die Richtigkeit der Vorhersagen. Und daß sich Europameister Georg Hackl (BRD) die Silbermedaille sichern konnte, zeigte, daß der Titelgewinn auf seiner Hausbahn in Königssee alles andere als ein Zufall war.

Die DDR-Männer gaben mit ihren Plazierungen – Thomas Jacob verpaßte als Vierter ganz knapp eine Medaille, und Mannschaftskapitän Michael Walter wurde als Fünfter notiert – den nach ihnen startenden Frauen und Doppelsitzern den richtigen Schwung mit auf den Weg.

„Ein überwältigendes Ergebnis für unseren Verband. Die zielgerichtete Arbeit hat sich ausgezahlt. Wir sind nicht nervös geworden, als im Vorfeld auch Niederlagen in Kauf genommen werden mußten. Meine Anerkennung gilt beiden beteiligten Klubs, in Oberhof dem ASK Vorwärts und in Oberwiesenthal dem SC Traktor. Sie haben eine ausgezeichnete Arbeit geleistet," lobte Hartmut Kardaetz, der Generalsekretär des DSBV der DDR, diese großartige Leistung.

Geschafft! Jens Müller am Ziel seiner Träume

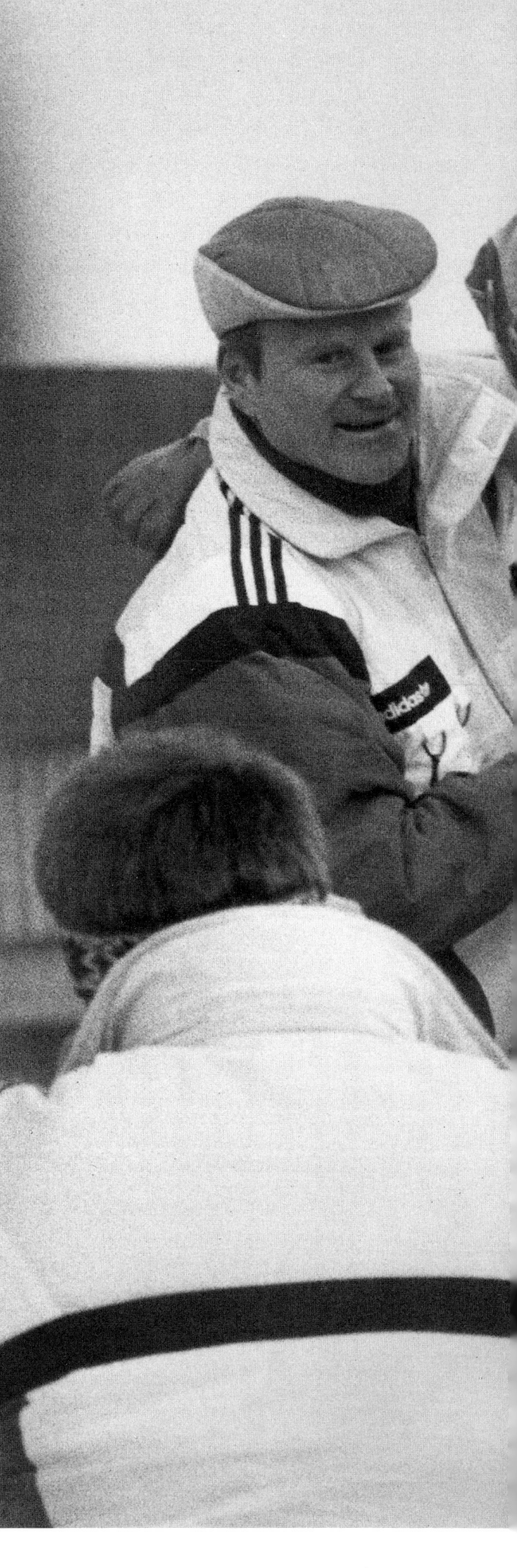

SPEZIALSPRUNGLAUF

Der finnische Name „Nykänen" und das deutsche Wort „Nerven" beginnen mit dem gleichen Buchstaben. Zieht man das Fazit der olympischen Sprungläufe 1988, so gelangt man zu dem Schluß, daß da mehr Parallelen sind als nur der Anfangsbuchstabe.

Beginnen wir mit den Nerven. Nicht weniger als neunmal wurden die Sprungwettbewerbe verschoben, vertagt, abgesagt. Das war mehr als Schneetreiben, eine Windböe oder eine durch die Sonne zu weich gewordene Anlaufspur. Das war neunmal Aufbruch im olympischen Dorf, neunmal warmmachen, neunmal den Wettkampf im voraus durchdenken, neunmal mit dem Trainer Probleme beraten, Skier präparieren und neunmal konstatieren: Es war alles umsonst.

Niemand ist für das Wetter verantwortlich zu machen, jeden Springer traf es auf die gleiche Weise, aber letztlich entschied nicht nur das sportliche Können, sondern weit mehr die Fähigkeit, die eigenen Nerven zu beherrschen wie den Absprung vom Schanzentisch.

Eine Medaille für Langmut hätten auch die Zuschauer verdient, die – immer akzeptierend, daß die Sicherheit der Springer uneingeschränkt Vorrang genoß – ohne Murren wieder heimzogen.

Zu Nykänen. Er war in einer Verfassung, die ihn auch ein Nachtspringen mit mäßiger Beleuchtung hätte gewinnen lassen. Als er auf der 70-m-Schanze den ersten Durchgang absolviert hatte, sagte sein Trainer Pulli: „Ein trainierter Engel müßte kommen, um ihn zu schlagen!" Darin steckte sowohl Freude über den Triumph des Schützlings als auch Wahrheit. Zuweilen konnte man fast Mitleid für seine Rivalen empfinden, die ihm das olympische Gold streitig machen wollten. Sie standen auf verlorenem Posten, und der routinierte Norweger Vegard Opaas sagte, was die meisten dachten: „Die einzige Chance besteht darin, sich nicht vorzunehmen, ihn zu schlagen!"

Auf der 70-m-Schanze sprang Nykänen in beiden Durchgängen 7,5 m weiter als der Silbermedaillengewinner Pavel Ploc und erhielt obendrein fünf Haltungspunkte mehr als der Zweite. Er triumphierte mit 17 Punkten Vorsprung; nach der Weitentabelle sind das mehr als zehn Meter!

Auf der 90-m-Schanze übertraf er den – von Ingo Lesser erzielten – Schanzenrekord mit dem ersten Sprung um drei Meter. Die Geschichte des Skisports kennt solche Beispiele nicht. Nach dem Reglement hätte die Jury den Anlauf verkürzen und den Durchgang von vorn beginnen müssen, aber bis zum letzten Zuschauer schienen sich alle einig, daß diese Regel an diesem Tag auf Nykänen nicht angewandt werden durfte. Als man den Anlauf im zweiten Durchgang um drei Meter verkürzt hatte, übertraf ihn nur der

1 | 2 | 3
        4
        5
        6

1 Pavel Ploc strahlt: Der ČSSR-Springer holte sich nach der Bronzenen von Sarajevo auf der Großschanze vier Jahre danach die Silbermedaille von Calgary auf der 70-m-Schanze

2/3 Nach Calgary erfolgreichster Skispringer bei Olympischen Winterspielen: Matti Nykänen (Finnland)

4 Bitte warten, Sie werden plaziert! Pavel Ploc und Jiri Malec harren des verdienten Lohns

5 Lokalmatador Steve Collins wurde Dreizehnter

6 Jens Weißflog (DDR) war diesmal nicht in Medaillennähe

1 │ 3
  2 │

1 Miran Tepes (Jugoslawien)
   belegte Rang vier auf der
   Normalschanze
2 Mit Startnummer zwei
   auf Platz drei:
   Bronzemedaillengewinner
   auf der Großschanze
   wurde Matjaz Debelak
   (Jugoslawien)
3 Die große Überraschung:
   Erik Johnsen (Norwegen)
   wurde Zweiter auf der
   Großschanze

Jugoslawe Matjaz Debelak um einen Meter in der
Weite, aber diese 1,4 Punkte machte Nykänen mit
einer um 4,5 Punkte besseren Haltungsnote mehr als
einmal wett.

„Ich habe mich auf keinen Wettkampf so konzentriert
vorbereitet wie auf das erste Springen", sagte er den
Journalisten hinterher. „Ich wollte um jeden Preis
diese Medaille, und ich wußte, daß ich sie gewinnen
würde." 1981 hatte die Karriere des in Calgary 24jäh-
rigen mit einem überzeugenden Sieg bei den Junio-
renweltmeisterschaften in Schonach (BRD) begonnen, 1988 wurde sie bei Olympia gekrönt!

Auf der 70-m-Schanze imponierten Tschechoslowa-
ken und Jugoslawen schon beim ersten Durchgang.
Drei ČSSR-Springer kämpften sich unter die ersten
Fünf! Von den Siegern der letztjährigen Weltmeisterschaft in Oberstdorf war nur wenig zu sehen. Die
Österreicher hatten in dem gerade 17 Jahre alt gewordenen Heinz Kuttin ihren besten Mann auf dem
sechsten Rang. Der Juniorenweltmeister hatte sich
erst Weihnachten 1987 in St. Moritz hauchdünn in die
Nationalmannschaft gesprungen. Mit Miran Tepes
kämpfte sich ein Jugoslawe auf den vierten Rang, nur
0,6 Punkte hinter Jiři Malec, der ebenfalls kurzfristig –
erst nach den ČSSR-Landesmeisterschaften – in die
Mannschaft berufen worden war.

Auf der 90-m-Schanze kamen – hinter Nykänen –
zwei Springer zu Medaillen, mit denen niemand gerechnet hatte. Über den 22jährigen Norweger Erik
Johnsen wußte der Olympia-Computer nur mitzuteilen, daß er in Oslo lebt, männlichen Geschlechts ist
und 1987 beim Holmenkollenspringen 15. geworden
war. Den 41. Platz aus dem Medaillenkampf auf der
70-m-Schanze hielt man des Speicherns nicht für
wert. Auf der großen Schanze bewies er gute Nerven,
als er sich mit zwei stilistisch sauberen Sprüngen gegen den Jugoslawen Matjaz Debelak im Kampf um
Silber durchsetzte. Der war von seiner Mannschaft in
der ersten Gruppe ausgelost worden und mußte mit
Startnummer 2 an den Ablauf...

In beiden Sprungläufen vermochten die DDR-Reprä-
sentanten Jens Weißflog und Remo Lederer nie in
den Medaillenkampf einzugreifen. Jens Weißflog hat
zu viele große Siege für unser Land erkämpft, als daß
in dieser Stunde gallige Kritik am Platze wäre. Remo
Lederer vermochte nicht über seinen Schatten zu
springen. Wenn man vielleicht auch Weißflog weiter
vorn erwartet hätte, eine bittere Enttäuschung war
das Abschneiden nicht – man hatte damit rechnen
müssen. In sachlicher Einschätzung der Situation
wurde deshalb auch auf einen Start im Mannschaftsspringen von vornherein verzichtet.

Den Schlußpunkt seiner olympischen Goldflüge
setzte Matti Nykänen im Mannschaftsspringen. Wieder flog er allen davon, als sei er vom Gipfel des An-
laufturms gestartet, und sicherte seiner Mannschaft
und sich den Sieg. Jari Puikkonen – mit Bronze in
Lake Placid und Sarajevo – kam so zu seiner dritten
Medaille bei seinen dritten Spielen. Das fiel im Schatten Nykänens jedoch kaum auf.

NORDISCHE KOMBINATION

Der erfolgreichste Kombinierte in der Geschichte der Olympischen Winterspiele war in Calgary unter den Betreuern: Ulrich Wehling, dreimal hintereinander Goldmedaillengewinner, stand dem jungen DDR-Trio mit Rat und Tat zur Seite. Letzten Winter hatten Thomas Prenzel und Marko Frank in der Juniorenstaffel gestanden, die Weltmeister geworden war und nur Tage später bei den Titelkämpfen der „Großen" in Oberstdorf den sechsten Platz belegt hatte. Im Olympiawinter war Thomas' Bruder, Uwe, in die Mannschaft gekommen, so spät, daß für die DDR-Mannschaftsbroschüre ein „Nachdruck" mit seinen Daten erforderlich wurde.

Das an Alter und Erfahrung noch junge Trio litt zunächst sichtlich unter der Hektik, die dem widrigen Wetter zuzuschreiben war. Es fehlte an Training. Gerade dem Juniorenalter entwachsen, mangelte es ihnen noch an der Härte, die in solchen Situationen vonnöten ist. Im Mannschaftswettbewerb, dessen Sprunglauf überraschend unter relativ guten Bedingungen ausgetragen werden konnte, verlor man wichtige Punkte, auch weil der überragende Österreicher Klaus Sulzenbacher mit seinen imponierenden Weiten die Punktwertung entscheidend beeinflußte. Marko Frank war an diesem Tag unser ausgeglichenster Springer– 82 m, 80 m, 82 m–, Thomas Prenzel konnte mit seinem zweiten Sprung (82 m) zufrieden sein, und Uwe Prenzel sicherte die Chancen des Trios durch drei Über-80-m-Sprünge. Dennoch waren mit 4:51 min Rückstand zum Spitzenreiter Medaillenhoffnungen schon so gut wie begraben.

Die BRD hatte dank guter Sprungleistungen für den Lauf ideale Voraussetzungen geschaffen. Gegenüber den Norwegern war ein Vorsprung von 2:46 min erreicht worden, und die wohl noch mehr gefürchteten Schweizer mußten 4:52 min aufholen. Die Sowjetunion – ebenfalls ursprünglich Medaillenanwärter – fiel dadurch aus, daß Allar Lewandi wegen Magenbeschwerden nach dem Probedurchgang aufgeben mußte.

Tags darauf in der Loipe startete Hans Pohl (BRD) zwar nur mit der zehntschnellsten Zeit und wurde vom österreichischen Startläufer Günther Csar überholt, aber dann kamen die besseren BRD-Läufer, und den Schweizern, die auf allen drei Laufabschnitten die Bestzeiten erzielten, fehlten in diesem dramatischen Staffelwettbewerb 3,4 s an der Goldmedaille!

Das DDR-Trio ließ hier bereits erkennen, daß es in der Loipe durchaus mithalten konnte: Mit 1:18:13,5 h wurde die zweitschnellste Zeit aller Staffeln erreicht! Die reichte indes nur zum fünften Rang. Jedenfalls deutete sich hier bereits an, daß unser Nachwuchs auf dem Wege ist, den Fuß über die Schwelle zu setzen, die die Weltelite vom Mittelmaß trennt.

In der Einzeldiszilin, die wegen des wieder aufgekommenen Windes zum ersten Mal in der olympischen Geschichte an einem Tag ausgetragen werden mußte, erreichte der auf der Schanze erneut überragende Österreicher Sulzenbacher zwar nicht mehr die Weiten aus dem Mannschaftswettbewerb, setzte sich aber wieder deutlich an die Spitze. Der Schweizer Hippolyt Kempf blieb jedoch im dritten Durchgang mit 84,5 m nur um einen halben Meter hinter dem Österreicher zurück und legte damit das Fundament für seinen am Nachmittag in Canmore errungenen Erfolg.

Thomas Prenzel erzielte im dritten Durchgang 84,5 Meter und sicherte sich so den 5. Rang nach dem Springen. Er mußte allerdings 1:26,7 min warten, ehe er Sulzenbacher in die Spur folgen konnte, während Bruder Uwe als Dreizehnter – Rückstand 2:19,4 min – auf den ersten Blick bereits ins Feld der Aussichtslosen zurückgefallen schien.

Viel Zeit blieb nicht bis zum Start der zweiten Halbzeit, zumal man noch von Calgary nach Canmore fahren mußte. Hippolyt Kempf hatte nach dem ersten Drittel der Distanz bereits wertvolle Sekunden gegen den vor ihm in die Loipe gegangenen Klaus Sulzenbacher wettgemacht, Hubert Schwarz (BRD) sogar schon

überholt. Nach 10 km spürte Sulzenbacher schon den Atem des Schweizers im Nacken, ins Ziel gelangte Hippolyt mit einer halben Minute Vorsprung. Sulzenbacher rettete Silber für Österreich, Allar Lewandi (UdSSR) hatte sich wieder erholt und profitierte von seiner exzellenten Sprungleistung. Hinter ihm aber stürmte schon Uwe Prenzel ins Ziel, den norwegischen Weltmeister Torbjörn Loekken und manchen anderen Weltklasse-Kombinierten hinter sich lassend. Marko Frank traf als Achter ein, Thomas Prenzel folgte ihm auf den Fersen.

Drei Kombinierte aus der DDR unter den ersten Zehn – Ulrich Wehling hatte Grund, optimistisch in die Zukunft zu blicken. Keine Medaille also in der Nordischen Kombination für die DDR, aber Hoffnungen genug und Hochachtung für Kampfgeist und Moral eines jungen Trios!

2 | 3
1 | 4 5

1 Klaus Sulzenbacher
(Österreich) war in der
Loipe der Gejagte. Der
,,Gelbe'' brauchte aber
nur den Schweizer Hippolyt
Kempf (rechts) passieren
zu lassen
2 Marko Frank aus der
jungen DDR-Mannschaft.
Der 19jährige Oberhofer
wurde Achter
3 Allar Lewandi (UdSSR) errang die Bronzemedaille
4 Mit Silber im Einzelklasse-
ment und Bronze mit der
Mannschaft war Klaus
Sulzenbacher (Öster-
reich) einer der erfolg-
reichsten Nordisch-Kom-
binierten
5 Ein glänzendes Olympia-
Debüt: Der Klingenthaler
Uwe Prenzel belegte
Rang vier

LANGLAUF

Große Sieger sah die einstige Bergarbeitersiedlung Canmore, mitten in den Rocky Mountains gelegen, gut 110 km von Calgary entfernt. Zuallererst die Läufer aus der UdSSR. Sie hatten sich im heimischen Winter nach manchen Enttäuschungen bei den Weltmeisterschaften in Seefeld 1985 und Oberstdorf 1987 mit Akribie auf Calgary vorbereitet. Zum einen formierten sie langfristig zwei Läufergruppen – eine mit Blickrichtung auf die im klassischen Stil ausgetragenen Wettbewerbe, die andere mit Orientierung auf den Freistil. „Aus beiden Gruppen formten wir dann unsere Mannschaft, ohne dabei in den Stilarten klare Abgrenzungen vorzunehmen", verriet Cheftrainer Wiktor Iwanow. Zum anderen hatte man im Kaukasus die Loipen von Canmore mit ihrer anspruchsvollen Struktur annähernd nachgebildet und sich so an die bevorstehenden Bedingungen herangetastet. Für den Punkt aufs i sorgte rechtzeitig vor den Spielen eine Equipe von Wachsexperten und Wissenschaftlern, die das Gelände am Fuße des Mt. Rundle studierte und seine komplizierten Schneeverhältnisse, die sich aus der Vermischung von Kunst- und Naturschnee ergaben. Aus dieser gewissenhaften Vorbereitung erwuchs schließlich ein einmaliger Erfolg: 13 der 24 zu vergebenden Medaillen gingen an Sportler aus der UdSSR, dreimal trugen die Frauen und zweimal die Männer den Sieg davon.

Das größere Plus hatten die Athleten aus der UdSSR ohne Zweifel auf den im klassischen Stil ausgetragenen Strecken, doch lieferten sie auch den Beweis dafür, daß man ebenso in der Skatingtechnik Glänzendes vollbringen kann. Allen voran zeigte das die „Ski-Königin" von Canmore, die 23jährige Tamara Tichonowa. Über 5 km im klassischen Stil hatte sie Silber gewonnen, lief dann die Staffel und sich selbst über 20 km im Freistil zu Gold. So knüpfte sie auch einige Verbindung zur „Skilegende" Galina Kulakowa. Diese hatte zwischen 1968 und 1980 viermal Gold sowie jeweils zweimal Silber und Bronze bei Olympischen Winterspielen gewonnen und stammt gleichfalls aus Sibirien, sogar aus einem Nachbardorf von Tamara Tichonowa. „So wie Galina wollte ich immer werden. Nun habe ich den Anfang gemacht", sagte sie.

Eine andere Frau gewann zwar kein Gold, sorgte aber für mindestens ebenso viele Schlagzeilen wie Tamara Tichonowa: Raissa Smetanina. Einen Tag nach Abschluß der Spiele 36 Jahre alt geworden – ihr Geburtstag am 29. Februar fällt stets ins olympische Jahr –, brillierte die letzte noch Aktive aus der großartigen UdSSR-Langlaufequipe von 1976 in Innsbruck (viermal Gold!) wie erwartet im klassischen Langlauf, in dem sie Silber über 10 km gewann, konnte dann aber auch über 20 km in der freien Technik ihr Format

```
   |   | 3
 1 | 2 | 4
   |   | 5
```

1 Als Weltmeisterin nun
  Olympiasiegerin: Marjo
  Matikainen (Finnland),
2 Die erste Goldmedaillengewinnerin: Vida Ven-
  ciéné aus Vilnius
3 Zum vierten Mal bei Olympischen Winterspielen –
  Raissa Smetanina, UdSSR
4 Anfissa Reszowa, UdSSR,
  erfolgreich mit der Staffel
  und über 20 km

nachweisen: Nach drei Gold- und zwei Silbermedaillen bei den Spielen 1976 und 1980 gewann sie noch Bronze und gab zu verstehen, daß es nicht ausgeschlossen ist, daß sie 1992 in Albertville zum fünften Mal bei Olympia dabeisein könnte.

Die Männer aus der UdSSR versuchten sich in den Rocky Mountains ebenfalls als Goldsammler und wurden auch zweimal fündig. Als die Freistilstrecken anstanden, übernahmen allerdings andere die „Regentschaft". Zuerst der Schwede Gunde Svan. Der Doppel-Olympiasieger von Sarajevo, den man nach seinen zwei WM-Siegen von Seefeld 1985 zum „Skikönig" gekrönt und bei den folgenden Welttitelkämpfen wieder entthront hatte, erwies sich als der überragende Mann in der Skatingtechnik. Er lief die Staffel der Schweden zur Wiederholung des Sarajevo- und WM-Sieges, er dominierte im 50-km-Marathon, wie er wollte, und ließ die Schweden in Calgary mit einem blauen Auge davonkommen. „Wir hätten hier weitaus besser abschneiden können, wenn wir uns ebenso gewissenhaft wie die UdSSR vorbereitet hätten", sagte Svan zum Abschneiden der Schweden. Noch härter aber traf es Finnland und Norwegen. Suomi hatte wenigstens noch eine Marjo Matikainen im Aufgebot, die im 5-km-Lauf brillierte, zudem Bronze über 10 km und mit der Staffel gewann.

Und was zeigten die DDR-Teilnehmer auf den schweren Olympiastrecken, die laut Odd Martinsen (Norwegen), Vorsitzender des FIS-Langlaufkomitees, die Strecken der Zukunft sind? Die bei den Frauen gehegten Hoffnungen erfüllten sich leider nicht, vor allem in der Staffel. „Doch insgesamt entsprach ihr Auftritt dem gegenwärtigen Niveau", urteilte die Olympiasiegerin von 1980 Barbara Beyer-Petzold, die in Canmore als FIS-Jurymitglied fungierte. So blieb ein fünfter Rang von Simone Opitz im 20-km-Wettbewerb das Beste, zumal die Dame aus Zella-Mehlis da lange die Hand nach der Bronzemedaille ausgestreckt hatte. Zwei fünfte Plätze steuerte auch das nur zweiköpfige Männerteam an: Uwe Bellmann auf der Sprintdistanz und der 84er Juniorenweltmeister Holger Bauroth im 50-km-Lauf – bemerkenswerte Plazierungen, die uns Hoffnungen für die Zukunft machen, urteilten beide. Sie rückten auf Sichtweite an die Weltelite heran und lassen hoffen, daß die seit 1984 anhaltende Medaillenlosigkeit unserer Langläufer eines Tages beendet sein wird.

Endgültig vom Tisch aber ist seit Calgary die Diskussion um die beiden Laufstilarten. „Sie werden künftig gleichberechtigt nebeneinander existieren, wobei wir bei den Männern als Freistilstrecke die 10 km einführen, bei den Frauen die 20 km gegen die 30-km-Strecke austauschen und zudem ein 15-km-Rennen ins Programm nehmen werden. Außerdem werden die Staffeln künftig zwischen den Stilarten geteilt gelaufen", griff Odd Martinsen am Olympiaort schon einer Kongreßentscheidung vor. „Das ist ein guter Entschluß, denn wer nur in einer Stilart läuft, nimmt sich die Hälfte der Chancen", kommentiert Barbara Beyer-Petzold. Und das will keiner.

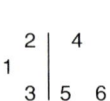

2 | 4
1 |
3 | 5 6

1 Die Besten im 10-km-Skilanglauf: Raissa Smetanina, Vida Venciéné und Marjo Matikainen (v. l. n. r.)
2 Tamara Tichonowa (UdSSR), Siegerin über 20 km
3 Simone Opitz aus Zella-Mehlis setzte sich als Fünfte im 20-km-Wettbewerb in Szene
4 Die UdSSR-Frauenstaffel war 1985 und 1987 Weltmeister und wurde nun mit Anfissa Reszowa, Tamara Tichonowa, Nina Gawriljuk und Swetlana Nagejkina (v. l. n. r.) auch Olympiasiegerin
5 Der schnellste „Klassiker": Michail Dewjatjarow (UdSSR)
6 Uwe Bellmann (DDR), Fünfter über 15 km und Achter über 50 km

1 Erschöpft! Pal Gunnar
  Mikkelsplass (Norwegen)
  im Ziel des 50-Kilometer-
  Skimarathons
2 Die Nummer 1 über 30 km
  in Calgary: Alexej Prokurorow (UdSSR)
3 Italiens großer Kämpfer:
  Maurilio de Zolt, der Silber
  im 50-km-Langlauf holte

1 Doppelsieger unter sich – Wladimir Smirnow gratuliert Alexej Prokurorow zum 30-km-Erfolg
2 Michail Dewjatjarow – Schnellster im 15-km-Skisprint
3 Händedruck nach dramatischem Staffelzielspurt – Jeremias Wigger (Schweiz/ l.) und Maurilio de Zolt (Italien)

1 2 | 3 4

1 Faszination Staffelstart
2 Abschied von Olympia mit
einem 42. Platz im 30-km-
Lauf und mit der Gold-
medaille im Staffellauf –
Thomas Wassberg
(Schweden)
3 Wie Feuerwehrmänner
starteten die Italiener
(Nummer 7) im Staffellauf
4 Zugabe im Ziel der goldenen Schweden-Staffel

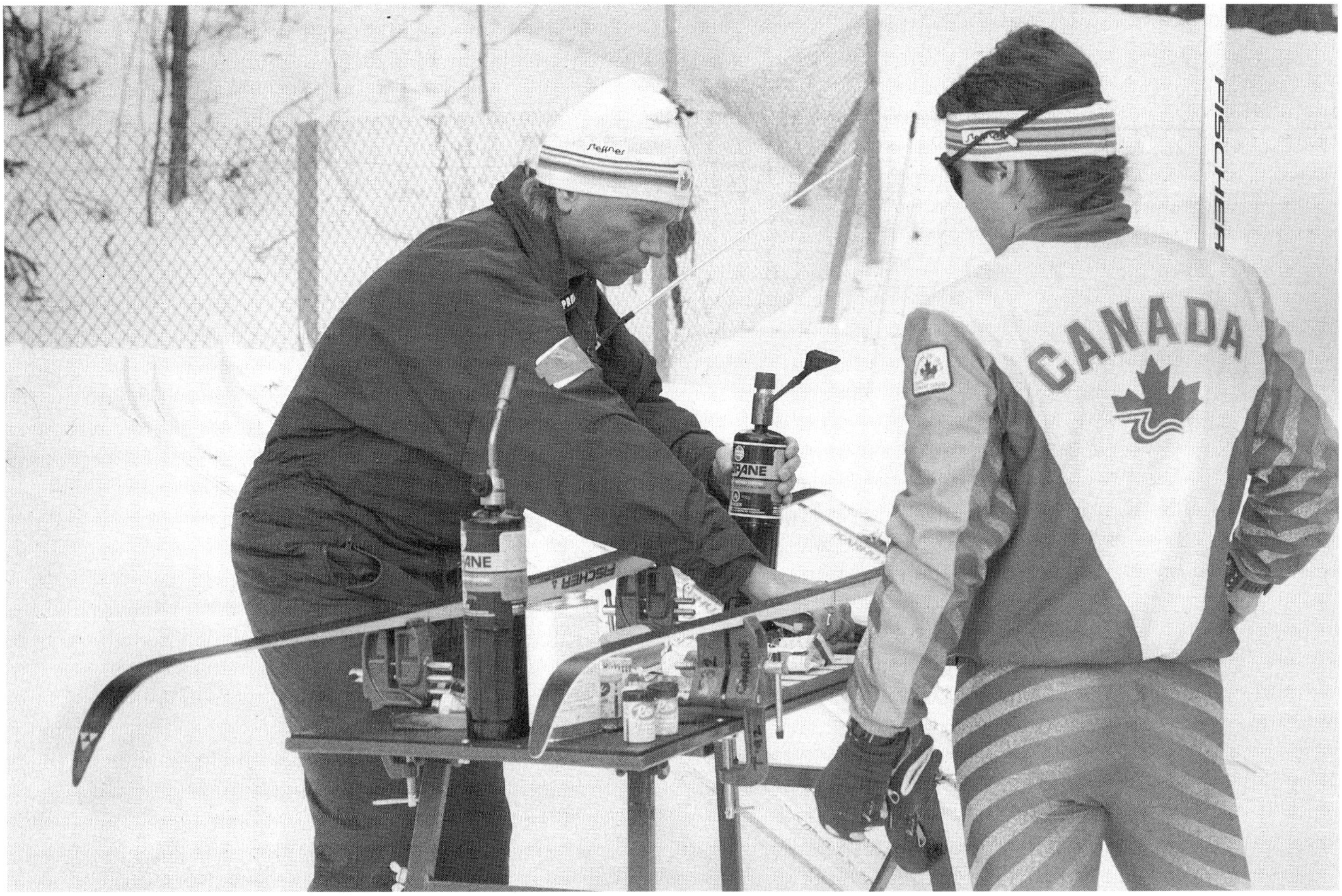
FISCHER
CANADA

1 4
Calgary '88

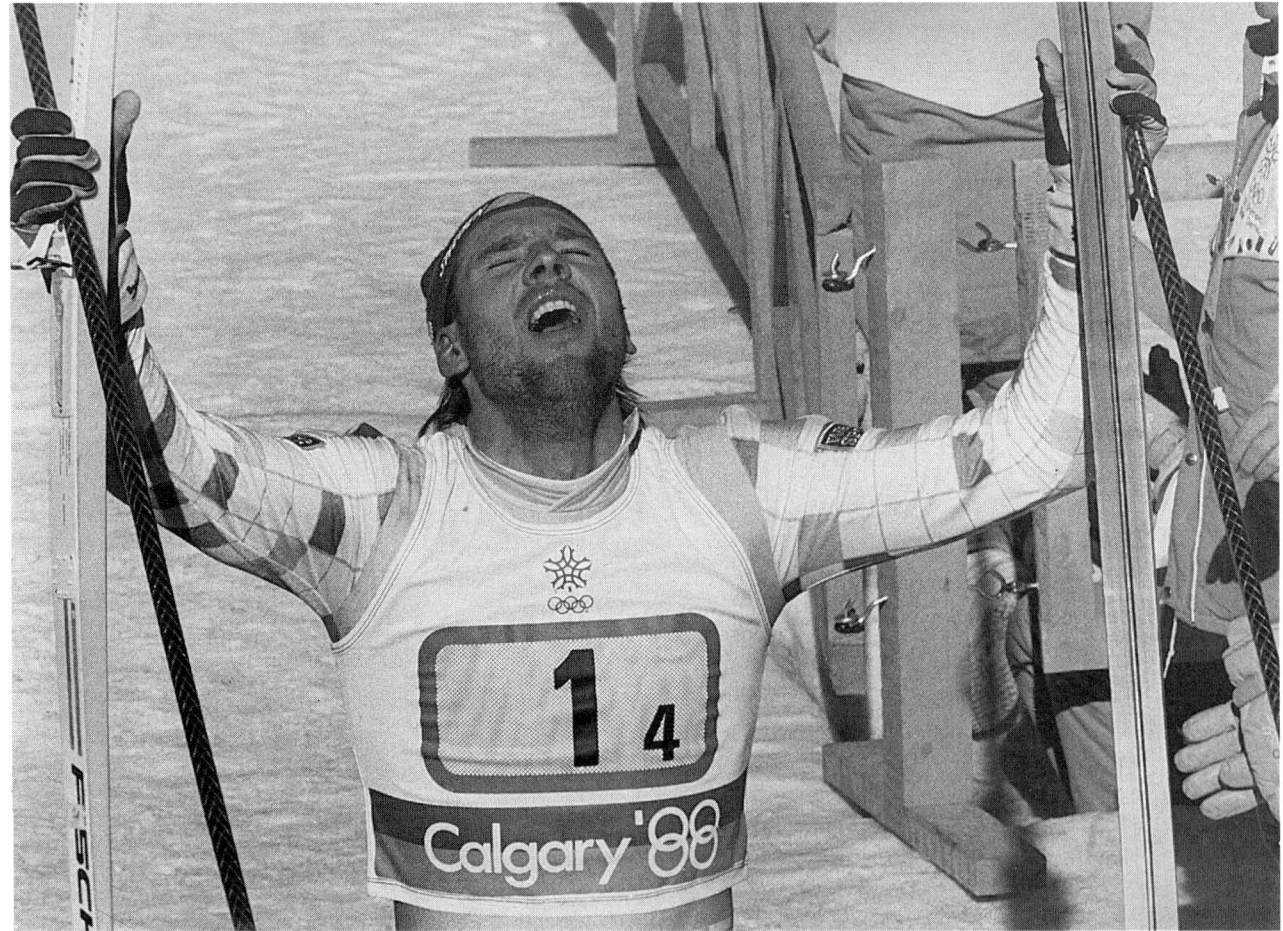

1 │ 3
2 │

1 Richtiges Wachs für den Kunstschnee. Eidsprecher Pierre Harvey mit Betreuer
2 Torgny Mogren: Geschafft! Weltmeister Schweden ist auch Olympiasieger über 4×10 km
3 Ein drittes Mal eine Schweizer Langlauf-Medaille bei Olympia – Andy Grünenfelder, Dritter über 50 km

BIATHLON

Der DDR-Rundfunk hatte den zweifachen Olympiasieger Frank-Peter Roetsch für den Abend des Staffellaufes in sein Calgary-Studio eingeladen, und seine Kameraden waren alle mitgekommen. Überschäumende Stimmung durfte man nach dem Mißgeschick am Vormittag nicht erwarten, aber sie standen aufgeschlossen Rede und Antwort. Ein gutes, in Jahren zusammengewachsenes Kollektiv versuchte eine komplizierte Situation zu meistern, dieser Eindruck bot sich dem aufmerksamen Beobachter.

Welch ein Selbstvertrauen strahlte der spätere doppelte Olympiasieger schon vorher aus, mit wieviel kameradschaftlichem Einfühlungsvermögen unterstützten die anderen ihren stärksten Mann, mit welcher Gelassenheit gaben die Trainer Wilfried Bock, Steffen Thierfelder und Frank Ullrich ihre Ratschläge, kameradschaftliche Hinweise statt unerbittlicher Anordnungen. Alle zogen sie an einem Strang, unermüdlich, zielstrebig, immer wieder. So haben sie auch alle Anteil an den beiden Goldmedaillen.

Auf die Stunden der Bewährung war Roetsch mit dem Konzept des erfolgreichen Weltmeisterschaftswinters 1987 vorbereitet worden. Was sich damals als gut erwiesen hatte, war modifiziert und weiterentwickelt worden, so wie es sein muß, wenn man sich in der Weltspitze behaupten will. Biathlon verlangt Spritzigkeit und Ausdauer, Beharrlichkeit und Konzentrationsfähigkeit im ständigen Wechsel. Sich darauf einstellen zu können, die Extreme zu beherrschen, setzt ein hohes Maß an psychischer Ausgeglichenheit voraus. Frank-Peter Roetsch besaß es und hatte damit den Schlüssel zum Erfolg in der Hand. Eine Fernsehkamera zeigte sein Gesicht während der letzten 30 Sekunden vor dem Start zu den 20 Kilometern. Das war eine preiswürdige Studie; sichtbar wurde, woher seine Überlegenheit rührt: gelassenes Selbstbewußtsein, das sich in Lockerheit äußert, ohne die die Prüfungen im Laufen und Schießen nicht zu bestehen wären. Seine Vorsprungsekunden widerspiegeln aber auch psychische Fitneß.

Man nennt ihn den schnellsten Läufer des Feldes und meint, er könne damit ganze Strafminuten ausgleichen, die er sich beim Schießen hin und wieder einfängt. Der Blick auf die Details in den Ergebnislisten scheint diese Annahme zu bestätigen, denn drei Strafminuten beim 20-km-Wettbewerb und eine Strafrunde auf der Sprintdistanz hinderten ihn nicht am Sieg. Muß also das Lauftraining forciert werden, um auch künftig mit ersten Plätzen glänzen zu können? Nach diesem Rezept verfährt die Weltspitze offensichtlich, denn die durch die Freistiltechnik und ihre Fortschritte geförderte Durchschnittsgeschwindigkeit hat sich beträchtlich erhöht. Roetsch lief 20 km in 53:33,3 min und hatte während dieser Zeit

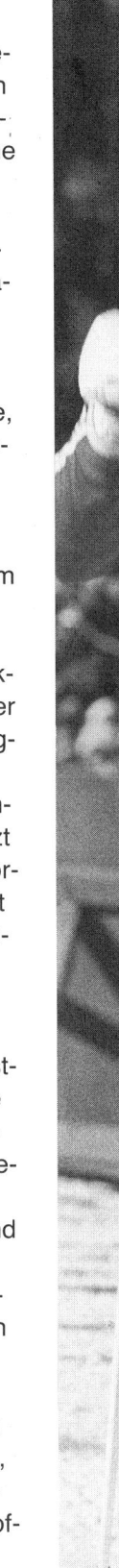

1 | 2
　 | 3

1 Ein Junior mit beachtlichem Olympiadebüt. Birk Anders mit Platz vier über 10 km

2 Spielte seine Stärke im Laufen aus: Der zweifache Olympiasieger Frank-Peter Roetsch

3 Zweimal Silber im Einzelwettbewerb und Gold als Schlußläufer der sowjetischen 4×7,5-km-Staffel: Waleri Medwedzew

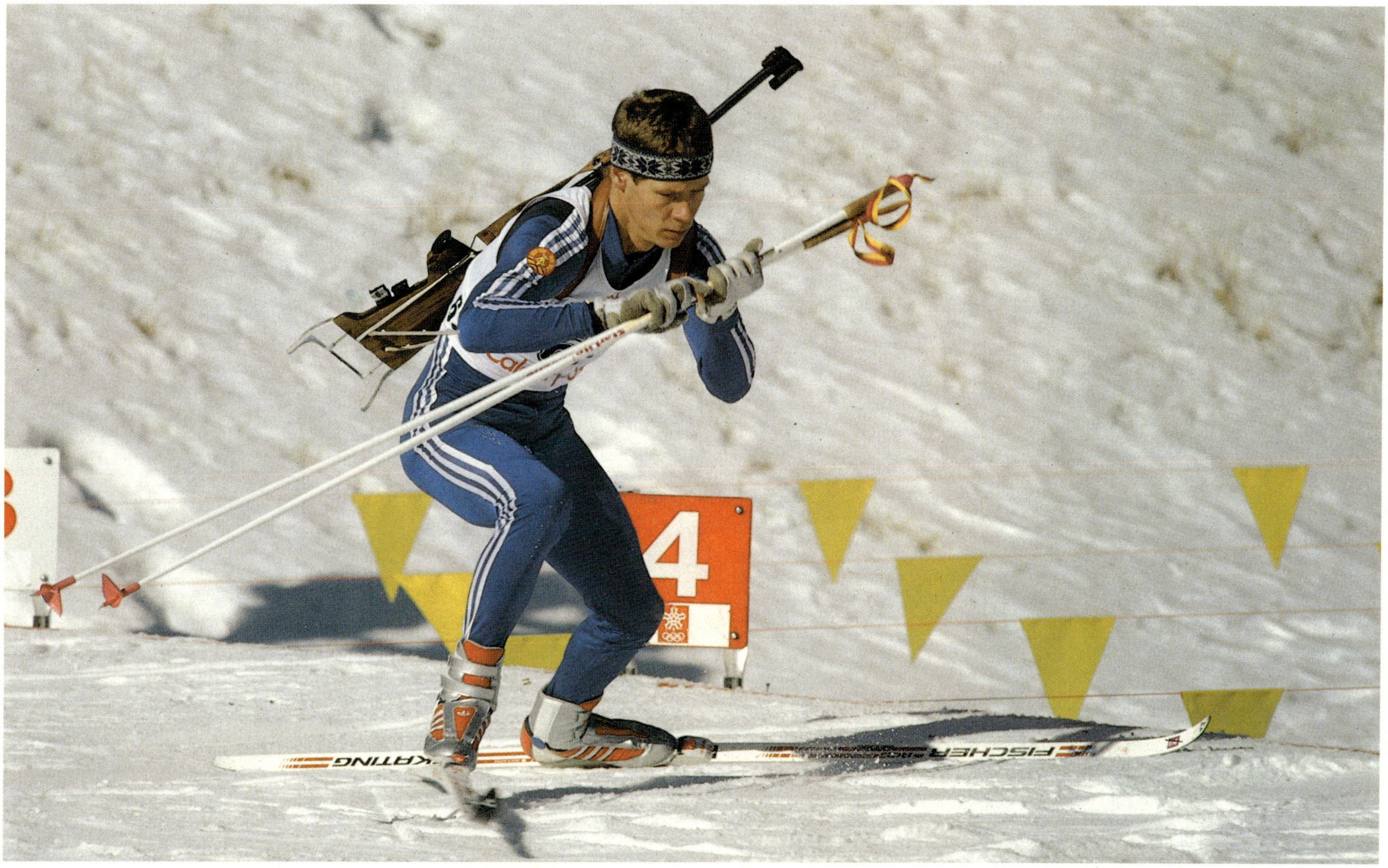
4
FISCHER

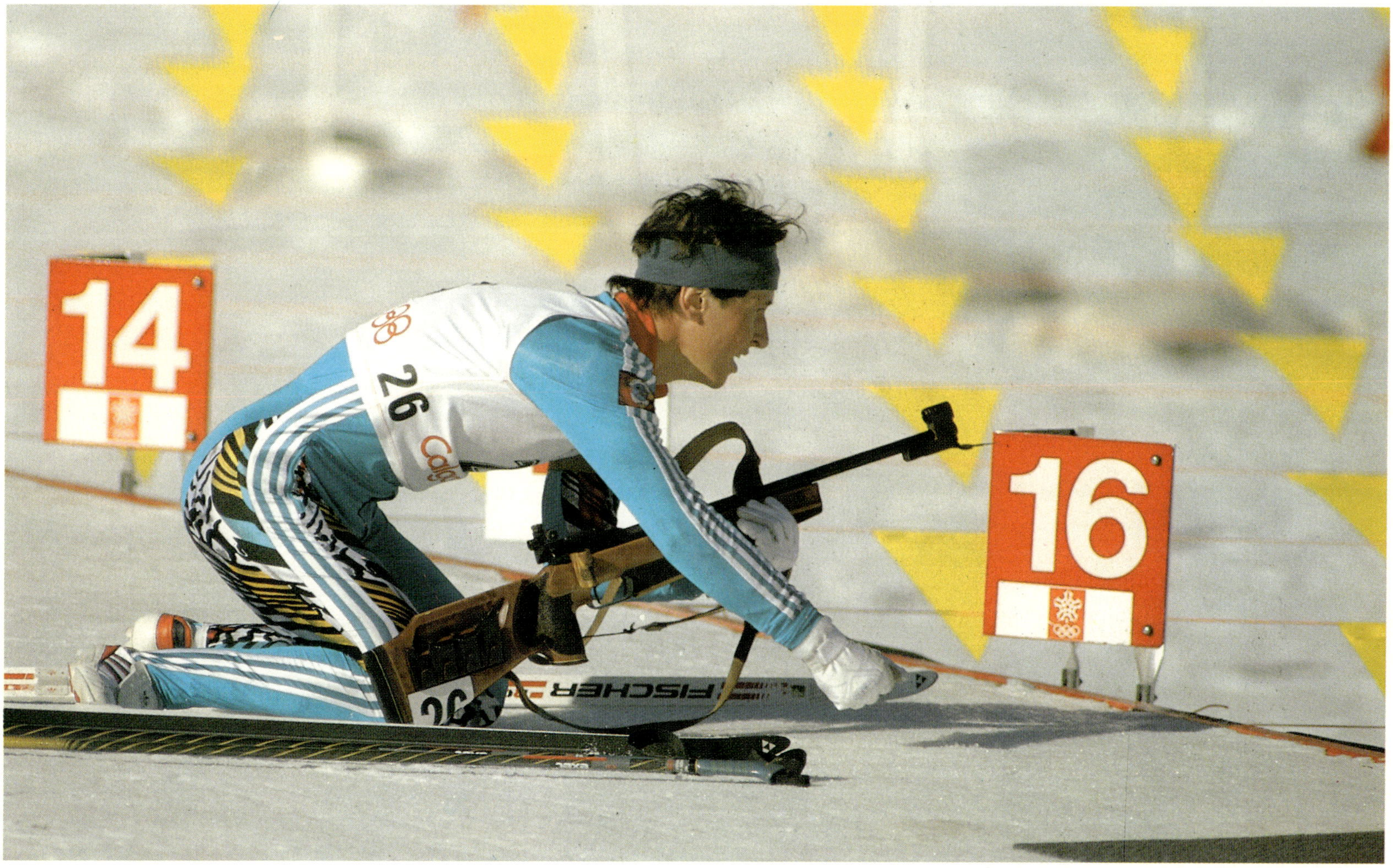
14
26
16
FISCHER

1 | 3
2

1 Tempo macht hier der Italiener Pieralberto Carrara, der über 10 km auf Platz 13 kam
2 Malheur mit dem Gewehr beim Anschießen. Doch auch mit der Reservewaffe schoß Frank-Peter Roetsch hervorragend
3 Die Stunde des Erfolgs – nicht nur für den glücklichen Sieger

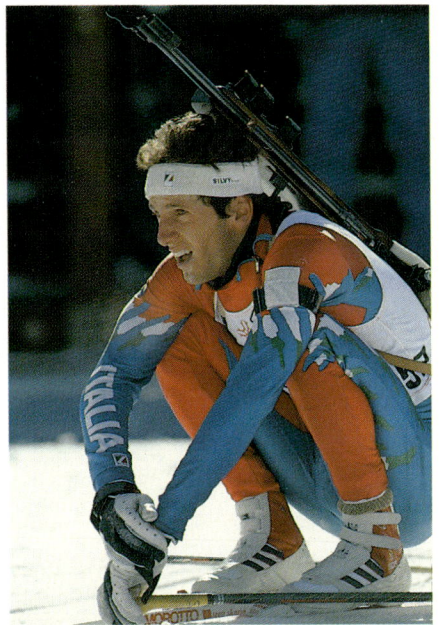

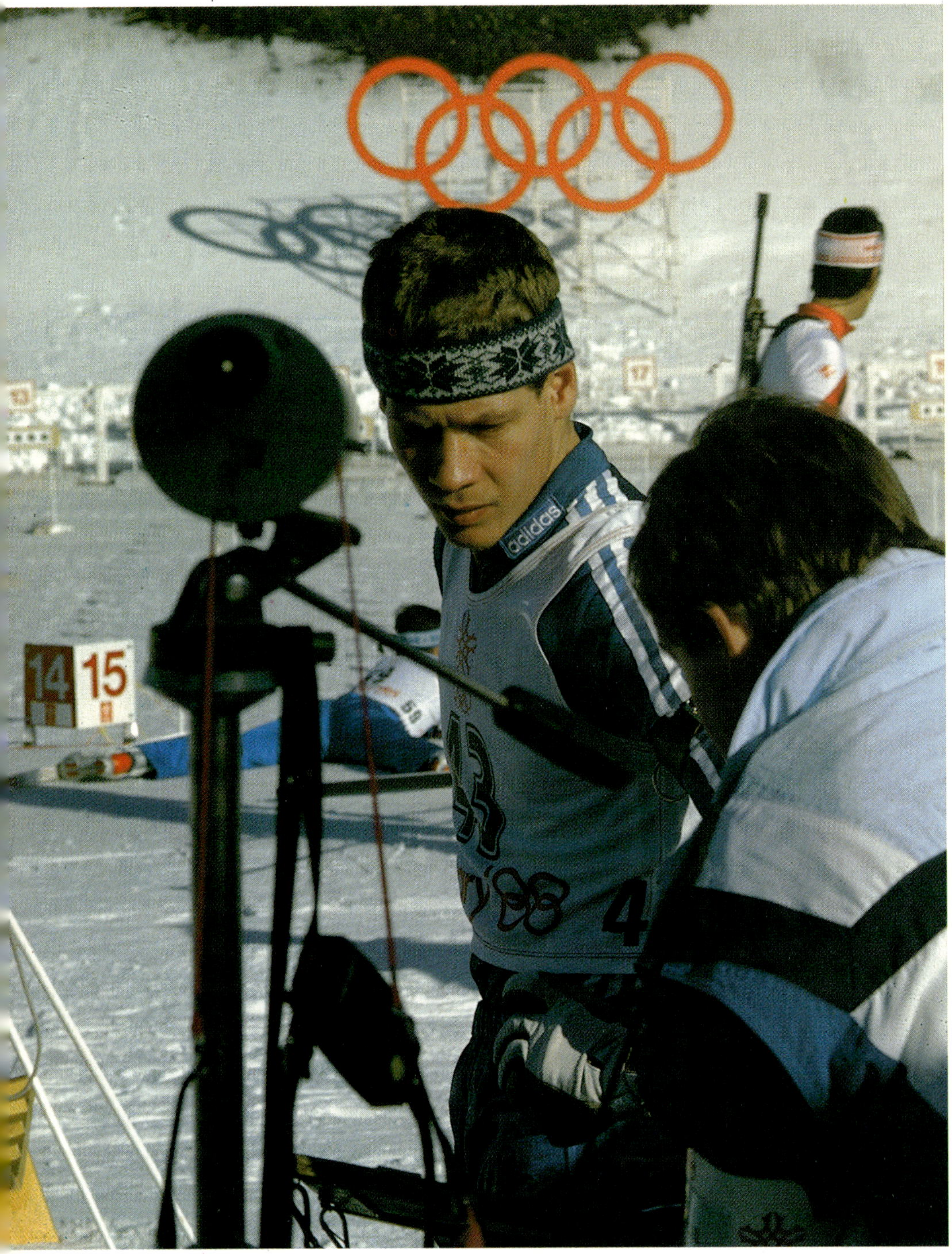

vier Schießprüfungen zu bestehen. So schnell war noch keiner auf meisterlichem Kurs. Natürlich muß die Unterschiedlichkeit der Strecken bedacht werden, aber die Tendenz zum schnelleren Lauf ist unverkennbar. Bisher war übrigens Waleri Medwedzew beim WM-Sieg in Oslo 1986 mit 55:05,3 min Spitzenreiter bei internationalen Vergleichen der Sonderklasse. Diesmal reichte eine um 10 Sekunden bessere Zeit lediglich zu Platz zwei.
Und wie ist es um die Treffsicherheit der Spitzenläufer bestellt? Einen fehlerfreien Schützen auf der 20-km-Distanz findet man diesmal überhaupt nicht.
Der gerade den Junioren entwachsene Sergej Tschepikow – Platz vier – leistete sich eine einzige Strafminute, Medwedzew und Passler sicherten ihre Medaillen trotz ihrer zwei Strafminuten, der Engländer Dixon und der Bulgare Wodenitscharow kamen gleichfalls mit zwei Fehlschüssen davon, das Gros der sonst vorn Plazierten „einigte“ sich bei drei und kam – Roetsch ausgenommen – nicht in die Nähe der Medaillen. Auch in Sarajevo war niemand ungerupft geblieben, die Weltmeisterschaften danach, auf auch nicht gerade leichten Strecken und bei nicht immer guten Bedingungen, ergaben ein anderes Bild: 1985 gewann Kaschkarow mit „weißer Weste“, der Finne Piipponen wurde Dritter. In Oslo traf der Österreicher Eder als Dritter alle Scheiben, in Lake Placid bewiesen 1987 Matous (ČSSR) als Dritter, Piipponen als Sechster und Holubec (ČSSR) als Zehnter, daß man auch bei großer Kälte alles treffen kann. Wo waren diese guten Schützen in Canmore? Opferten sie ihre Schießkünste diesmal dem schnelleren Lauftempo? Vielleicht gibt es eine andere Erklärung. Auswahltrainer Wilfried Bock und seine Helfer hielten mit der Stoppuhr fest, was der Beobachter vor dem Bildschirm nur gefühlsmäßig aussagen kann, daß nämlich der Aufenthalt am Schießstand, bei dem man viele Sekunden verlieren, aber auch gewinnen kann, allgemein kürzer geworden ist. Damit steigt natürlich das Risiko.
Seit längerem untersucht man alle drei Komponenten für die Gesamtleistung gründlich und schneidert jedem Athleten ein passendes Kostüm. Patentrezepte, die für alle anwendbar sind, gibt es nicht. Das macht die attraktive Sportart Biathlon noch anziehender, als sie so schon ist.
Kanadas sportbegeisterte Zuschauer entdeckten ihr Herz für den Zweikampf. Die für 10 000 Zuschauer eingerichteten Tribünen im Biathlonstadion waren dem Ansturm kaum gewachsen. Alle drei Wettbewerbe fanden in angenehmer, leistungsfördernder Atmosphäre statt.
Frank-Peter Roetschs überragende Leistung wurde von allen Konkurrenten neidlos anerkannt, auch der zweifache Silbermedaillengewinner Medwedzew äußerte sich voller Bewunderung und bedauerte, daß „dem Besten unter uns“ keine Staffelmedaille beschieden war. Für die ununterbrochene Kette sowjetischer Staffelsiege bei Olympia macht er seinen Trainer Priwalow verantwortlich, der es wie kein anderer

1 | 2
  | 4
  | 3

1 Johann Passler (Italien) – mit sicherer Hand über 20 km und mit der italienischen Staffel zu Bronze

2/3 Der erste Doppel-Olympiasieger der Biathleten: Frank-Peter Roetsch (DDR). Kurios: Mit der Startnummer 63 war er schon 1984 Silbermedaillengewinner geworden

4 Einer der Stützen im DDR-Aufgebot: André Sehmisch

verstehe, eine Mannschaft für eine gemeinsame An-
strengung zu motivieren. Seine eigene Beständigkeit
verschwieg er dabei, unterstrich dafür das Talent des
20jährigen Sergej Tschepikow, dem er in den nächsten Jahren noch mehr Erfolge zutraut.
Unsere jungen Männer Birk Anders und Frank Luck
maßen bei Juniorenmeisterschaften ihre Kräfte
schon des öfteren mit Tschepikow. Beide nutzten ihre
Einsatzchance auf der 10-km-Strecke mit den Plätzen vier und sechs und stellten den Fuß schon in die
Tür des Medaillenzimmers. Ihre Zeit wird kommen.
Matthias Jacob hingegen spricht von Abschied, obwohl er doch in der Staffel mit altbekannter Schnelligkeit und mit zwei fehlerlosen Schnellfeuereinlagen
auf seiner Teilstrecke Bestzeit schaffte. Der Mann gehört doch noch längst nicht zum alten Eisen!
Jürgen Wirth grübelt über die Ursachen seines ver-
hängnisvollen Fehlers beim Staffelanlauf. Da sich die
Windverhältnisse zwischen dem Einschießen und
dem Wettkampf verändert hatten, mußte er die Visier-
stellung korrigieren. In der Aufregung rückte er mit
dem Raster auf die falsche Seite und quittierte fünf
Fehlschüsse. Er braucht Vertrauen für seine nächsten Einsätze und wird es erhalten.
André Sehmisch behauptete sich mit vorn, er ist wer
in der Biathlonszenerie. Beim Griff nach Medaillen
war er dreimal zu hohem Risiko im Lauf und beim Ste-
hendschießen gezwungen, dabei gelang nicht alles
nach Wunsch.
Dem doppelten Olympiasieger Frank-Peter Roetsch
fiel der Erfolg auf den 20 km leichter, dort fühlte er
sich nicht als Favorit, auf der Sprintstrecke spürte er
den Rucksack. Zudem trat beim Einschießen ein Fehler am Gewehrsystem auf, der 30 Minuten vor dem
Start einen kompletten Waffenwechsel notwendig
machte. Er verkraftete auch das – ein würdiger Olympiasieger!

2

1

1 Biathlonstimmung in den
Rocky Mountains. 30 000
kamen und erlebten einen
großartigen Wettkampf
nach dem anderen. Unter
ihnen auch junge Touri-
sten aus der DDR
2 Juri Kaschkarows Wün-
sche gingen nicht auf.
Nach den Rängen 18 und
5 müßte er beim Staffellauf
dem dreifachen Junioren-
Weltmeister Sergej Tsche-
pikow (UdSSR) seinen
Platz überlassen

1 | 4
2 |
3 |

1 Glückliche Männer in einer
glücklichen Stunde: Die
Staffeln der UdSSR, der
BRD und Italiens
2 Jürgen Wirth im ersten
Wechsel auf Frank-Peter
Roetsch
3 In wilder Staffelhatz: BRD
vor UdSSR und Schweden
4 In Runde zwei: Tschepi-
kow (UdSSR), Taschler
(Italien) und Stockner
(Österreich)

EISKUNSTLAUF

Die Eiskunstlauf-Wettbewerbe wirkten auf die Kanadier wie ein Magnet. 173 000 strömten zu allen Veranstaltungen, was sicherlich für lange Zeit ein olympischer Rekord sein dürfte. Die Entscheidung der Damen stellte dabei einen unerreichten Höhepunkt dar. Wochenlang hatten die amerikanischen Medien zusätzlich die Spannung angeheizt, indem sie das neuerliche Aufeinandertreffen von Katarina Witt aus der DDR und der US-Amerikanerin Debi Thomas als bevorstehende „Schlacht der Carmens" darstellten.

Und in der Tat war es nicht ohne Reiz, daß sich sowohl die Olympiasiegerin von Sarajevo und dreimalige Weltmeisterin Katarina Witt als auch ihre ehrgeizige Konkurrentin, die der Karl-Marx-Städterin 1986 in Genf die WM-Krone entreißen konnte, dafür entschieden hatten, die Rolle der schönen Spanierin auf dem Eis zu interpretieren.

Der bevorstehende Zweikampf war für manche tagelang Gesprächsthema, und derart publizistisch aufgewertet, verwundert es nicht, daß sich bereits über tausend Zuschauer an einem frühen Vormittag in der „Father David Bauer"-Arena einfanden, um die Pflichtfiguren der beiden Favoritinnen, die ansonsten diesen Wettkampf meist vor leeren Rängen zu bestreiten haben, in Augenschein zu nehmen.

Bei Gegenwende einwärts, Gegendreier-Paragraph rückwärts und Schlingen-Paragraph vorwärts entschied sich indes noch gar nichts. Wie zu erwarten, schob sich die starke Pflichtläuferin Kira Iwanowa aus der UdSSR an die Spitze. Debi Thomas wurde von den Preisrichtern auf Rang zwei gehoben, und auch Katarina Witt erledigte die „Schulaufgaben" zur Zufriedenheit. Ihr dritter Platz war ein solider Ausgangspunkt.

Einen Vorgeschmack auf das große Duell lieferte dann das Kurzprogramm. Katarina Witt hatte dafür Musical-Melodien gewählt, und mit „Jerry's Girls" kam sie an. Debi Thomas konterte mit Popmusik, und bereits hier ließ die 21jährige Medizinstudentin erkennen, daß sie auf die athletische Leistung setzte, während sie in der künstlerischen Darbietung nicht wie erhofft an ihre anderthalb Jahre ältere Rivalin aus der DDR heranreichte.

Und dann war es soweit: „Carmen" und „Carmen" hießen die Gegenspielerinnen, doch alle diejenigen, die allein auf diesen Zweikampf gesetzt hatten, unterlagen einem gefährlichen Irrtum. Im Schatten der beiden „Carmens" nämlich hatten sich Läuferinnen zu aussichtsreichen Rivalinnen entwickelt, die nur noch für „Trostpreise" in Frage zu kommen schienen. Den Anfang machte die nach Pflicht und Kurzprogramm auf Platz acht befindliche kleine Japanerin Midori Ito, die eine in dieser Schwierigkeit noch nie gezeigte Kür

	3
1	2	4

1 Katarina Witt setzte auf
  Ausdrucksstärke . . .
2 . . . Debi Thomas auf
  Athletik
3 Freudentränen nach
  geglückter Kür bei
  Elizabeth Manley
  (Kanada) . . .
4 . . . und der Japanerin
  Midori Ito

1	2	
		4
3		

Seite 94/95:
1/2/3 Bezaubernde
  „Carmen"
4 Das Mienenspiel
  beantwortet nicht die
  Frage: Wird es reichen?

vortrug. Sieben Dreifachsprünge, davon fünf verschiedene, hatte sie in ihr Programm aufgenommen; nur der dreifache Axel fehlte. Ebenfalls klein von Wuchs, doch mit einem gleichgroßen Kämpferherz ausgestattet: die Kanadierin Elizabeth Manley. Sie erwies sich als wahres Energiebündel. Sie sprang und tanzte als „Irma la Duce" eindrucksvoll wie nie zuvor und erhielt von den Juroren völlig verdient im A-Wert Höchstnoten. Aber auch Katarina Witt gab ihr Bestes: Sie bezauberte die über 19 000 Zuschauer im Saddledome und die vielen Millionen an den Fernsehschirmen mit ihrem eindrucksvollen Vortrag, der zugleich schwierig und einmalig ausdrucksstark war. Katarina Witts „Carmen" wurde zu einem künstlerischen Erlebnis.

Debi Thomas, durch Losentscheid als letzte zur großen Kür gerufen, hätte es möglicherweise an diesem Abend vermocht, mit einer Kür mit größeren Schwierigkeiten und wenigstens annähernd starker Ausdruckskraft der DDR-Sportlerin den Griff zu ihrer zweiten olympischen Goldmedaille zu verwehren. Doch dieser Traum, von dem die Afroamerikanerin und ihr Trainer Alex McGowen absolut überzeugt schienen, verflog schon mit der mit großem Aufwand angekündigten Dreifachtoeloop-Dreifachtoeloop-Kombination beim ersten Sprung. Debi Thomas strauchelte. Diesem Patzer ließ sie bald noch weitere folgen und fiel danach völlig verzweifelt in die Arme ihres Trainers. Sie wollte alles und verlor alles: Nicht nur, daß Katarina Witt an ihr vorbeizog, auch die Kanadierin mußte sie noch passieren lassen. Als sie sich am späten Abend dann wieder gefaßt hatte, konnte sie sich sogar noch mit ihrer Bronzemedaille abfinden – was blieb ihr weiter übrig?

In der Gesamtwertung von Pflicht, Kurzprogramm und Kür war wiederum „Carmen" Katarina die Beste. Zum ersten Mal seit Sonja Henie – die Norwegerin gewann 1928, 1932 und 1936 – konnte damit eine Eiskunstläuferin ihren Olympiasieg wiederholen.

Erstmals in der Geschichte der olympischen Eiskunstlauf-Wettbewerbe der Herren waren drei Weltmeister angetreten, die sich die Favoritenbürde teilten – der „amtierende" Brian Orser (Kanada), der Titelträger von 1986, Brian Boitano (USA), und der Weltbeste 1985, Alexander Fadejew (UdSSR). Die größten Hoffnungen der Gastgeber ruhten natürlich auf Brian Orser, der schon vor vier Jahren olympisches Silber gewonnen hatte. Der in Orillia nahe Toronto lebende Hobbykoch und Restaurantbesitzer war auch bereit, am Fuße der Rocky Mountains das größte Nugget zu schürfen, das Kanada je im Eiskunstlauf der Herren gesehen hat. Die Szene war während des Wettbewerbs für ihn auch perfekt arrangiert, sein Team von insgesamt sieben Helfern – vom Psychologen bis zum Kostümbildner – und er sahen nur ein Ziel: Gold.

Nach Pflicht und Kurzkür führte Brian Boitano, mit der besten Bewertung in der Kurzkür aber war der achtfache kanadische Meister dem Kalifornier aus Sunnyvalo bereits dicht auf den Fersen.

```
1 3 | 5
2   | 7
  4 | 6
```

1 Die Anstrengungen sind vergessen: Katarina Witt und Elizabeth Manley

2 Simone Koch hielt sich als Achte achtbar

3 Debi Thomas war der Nervenbelastung der großen Kür nicht gewachsen

4 Die Kleinste war in der Kür die Größte: Midori Ito

5 Auf Weltmeister Brian Orser ruhten die Hoffnungen der Gastgeber

6 Mit einer reifen Leistung Dritter: Wiktor Petrenko (UdSSR)

7 Brian Boitano (USA) setzte auf „Napoleon"

1 | 3
2 | 4
  | 5

1/2 *Als Weltmeister auch Olympiasieger im Paarlauf: Jekaterina Gordejewa und Sergej Grinkow (UdSSR)*

3 *Gold: Gordejewa/Grinkow (UdSSR)*

4 *Silber: Walowa/Wassiljew (UdSSR)*

5 *Bronze: Watson/Oppegard (USA)*

Der große Kürabend im schier unter Hochspannung stehenden Saddledome stand nun ganz im Zeichen des Zweikampfes Brian gegen Brian. Zehn Jahre lang waren die beiden Rivalen und Freunde gegeneinander angetreten, und es stand bis dahin 7:3 für Orser. Schon das Warmlaufen wurde vor den 19 200 erwartungsfrohen Zuschauern für beide zu einer großen Nervenprobe. Als erster der entscheidenden letzten Gruppe wurde der 25jährige Boitano aufgerufen. „Mir war das ganz lieb, denn da kam ich nicht erst ins Grübeln. Für mich war das Streben nach einer Medaille – welche, war mir egal – sowieso in erster Linie nur ein Kampf gegen mich selbst", bekundete der Olympiafünfte von Sarajevo nach den entscheidenden viereinhalb Minuten seiner Gold-Kür. Einst nur als sportlicher Läufer bekannt, der die künstlerischen Aspekte zu sehr außer acht ließ, wählte er diesmal mit der Darstellung der historischen Figur Napoleons nach einer Filmmusik ein anspruchsvolles Thema. Ausdrucksstark präsentierte er auf dem Eis seine Geschichte und meisterte dabei die Rekordzahl von acht dreifachen Sprüngen, darunter zweimal den Axel mit dreieinhalbfacher Umdrehung. Nun war es an Orser: Die Preisrichter hatten ihm bei Boitanos Noten noch eine Chance gelassen.

Ovationen über Ovationen. Die riesige Zuschauerkulisse glich bei seinem Aufruf einem wogenden Fahnenmeer. Konzentriert begann Orser wie sein Kontrahent die Kür spektakulär mit einem dreifachen Lutz, dem die Kombination Dreifachaxel–Doppeltoeloop folgte. Nach 1:35 min geschah es. Wütend schlug sich der potentielle Goldanwärter nach einem Fehler beim Dreifachflip auf den Schenkel – der Traum vom Gold war ausgeträumt.

Mit der erst 16jährigen Jekaterina Gordejewa (UdSSR) kam die jüngste Olympiasiegerin der Spiele von Calgary aus dem Lager der Eiskunstläufer. Ein Raunen und Beifallstürme erfüllten stets den riesigen Saddledome, wenn das zierliche Persönchen, nur 1,54 m groß und 41 kg schwer, von Partner Sergej Grinkow in waghalsigen Hebesprüngen und weit über das Eis gezogenen Doppelaxeln und Salchows durch die Luft gewirbelt wurde. Obwohl die Moskauer Schülerin und der Sportstudent erst ihre dritte internationale Saison bestritten, kamen sie als klare Favoriten nach Calgary. Als Ergebnis ihres kometenhaften Aufstiegs konnten sie schon zwei Weltmeistertitel und eine Goldmedaille von den Europameisterschaften zur Empfehlung vorweisen. Als härteste Konkurrenz hatten sie aus dem eigenen Lager Jelena Walowa/ Oleg Wassiljew zu fürchten, die als Olympiasieger von 1984 in Sarajevo mit der Wiederholung ihres Erfolges ebenfalls ein großes Ziel vor Augen hatten. Als die Schützlinge von Trainer Stanislaw Leonowitsch zur Kurzkür aufgerufen wurden, wählten sie geradezu symbolisch die Carmen-Melodie „Auf in den Kampf, Torero", womit sie nachdrücklich ihre Ambitionen auf Gold unterstrichen. Keine Überraschung war ihre Spitzenposition im Zwischenergebnis.

1 | 3
2 | 4
  | 5

1 *Peggy Schwarz und
Alexander König (DDR)
wurden Siebente der
Paarlauf-Entscheidung*

2 *Die besten Paarläufer*

3 *Faszinierende
„Polowezer": Natalja
Bestemjanowa und Andrej
Bukin (UdSSR)*

4 *Mit einer „Beatle"-Version
zu Olympia-Silber: Marina
Klimowa und Sergej
Ponomarenko aus der
UdSSR*

5 *Die „Urwald"-Rhythmen
des französischen
Geschwisterpaars
Duchesnay/Duchesnay
stießen bei den
Preisrichtern auf
geteilte Meinungen*

Mit der Startnummer eins der letzten Gruppe hatten die kesse Jekaterina mit ihrem wippenden Pferdeschwanz und ihr athletischer Partner die entscheidende Kür vor den weiteren Medaillenanwärtern zu laufen; dem zeigten sie sich in jeder Phase vollauf gewachsen. Sie begannen den Lauf mit einem beeindruckenden geworfenen dreifachen Lutz und ließen den Doppelaxel als Einzelsprung folgen.

Damit war die erste schwierige Hürde genommen, und sie konnten gelöst der Goldmedaille entgegenlaufen. Mit tosender Begeisterung dankten ihnen die 19 200 Zuschauer für dieses wunderbare Erlebnis, das auch die Preisrichter vollauf überzeugte. Einen schweren Stand hatten da Walowa/Wassiljew, die bei den europäischen Titelkämpfen noch wegen einer Verletzung Jelena Walowas gefehlt hatten. In der Harmonie bestechend, reichte das Leningrader Ehepaar jedoch nicht ganz an den Schwierigkeitsgrad ihrer jüngeren Konkurrenten heran und gewann vor den US-Amerikanern Jill Watson/Peter Oppegard die Silbermedaille.

Das Eistanzen, jüngstes „Kind" im olympischen Eiskunstlaufprogramm, zieht seit Jahren mit wachsender Attraktivität die Zuschauer nahezu magisch an. Auch in Calgary gehörte diese Disziplin zu den besonderen „Knüllern". Über 40 000 Besucher, durch die öffentlich ausgetragenen Pflichttänze mehr als in jeder anderen Entscheidung der Eiskunstläufer, verfolgten diese auf hohem Niveau stehende Auseinandersetzung. Trotz der klaren Favoritenstellung der seit Jahren dominierenden Welt- und Europameister Natalja Bestemjanowa/Andrej Bukin (UdSSR) mangelte es weder an Spannung noch an beeindruckenden Überraschungseffekten.

Die stärksten Impulse hat das Eistanzen in den letzten Jahren durch die das Niveau bestimmende sowjetische Schule erfahren. Allein acht der bislang 12 vergebenen olympischen Eistanzmedaillen gingen mit dem bejubelten Goldmedaillengewinn von Bestemjanowa/Bukin und dem zweiten Platz von Marina Klimowa/Sergej Ponomarenko an die UdSSR. Dazu kommen seit 1970 zwölf Weltmeistertitel und 15 Siege bei Europameisterschaften.

Als in der „Stampede Corrall"-Arena die Pflichttänze angesagt waren, kamen nahezu 8 000 Bewunderer der 20 gestarteten Eistanzpaare aus 14 Ländern, um Paso doble, Wiener Walzer und Tango-Rhythmen zu erleben. Als klare Spitzenreiter gingen aus dieser Vorentscheidung die 28jährige Natalja Bestemjanowa und ihr um zwei Jahre älterer Partner hervor. Als nächste Etappe auf dem Weg zum angestrebten Gold stand für die Tänzer der Tango als Original-Spurenbildtanz auf dem Programm, der mit der von den Spitzenreitern demonstrierten Klasse kaum zu überbieten war. Auch mit ihrer Kür nach den Polowezer Tänzen von Alexander Borodin stellten sie ihre derzeitige Ausnahmestellung nachdrücklich unter Beweis. Dreimal die Höchstnote 6,0 und der Beifall des Publikums ließen ihre Goldmedaille besonders hell glänzen.

WORLD
RECORD

INT/EXT   1:17.65
          1:19.75

EISSCHNELLAUF

1
2

1 Keine Haltungsnoten ver-
gibt hier der japanische
Eisschnellauftrainer, sondern er signalisiert seinem
Schützling den Rückstand
zur Spitze
2 Zwei Dresdnerinnen
Schnellste über 1000 m

Einen Regiefehler konnte man Bud Greenspan – vom
IOC und dem Organisationskomitee in Calgary mit
der Produktion des offiziellen Olympiafilms beauf-
tragt – wahrlich nicht unterstellen. Während der
Spiele erkundigte er sich bei der DDR-Mannschaftsleitung danach, wann und wo er mit seinem Team
noch ganz schnell einige Filmmeter über die Eisschnelläufer unseres Landes abdrehen könne. Daß
sich die Männer im blauen Laufdreß als erfolgreichste
Mannschaft der im Olympic Oval erstmals unter dem
Hallendach ausgetragenen Wettkämpfe beweisen
würden, hätte vor Beginn der Spiele schließlich kaum
jemand vorauszusagen gewagt. Waren doch jene
beiden Bronzemedaillen, die René Schöfisch vier
Jahre zuvor in Sarajevo gewann, die bislang einzige
olympische Ausbeute.
Zwei Männer unseres Calgary-Quartetts aber sind in
der nordamerikanischen Ölmetropole auf der Suche
nach edlerem Metall fündig geworden. Zweimal Gold
sowie eine Silbermedaille befanden sich bei der
Heimreise im Gepäck von Uwe-Jens Mey und André
Hoffmann. Damit hatten die beiden Eisschnelläufer
vom SC Dynamo Berlin für eine der Sensationen von
Calgary gesorgt. Sicher, ihnen gelangen bereits im
Vorfeld der Spiele einige Klasseresultate. Nur – ähnliche Tendenzen hatte es bereits in den Jahren zuvor
gegeben, und bei den Höhepunkten des Winters
konnte man solche Leistungen nicht wiederholen.
Diesmal jedoch traten die DDR-Männer aus dem
Schatten der erfolgreichen Damen heraus. Die Pilot-

funktion kam dabei Uwe-Jens Mey zu. Eine Woche
vor Beginn der Spiele schon mit Silber bei der Sprint-
WM dekoriert, siegte der Sportstudent über 500 m in
der Weltrekordzeit von 36,45 s. Verständlich, daß ihm
wie Joachim Franke nur wenig später das Wasser in
den Augen stand. Die herzliche Umarmung wollte
kein Ende nehmen, und der auf 16 Jahre Berufspraxis
zurückblickende Trainer konnte nicht ahnen: Es folgten noch zwei weitere Freudenstunden. Uwe-Jens
Mey holte sich vier Tage danach auch die Silbermedaille auf der doppelt so langen Distanz. Sein Klubkamerad André Hoffmann indes wußte zu diesem Zeitpunkt nicht recht, ob er sich über die tollen Resultate
seines Freundes mitfreuen oder über den eigenen
15. Platz im 1 000-m-Lauf trauern sollte. Das zwie-
spältige Gefühl mußte er nicht lange mit sich herum-
tragen, denn als zwei Tage später die 1 500 m absolviert waren, durfte auch er sich Olympiasieger nennen. Abermals hatte das Eis mit 1:52,06 min einen
weiteren Weltrekord hergegeben. Und auch die anderen Aktiven erreichten mit Calgary eine neue Qualität: Knapp 60 Prozent von ihnen blieben unter den
bisherigen olympischen Rekordmarken.
Bud Greenspan hatte sich – zugegebenermaßen verständlich – anfangs vor allem auf solche Männer wie
den zweifachen schwedischen Triumphator Tomas
Gustafson, der die 5 000 und 10 000 m – diese in
Weltrekordzeit – gewann, konzentriert. Aber auch die
etwas verspätet gedrehten Filmmeter über unsere
Läufer bringen sicher zum Ausdruck, was vorher

kaum jemand für möglich hielt und Uwe-Jens Mey in die Worte faßte: „Es ist ein unglaublich schönes Gefühl, mit dafür gesorgt zu haben, daß endlich auch wir Eisschnellauf-Männer olympische Glanzlichter setzten." In der DDR gibt es nicht mehr nur hervorragende Eisschnelläuferinnen.

Nach den vorangegangenen Wettbewerben der Männer waren keine Zweifel mehr an der Qualität der Bahn geblieben, und so ging es nur mehr darum, wer die idealen Möglichkeiten am besten würde nutzen können. Am Ende erwies sich das Frauenteam der DDR als die überragende Vertretung dieser Spiele: Von 15 Medaillen hatten die Frauen, die 24 Stunden nach dem letzten Wettbewerb in die Interflugmaschine nach Berlin stiegen, nicht weniger als zehn in ihrem Gepäck. Zur Bilanz gehören auch diese imponierenden Zahlen: neun Weltrekorde, 30 olympische Rekorde und 71 Landesrekorde!
Christa Rothenburger vermutete allerdings: „Die Weltrekorde von Calgary werden keine allzu lange Lebensdauer haben, denn Hallenwettbewerbe werden jetzt in Mode kommen, und dann wird perfekte Lauftechnik in den Vordergrund rücken."
Und zur Bilanz gehört auch ein Zitat aus der spanischen Zeitung „Diario 16": „Karin Kania verabschiedete sich als die bedeutendste Eisschnelläuferin aller Zeiten. Sie eroberte die meisten Medaillen in der Geschichte dieser Sportart." Eine Feststellung, die deshalb Hervorhebung verdient, weil sich nicht alle Träume der Dresdnerin erfüllt haben. Die Welt machte deshalb keinen Abstrich an ihrem Ruf!
Die Stunde der Christa Rothenburger schlug zwei Tage vor dem Abschluß der Frauenwettbewerbe. Bereits am 5. Dezember des vergangenen Jahres hatte Karin Kania im Olympic Oval von Calgary mit glänzenden 1:18,11 min einen nicht minder respektablen Weltrekord markiert. Diese Zeit wurde dann für die olympische Entscheidung der Maßstab aller Dinge.
Nachdem Andrea Ehrig schon im ersten Paar mit 1:19,32 min eine Richtzeit von hoher Qualität vorgegeben hatte, startete die US-Amerikanerin Bonnie Blair als nächste einen Angriff auf die Kania-Bestzeit aus dem Vorjahr. Ihr Trainer Mike Crowe und dessen Assistent Dan Immerfall, 1976 Gewinner der olympischen Bronzemedaille über 500 m, ein dreimaliger Olympiateilnehmer, überboten sich gegenseitig an Lautstärke. Die 23jährige, zu Hause „Hurricane from Illinois" (Wirbelwind aus Illinois) genannt, ließ ihre Beine wirbeln. Am Ende der 1 000-m-Distanz aber reichte ihre Kraft doch nicht – 1:18,31 min. Daß diese Zeit nicht das Ende der hochgesteckten Erwartungen bedeutete, machte gleich hinter ihr Karin Kania deutlich: 1:17,70 min – Weltrekord!
Dann aber kam noch Christa Rothenburger. Beinahe unglaubliche 17,98 s für die ersten 200 m, 46,71 s an der 600-m-Marke – der Hallensprecher überschlug sich bei seiner Ankündigung, daß die Sprintweltmeisterin auf dem Weg zu einem neuen Weltrekord sei. Mit Expreßschritten kam die Dresdnerin auf der

1

2 4
3 5

Außenbahn daher. Nur ein Sturz hätte sie noch um den Weltrekord bringen können: 1:17,65 min – Gold! Christa riß die Arme triumphierend in die Höhe. Wenige Meter nach dem Zieldurchgang rammte sie ihren Trainer Ernst Luding. Den riß es von den Beinen. „Nach diesem Erfolg hätte sie mich meinetwegen überfahren können", meinte dieser lächelnd.

Mit insgesamt zehn Medaillen – einmal Gold durch Christa Rothenburger sowie fünf silbernen und vier bronzenen – wiesen die DDR-Läuferinnen auch bei Olympia ihre Spitzenstellung im internationalen Eisschnellaufsport nach. Karin Kania und Andrea Ehrig liefen Weltrekorde und blieben schließlich doch nur

„zweite Sieger". Darin liegt eine gewisse Tragik. Andererseits macht diese Tatsache deutlich, daß die Konkurrenz aufgeholt und die Gunst der Stunde durch die bessere Tagesform genutzt hat. Andrea Ehrig nach der 3 000-m-Entscheidung, in der sie – zwölf Jahre nach ihrem ersten olympischen Silbermedaillengewinn – den zweiten Platz belegte: „Nachdem ich nie zuvor gegen Yvonne ein Rennen verloren habe, bin ich heute an ihr gescheitert. Das schmerzt mich verständlicherweise, aber diesmal war sie die Bessere. Ich gratuliere ihr herzlich zu ihrem Erfolg." Eine faire Geste, die auch charakteristisch für die Atmosphäre dieser olympischen Tage war.

1 So kann eine Allroundläuferin sprinten – Karin Kania, Dritte über 500 m
2 Mit Weltrekord auf dem Ehrenrang – Christa Rothenburger
3 Als Elfte noch unter dem alten olympischen Rekord im 500-m-Sprint: Natalie Grenier (Kanada)
4 Eisschnellauf mit Musik
5 Fünf unter 40 Sekunden – auch die Vierte, Angela Stahnke mit 39,68 s

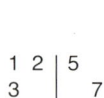

1	2	5
3		7
4	6	

1 Mit 15 Jahren das erste
Mal dabei, mit 27 noch immer Spitze – Andrea Ehrig

2 Langstreckenspezialistin
Gabi Zange unterwegs

3 3 × Gold, das galt Yvonne
van Gennip (Niederlande)

4 So können sich „fliegende
Holländer" freuen

5 Glückliche 3000-m-Läufe-
rinnen. Applaus der Sie-
gerin aus den Niederlan-
den für die beiden DDR-
Mädchen Andrea Ehrig
und Gabi Zange

6 Bonnie Blair (USA) – Unterwegs zum neuen
Sprint-Weltrekord . . .

7 . . . und danach

30 Frauen aus 18 Ländern waren zum Kampf um olympischen Lorbeer angetreten, doch nur drei Länder – DDR, Niederlande, USA – stellten Medaillengewinnerinnen. Auch das war nicht verwunderlich, denn in diesen drei Ländern gibt es wetterunabhängige Schnellaufhallen, die den Aktiven Voraussetzungen und Trainingsmöglichkeiten bieten, um solche Leistungen, wie sie im Olympic Oval von Calgary beinahe am laufenden Band erzielt wurden, zu erreichen. „Eine Entwicklung, die sicherlich erst am Anfang steht", meinte Jan Charisius, Technischer Delegierter des Eislauf-Weltverbandes (ISU) in Calgary. Und der Niederländer fügte hinzu: „So begrüßenswert Hallenwettkämpfe auch sind, weil sie allen Teilnehmern die gleichen Bedingungen bieten, muß man von Seiten der ISU dennoch darauf achten, daß zukünftig bedeutende internationale Veranstaltungen und Meisterschaften nicht ausschließlich in Hallen stattfinden. Das würde ohne Zweifel die Läuferinnen und Läufer benachteiligen, die augenblicklich nur in ungenügendem Maße auf solchen Bahnen trainieren können. Wenn eines Tages – und ich glaube, das wird gar nicht so lange dauern – Hallen in mehreren Län-

dern und damit in genügender Anzahl zur Verfügung stehen, dann wird man die ganze Problematik noch einmal überdenken müssen."

Wenn man das bekannte Sprichwort „Aller guten Dinge sind drei" ins Feld führt, dann gebührt der 23jährigen Holländerin Yvonne van Gennip noch eine zusätzliche Krone. Das „Meisje" aus Haarlem, das das Medizinstudium abgebrochen hat, um sich ganz intensiv und zielgerichtet auf die olympischen Rennen vorzubereiten, brachte nämlich das Kunststück fertig, bei ihren drei Starts über 1 500 m, 3 000 m und den langen 5 000-m-Kanten jeweils die Goldmedaille zu erobern – über die beiden Langstrecken dazu noch in neuen Weltrekordzeiten – eine Leistung, die vor ihr nur ganz wenige erreichten.

„Calgary has the Oval, Holland has the Skaters!" war auf einem Spruchband der weltweit bekannten niederländischen Schlachtenbummler im Verlaufe der zehn Eisschnellauftage zu lesen. Was die Goldmedaillen betrifft, so reduziert sich das „Holland hat die Läufer" auf den Namen Yvonne van Gennip. Was diese junge Frau an Leistungen bot, war mehr als beeindruckend. „Dabei war ich nach Calgary nur mit

dem Wunsch gekommen, eine Goldmedaille zu gewinnen. Daß es nun sogar drei geworden sind, das hatte ich nicht einmal in meinen kühnsten Träumen erwartet. Ich muß aber auch hinzufügen: Wenn mich die hervorragenden DDR-Läuferinnen nicht so gefordert und mit ihren ausgezeichneten Zeiten nicht immer wieder herausgefordert hätten, wer weiß, wie dann für mich die einzelnen Rennen ausgegangen wären."

Sicherlich, Yvonne van Gennip hatte in allen ihren Rennen stets insofern das Losglück auf ihrer Seite, als sie immer hinter den DDR-Läuferinnen an den Start mußte und dadurch ihre taktische Marschroute, die auf den Langstrecken auch im Zeitalter der Hallenbahnen keineswegs ihre Bedeutung verloren hat, nach den Richtzeiten der DDR-Mädchen einpegeln konnte. Aber Glück hat auf die Dauer eben nur der Tüchtige, obwohl der Grat zwischen Sieg und Niederlage mitunter sehr, sehr schmal war: im 500-m-Rennen ganze 26 Zentimeter. So „groß" war beispielsweise die Differenz, die die Siegerin Bonnie Blair von der zweitplazierten Christa Rothenburger an der Ziellichtschranke trennte.

1	3
2	

1 Wer siegen wollte, mußte Weltrekord laufen. Uwe-Jens Mey tat's mit 36,45 s über 500 m

2 Reverenz des Siegers gegenüber seinem japanischen Freund Akiro Kuroiwa, der Dritter wurde

3 Trainerstudie

1 Sportlerfreude – Trainer-
  freude. Rainer Mund (l.)
  und Joachim Franke mit
  Uwe-Jens Mey
2 Schwedische Lehrstunde
  auch für Angela Stahnke
  und Uwe-Jens Mey
3 Einmal Gold 1984, zwei-
  mal 1988 – Tomas Gustafson (Schweden)
4 Blumen für den Olympia-
  sieger André Hoffmann
5 Igor Shelesowski
  (UdSSR), der Weltmeister,
  gewann Bronze

MEDAL WINNERS
1 HOFFMANN   R
        1:52.06
2 FLAIM   USA
        1:52.12
3 HADSCHIEFF   IT
        1:52.31

1
2 | 5
3 4 |

1 Glückwünsche der Mann-
schaftsleitung für Uwe-
Jens Mey zum ersten
Männer-Eisschnellaufgold
der DDR bei Olympia

2 „Verflixte Sieben"? der
Kanadier Guy Thibault
erlief diesen Rang über
500 m und 1000 m

3 Gaetan Boucher (Ka-
nada), 1984 gewann er
zweimal Gold. Diesmal
wurde er Fünfter und
Neunter

4 Die Nummer eins über
1000 m – Nikolai Guljajew
(UdSSR)

5 Silber 1976 über 3000 m –
Silber 1988 über 3000 m
und 5000 m: Andrea Ehrig

EISHOCKEY

Am Abend des 17. Februar kam die sowjetische Mannschaft in Bedrängnis – im Spiel gegen die USA, als man noch die Vorrundenbegegnungen austrug. Der Olympia-„Titelverteidiger" war ungefährdet in Führung gegangen und wähnte sich nach drei schönen Toren im zweiten Drittel – Spielstand damit 6:2 – auf sicherem Weg zum Sieg. Nicht zuletzt die amerikanische Fernsehgesellschaft ABC hatte Anteil daran, daß die Yankees unverdrossen darum kämpften, der UdSSR diesen Weg noch zu verlegen. Vor dem Anpfiff hatten fünf Spieler vor den Kameras Erklärungen dazu abgegeben, daß dieses Spiel mehr sei als nur eine Eishockeybegegnung. . .

Zudem hoffte ABC, mit der amerikanischen Mannschaft in der Endrunde noch einige Werbegeschäfte tätigen zu können. Eifrig gegen die sowjetische Verteidigung anrennend, gelang dem USA-Team das dritte Tor, und dadurch beflügelt, fielen innerhalb von fünf Minuten noch zwei weitere. Das Spiel geriet aus den Fugen, der Saddledome schien durch den Jubel in Vibration zu geraten. Aber dann kam Routinier Fetissow, schoß das 7:5, warf einen Blick zur Uhr und wußte, daß bei noch verbleibender Spielzeit von 2:01 min keine Gefahr mehr bestand, einen Punkt einzubüßen. Alle anderen Spiele bis zu dem Augenblick, da feststand, daß niemand mehr der „Sbornaja" das Gold streitig machen konnte, wurden in einer Weise gewonnen, die nie ähnlich kritische Minuten aufkommen ließ.

Die ersten Weltberühmtheiten mit Stock und Schlittschuhen hießen vor 30 Jahren Putschkow im Tor, Sologubow und Tregubow in der Verteidigung, Babitsch, Bobrow und Shuwalow im Angriff. Nach so unvergessenen Spielern der 60er und 70er Jahre wie Alexandrow, Starschinow, die Majorow-Brüder, Firsow, Ragulin, Wassiljew, Michailow oder Charlamow bewunderte die ganze Sportwelt in Calgary die erste Reihe, die als der weltbeste Fünferblock seit Jahren gilt: Fetissow und Kasatonow, zwei Verteidiger-Recken von einsamer Klasse; dazu Makarow, Larionow und Krutow, drei Angreifer, die Tempo, Technik und Härte mit einer geradezu phänomenalen Spielintelligenz kombinieren. Klar, daß sie auch in Calgary hoch über der Konkurrenz standen, was sich nicht zuletzt in ihren Spitzenplätzen in der kanadischen Wertung ausdrückte.

Die UdSSR verteidigte das olympische Gold mit Bravour und hat nun auch mit sieben Olympiasiegen die Führung in der „ewigen" Bilanz vor dem Mutterland Kanada übernommen.

Verständlich, daß Kanada in Calgary zu Gold gelangen, mindestens aber Silber erobern wollte. Vor vier Jahren in Sarajevo wurde das Konzept geboren, eine wirkliche Olympiamannschaft zu formieren und sie

Bandengeflüster

1 | 4
2 3 | 5

1 Ein Hit in der Vorrunde war das Match UdSSR – USA

2 Schwerstarbeit für den Mann im Tor

3 7:5 für die UdSSR. Der Weg zum Olympiasieg war geebnet, für die USA war es fast schon das Aus

4 Gerangel vor dem BRD-Tor (aus: BRD – Kanada, 1:8)

5 In der Endrunde trumpfte die ČSSR-Mannschaft noch einmal auf (aus: ČSSR – Finnland, 5:2)

1 Zwei Favoriten, die medaillenlos blieben
(aus: USA–ČSSR, 5:7)
2 Nur einen Treffer ließ Polens Hüter Andrzej Hanisz zu
(aus: Polen–Kanada, 0:1)
3 Die „Sputniks" in voller Aktion
(aus: UdSSR–ČSSR, 6:1)
4 Der Weltmeister und der Außenseiter
(aus: Schweden–Frankreich, 13:2)

zielstrebig auf das große Ziel vorzubereiten. Für dieses Vorhaben standen auch großzügige finanzielle Mittel zur Verfügung. Trainer Dave King zog durchs Land, suchte sich talentierte und vor allem olympiawillige Spieler, testete alles in allem über 150 von ihnen und errang mit dieser Mannschaft Erfolge, die Aufsehen erregten. Der Sieg beim Moskauer „Iswestja"-Turnier war unbestritten der größte. Inzwischen hatte das IOC den Profis die Tür aufgeriegelt. Auch hier mit der an der Grenze der Demagogie liegenden Losung „Die Besten zu Olympia!" operierend, sollten die nordamerikanischen Profiklubs dafür gewonnen werden, sich an den Winterspielen zu beteiligen. Aber die Bilanzen der NHL-Klubs sind die Bilanzen von geschäftlichen Unternehmungen und nicht die von Sportvereinen. Die Manager winkten ab, modifizierten den Spielplan so, daß die Calgary Flames während der Olympischen Winterspiele nur auswärts antreten mußten, stellten auch noch vier Spieler zur Verfügung, um Symptome von Patriotismus zu bekunden, und kümmerten sich ansonsten nicht weiter um das die ganze Welt bewegende sportliche Ereignis und sein Eishockeyturnier. Im entscheidenden Spiel der Kanadier gegen die UdSSR bestimmten die vier Profis mit ihrer Taktik brutalen Störens die Szene. Das 0:5 konnten sie nicht verhindern.

Es hatte schon in den Vorrundenspielen Überraschungen gehagelt: Die Schweiz schlug Finnland und Finnland anschließend Kanada. Am ärgsten erwischte es die ČSSR, die zum Auftakt gegen die BRD 1:2 verlor und die Minuspunkte bis in die Finalrunde schleppen mußte. Ohne die geringste Hoffnung, noch eine Medaille erringen zu können, lieferte die Mannschaft noch ansehnliche Spiele. Die Frage nach den hinter dem überragenden Sieger Sowjetunion verbleibenden Medaillen wurde erst in der letzten Stunde des Turniers geklärt, weil sich die größte Überraschung von Calgary, die Mannschaft Finnlands, bis ins letzte Drittel gegen die UdSSR die Chance bewahrte, zum ersten Mal in der olympischen Geschichte mit Silber heimzukehren. Erst mit dem Abpfiff waren die Würfel endgültig gefallen: Platz zwei für die Finnen, dritter Rang für Weltmeister Schweden.

Es war auch ein Turnier mancher Kuriositäten. Kanada wollte die drohende und dann auch eingetretene Niederlage gegen Finnland dadurch abwenden, daß man kurz vor Schluß die Maske des finnischen Torwarts monierte; mit diesem Protest wurden dann zwei – allerdings nutzlose – Strafminuten erzwungen. Ein anderes Mal erreichte man die gleiche Strafe gegen die ČSSR wegen eines anscheinend unkorrekten Schlägers.

Calgary 1988 – das war vor allem ein Turnier der großen Torwarte. Sie vollbrachten tatsächlich Wunderdinge, mußten aber auch manch rabenschwarze Stunde erleben. Alles in allem: Ein turbulentes, aber gutklassiges Turnier, das sich seinen Platz in der Eishockeygeschichte der Olympischen Winterspiele gesichert hat.

ALPINE DISZIPLINEN

Nakiska – der Name war gut gewählt. In der Sprache der Cree-Indianer bedeutet dieses Wort Versammlungsort, Treffpunkt. Das kleine Tal zu Füßen der Zwei- und Dreitausender in den Rocky Mountains, 100 km westwärts von Calgary, war Treffpunkt der alpinen Skiwelt-Elite. War auch der Ort gut gewählt?

Um keine andere Wettkampfstätte gab es im Vorfeld der Winterspiele so viele Diskussionen wie über die Pisten am 2 832 m hohen Mount Allan. „Mickymaus", so äußerten einige Abfahrtsasse nach der ersten Besichtigung ihre Geringschätzung über den Hang. Als der Chinook Calgary 1987 den wärmsten Winter seit 50 Jahren brachte, sprach man bei den alpinen Testwettbewerben nur vom Nakiska-See und vom Mount-Schlamm-Meer.

1988 aber gab es am Mount Allan ein ganz anderes Thema, den Wind. In der Präriestadt Calgary allgegenwärtig, entwickelte er sich auf den Gipfeln des Felsengebirges zeitweise zum Orkan. Mit 160 km/h raste er über die Schneefelder, zerriß die Fangzäune an den Abfahrtspisten, und die sorgsam präparierten Strecken wurden vom Winde verweht. Für die Athleten wurde das Gipfelhaus am Abfahrtsstart zur olympischen Wartehalle und für die Organisatoren die Programmgestaltung zum Puzzlespiel. 12 Wettkämpfe – einschließlich Kombinationsslalom und -abfahrt – waren im Kalender unterzubringen, und die Reservetage schmolzen zusammen wie der Schnee im Chinook. Mancher Start wurde freigegeben auf Kosten der Athleten. So bildete der Wind für viele Starter eine unüberwindliche Barriere, für andere wurde er, wie im Märchen, zum „himmlischen Kind". Noch nie zuvor hatte der Franzose Franck Piccard einen bedeutenden Super-G gewonnen, und Marina Kiehl (BRD) feierte ihren ersten internationalen Abfahrtssieg in einer langen Laufbahn auf der Olympiapiste von Nakiska.

Unter der Anleitung des Schweizers Bernhard Russi, der 1972 das olympische Abfahrtsrennen gewonnen hatte, entstand eine Piste, die höchsten Anforderungen entsprach und nur den Besten eine Chance ließ. So war es nicht dem schweizerischen Pistenbauer zu verdanken, daß die Eidgenossen im Abfahrtslauf der Männer einen Doppelsieg feierten.

Schließlich war Pirmin Zurbriggen der große Favorit; er hatte 1985 schon Weltmeisterschaftsgold gewonnen und sich 1987 bei den Titelkämpfen in seiner Heimat Rang 2 in dieser Disziplin gesichert. Peter Müller, der Weltmeister von 1987, errang, wie schon vier Jahre zuvor, olympisches Silber. Mußte er sich in Sarajevo vielleicht noch darüber grämen, mit dem Amerikaner Bill Johnson einem „Mister Nobody" unterlegen zu sein, so konnte er sich in Nakiska damit trö-

sten, daß nur der perfekteste Rennläufer der letzten Jahre, Zurbriggen, schneller war.

Apropos Zurbriggen. Nicht nur eine kleine Anhängerschar hatte ihm den großen Coup bei den Spielen von Calgary zugetraut. Vier Goldmedaillen schienen für das Skiphänomen aus Saas Almagell kein unerreichbares Ziel. Aber schon im zweiten Durchgang des Kombinationsslaloms schlossen sich am Tor 34 auch die Tore zu diesem vierfachen Triumph.

Der Österreicher Hubert Strolz, bei der Frage nach den Favoriten nicht nur hinter vorgehaltener Hand genannt, wurde der erste olympische Kombinationssieger nach einer 40jährigen Pause. Zurbriggens Skifabrikant hatte nach dem Ausscheiden seines Stars und dem Erfolg von Strolz ebenfalls allen Grund zum Strahlen, gehört doch auch der Österreicher zu seinem „Rennstall", also kann die Werbewelle nun in der Schweiz und in Österreich gleichermaßen rollen. Auch Zurbriggens Manager registrierte diese Niederlage ohne Ärger. Der Sieg bliebe ja im eigenen (Ski-) Lager, äußerte der clevere Mann.

Insgesamt aber waren die Schweizer die Verlierer. Noch ein Jahr zuvor hatten sie bei den Welttitelkämpfen im heimischen Crans-Montana acht von zehn möglichen Titeln gewonnen. In Nakiska schnappte ihnen nicht allein Italiens neues Ski-As Alberto Tomba die Goldmedaillen weg. Erst mit ihren zwei Siegen in den letzten beiden Wettbewerben der Damen konnte Vreni Schneider eine große Enttäuschung der Eidgenossen verhindern. Österreich dagegen war glücklich, denn in Calgary gelang wieder der Sprung an die Spitze der alpinen Skinationen.

Noch ein Wort zu Tomba: Er zählte zu den Favoriten, die ihrer Rolle gerecht wurden, hatte seine exzellente Form für die olympischen Tage konserviert, konnte sich aber herzlich über Siege freuen, die jeder von ihm erwartet hatte.

Glücksgefühl erfüllte am Mount Allan auch die Kanadier. Wie oft hatten sie in anderen Disziplinen auf olympische Ehren gehofft, wie häufig war die riesige olympische Anhängerschar an den ersten Wettkampftagen enttäuscht worden. Ein einundzwanzigjähriges Mädchen erlöste sie alle. Erfüllte, ja übererfüllte die Medaillenhoffnungen. Noch dazu ein Mädchen aus Banff, also aus der Provinz Alberta: Karen Percy! Tagelang füllten ihre Fotos und die Berichte über sie die Zeitungsseiten. Dabei hatte sie in Nakiska keinen Goldclaim abgesteckt. Zweimal Bronze gewann sie. In der Abfahrt und in der neuen olympischen Disziplin Super-G. Alle Gäste freuten sich mit den so gastfreundlichen Kanadiern. Und so mancher bekam bei den Freudenfesten für Karen Percy wieder einen Begriff dafür, wie wertvoll eine in der olympischen Arena gewonnene Bronzemedaille ist.

```
      2
1  |     3
      4
```

Vorseite: Alberto Tomba, Italien

1 Olympiasieger im Super-G wurde Franck Piccard aus Albertville. Ingemar Stenmark umarmt den noch Fassungslosen

2 Olympiasiegerin im Abfahrtslauf wurde Marina Kiehl (BRD), hier mit der Dritten, Karen Percy (Kanada)

3 Christine Meier, 21. im Abfahrtslauf und 5. im Riesenslalom, mit Olympiasiegerin Marina Kiehl (beide BRD)

4 Musketiere der Abfahrt unter sich: Franck Piccard (Frankreich), Pirmin Zurbriggen und Peter Müller (beide Schweiz; v. l. n. r.)

1 | 2
  | 3
  | 4

Seite 128/129:
1 Fahrt und Flug zum Gold:
  Pirmin Zurbriggen
2 Ein olympischer Senior
  gewann mit Bronze im Sla-
  lom noch einmal eine Medaille: Paul Frommelt
  (Liechtenstein)
3 Die „Gold-Vreni" aus der
  Schweiz, gefeiert mit stür-
  mischem Kuhglocken-Ge-
  läut
4 Gewann einmal Silber und
  einmal Bronze: Maria Walliser (Schweiz)

DEMONSTRATIONS-SPORTARTEN

Schon 1924, als in Chamonix die ersten Olympischen Winterspiele gefeiert wurden, nutzte man eine Regel, heute hat sie in der Olympischen Charta die Nummer 48, die es dem Ausrichter Olympischer Spiele erlaubt, bis zu zwei Sportarten ins Programm aufzunehmen, deren Sieger keine olympischen Medaillen zu erwarten haben. Offizieller Titel: Demonstrationssportarten. Motiv für diese „halbolympischen" Disziplinen: den Gästen typische Sportarten des Ausrichterlandes vorzuführen. In Chamonix schrieb man ein Curling-Turnier und eine Militärpatrouille aus, und danach entstand eine lange Liste, die auch fast kuriose Sportarten enthält. 1932 wurde in Lake Placid ein Hundeschlittenrennen ausgetragen, 1948 arrangierte St. Moritz sogar einen Winterfünfkampf: Langlauf, Pistolenschießen, Abfahrtslauf, Fechtturnier und Pferderitt im Schnee.

Calgary – finanziell „ermuntert" durch jenen USA-Fernsehmulti, der die Übertragungsrechte der Spiele für Nordamerika erworben hatte – dehnte die Regel 48 auf drei Sportarten aus: Curling, Freistil-Ski und Kurzbahn-Eisschnellauf.
Curling, eine unserem Eisstockschießen verwandte Sportart, die allerdings mit schweren Rundsteinen – bis zu 20 kg! – aus schottischem Granit gespielt wird, fand großen Zuschauerzuspruch und auch eine stattliche internationale Beteiligung. Da man in anderen Sportarten vergeblich auf kanadische Triumphe hoffte, fand der Sieg der einheimischen Frauenmannschaft viel Beifall. Die Entscheidung im Finale gegen Schweden fiel mit dem letzten „end" – Bezeichnung im Curling für die einzelnen Durchgänge –, als den Kanadierinnen zwei Zähler gelangen und damit der 7:5-Erfolg sichergestellt wurde.
Im Freistil-Ski – treffender wohl Skiakrobatik – gab es zwischen den Schanzen viel Attraktives für die Fernsehkameras, zumal die Organisatoren auf den böigen Wind keine Rücksicht nahmen und damit Stunden füllten, in denen „Programmlöcher" entstanden waren.
Das Eisschnellaufen auf Kurzbahnen wird in der Regel auf Eishockeyfeldern ausgetragen, und zwar mit Massenstarts. Die 500-m-Olympiasiegerin Bonnie Blair (USA) kam einst in dieser Disziplin auch schon zu Weltmeisterehren, und für Kanada startete in Calgary die schon oft in Langbahnsprints erfolgreiche Silvie Daigle. Im Finale unterlag sie jedoch der taktisch ein kluges Rennen laufenden Japanerin Yamada. Noch mehr Stimmung herrschte bei den Staffeln, deren Turbulenz zuweilen an Sechstagerennen erinnerte.
Um auch dem Versehrtensport bei den Olympischen Winterspielen Raum zu geben, hatte man zwei Wett-

bewerbe im nordischen und im alpinen Skisport ausgeschrieben, die unter der Rubrik „Vorführungen" geführt wurden. Die Teilnehmerfelder waren absichtlich klein gehalten worden, um die Organisatoren auf den olympischen Strecken nicht zu überfordern. Dennoch wurde die gute Absicht der Gastgeber, auch die Versehrtensportler in der olympischen Palette zu berücksichtigen, von allen Seiten anerkannt.

1 | 3
2 | 4

1 Tausende strömten an die kleine Schanze und applaudierten den kühnen Saltospringern
2 Skifahrerisches Können demonstrierten die Behinderten-Sportler in der Olympiastadt – eine Leistung, die Respekt und Anerkennung verdient
3 Norwegische Grazie auf blankem Eis beim Curling
4 20 kg wiegt der Stein, den die Norwegerinnen geschickt wischend in den Zielkreis bringen

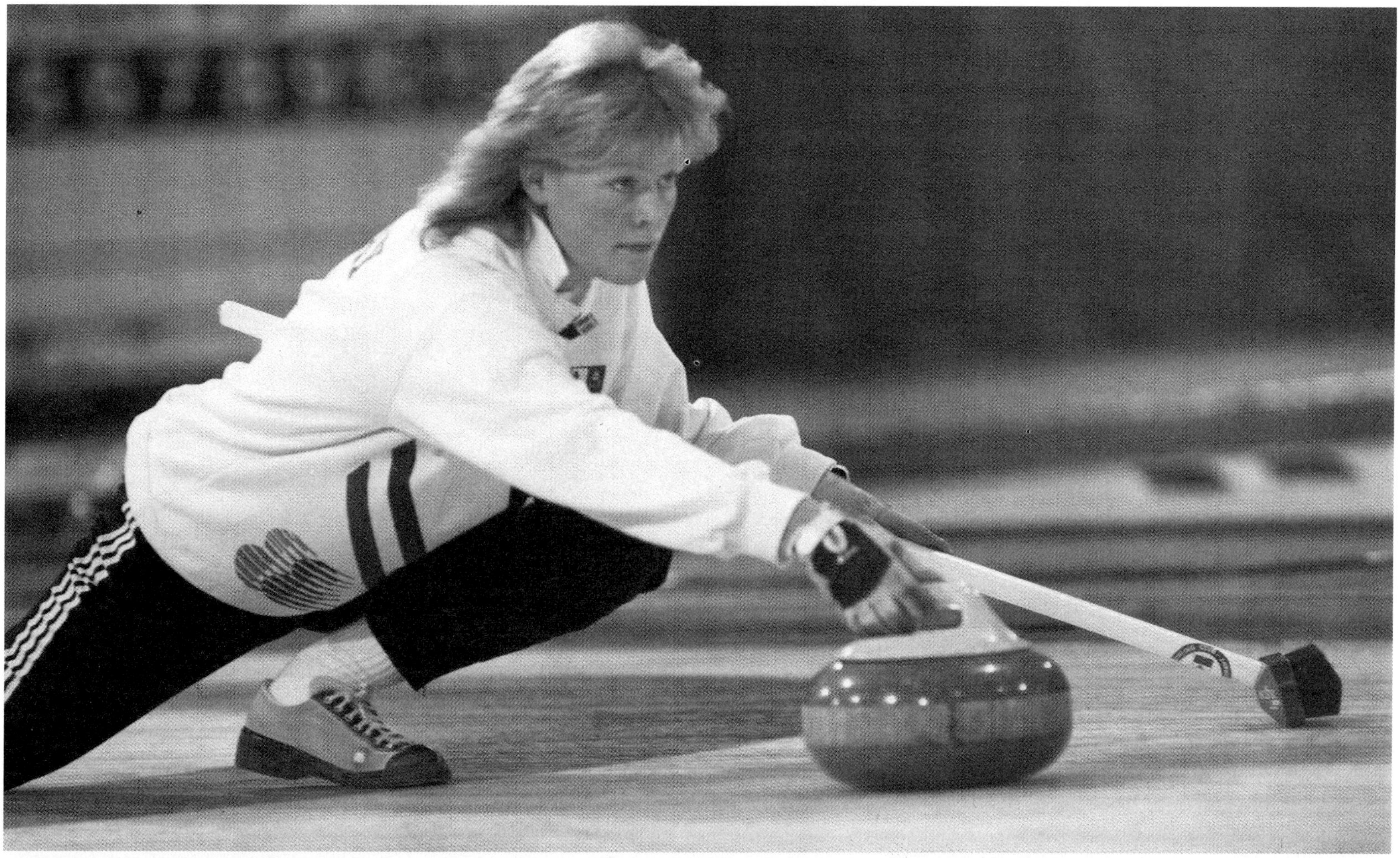

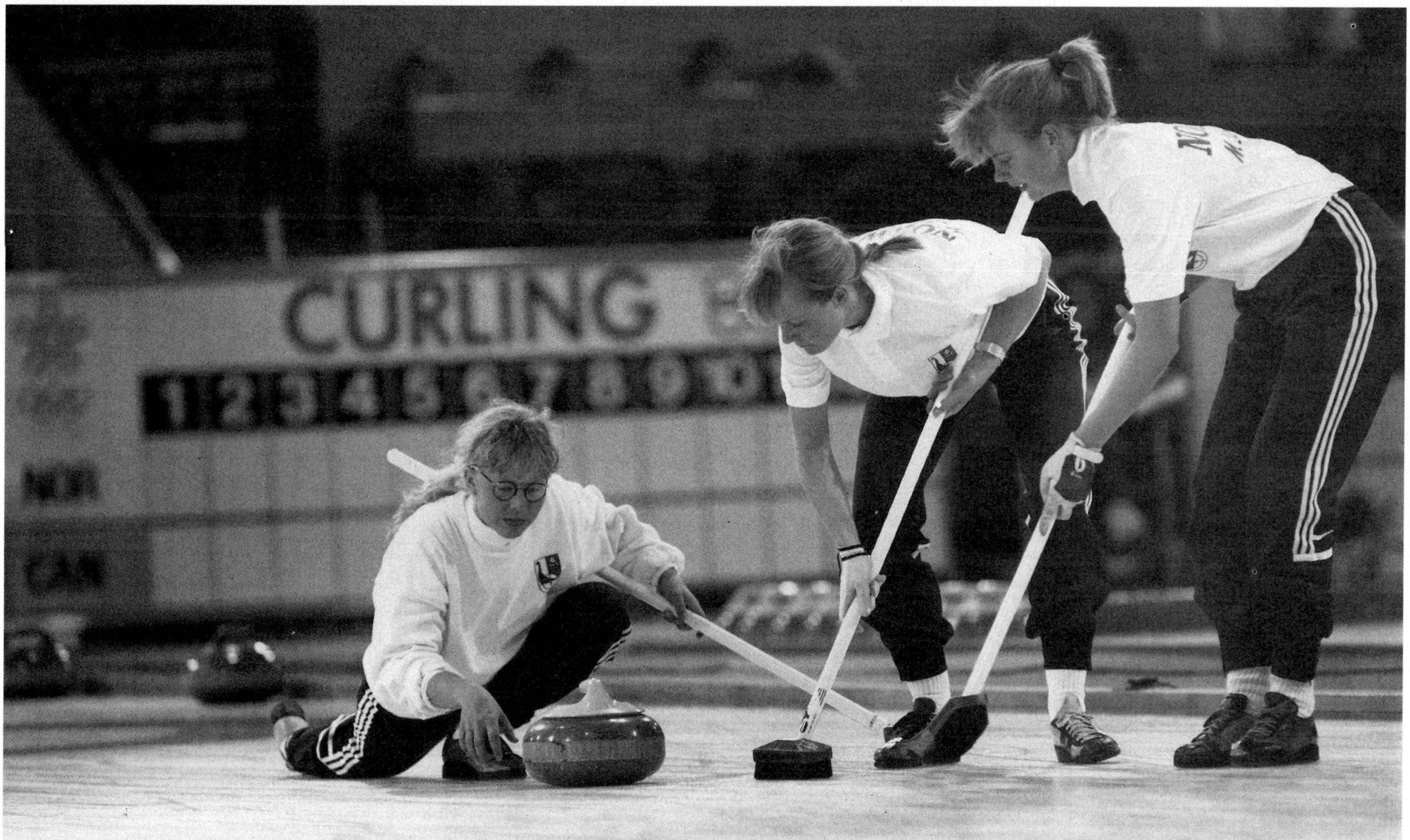
CURLING
1 2 3 4 5 6 7 8 9
NOR
CAN

Gastgeber Calgary

CBS-Radiokollege Ron Wilson war perplex. Aus der Hauptstadt Ottawa zu den Spielen angereist, überraschte ihn die hundertfache Freundlichkeit der Calgarians. Als ihm beim Radio-Meeting im Lindsay Park wieder jedermann auf die Schulter klopfte und sein „Happy to see You" (Schön, Sie zu treffen) und „nice days" an den Mann gebracht hatte, entfuhr es dem x-mal kreuz und quer durch Kanada Gereisten, der sein Land und seine Leute kennt: „Has everybody in this city taken nice pills?" (Hat jeder in dieser Stadt Freundlichkeitspillen genommen?)

Ron Wilson, ein guter alter Begleiter bei vielen internationalen Sportereignissen, räumte dann ein, was der Herbeigereiste ohnehin als leisen Zweifel angemeldet hatte: „Kann ein Gast denn überhaupt irgendwo auf der Welt in drei Wochen Aufenthalt die Menschen, seine Gastgeber, kennenlernen? Darf er, da oder dort, flink forsche Urteile fällen?" Wilson teilte diese Meinung. Richtig, Vorsicht sei am Platze, aber, und das Aber wollte er dick unterstrichen wissen, „wir Kanadier sind immer gute Gastgeber. Von Montreal – ihr habt es 1976 schätzengelernt – bis Vancouver, immer, doch die Calgarians, das ist für mich überraschend, übertreffen uns in diesen Tagen allesamt." Wer von Calgary und den Spielen scheidet, kann ihm nur zustimmen.

Dabei regten sich zuerst Zweifel. In vielen Autos, an den Heckscheiben, quer über Reklamewände, auf den Zeitungsseiten prangte es farbig und dick: „Go! Canadians, Go!" Dieses Anfeuern ließ bei Empfindlichen möglicherweise allzu Lokalpatriotisches vermuten. Doch solche Sorgen gerieten schnell in Vergessenheit. Dabei bot auch der herbeigeeilte kanadische Olympiafan das, was wir als Begeisterung für die eigenen Farben kennen. Indes, er erweiterte seine Sympathien immer wieder und sofort auch auf den anderen, den sportlichen Kontrahenten, den Olympiagast.

Wie mag dem jungen Berliner Uwe-Jens Mey zumute gewesen sein, als es sich im Train-Abteil nach zaghaftem Tuscheln blitzschnell herumsprach: ein Olympiasieger an Bord! Und dann setzte spontan Beifall ein: „A real Gold-Winner, look...!" (Ein echter Goldmedaillengewinner, sieh nur!)

Mit Zigtausenden pilgerten wir mehr als einmal vergeblich zu den Schanzen im Wind-Areal. Während wir, mehr oder minder deutlich, fluchten, nicht nur den springerfeindlichen Prärie-sturm meinten, sondern mehr noch, und wohl auch korrekter, den Standort, amüsierten sich die Zuschauer dennoch auf harten Traversen, nahmen sie dankbar jede Lautsprecheransage zur Kenntnis und zogen dann nach dem definitiven „heute wird (wieder) nichts..." friedlich und freundlich von dannen.

Jene Souveränität bewiesen die Gastgeber dann auch in den schwärzesten Stunden, die der Sport immer wieder bietet. Wie sie die eigenen Schwächen des Eishockeyturniers im Saddledome ertrugen, war bewundernswert. Was für ein Publikum!

Die Orser-Stunden sahen, hörten, kommentierten wir aus nächster Nähe. Der Saddledome, dieses einzigartige Sportprachtstadion, sollte zur goldenen Arena werden. Da es schon beim Eishockey, immerhin dem Nationalsport, schiefzugehen drohte, konzentrierte sich in dem Enthusiasmus von 19 000 das Hoffen und Wünschen eines ganzen Landes. Orser tat sein Bestes. Doch da tanzte, sprang, lief, kämpfte noch ein Besserer. Sie feierten diesen Brian, der nicht ihrer war, wie es sich für einen Großen gehört, und sie schenkten dem eigenen nun den Dank für Silber mit goldener Herzlichkeit. O ja, es gehört schon Größe dazu, so zu verlieren.

Wer hier zuwenig über die Sportstätten und die Organisation findet, wer das Offizielle vermißt, dem und allen anderen sei gesagt, daß nichts ohne Menschen geht. Sie bauen, sie planen, sie verwalten, sie pflegen, sie arbeiten, sie hasten oder rasten. Der Mensch, auch der bei Olympia, Gast und Gastgeber, ist das Maß aller Dinge. Da halfen, unentwegt und unverdrossen und immer mit freundlichem Humor, die Tausende Volunteers, Calgarians, die zu Recht von jedermann respektiert und gefeiert wurden. Daß sich dafür aber Tausende gemeldet hatten, spricht für das ganze Land, das sich um goldene Gastfreundschaft olympisch verdient gemacht hat.

Und weil wir uns auf das Olympiabanner schrieben, daß Olympia immer ist, daß der Alltag zum Feiertag gehört wie ein Schuh zum anderen, wäre auch das für unseren Alltag wünschenswert: die winzige Kleinigkeit des „He" und „Hallo" zu Menschen, die man weder kennt noch wiedersieht. Das stille Lächeln erfreut, das Sonne bringt.

Das Große, das Schöne, das Richtige, das wir wollen, ruft nach dem tausendfachen Kleinen, in dem es sich beweist. Immer wieder. Die Olympiastadt, die Menschen und Gastgeber zwischen den Flüssen Bow und Elbow erinnerten auch daran, daß der Ellbogen nicht immer der sichtbarste Teil des Menschen sein und bleiben muß.

1 | 2

1 Entspannung nach heißem Kampf und Strapazen boten über 400 Kulturveranstaltungen. Hier wird Kanadas Nationalsport kabarettistisch dargeboten
2 Schlagzeilen in der kanadischen Presse für die Männer und Frauen aus der DDR

Gold medal luge win
an encore for Mueller

By Chris Dawson
(Herald staff writer)

Shortly after winning a gold medal in the men's singles luge Monday, East German Jens Mueller was asked how it

[Calgary Herald: „Goldmedaillensieg im Rennschlitten war Wiederholung für Jens Müller?"]

LUGE
Men's
GOLD   SILVER   BRONZE

Jens Mueller   Georg Hackl   Iouri Khartchenko
GDR   FRG   URS

Herald Graphic

6

Canada

Roger Couture
(*Captain/Capitaine*)
Christian Daigle
Michel Bergeron

1 Hoch-Zeit für Schnee-Plastiker

2 Einen Platz im Guinness-Buch der Rekorde erhofft dieser 30jährige Kanadier. Er sammelte in der Olympiastadt weit über 20 000 Unterschriften für das größte Gästebuch der Welt

3 Ein Ständchen für die Besucher aus aller Welt auf dem Olympic Plaza

4 Nach dem Skispringen . . .

5 Fototermin mit Hidi und Howdy

6 Tribünen im MacMahon-Stadion. Tausende bevölkerten sie während des olympischen Festes

GLENBOW CENTRE
CONVENTION CENTRE

GIFTS
OLYMPIC PINS HATS CARDS

14 ST SW
SCHOOL BUS
CUSTOMER PARKING ONLY

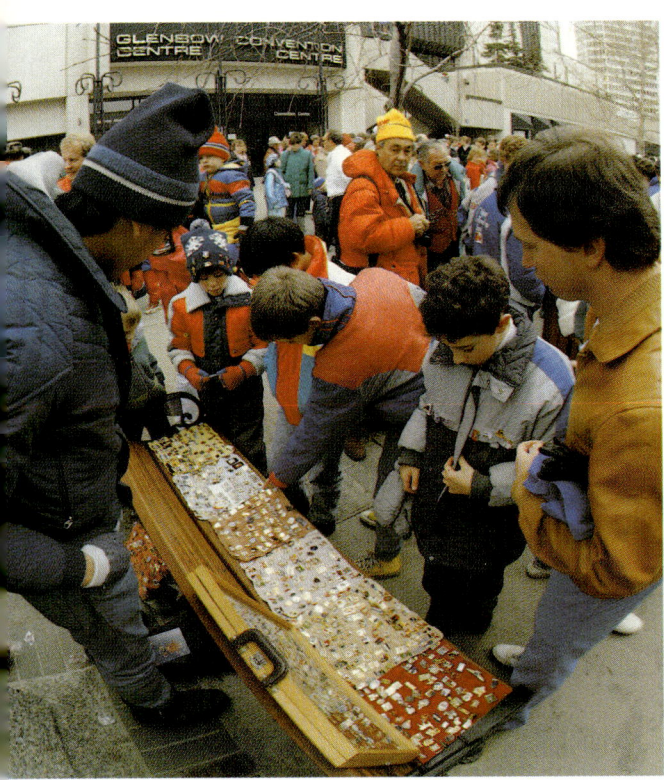

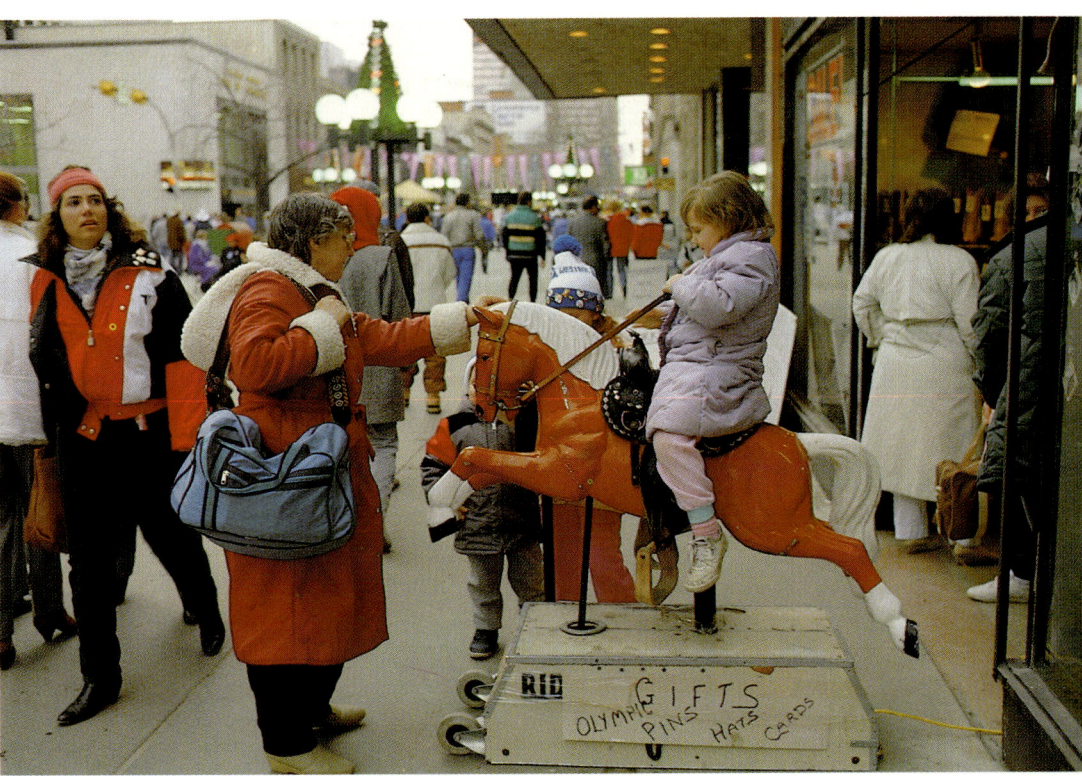

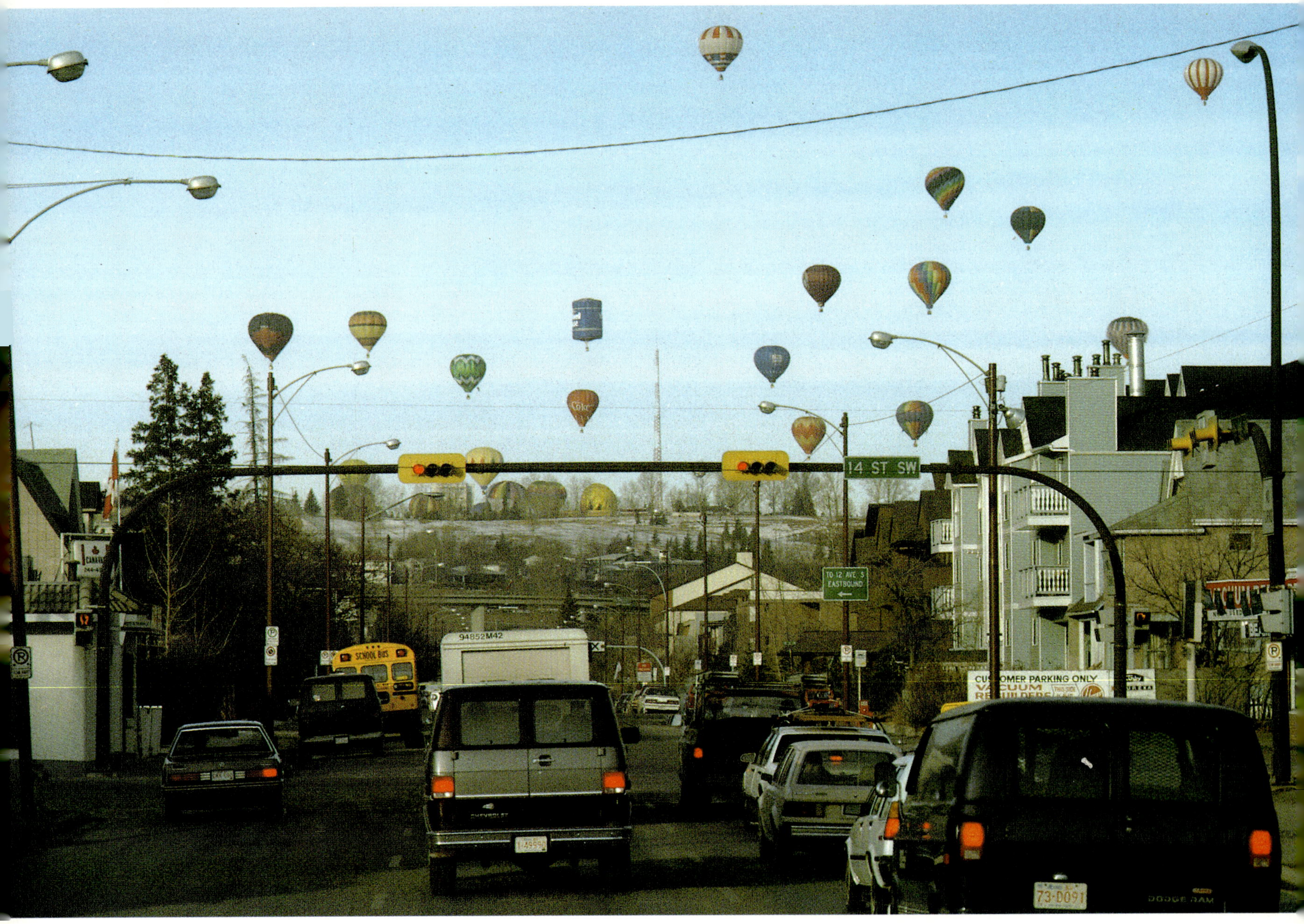

1 2 | 4
5
3 | 6

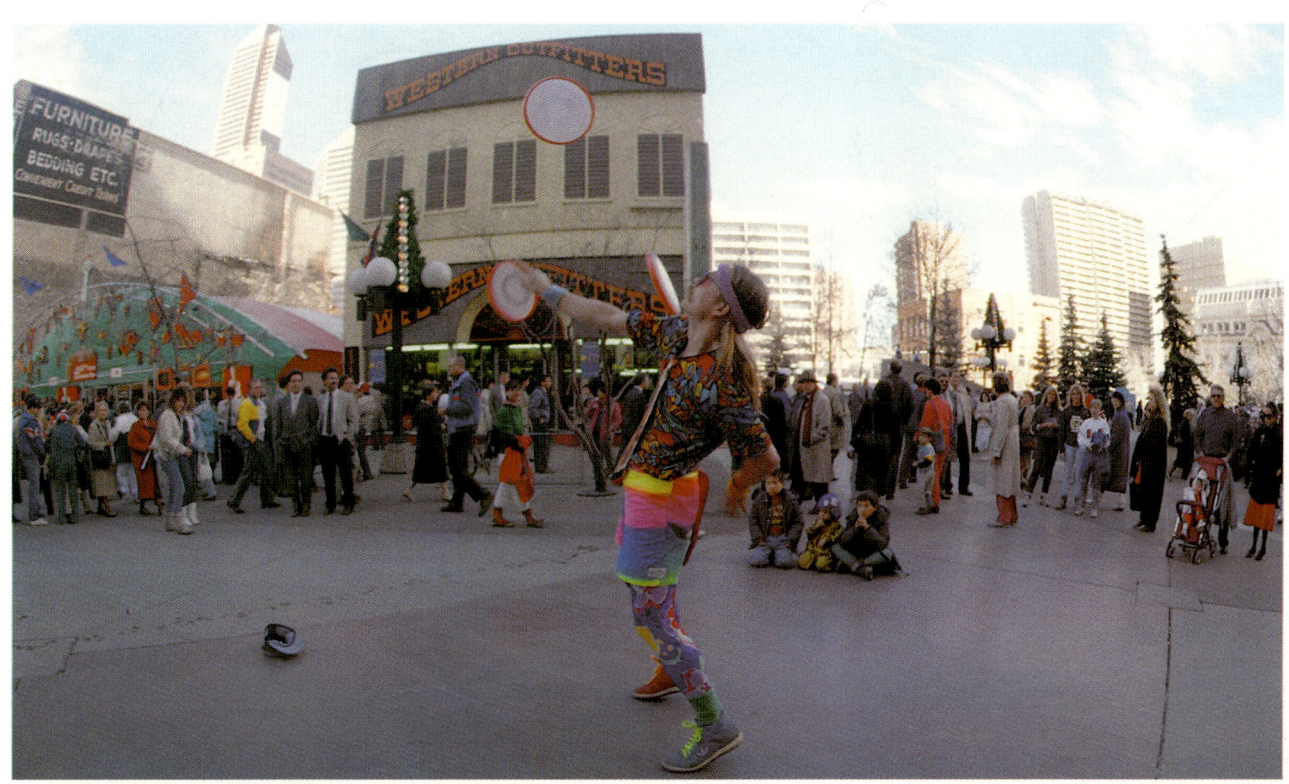

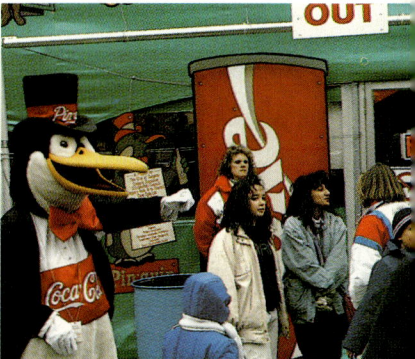

1 *Pins-Sammler*
2 *Cowboy-Kinder*
3 *Olympia-Strom*
4 *Volks-Künstler*
5 *Indianer-Frauen*
6 *Schau-Fenster*

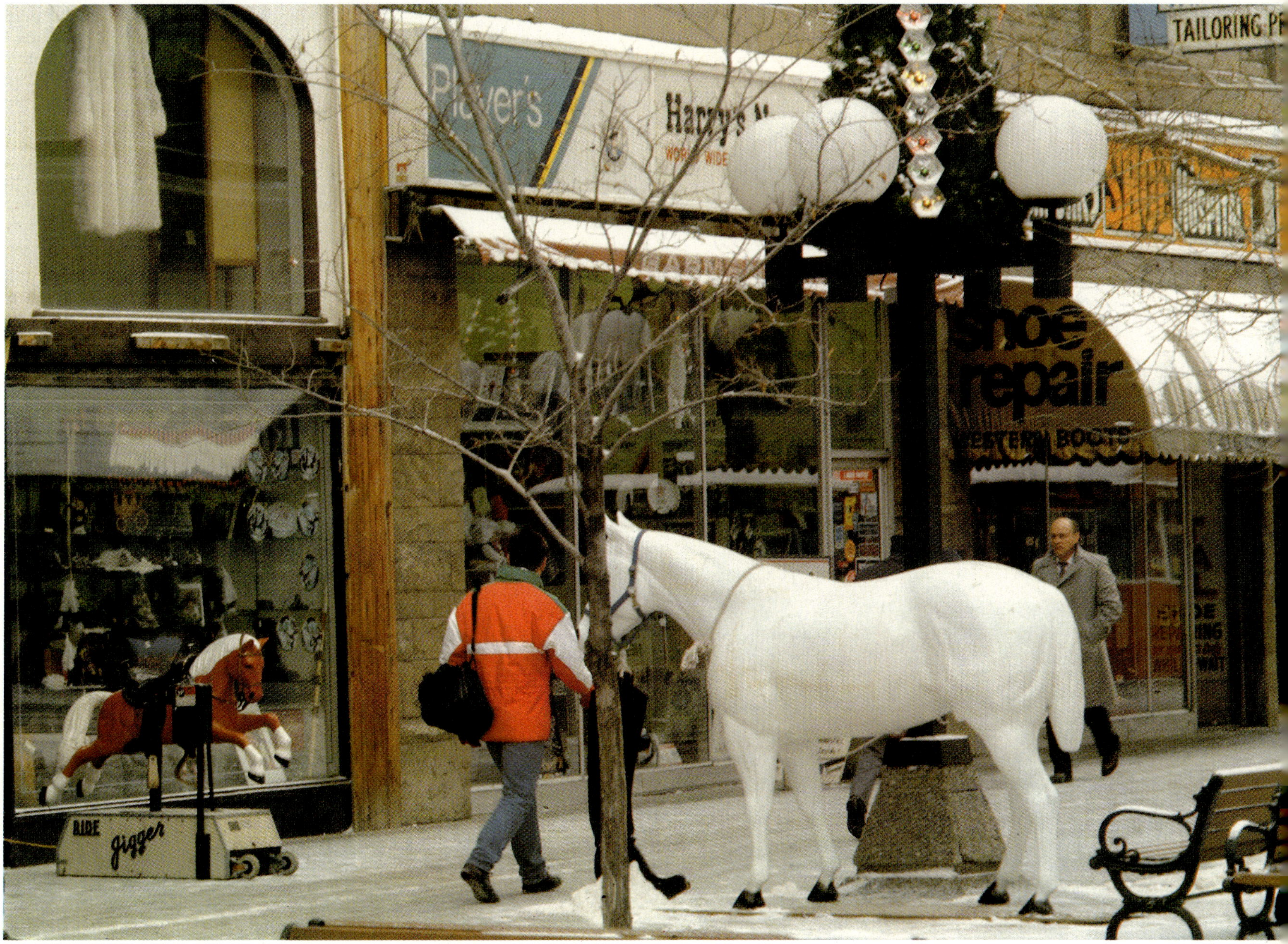

CANADA

SEA CADETS

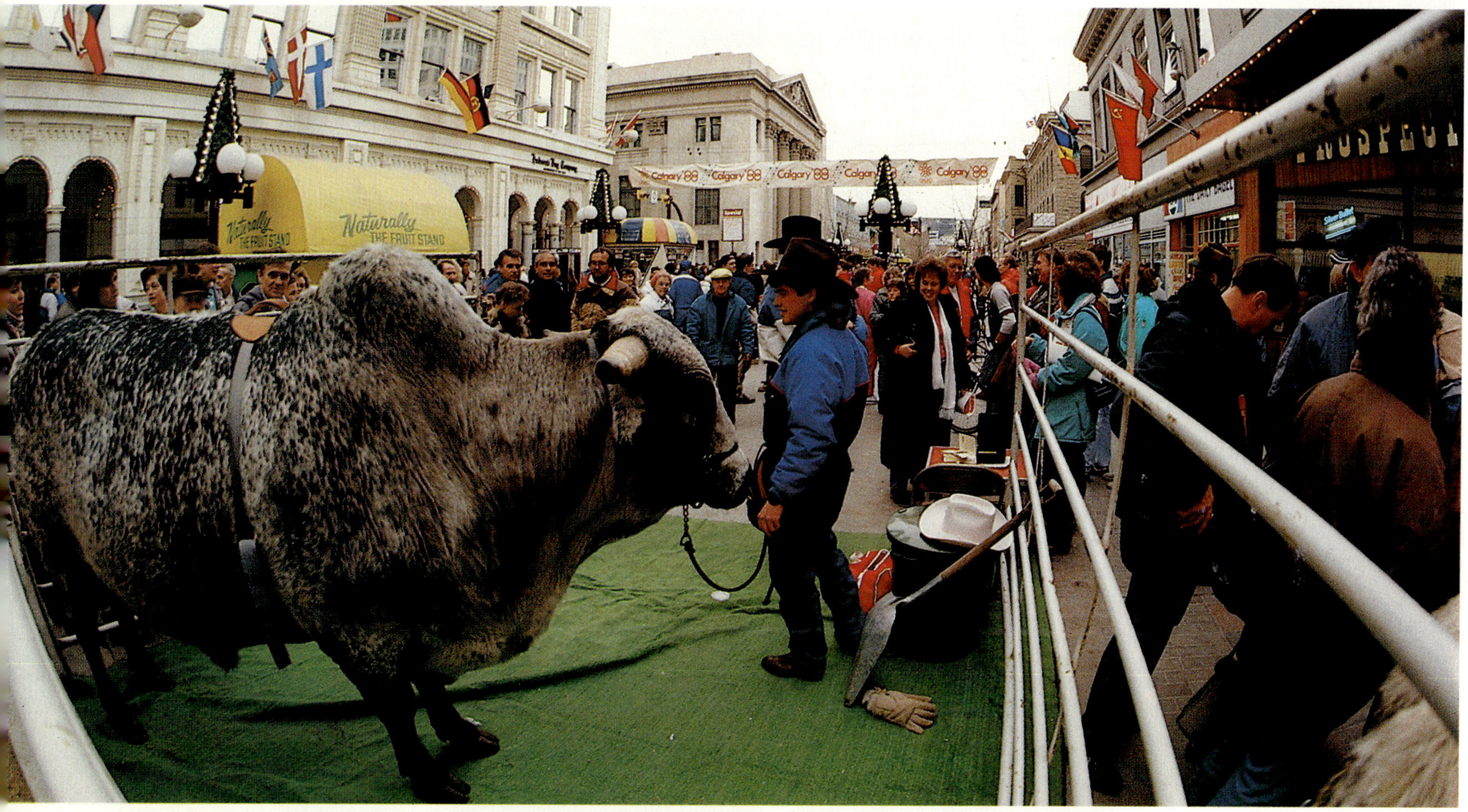
Naturally
THE FRUIT STAND
Calgary 88

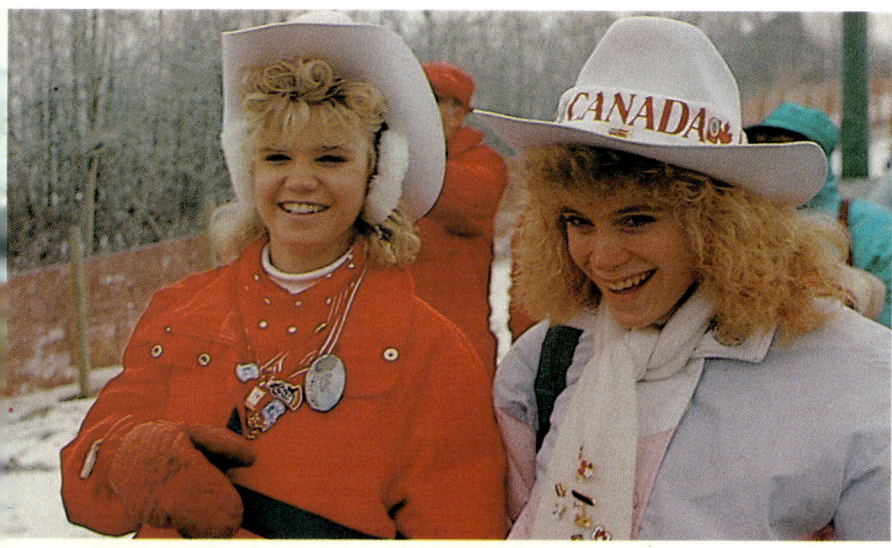

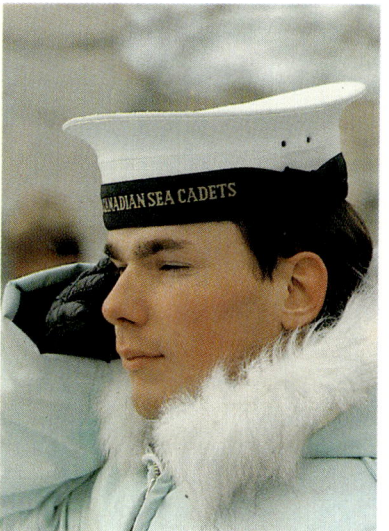

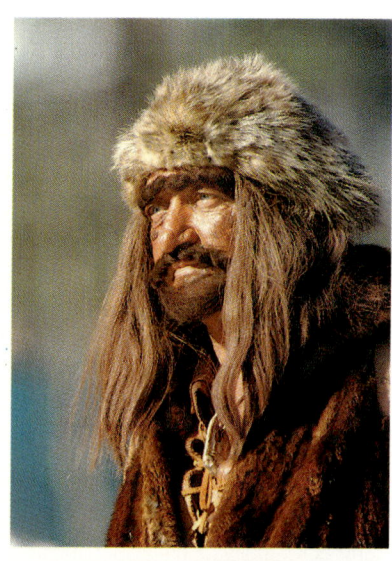

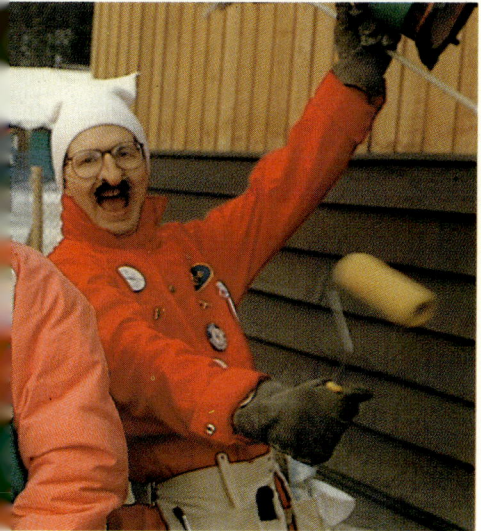

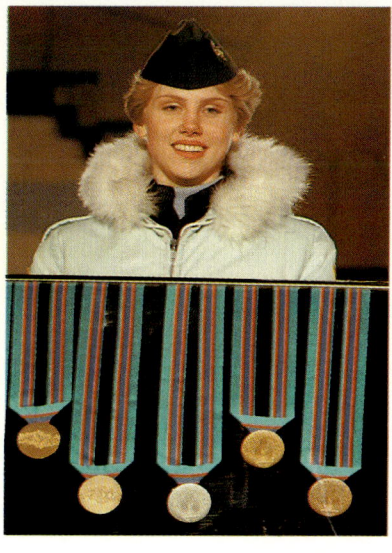

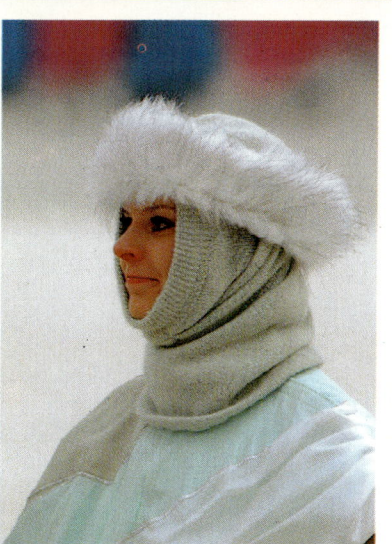

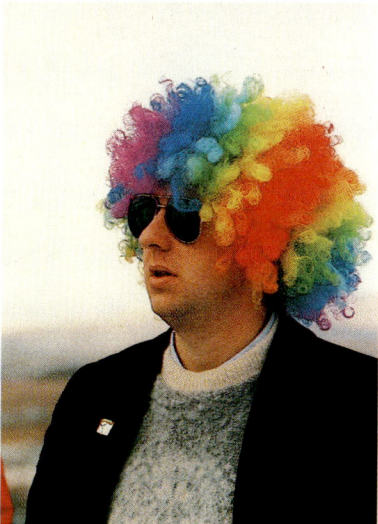

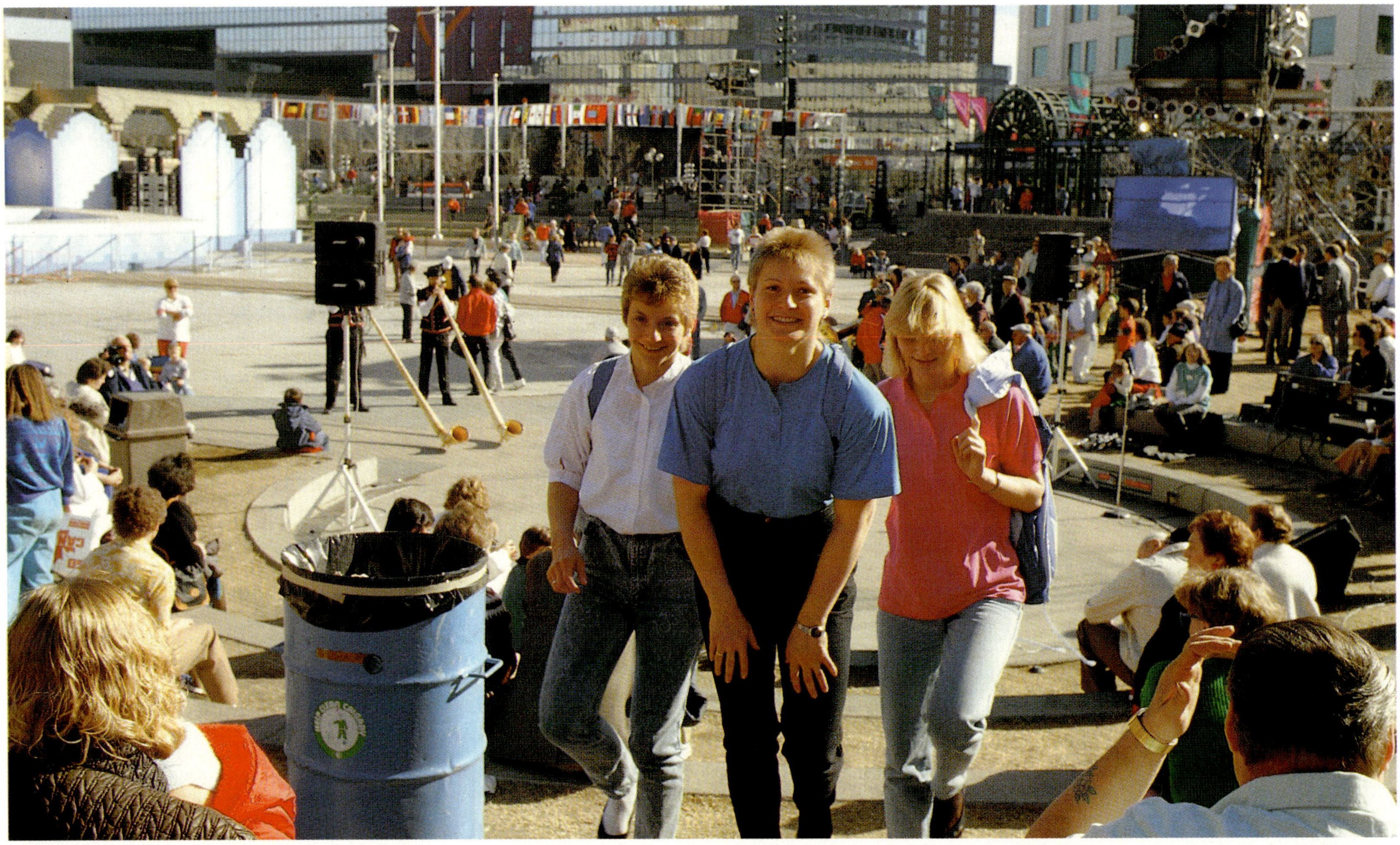

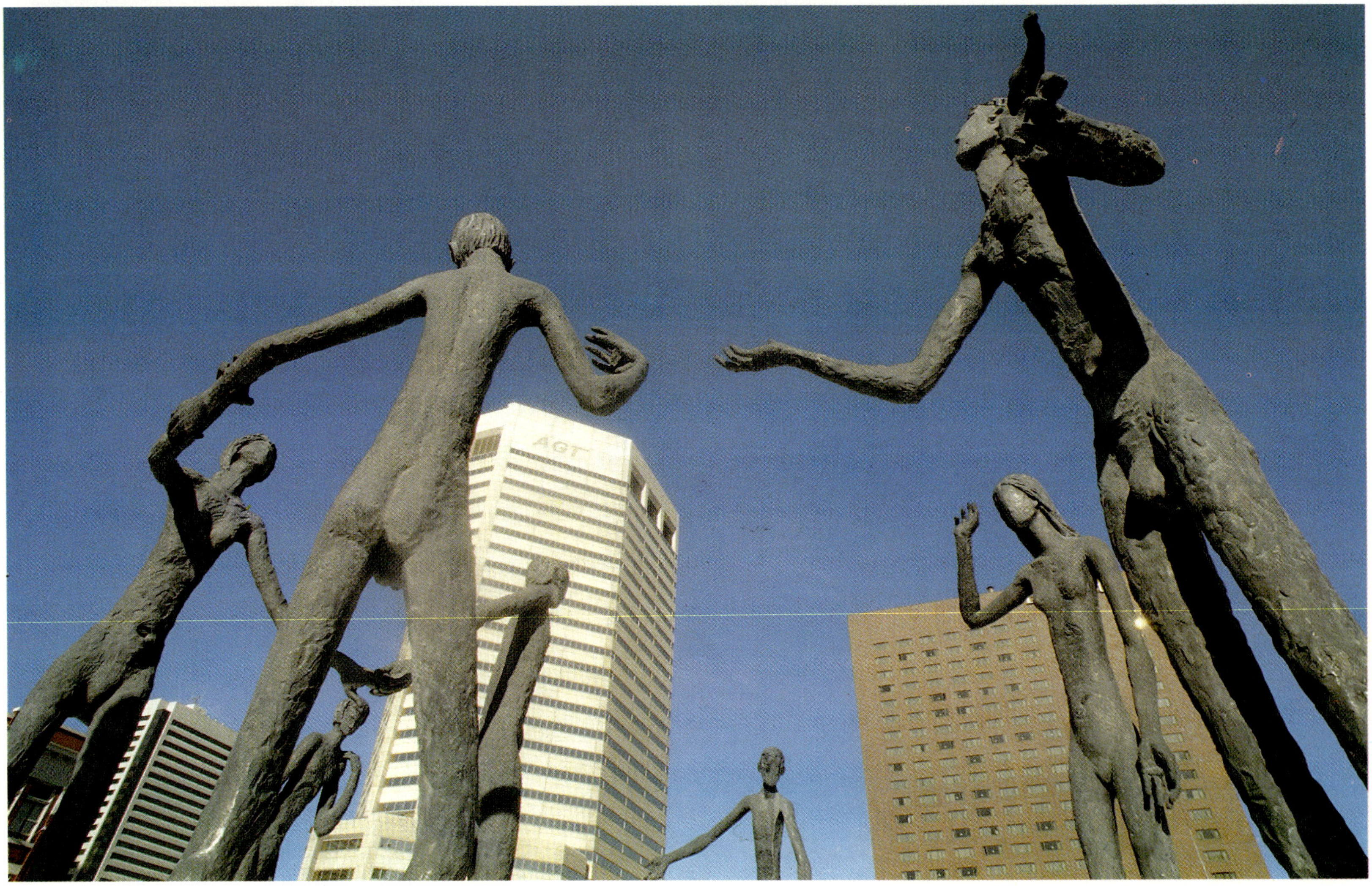
AGT

Einen Tag ganz für sich
hatten unsere drei erfolg-
reichen Rennschlitten-
Damen Steffi Walter, Ute
Oberhoffner und Cerstin
Schmidt zum Bummel
rund um den Olympic
Plaza

Abschluß

16 Tage lang haben Calgary und seine Einwohner mit Herz und Hingabe Aktive, Offizielle und Gäste aus aller Welt zu den Spielen umsorgt und betreut. Beschwingt und vielfarbig, begeisternd und bewegend nahmen die „Calgarians" im McMahon-Stadion mit einer schwungvollen Zeremonie Abschied von Olympia.

„Calgary dankt der Welt für die Gelegenheit, Gastgeber der XV. Olympischen Winterspiele gewesen zu sein. . . Als Gastgeberstadt hoffen wir, daß sich die Welt an uns erinnert in Glück und Freude, während wir der Zukunft der Spiele entgegensehen." So lautete die Botschaft an alle in der Stunde des Abschieds.

Noch einmal vereinte das Stadionrund die 57 Mannschaften mit ihren Gastgebern. Winkend und strahlend zogen sie ein, in der Hand eines jeden Sportlers eine Kerzenflamme, die sich wie das Feuer an den Wettkampfstätten und – als höchstes in der olympischen Geschichte – auf dem „Tower" als Sinnbild der Botschaft Olympias verstand: Frieden und Freundschaft zu hüten.

In Dreierreihen wehten die Flaggen hinter dem Block der Mannschaften; Sieger wie Unterlegene, Glückliche und Betrübte ein letztes Mal vereint. Schweden mit dem großen Langläufer Gunde Svan, Kanada mit Gaétan Boucher, dem viermaligen Olympiateilnehmer und großen Kämpfer auf dem Eis, die UdSSR, erfolgreichste aller Mannschaften, mit Tamara Tichonowa, die zweimal Gold und einmal Silber im Langlauf gewann, die DDR mit Frank-Peter Roetsch und Wolfgang Hoppe.

Frank King, der Präsident des OCO '88, erinnerte an die Botschaft des Sports für Freundschaft und Frieden, dankte allen Athleten, die „unsere Herzen erobert haben", und bat den IOC-Präsidenten, die XV. Olympischen Winterspiele offiziell zu beenden. Juan Antonio Samaranch sprach seinen tiefen Dank aus und rühmte Calgarys Spiele als die besten, die es je gab.

Sein „Thank you, Calgary!" war das Motto der Stunde, in der die olympische Flagge der Winterspiele von Calgary an Albertville, den Gastgeber der in vier Jahren stattfindenden Winterspiele, überreicht wurde.

Der weiße Sand des Stadions war in den letzten Tagen unter einer großen Eisfläche verschwunden. Weltklassekönner von einst und jetzt boten in einer mitreißenden, farbenfrohen Show noch einmal, was mehr als zwei Wochen überall zu spüren gewesen war: Herzenswärme und Sportbegeisterung der Gastgeber. Der IOC-Präsident rief der Jugend der Welt zu, sich in vier Jahren wieder zu versammeln, um die Spiele in Albertville zu feiern. Die olympische Flagge wurde eingeholt, die Flamme erlosch.

Bewahrt aber wird sie getreu einem Motto, das an vielen Stellen dieser Spiele in riesigen Buchstaben zu lesen war: Save the flame! Hütet die Flamme! – Sie ist auch Symbol des Friedens.

2

1

1 Dankeschön, DDR-Mannschaft!
2 Die olympische Flagge wird eingeholt, das Fest klingt aus

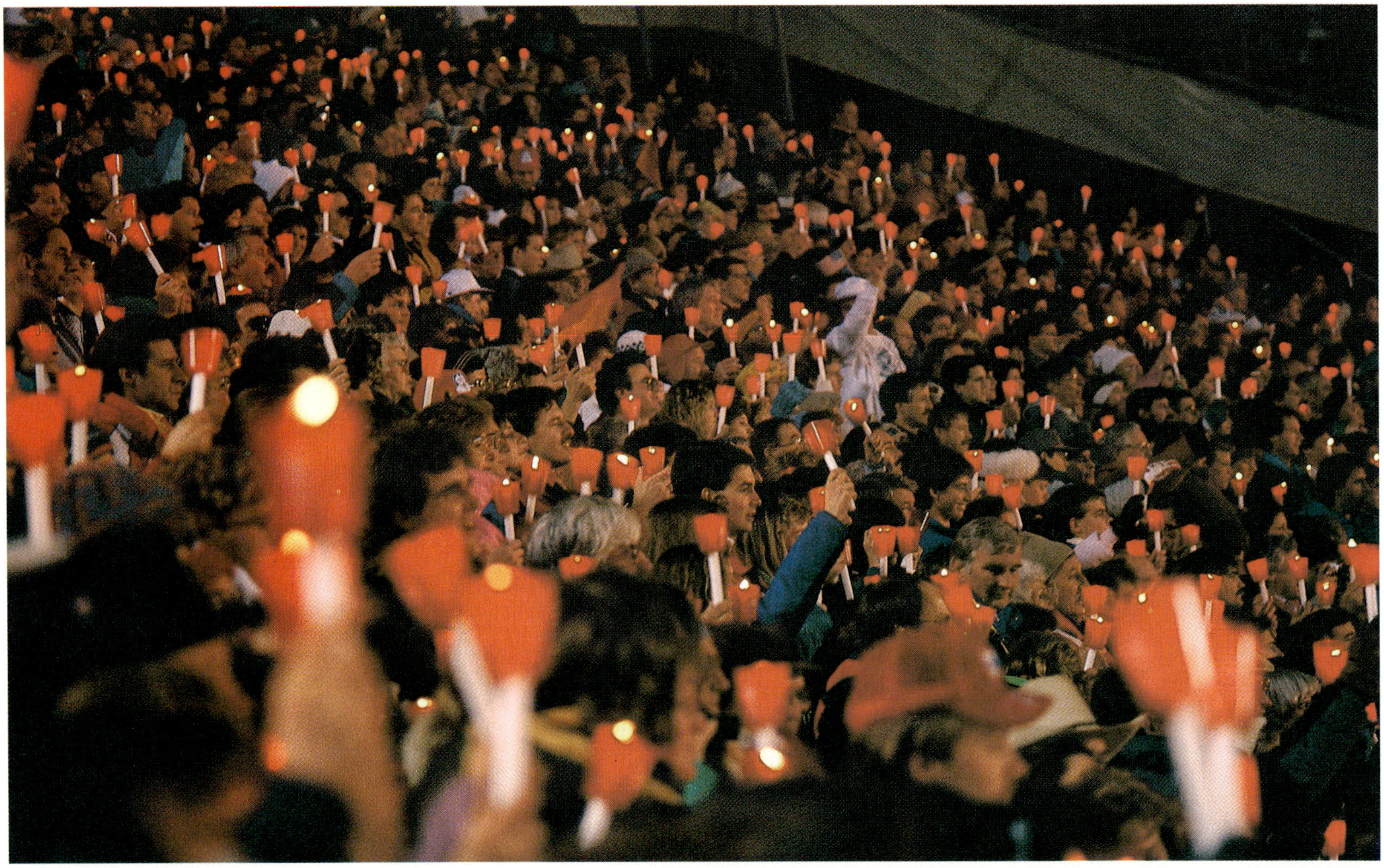

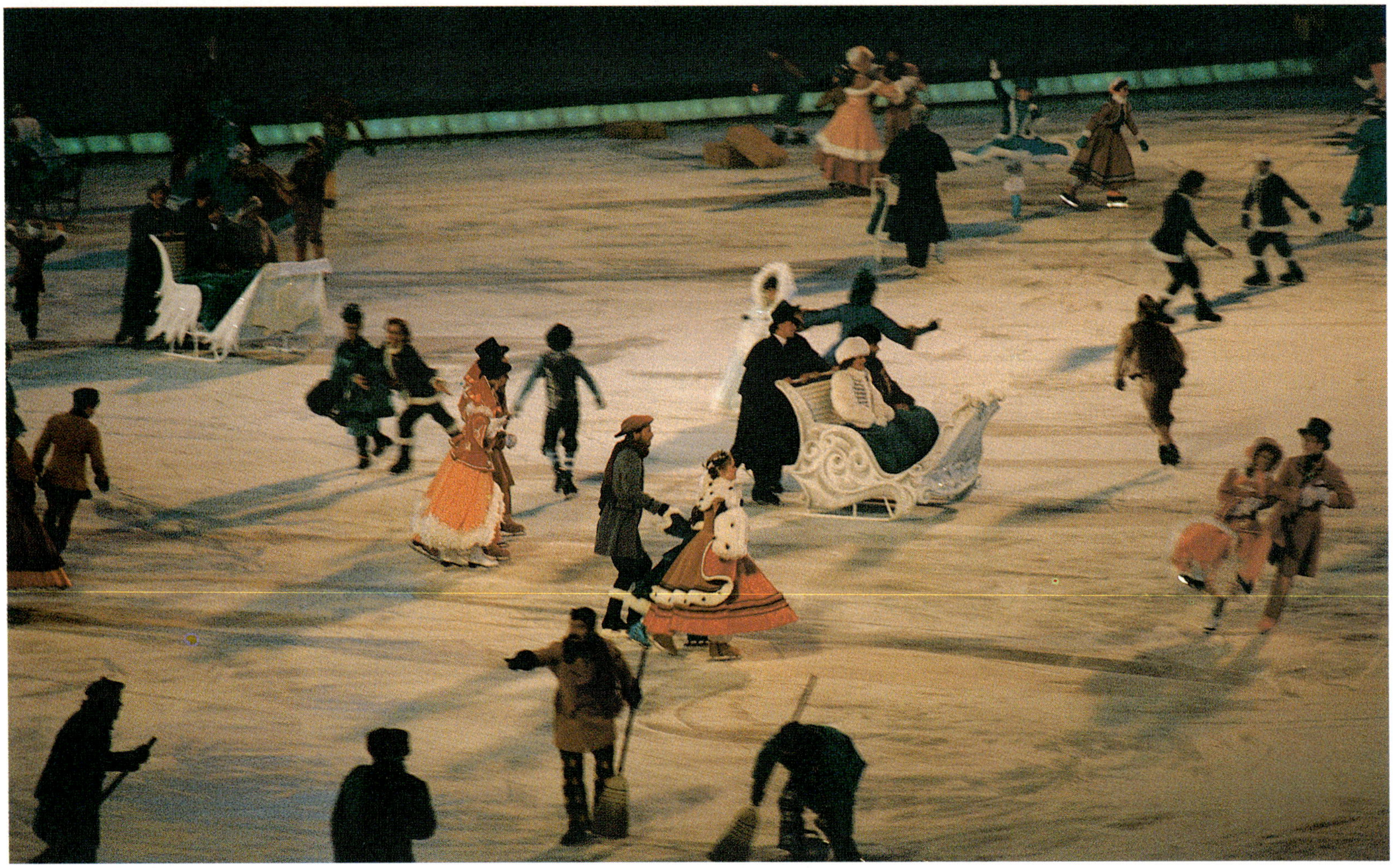

*Stimmungsvolles Finale.
Die Sportjugend der Welt
nimmt Abschied von Cal-
gary*

Empfang in der Heimat

„Mit großer Freude, Herzlichkeit und innerer Bewegung begrüßen wir euch nach den großen Tagen von Calgary wieder auf heimatlichem Boden bei uns in der Deutschen Demokratischen Republik."
(Aus der Begrüßungsrede von Egon Krenz)

Herzlich begrüßen die Mitglieder des Politbüros des ZK der SED Egon Krenz, Sekretär des ZK, und Harry Tisch, Vorsitzender des Bundesvorstands des FDGB, der Stellvertreter des Vorsitzenden des Ministerrats Wolfgang Rauchfuß, der 1. Sekretär des Zentralrats der FDJ, Eberhard Aurich, Angehörige, Sportfreunde und Funktionäre unsere erfolgreiche Olympiamannschaft

Richtiger Schnee, wie er in Calgary so rar gewesen war, wirbelte über das Rollfeld in Berlin-Schönefeld, umwehte unsere Winter-Olympiakämpfer an diesem ersten Märztag. Kann es einen schöneren Moment geben, als endlich wieder zu Hause zu sein? Rennschlitten-Olympiasiegerin Steffi Walter hatte davon schon Stunden vorher hoch oben in den Lüften gesprochen. Und während die IL 62 der INTERFLUG ausrollte, drückte sie sich die Nase platt am Fenster: „Ist er da, mein kleiner Sebastian?"

Er war es, auf dem Arm des Vaters, und mit ihm Hunderte andere: Ehemänner und -frauen, Freunde und Freundinnen, Eltern, Vertreter der Sportverbände und Sportklubs, Freunde des Sports, viele, die einfach gekommen waren, um ihren Olympiakämpfern zuzujubeln und Dank zu sagen für das, was diese in Calgary geleistet hatten. „Willkommen in der Heimat!" Egon Krenz, Mitglied des Politbüros und Sekretär des Zentralkomitees der SED, entbot es stellvertretend für alle als erster an der Gangway, auf der, allen voran, die Goldmedaillengewinner Katarina Witt und Frank-Peter Roetsch herabkletterten. Hände streckten sich zu Glückwünschen entgegen. Harry Tisch, Mitglied des Politbüros der SED und Vorsitzender des FDGB-Bundesvorstandes, gratulierte. Der Stellvertreter des

Vorsitzenden des Ministerrats Wolfgang Rauchfuß und der 1. Sekretär des Zentralrats der FDJ, Eberhard Aurich, schlossen sich ihm an, Väter und Mütter drückten Töchter und Söhne, Kuß für Braut oder Bräutigam – und die Flocken wirbelten.

Im Jugendklubhaus der Fluggesellschaft dann ein musikalischer Willkommensgruß, bevor Egon Krenz das Wort ergriff. Im Namen des Zentralkomitees der SED überbrachte er unserer erfolgreichen Olympiamannschaft Glückwünsche für die hervorragenden Leistungen und übermittelte die herzlichen Grüße des Generalsekretärs der Sozialistischen Einheitspartei Deutschlands und Vorsitzenden des Staatsrates der DDR, Erich Honecker. Mit dem Gewinn von neun Gold-, zehn Silber- und sechs Bronzemedaillen hatten unsere Wintersportler in Calgary das beste Ergebnis erreicht, das je einer DDR-Mannschaft bei Olympischen Winterspielen gelang.

Wenn IOC-Präsident Juan Antonio Samaranch die XV. Olympischen Winterspiele die bisher größten und schönsten nennen konnte, dann hat die DDR-Mannschaft daran großen Anteil. Egon Krenz nannte als Gründe dafür die Treue der DDR-Sportler zu den olympischen Idealen, ihr sportliches Können und ihren beispielhaften

Siegeswillen und Kampfgeist. Mit dieser sportlichen Bilanz und dem Auftreten der DDR-Mannschaft wurde vor aller Welt dokumentiert, daß der olympische Gedanke bei uns zu Hause ist. In unserer Republik gelten die fünf olympischen Ringe als Symbol der Sehnsucht der Völker nach Frieden und Verständigung, wir verstehen sie als Ruf zum Streben nach hohen Leistungen und zum friedlichen sportlichen Wettstreit, als Zeichen der Hoffnung auf eine Welt, in der Vernunft und Völkerverständigung auf Dauer triumphieren werden.

Egon Krenz schloß in den Dank an die Medaillengewinner nachdrücklich auch jene Olympiakämpfer ein, denen das Glück nicht vergönnt war, ebenfalls aufs Siegerpodest zu steigen. Dank galt den Trainern und Betreuern, allen, die mit ihrer Arbeit zu diesem großartigen Ergebnis beigetragen hatten, ganz besonders auch den Familien, auch noch einmal den kanadischen Gastgebern.

In seiner Erwiderung drückte der zweifache Olympiasieger Frank-Peter Roetsch die Gefühle aller aus, als er die Erfolge von Calgary das Resultat der klugen Politik der Partei- und Staatsführung der SED nannte, die es ermöglicht, immer neue Talente zu finden und bis zum höchsten sportlichen Triumph zu führen. Doch auf dem Lorbeer auszuruhen, das war noch nie Lebensart

unserer Olympioniken, und deshalb verband der Zinnwalder seine Rede mit dem Versprechen, auch in den kommenden Jahren alles für neue Erfolge zu tun.

Von Berlin aus traten unsere besten Wintersportler die Heimreise in ihre Wohnorte an, die zu wahren Triumphfahrten wurden. Überall mußten sie Hände schütteln, Autogramme schreiben – Ausdruck dieser engen Verbundenheit mit der Bevölkerung, die sie bereits fast zehntausend Kilometer entfernt in Calgary in Form Hunderter Telegramme und Briefe gespürt hatten. Doch es waren nicht nur Festsäle, in denen unseren Olympioniken der Willkommensgruß ausgesprochen wurde: Einen Tag nach dem Empfang im Roten Rathaus gab es beispielsweise für die Berliner Eisschnellauf-Goldmedaillengewinner Uwe-Jens Mey und André Hoffmann noch einen weiteren – in der Hohenschönhauser Eislaufhalle, inmitten der Berliner, beim Sport für jedermann . . .

Wieder Alltag. In Calgary auf Medaillenjagd, nun gemeinsam mit Tausenden Berlinern auf dem Eis: Uwe-Jens Mey, Angela Stahnke und André Hoffmann

STATISTIK

SPIELE DER XXIV. OLYMPIADE
SÒUL 1988

XV. OLYMPISCHE WINTERSPIELE
CALGARY 1988

ÜBERSICHT DER TEILNEHMERLÄNDER SÒUL 1988

Ägypten
Afghanistan
Algerien
Amerikanisch-Samoa
Andorra
Angola
Antigua und Barbuda
Äquatorial-Guinea
Argentinien
Aruba
Australien
Bahamas
Bahrein
Bangladesh
Barbados
Belgien
Belize
Benin
Bermudas
Bhutan
Bolivien
Botswana
Brasilien
Britische Jungferninseln
Brunei
Bulgarien
BRD
Burkina Faso
Burma
Cayman-Inseln
Chile
China
Cook-Inseln
Cote d' Ivoire
ČSSR
Dänemark
DDR
Djibouti
Dominikanische Republik
Ekuador
El Salvador
Fidschi
Finnland
Frankreich
Gabun
Gambia
Ghana
Grenada
Griechenland
Großbritannien
Guam
Guatemala
Guinea
Guyana
Haïti
Honduras
Hongkong

Indien
Indonesien
Irak
Iran
Irland
Island
Israel
Italien
Jamaika
Japan
Jemenitische
Arabische Republik
Jordanien
Jugoslawien
Jungferninseln
Kamerun
Kanada
Katar
Kenia
Kolumbien
Kongo
Kostarika
Kuweit
Laos
Lesotho
Libanon
Liberia
Libyen
Liechtenstein
Luxemburg
Malawi
Malaysia
Malediven
Mali
Malta
Marokko
Mauretanien
Mauritius
Mexiko
Moçambique
Monaco
Mongolische VR
Nepal
Neuseeland
Niederlande
Niederländische Antillen
Niger
Nigeria
Norwegen
Oman
Österreich
Pakistan
Panama
Papua-Neuguinea
Paraguay
Peru
Philippinen

Polen
Portugal
Puerto Rico
Rumänien
Rwanda
Salomonen-Inseln
Sambia
San Marino
Saudi-Arabien
Schweden
Schweiz
Senegal
Sierra Leone
Simbabwe
Singapur
Somalia
Spanien
Sri Lanka
St. Vincent und Grenadinen
Sudan
Südkorea
Suriname
Swasiland
Syrien
Taiwan
Tansania
Thailand
Togo
Tonga
Trinidad und Tobago
Tschad
Tunesien
Türkei
UdSSR
Uganda
Ungarn
Uruguay
USA
Vanuatu
VDR Jemen
Venezuela
Vereinigte
Arabische Emirate
Vietnam
West-Samoa
Zaïre
Zentralafrikanische
Republik
Zypern

LEICHTATHLETIK

Olympic Stadium
23. September bis 2. Oktober

Männer

100 m
(Weltrekord 9,83 s/Wind +1,1)

1. **Carl Lewis** (USA)
9,92 s (OR)

2. **Linford Christie** (Großbritannien) 9,97 s

3. **Calvin Smith** (USA)
9,99 s

4. Dennis Mitchell (USA) 10,04
s; 5. Robson da Silva (Brasilien)
10,11 s; 6. Desai Williams (Kanada) 10,11 s, 7. Raymond Stewart (Jamaika) 12,26 s; **Sven
Matthes** (DDR) 3. Zwischenlauf
10,36 s (3.)

Ben Johnson (Kanada) als Sieger disqualifiziert

200 m (19,72 s/ +1,7)

1. **Joe Deloach** (USA)
19,75 s (OR)

2. **Carl Lewis** (USA) 19,79 s

3. **Robson da Silva** (Brasilien)
20,04 s

4. Linford Christie (Großbritannien) 20,09 s; 5. Atlee Mahorn
(Kanada) 20,39 s; 6. Gilles Que-
neherve (Frankreich) 20,40 s;
7. Michael Rosswess (Großbritannien) 20,51 s; 8. Bruno Marie-
Rose (Frankreich) 20,58 s

400 m (43,29 s)

1. **Steven Lewis** (USA)
43,87 s

2. **Harry Reynolds** (USA)
43,93 s

3. **Danny Everett** (USA)
44,09 s

4. Darren Clark (Australien)
44,55 s; 5. Innocent Egbunike
(Nigeria) 44,72 s; 6. Bertland
Cameron (Jamaika) 44,94 s; 7.
Ian Morris (Trinidad und To-
bago) 44,95 s; 8. Mohamed
Amer Al-Malki (Oman) 45,03 s;
Jens Carlowitz (DDR) 1. Halbfi-

nale 45,08 s (6.); **Thomas
Schönlebe** (DDR) 2. Halbfinale
44,90 s (5.)

800 m (1:41,73 min)

1. **Paul Ereng** (Kenia)
1:43,45 min

2. **Joaquim Cruz** (Brasilien)
1:43,90 min

3. **Said Aouita** (Marokko)
1:44,06 min

4. Peter Elliott (Großbritannien)
1:44,12 min; 5. Johnny Gray
(USA) 1:44,80 min; 6. Jose Luis
Barbosa (Brasilien) 1:46,39 min;
7. Donato Sabia (Italien) 1:48,03
min; 8. Nixon Kiprotich (Kenia)
1:49,55 min

1 500 m (3:29,46 min)

1. **Peter Rono** (Kenia)
3:35,96 min

2. **Peter Elliott** (Großbritannien) 3:36,15 min

3. **Jens-Peter Herold** (DDR)
3:36,21 min

4. Steve Cram (Großbritannien)
3:36,24 min; 5. Steve Scott
(USA) 3:36,99 min; 6. Han Kul-
ker (Niederlande) 3:37,08 min,
7. Kipkoech Cheruiyot (Kenia)
3:37,94 min; 8. Marcus O'Sul-
livan (Irland) 3:38,39 min

*Zwischenzeiten: 800 m Rono
2:00,31 min, 1 200 m Rono
2:56,69 min*

5 000 m (12:58,39 min)

1. **John Ngugi** (Kenia)
13:11,70 min

2. **Dieter Baumann** (BRD)
13:15,52 min

3. **Hansjörg Kunze** (DDR)
13:15,73 min

4. Domingos Castro (Portugal)
13:16,09 min; 5. Sydney Maree
(USA) 13:23,69 min; 6. Jack
Buckner (Großbritannien)
13:23,85 min; 7. Stefano Mei
(Italien) 13:26,17 min; 8. Jewgeni Ignatow (Bulgarien)
13:26,41 min

*Zwischenzeiten: 1 000 m
Ngugi 2:42,75 min, 3 000 m
Ngugi 7:56,12 min*

10 000 m (27:13,81 min)

1. **Moulay Brahim Boutayeb**
(Marokko) 27:21,46 min (OR)

2. **Salvatore Antibo** (Italien)
27:23,55 min

3. **Kimeli Kipkemboi** (Kenia)
27:25,16 min

4. Jean-Louis Prianon (Frankreich) 27:36,43 min; 5. Arturo
Barrios (Mexiko) 27:39,32 min;
6. **Hansjörg Kunze** (DDR)
27:39,35 min; 7. Paul Arpin
(Frankreich) 27:39,36 min; 8.
Moses Tanui (Ken) 27:47,23 min

*Zwischenzeiten: 5 000 m Bou-
tayeb und Kipkemboi 13:35,32
min, 8 000 m Boutayeb
21:50,17 min*

Marathonlauf (Weltbestlei-
stung 2:06:50 h)

1. **Gelindo Bordin** (Italien)
2:10:32 h

2. **Douglas Wakiihuri** (Kenia)
2:10:47 h

3. **Ahmed Saleh** (Djibouti)
2:10:59 h

4. Takeyuki Nakayama (Japan)
2:11:05 h; 5. Stephen Mone-
ghetti (Australien) 2:11:49 h; 6.
Charles Spedding (Großbritannien) 2:12:19 h; 7. Juma Ikangaa
(Tansania) 2:13:06 h; 8. Robert
de Castella (Australien) 2:13:07
h; **Jörg Peter** (DDR) ausgeschieden

*Zwischenzeiten: 15 km Wakii-
huri, Saleh, Nakayama, Mone-
ghetti, Spedding, Ikangaa, de
Castella, Seko (Japan), Ka-
tschapow (UdSSR), Herrera
(Mexiko), Ed Eyestone (USA)
alle 45:57 min, 30 km Bordin,
Wakiihuri, Saleh, Nakayama,
Sedding, Ikangaa, Seko
1:32:49 h*

110 m Hürden
(12,93 s/ +1,5)

1. **Roger Kingdom** (USA)
12,98 s (OR)

2. **Colin Jackson** (Großbritannien) 13,28 s

3. **Anthony Campbell** (USA)
13,38 s

4. Wladimir Schischkin (UdSSR)
13,51 s; 5. Jonathan Ridgeon
(Großbritannien)13,52 s; 6.
Tony Jarrett (Großbritannien)
13,54 s; 7. Mark McKoy (Kanada) 13,61 s; 8. Arthur Blake
(USA) 13,96 s

400 m Hürden (47,02 s)

1. **Andre Phillips** (USA)
47,19 s (OR)

2. **Amadou Dia Ba** (Senegal)
47,23 s

3. **Edwin Moses** (USA) 47,56 s

4. Kevin Young (USA) 47,94 s; 5.
Winthrop Graham (Jamaika)
48,04 s; 6. Kriss Akabusi (Groß-
britannien) 48,69 s; 7. Harald
Schmid (BRD) 48,76 s; 8. Edgar
Itt (BRD) 48,78 s

3 000 m Hindernis
(8:05,4 min)

1. **Julius Kariuki** (Kenia)
8:05,51 min (OR)

2. **Peter Koech** (Kenia)
8:06,79 min

3. **Mark Rowland** (Großbritannien) 8:07,96 min

4. Alessandro Lambruschini (Italien) 8:12,17 min; 5. William van
Dijck (Belgien) 8:13,99 min; 6.
Henry Marsh (USA) 8:14,39 min;
7. Patrick Sang (Ken) 8:15,22
min; 8. Boguslaw Maminski (Polen) 8:15,97 min; 10. **Hagen
Melzer** (DDR) 8:19,82 min

*Zwischenzeiten: 1 000 m Pa-
netta (Italien) 2:42,93 min,
2 000 m Panetta 5:28,29 min*

4×100 m (37,83 s)

1. **UdSSR** 38,19 s
   (Wiktor Brysgin/Wladimir Krylow/Wladimir Murawjow/Witali Sawin)

2. **Großbritannien** 38,28 s
   (Elliot Bunney/John Regis/Michael McFarlane/Linford Christie)

3. **Frankreich** 38,40 s
   (Bruno Marie-Rose/Daniel Sangouma/Gilles Queneherve/Max Moriniere)

4. Jamaika 38,47 s; 5. Italien 38,54 s; 6. BRD 38,55 s; 7. Kanada 38,93, 8. Ungarn 39,19 s
USA im Vorlauf disqualifiziert

4×400 m (2:56,16 min)

1. **USA** 2:56,16 min (OR/WRe)
   (Danny Everett/Steven Lewis/Kevin Robinzine/Harry Reynolds)

2. **Jamaika** 3:00,30 min
   (Howard Davis/Devon Morris/Winthrop Graham/Bertland Cameron)

3. **BRD** 3:00,56 min
   (Norbert Dobeleit/Edgar Itt/Jorg Vaihinger/Ralf Lübke)

4. DDR (Jens Carlowitz/Mathias Schersing/Frank Möller/Thomas Schönlebe) 3:01,13 min; 5. Großbritannien 3:02,00 min; 6. Australien 3:02,49 min; 7. Nigeria 3:02,50 min; 8. Kenia 3:04,69 min

20 km Gehen
(Weltbestleistung 1:19:08 h)

1. **Jozef Pribilinec** (ČSSR)
   1:19:57 h (OR)

2. **Ronald Weigel** (DDR)
   1:20:00 h

3. **Maurizio Damilano** (Italien)
   1:20:14 h

4. Jose Marin (Spanien) 1:20:34 h; 5. Roman Mrazek (ČSSR) 1:20:43 h; 6. Michail Schtschennikow (UdSSR) 1:20:47 h; 7. Carlos Mercenario (Mexiko)

1:20:53 h; 8. **Axel Noack** (DDR) 1:21:14 h

Zwischenzeiten: 10 km Pribilinec, Damilano, Marin, Mrazek, Mercenario, Alexej Perschin (UdSSR), Ernesto Canto (Mexiko) alle 40:37 min, 15 km Pribilinec, Weigel, Canto alle 1:00:39 h

50 km Gehen (Weltbestleistung 3:38:17 h)

1. **Wjatscheslaw Iwanenko** (UdSSR) 3:38:29 h (OR)

2. **Ronald Weigel** (DDR) 3:38:56 h

3. **Hartwig Gauder** (DDR) 3:39:45 h

4. Alexander Potaschow (UdSSR) 3:41:00 h; 5. Jose Marin (Spanien) 3:43:03 h; 6. Simon Baker (Australien) 3:44:07 h; 7. Bo Gustafsson (Schweden) 3:44:49 h; 8. Raffaello Ducceschi (Italien) 3:45:43 h; 9. **Dietmar Meisch** (DDR) 3:46:31 h

Zwischenzeiten: 20 km Martin Bermudez (Mexiko) 1:30:01 h, 40 km Iwanenko 2:56:29 h

Hochsprung (2,43 m)

1. **Gennadi Awdejenko** (UdSSR) 2,38 m (OR)

2. **Hollis Conway** (USA) 2,36 m

3. **Rudolf Powarnizyn** (UdSSR) 2,36 m

3. **Patrik Sjöberg** (Schweden) 2,36 m

5. Clarence Saunders (Bermudas) 2,34 m; 6. Dietmar Mögenburg (BRD) 2,34 m; 7. Carlo Thränhardt (BRD), Igor Paklin (UdSSR) und Dalton Grant (Großbritannien) alle 2,31 m

Die Qualifikationsbesten:
Conway, Paklin, Geoffrey Parsons (Großbritannien), Grant, Mögenburg, Arturo Ortiz (Spanien), Saunders alle 2,28 m

Stabhochsprung (6,06 m)

1. **Sergej Bubka** (UdSSR) 5,90 m (OR)

2. **Rodion Gataullin** (UdSSR) 5,85 m

3. **Grigori Jegorow** (UdSSR) 5,80 m

4. Earl Bell (USA) 5,70 m; 5. Thierry Vigneron (Frankreich) und Philippe Collet (Frankreich) je 5,70 m; 7. Istvan Bagyula (Ungarn) 5,60 m; 8. Philippe D'Encausse (Frankreich) 5,60 m

Die Qualifikationsbesten:
Gataullin (UdSSR) und Bubka (UdSSR) je 5,50 m

Weitsprung (8,90 m)

1. **Carl Lewis** (USA) 8,72 m (−0,2)

2. **Michael Powell** (USA) 8,49 m (+1,8)

3. **Larry Myricks** (USA) 8,27 m (+1,2)

4. Giovanni Evangelisti (Italien) 8,08 m (+2,2); 5. Antonio Corgos (Spanien) 8,03 m (+0,5); 6. Laszlo Szalma (Ungarn) 8,00 m (+1,8); 7. Norbert Brige (Frankreich) 7,97 m (+0,4); 8. Leonid Woloschin (UdSSR) 7,89 m (−0,2)

Serien:
C. Lewis (8,41/8,56/8,52/8,72/8,52/0)
Powell (8,23/8,11/8,49/0/nicht ang./0)
Myricks (8,14/8,27/0/8,17/0/0)

Qualifikationsbester: Powell 8,34 m (+2,3)

Dreisprung (17,97 m)

1. **Christo Markow** (Bulgarien) 17,61 m (+0,7) (OR)

2. **Igor Lapschin** (UdSSR) 17,52 m (+0,1)

3. **Alexander Kowalenko** (UdSSR) 17,42 m (−0,8)

4. Oleg Prozenko (UdSSR) 17,38 m (+0,0); 5. Charles Simkins (USA) 17,29 m (+0,2); 6. Willie Banks (USA) 17,03 m

(+0,9); 7. Ivan Slanar (ČSSR) 16,75 m (+0,0); 8. Jacek Pastusinski (Polen) 16,72 m (−0,6)

Serien:
Markow (17,61/0/15,71/17,54/0/17,10)
Lapschin (16,75/17,09/0/0/0/17,52)
Kowalenko (17,42/17,40/0/0/nicht ang./0)

Qualifikationsbester: Lapschin 17,37 m (+0,1)

Kugelstoßen (23,06 m)

1. **Ulf Timmermann** (DDR) 22,47 m (OR)

2. **Randy Barnes** (USA) 22,39 m

3. **Werner Günthör** (Schweiz) 21,99 m

4. Udo Beyer (DDR) 21,40 m; 5. Remigius Machura (ČSSR) 20,57 m; 6. Gert Weil (Chile) 20,38 m; 7. Alessandro Andrei (Italien) 20,36 m; 8. Sergej Smirnow (UdSSR) 20,36 m

Serien:
Timmermann (22,02/21,31/22,16/21,90/22,29/22,47)
Barnes (20,17/20,72/0/21,31/21,01/22,39)
Günthör (21,45/21,59/21,70/20,98/21,99/21,61)

Qualifikationsbester: Timmermann 21,27 m

Diskuswerfen (74,08 m)

1. **Jürgen Schult** (DDR) 68,82 m (OR)

2. **Romas Ubartas** (UdSSR) 67,48 m

3. **Rolf Danneberg** (BRD) 67,38 m

4. Juri Dumtschew (UdSSR) 66,42 m; 5. Mac Wilkins (USA) 65,90 m; 6. Gejza Valent (ČSSR) 65,80 m; 7. Knut Hjeltnes (Norwegen) 64,94 m; 8. Alois Hannecker (BRD) 63,28 m

Serien:
Schult (68,82/67,92/65,76/68,18/65,70/68,26)
Ubartas (66,86/66,20/66,24/

64,40/63,74/67,48)
Danneberg (65,58/63,60/0/
63,88/67,38/62,56)

***Qualifikationsbester:** Danneberg 65,70 m*

Hammerwerfen (86,74 m)

1. **Sergej Litwinow** (UdSSR)
   84,80 m (OR)

2. **Juri Sedych** (UdSSR)
   83,76 m

3. **Jüri Tamm** (UdSSR)
   81,16 m

4. **Ralf Haber** (DDR) 80,44 m; 5. Heinz Weis (BRD) 79,16 m; 6. Tibor Gecsek (Ungarn) 78,36 m; 7. Imre Szitas (Ungarn) 77,04 m; 8. Iwan Tanew (Bulgarien) 76,08 m; 12. **Gunther Rodehau** (DDR) 72,30 m

Serien:
Litwinow (84,76/83,82/83,86/ 83,98/84,80/83,80)
Sedych (80,96/83,62/83,44/ 83,44/0/83,76)
Tamm (80,94/81,16/0/0/0/0)

***Qualifikationsbester:** Litwinow 81,24 m*

Speerwerfen (87,66 m)

1. **Tapio Korjus** (Finnland)
   84,28 m (OR)

2. **Jan Zelezny** (ČSSR)
   84,12 m

3. **Seppo Räty** (Finnland)
   83,26 m

4. Klaus Tafelmeier (BRD) 82,72 m; 5. Wiktor Jewsjukow (UdSSR) 82,32 m; 6. **Gerald Weiß** (DDR) 81,30 m; 7. Wladimir Owtschinnikow (UdSSR) 79,12 m; 8. Dag Wennlund (Schweden) 78,30 m; **Silvio Warsönke** (DDR) 78,22 m und **Detlef Michel** (DDR) 77,70 in der Qualifikation ausgeschieden

Serien:
Korjus (82,74/76,26/nicht ang./ nicht ang./0/84,28)
Zelezny (0/82,32/81,60/83,46/ 77,88/84,12)
Räty (80,00/76,26/83,26/78,74/ 80,66/80,44)

***Qualifikationsbester:** Zelezny 85,90 m (OR)*

Zehnkampf (8 847 P.)

(100 m, Weitsprung, Kugelstoßen, Hochsprung, 400 m/110 m Hürden, Diskuswerfen, Stabhochsprung, Speerwerfen, 1 500 m)

1. **Christian Schenk** (DDR)
   8 488 P.
   (11,25–7,43–15,48–2,27–48,90/15,13–49,28–4,70–61,32–4:28,95)

2. **Torsten Voss** (DDR)
   8 399 P.
   (10,87–7,45–14,97–1,97–47,71/14,46–44,36–5,10–61,76–4:33,02)

3. **David Steen** (Kanada)
   8 328 P.
   (11,18–7,44–14,20–1,97–48,29/14,81–43,66–5,20–64,16–4:23,20)

4. Daley Thompson (Großbritannien) 8 306 P.; 5. Christian Plaziat (Frankreich) 8 272 P.; 6. Alain Blondel (Frankreich) 8 268 P.; 7. Tim Bright (USA) 8 216 P.; 8. Robert de Wit (Niederlande) 8 189 P.; 18. **Uwe Freimuth** (DDR) 7 860 P. (11,57–7,00–15,60–1,94–49,84/15,04–46,66–4,90–60,20–4:46,04)

Einzelsieger:
100 m *Thompson 10,62 s*
Weit *Plaziat 7,62 m*
Kugel *Mikael Olander (Schweden) 16,07 m*
Hoch *Schenk 2,27 m*
400 m *Blondel 47,44 s*
110 m H. *Plaziat 14,18 s*
Diskus *Olander 50,66 m*
Stab *Bright 5,70 m*
Speer *Olander 72,80 m*
1 500 m *Blondel 4:16,64 min*

Frauen

100 m (10,49 s/ +0,3)

1. **Florence Griffith-Joyner** (USA) 10,54 s (OR)

2. **Evelyn Ashford** (USA)
   10,83 s

3. **Heike Drechsler** (DDR)
   10,85 s

4. Grace Jackson (Jamaika) 10,97 s; 5. Gwen Torrence (USA) 10,97 s; 6. Natalja Pomoschtschnikowa (UdSSR) 11,00 s; 7. Juliet Cuthbert (Jamaika) 11,26 s; 8. Anelia Wetschernikowa-Nunewa (Bulgarien) 11,49 s; **Silke Möller** (DDR) 1. Halbfinale 11,12 s (5.); **Marlies Göhr** (DDR) 1. Halbfinale 11,13 s (6.)

200 m (21,71 s/ +1,3)

1. **Florence Griffith-Joyner** (USA) 21,34 s (WR/OR)

2. **Grace Jackson** (Jamaika)
   21,72 s

3. **Heike Drechsler** (DDR)
   21,95 s

4. Merlene Ottey (Jamaika) 21,99 s; 5. **Silke Möller** (DDR) 22,09 s; 6. Gwen Torrence (USA) 22,17 s; 7. Maja Asaraschwili (UdSSR) 22,33 s; 8. Galina Maltschugina (UdSSR) 22,42 s; **Katrin Krabbe** (DDR) 1. Halbfinale 22,59 s (6.)

400 m (47,60 s)

1. **Olga Brysgina** (UdSSR)
   48,65 s (OR)

2. **Petra Müller** (DDR)
   49,45 s

3. **Olga Nasarowa** (UdSSR)
   49,90 s

4. Valerie Brisco (USA) 50,16 s; 5. Diane Dixon (USA) 50,72 s; 6. Denean Howard (USA) 51,12 s; 7. Helga Arendt (BRD) 51,17 s; 8. Maree Holland (Australien) 51,25 s; **Dagmar Neubauer** (DDR) 1. Halbfinale 50,92 s (8.); **Kirsten Emmelmann** (DDR) 2. Halbfinale 50,39 s (5.)

800 m (1:53,28 min)

1. **Sigrun Wodars** (DDR)
   1:56,10 min

2. **Christine Wachtel** (DDR)
   1:56,64 min

3. **Kim Gallagher** (USA)
   1:56,91 min

4. Slobodanka Colovic (Jugoslawien) 1:57,50 min; 5. Delisa Floyd (USA) 1:57,80 min; 6. Inna Jewsejewa (UdSSR) 1:59,37 min; 7. Teresa Zuniga (Spanien) 1:59,82 min; 8. Diane Edwards (Großbritannien) 2:00,77 min

1 500 m (3:52,47 min)

1. **Paula Ivan** (Rumänien)
   3:53,96 min (OR)

2. **Laima Baikauskaite** (UdSSR) 4:00,24 min

3. **Tatjana Samolenko** (UdSSR) 4:00,30 min

4. Christina Cahill (Großbritannien) 4:00,64 min; 5. Lynn Williams (Kanada) 4:00,86 min; 6. **Andrea Hahmann** (DDR) 4:00,96 min; 7. Shireen Bailey (Großbritannien) 4:02,32 min; 8. Mary Slaney (USA) 4:02,49 min

***Zwischenzeiten:** 800 m Ivan 2:05,76 min, 1 200 m Ivan 3:08,25 min*

3 000 m (8:22,62 min)

1. **Tatjana Samolenko** (UdSSR) 8:26,53 min (OR)

2. **Paula Ivan** (Rumänien)
   8:27,15 min

3. **Yvonne Murray** (Großbritannien) 8:29,02 min

4. Jelena Romanowa (UdSSR) 8:30,45 min; 5. Natalja Artjomowa (UdSSR) 8:31,67 min; 6. Vicki Huber (USA) 8:37,25 min; 7. Wendy Sly (Großbritannien) 8:37,70 min; 8. Lynn Williams (Kanada) 8:38,43 min

***Zwischenzeiten:** 1 000 m Mary Slaney (USA) 2:46,68 min, 2 000 m Huber 5:44,08 min*

10 000 m (30:13,74 min)

1. **Olga Bondarenko** (UdSSR) 31:05,21 min (OR)

2. **Elizabeth McColgan** (Großbritannien) 31:08,44 min

3. **Jelena Shupijewa** (UdSSR)
31:19,82 min

4. **Kathrin Ullrich** (DDR)
31:29,27 min; 5. Francie Larrieu-Smith (USA) 31:35,52 min; 6. Lynn Jennings (USA) 31:39,93 min; 7. Wang Xiuting (China) 31:40,23 min; 8. Susan Lee (Kanada) 31:50,51 min

Zwischenzeiten: 5 000 m McColgan 15:37,89 min, 8 000 m McColgan 25:04,27 min

Marathonlauf
(Weltbestleistung 2:21:06 h)

1. **Rosa Mota** (Portugal)
2:25:40 h

2. **Lisa Martin** (Australien)
2:25:53 h

3. **Katrin Dörre** (DDR)
2:26:21 h

4. Tatjana Polowinskaja (UdSSR) 2:27:05 h; 5. Zhao Youfeng (China) 2:27:06 h; 6. Laura Fogli (Italien) 2:27:49 h; 7. Daniele Kaber (Luxemburg) 2:29:23 h; 8. Maria Curatolo (Italien) 2:30:14 h

Zwischenzeiten: 15 km Mota, Martin, Dörre, Polowinskaja, Zhao Youfeng, Fogli, Curatolo, Soja Iwanowa (UdSSR), Raissa Smechnowa (UdSSR), Marianna Panfil (Polen), Zhong Huandi (China), Lorraine Moller (Neuseeland), Carolina Beurskens (Belgien) alle 51:30 min, 35 km Mota und Dörre 2:01:09 h

100 m Hürden (12,21 s/+0,2)

1. **Jordanka Donkowa** (Bulgarien) 12,38 s (OR)

2. **Gloria Siebert** (DDR)
12,61 s

3. **Claudia Zaczkiewicz** (BRD)
12,75 s

4. Natalja Grigorjewa (UdSSR) 12,79 s; 5. Florence Colle (Frankreich) 12,98 s; 6. Julie Rocheleau (Kanada) 12,99 s; 7. Monique Ewanje-Epee (Frankreich) 13,14 s; 8. **Cornelia Oschkenat** (DDR) 13,73 s

400 m Hürden (52,94 s)

1. **Deborah Flintoff-King** (Australien) 53,17 s (OR)

2. **Tatjana Ledowskaja** (UdSSR) 53,18 s

3. **Ellen Fiedler** (DDR)
53,63 s

4. **Sabine Busch** (DDR) 53,69 s; 5. Sally Gunnell (Großbritannien) 54,03 s; 6. Gudrun Abt (BRD) 54,04 s; 7. Tatjana Kurotschkina (UdSSR) 54,39 s; 8. Latanya Sheffield (USA) 55,32 s; **Susanne Losch** (DDR) 1. Halbfinale 55,56 s (6.)

4×100 m (41,37 s)

1. **USA** 41,98 s
(Alice Brown/Sheila Echols/Florence Griffith-Joyner/Evelyn Ashford)

2. **DDR** 42,09 s
(Silke Möller/Kerstin Behrendt/Ingrid Lange/Marlies Göhr)

3. **UdSSR** 42,75 s
(Ljudmila Kondratjewa/Galina Maltschugina/Marina Shirowa/ Natalja Pomoschtschnikowa)

4. BRD 42,76 s; 5. Bulgarien 43,02 s; 6. Polen 43,93 s; 7. Frankreich 44,02 s; Jamaika nicht am Start

4×400 m (3:15,92 min)

1. **UdSSR** 3:15,18 min (WR/OR)
(Tatjana Ledowskaja/Olga Nasarowa/Maria Pinigina/Olga Brysgina)

2. **USA** 3:15,51 min
(Denean Howard/Diane Dixon/Valerie Brisco/Florence Griffith-Joyner)

3. **DDR** 3:18,29 min
(Dagmar Neubauer/Kirsten Emmelmann/Sabine Busch/Petra Müller)

4. BRD 3:22,49 min; 5. Jamaika 3:23,13 min; 6. Großbritannien 3:26,89 min; 7. Frankreich

3:29,37 min; 8. Kanada ausgeschieden

Hochsprung (2,09 m)

1. **Louise Ritter** (USA)
2,03 m (OR) (Stechen)

2. **Stefka Kostadinowa** (Bulgarien) 2,01 m (Stechen)

3. **Tamara Bykowa** (UdSSR)
1,99 m

4. Olga Turtschak (UdSSR) 1,96 m; 5. Galina Astafei (Rumänien) und Ljudmila Andonowa (Bulgarien) je 1,93 m; 7. Christine Stanton (Australien) 1,93 m; 8. Diana Davies (Großbritannien) und Kim Hee-Sun (Südkorea) je 1,90 m

Die Qualifikationsbesten: Turtschak, Bykowa, Ritter, Astafei, Kim Hee-Sun, Megumi Sato (Japan), Davies, Janet Boyle (Großbritannien), Maryse Ewanje-Epee (Frankreich), Kostadinowa, Andonowa, Stanton alle 1,92 m

Weitsprung (7,52 m)

1. **Jackie Joyner-Kersee** (USA) 7,40 m (+0,9) (OR)

2. **Heike Drechsler** (DDR)
7,22 m (+0,5)

3. **Galina Tschistjakowa** (UdSSR) 7,11 m (+1,3)

4. Jelena Belewskaja (UdSSR) 7,04 m (+0,0); 5. Nicole Boegman (Australien) 6,73 m (+2,3); 6. Fiona May (Großbritannien) 6,62 m (−0,7); 7. Agata Karczmarek (Polen) 6,60 m (−0,9); 8. **Sabine John** (DDR) 6,55 m (−0,9)

Serien:
Joyner-Kersee (7,00/0/7,16/0/ 7,40/0)
Drechsler (6,92/7,06/7,18/7,22/ 7,16/7,17)
Tschistjakowa (7,11/6,24/0/ 7,02/6,96/6,84)

Qualifikationsbeste: Belewskaja 7,06 m

Kugelstoßen (22,63 m)

1. **Natalja Lissowskaja** (UdSSR) 22,24 m

2. **Kathrin Neimke** (DDR)
21,07 m

3. **Li Meisu** (China)
21,06 m

4. **Ines Müller** (DDR) 20,37 m; 5. Claudia Losch (BRD) 20,27 m; 6. **Heike Hartwig** (DDR) 20,20 m; 7. Natalja Achrimenko (UdSSR) 20,13 m; 8. Huang Zhihong (China) 19,82 m

Serien:
Lissowskaja (21,69/21,49/ 21,24/21,74/21,11/22,24)
Neimke (19,64/20,07/19,82/ 20,37/20,72/21,07)
Li Meisu (19,99/20,03/20,72/ 20,49/21,06/20,84)

Qualifikationsbeste: Losch 20,39 m

Diskuswerfen (76,80 m)

1. **Martina Hellmann** (DDR)
72,30 m (OR)

2. **Diana Gansky** (DDR)
71,88 m

3. **Zwetanka Christowa** (Bulgarien) 69,74 m

4. Swetla Mitkowa (Bulgarien) 69,14 m; 5. Jelina Swerewa (UdSSR) 68,94 m; 6. Zdenka Silhava (ČSSR) 67,84 m; 7. **Gabriele Reinsch** (DDR) 67,26 m; 8. Hou Xuemei (China) 65,94 m

Serien:
Hellmann (71,84/64,80/68,70/ 72,30/ 69,66/67,50)
Gansky (65,58/66,14/0/65,82/ 71,88/68,08)
Christowa (66,48/66,44/64,06/ 66,84/ 69,74/69,00)

Qualifikationsbeste: Hellmann 67,12 m

Speerwerfen (80,00 m)

1. **Petra Felke** (DDR)
74,68 m (OR)

2. **Fatima Whitbread** (Großbritannien) 70,32 m

3. **Beate Koch** (DDR) 67,30 m

SCHWIMMEN

4. Irina Kostjutschenkowa (UdSSR) 67,00 m; 5. **Silke Renk** (DDR) 66,38 m; 6. Natalja Jermolowitsch (UdSSR) 64,84 m; 7. Donna Mayhew (USA) 61,78 m; 8. Ingrid Thyssen (BRD) 60,76 m

Serien:
Felke (72,62/74,68/66,12/66,76/71,12/68,38)
Whitbread (61,98/67,46/66,58/64,86/67,82/70,32)
Koch (67,30/65,66/66,48/62,04/65,64/66,02)

Qualifikationsbeste: *Whitbread 68,44 m*

Siebenkampf (7215 P.)

(100 m Hürden, Hochsprung, Kugelstoßen, 200 m/Weitsprung, Speerwerfen, 800 m)

1. **Jackie Joyner-Kersee** (USA) 7 291 P. (OR/WR) (12,69–1,86–15,80–22,56/7,27–45,66–2:08,51)

2. **Sabine John** (DDR) 6 897 P. (12,85–1,80–16,23–23,65/6,71–42,56–2:06,14)

3. **Anke Behmer** (DDR) 6 858 P. (13,20–1,83–14,20–23,10/6,68–44,54–2:04,20)

4. Natalja Schubenkowa (UdSSR) 6 540 P.; 5. Remigija Sablowskaite (UdSSR) 6 456 P.; 6. **Ines Schulz** (DDR) 6 411 P. (13,75–1,83–13,50–24,65/6,33–42,82–2:05,79); 7. Jane Flemming (Australien) 6 351 P.; 8. Cindy Greiner (USA) 6 297 P.

Einzelsiegerinnen:
100 m H. *Joyner-Kersee 12,69 s*
Hoch *Joyner-Kersee, Corinne Schneider (Schweiz), Marjon Wijnsma (Niederlande), Dong Yuping (China) alle 1,86 m*
Kugel *John 16,23 m*
200 m *Joyner-Kersee 22,56 s*
Weit *Joyner-Kersee 7,27 m (OR)*
Speer *Schneider 47,50 m*
800 m *Behmer 2:04,20 min*

Olympic Park Indoor Pool 18. bis 25. September

Männer

50 m Freistil
(Weltrekord 22,23 s)

1. **Matthew Biondi** (USA) 22,14 s (WR/OR)

2. **Thomas Jager** (USA) 22,36 s

3. **Gennadi Prigoda** (UdSSR) 22,71 s

4. Dano Halsall (Schweiz) 22,83 s; 5. Stefan Volery (Schweiz) 22,84 s; 6. Wladimir Tkatschenko (UdSSR) 22,88 s; 7. Frank Henter (BRD) 23,03 s; 8. Andrew Baildon (Australien) 23,15 s

100 m Freistil (48,42 s)

1. **Matthew Biondi** (USA) 48,63 s (OR)

2. **Christopher Jacobs** (USA) 49,08 s

3. **Stephan Caron** (Frankreich) 49,62 s

4. Gennadi Prigoda (UdSSR) 49,75 s; 5. Juri Baschkatow (UdSSR) 50,08 s; 6. Andrew Baildon (Australien) 50,23 s; 7. Per Johansson (Schweden) 50,35 s; 8. Thomas Werner (Schweden) 50,54 s; **Sven Lodziewski** (DDR) 8. Vorlauf 50,77 s (5.); **Steffen Zesner** (DDR) 10. Vorlauf 50,73 s (3.)

200 m Freistil (1:47,44 min)

1. **Duncan Armstrong** (Australien) 1:47,25 min (WR/OR)

2. **Anders Holmertz** (Schweden) 1:47,89 min

3. **Matthew Biondi** (USA) 1:47,99 min

4. Artur Wojdat (Polen) 1:48,40 min; 5. Michael Groß (BRD) 1:48,59 min; 6. **Steffen Zesner** (DDR) 1:48,77 min; 7. Troy Dalbey (USA) 1:48,86 min; 8. Thomas Fahrner (BRD) 1:49,19 min; **Thomas Flem-**

---

ming (DDR) 8. Vorlauf 1:49,52 min (5.)

Zwischenzeit: 100 m Holmertz 52,21 s

400 m Freistil (3:47,38 min)

1. **Uwe Daßler** (DDR) 3:46,95 min (WR/OR)

2. **Duncan Armstrong** (Australien) 3:47,15 min

3. **Artur Wojdat** (Polen) 3:47,34 min

4. Matthew Cetlinski (USA) 3:48,09 min; 5. Mariusz Podkoscielny (Polen) 3:48,59 min; 6. Stefan Pfeiffer (BRD) 3:49,96 min; 7. Kevin Boyd (Großbritannien) 3:50,16 min; 8. Anders Holmertz (Schweden) 3:51,04 min; **Jörg Hoffmann** (DDR) 5. Vorlauf 3:53,78 min (5.)

Zwischenzeit: 200 m Holmertz 1:52,32 min

1 500 m Freistil
(14:54,76 min)

1. **Wladimir Salnikow** (UdSSR) 15:00,40 min

2. **Stefan Pfeiffer** (BRD) 15:02,69 min

3. **Uwe Daßler** (DDR) 15:06,15 min

4. Matthew Cetlinski (USA) 15:06,42 min; 5. Mariusz Podkoscielny (Polen) 15:14,76 min; 6. Rainer Henkel (BRD) 15:18,19 min; 7. Kevin Boyd (Großbritannien) 15:21,16 min; 8. Darjan Petric (Jugoslawien) 15:37,12 min; **Jörg Hoffmann** (DDR) 4. Vorlauf 15:14,13 min

Zwischenzeiten: 400 m Cetlinski 3:59,63 min, 800 m Salnikow 8:00,67 min

100 m Rücken (54,91 s)

1. **Daichi Suzuki** (Japan) 55,05 s

2. **David Berkoff** (USA) 55,18 s

3. **Igor Poljanski** (UdSSR) 55,20 s

---

4. Sergej Sabolotnow (UdSSR) 55,37 s; 5. Mark Tewskbury (Kanada) 56,09 s; 6. **Frank Baltrusch** (DDR) 56,10 s; 7. Frank Hoffmeister (BRD) 56,19 s; 8. Sean Murphy (Kanada) 56,32 s; **Dirk Richter** (DDR) 5. Vorlauf 56,52 s (2.); **David Berkoff** im Vorlauf 54,51 s Weltrekord

200 m Rücken (1:58,14 min)

1. **Igor Poljanski** (UdSSR) 1:59,37 min

2. **Frank Baltrusch** (DDR) 1:59,60 min

3. **Paul Kingsman** (Neuseeland) 2:00,48 min

4. Sergej Sabolotnow (UdSSR) 2:00,52 min; 5. **Dirk Richter** (DDR) 2:01,67 min; 6. Jens-Peter Berndt (BRD) 2:01,84 min; 7. Daniel Veatch (USA) 2:02,26 min; 8. Rogerio Romero (Brasilien) 2:02,28 min

Zwischenzeit: 100 m Poljanski 57,49 s

100 m Brust (1:01,65 min)

1. **Adrian Moorhouse** (Großbritannien) 1:02,04 min

2. **Karoly Güttler** (Ungarn) 1:02,05 min

3. **Dmitri Wolkow** (UdSSR) 1:02,20 min

4. Victor Davis (Kanada) 1:02,38 min; 5. Tamas Debnar (Ungarn) 1:02,50 min; 6. Richard Schroeder (USA) 1:02,55 min; 7. Gianni Minervini (Italien) 1:02,93 min; 8. **Christian Poswiat** (DDR) 1:03,43 min

200 m Brust (2:13,34 min)

1. **Jozsef Szabo** (Ungarn) 2:13,52 min

2. **Nick Gillingham** (Großbritannien) 2:14,12 min

3. **Sergio Lopez** (Spanien) 2:15,21 min

4. Michael Barrowman (USA) 2:15,45 min; 5. Waleri Losik (UdSSR) 2:16,16 min; 6. Wadim

Alexejew (UdSSR) 2:16,70 min; 7. Jonathan Cleveland (Kanada) 2:17,10 min; 8. Peter Szabo (Ungarn) 2:17,12 min; **Christian Poswiat** (DDR) 4. Vorlauf 2:20,99 min (4.)

Zwischenzeit: 100 m Losik 1:03,86 min

100 m Schmetterling
(52,84 s)

1. **Anthony Nesty** (Suriname) 53,00 s (OR)
2. **Matthew Biondi** (USA) 53,01 s
3. **Andrew Jameson** (Großbritannien) 53,30 s

4. Jonathan Sieben (Australien) 53,33 s; 5. Michael Groß (BRD) 53,44 s; 6. Jay Mortenson (USA) 54,07 s; 7. Thomas Ponting (Kanada) 54,09 s; 8. Wadim Jarostschuk (UdSSR) 54,60 s

200 m Schmetterling
(1:56,24 min)

1. **Michael Groß** (BRD) 1:56,94 min (OR)
2. **Benny Nielsen** (Dänemark) 1:58,24 min
3. **Anthony Mosse** (Neuseeland) 1:58,28 min

4. Thomas Ponting (Kanada) 1:58,91 min; 5. Melvin Stewart (USA) 1:59,19 min; 6. David Wilson (Australien) 1:59,20 min; 7. Jon Kelly (Kanada) 1:59,48 min; 8. Anthony Nesty (Suriname) 2:00,80 min

200 m Lagen (2:00,56 min)

1. **Tamas Darnyi** (Ungarn) 2:00,17 min (WR/OR)
2. **Patrick Kühl** (DDR) 2:01,61 min
3. **Wadim Jarostschuk** (UdSSR) 2:02,40 min

4. Michail Subkow (UdSSR) 2:02,92 min; 5. Peter Bermel (BRD) 2:03,81 min; 6. Robert Bruce (Australien) 2:04,34 min; 7. **Raik Hannemann** (DDR)

2:04,82 min; 8. Gary Anderson (Kanada) 2:06,35 min

Zwischenzeit: 100 m Jarostschuk 56,24 s

400 m Lagen (4:15,42 min)

1. **Tamas Darnyi** (Ungarn) 4:14,75 min (WR/OR)
2. **David Wharton** (USA) 4:17,36 min
3. **Stefano Battistelli** (Italien) 4:18,01 min

4. Jozsef Szabo (Ungarn) 4:18,15 min; 5. **Patrick Kühl** (DDR) 4:18,44 min; 6. Jens-Peter Berndt (BRD) 4:21,71 min; 7. Luca Sacchi (Italien) 4:23,23 min; 8. Peter Bermel (BRD) 4:24,02 min

Zwischenzeiten: 100 m Wharton 58,17 s, 200 m Darnyi 2:01,76 min, 300 m Darnyi 3:15,96 min

4×100 m Freistil
(3:17,08 min)

1. **USA** 3:16,53 min (WR/OR) (Christopher Jacobs/Troy Dalbey/Thomas Jager/Matthew Biondi)
2. **UdSSR** 3:18,33 min (Gennadi Prigoda/Juri Baschkatow/Nikolai Jewsejew/Wladimir Tkatschenko)
3. **DDR** 3:19,82 min (Dirk Richter/Thomas Flemming/Lars Hinneburg/Steffen Zesner)

4. Frankreich 3:20,02 min; 5. Schweden 3:21,07 min; 6. BRD 3:21,65 min; 7. Großbritannien 3:21,71 min; 8. Italien 3:22,93 min

Zwischenzeiten: 100 m USA 49,63 s, 200 m USA 1:39,38 min, 300 m USA 2:28,72 min

4×200 m Freistil
(7:13,10 min)

1. **USA** 7:12,51 min (WR/OR) (Troy Dalbey/Matthew Cetlinski/Douglas Gjertsen/Matthew Biondi)

2. **DDR** 7:13,68 min (Uwe Daßler/Sven Lodziewski/Thomas Flemming/Steffen Zesner)
3. **BRD** 7:14,35 min (Erik Hochstein/Thomas Fahrner/Rainer Henkel/Michael Groß)

4. Australien 7:15,23 min; 5. Italien 7:16,00 min; 6. Schweden 7:19,10 min; 7. Frankreich 7:24,69 min; 8. Kanada 7:24,91 min

Zwischenzeiten: 200 m Schweden 1:48,06 min, 400 m Italien 3:36,52 min, 600 m DDR 5:25,25 min

4×100 m Lagen
(3:38,28 min)

1. **USA** 3:36,93 min (WR/OR) (David Berkoff/Richard Schroeder/Matthew Biondi/Christopher Jacobs)
2. **Kanada** 3:39,28 min (Mark Tewksbury/Victor Davis/Thomas Ponting/Donald Alexander Goss)
3. **UdSSR** 3:39,96 min (Igor Poljanski/Dmitri Wolkow/Wadim Jarostschuk/Gennadi Prigoda)

4. BRD 3:42,98 min; 5. Japan 3:44,36 min; 6. Australien 3:45,85 min; 7. Niederlande 3:46,55 min; Großbritannien disqualifiziert

Zwischenzeiten: 100 m USA 54,56 s, 200 m USA 1:56,20 min, 300 m USA 2:48,58 min

Damen

50 m Freistil (24,98 s)

1. **Kristin Otto** (DDR) 25,49 s (OR)
2. **Yang Wenyi** (China) 25,64 s
3. **Katrin Meißner** (DDR) 25,71 s
4. **Jill Sterkel** (USA) 25,71 s

5. Leigh-Ann Fetter (USA) 25,78

s; 6. Tamara Costache (Rumänien) 25,80 s; 7. Catherine Plewinski (Frankreich) 25,90 s; 8. Karen van Wirdum (Australien) 26,01 s

100 m Freistil (54,73 s)

1. **Kristin Otto** (DDR) 54,93 s
2. **Yong Zhuang** (China) 55,47 s
3. **Catherine Plewinski** (Frankreich) 55,49 s
4. **Manuela Stellmach** (DDR) 55,52 s; 5. Silvia Proll (Kostarika) 55,90 s; 6. Karin Brienesse (Niederlande) 56,15 s; 7. Dara Torres (USA) 56,25 s; 8. Cornelia van Bentum (Niederlande) 56,54 s

200 m Freistil (1:57,55 min)

1. **Heike Friedrich** (DDR) 1:57,65 min (OR)
2. **Silvia Poll** (Kostarika) 1:58,67 min
3. **Manuela Stellmach** (DDR) 1:59,01 min

4. Mary Wayte (USA) 1:59,04 min; 5. Natalja Trefilowa (UdSSR) 1:59,24 min; 6. Mitzi Kremer (USA) 2:00,23 min; 7. Stephanie Ortwig (BRD) 2:00,73 min; 8. Cecile Prunier (Frankreich) 2:02,88 min

Zwischenzeit: 100 m Kremer 57,89 s

400 m Freistil
(4:05,45 min)

1. **Janet Evans** (USA) 4:03,85 min (WR/OR)
2. **Heike Friedrich** (DDR) 4:05,94 min
3. **Anke Möhring** (DDR) 4:06,42 min

4. Tamara Bruce (USA) 4:08,16 min; 5. Janelle Elford (Australien) 4:10,64 min; 6. Isabelle Arnould (Belgien) 4:11,73 min; 7. Stephanie Ortwig (BRD) 4:13,05

min; 8. Natalja Trefilowa (UdSSR) 4:13,92 min

Zwischenzeit: 200 m Evans 2:02,14 min

800 m Freistil (8:17,12 min)

1. **Janet Evans** (USA) 8:20,20 min (OR)
2. **Astrid Strauß** (DDR) 8:22,09 min
3. **Julie McDonald** (Australien) 8:22,93 min
4. **Anke Möhring** (DDR) 8:23,09 min; 5. Tamara Bruce (USA) 8:30,86 min; 6. Janelle Elford (Australien) 8:30,94 min; 7. Isabelle Arnould (Belgien) 8:37,47 min; 8. Antoaneta Strumenliewa (Bulgarien) 8:41,05 min

Zwischenzeiten: 200 m Evans 2:04,04 min, 400 m Evans 4:10,06 min

100 m Rücken (1:00,59 min)

1. **Kristin Otto** (DDR) 1:00,89 min
2. **Krisztina Egerszegi** (Ungarn) 1:01,56 min
3. **Cornelia Sirch** (DDR) 1:01,57 min
4. Elisabeth Mitchell (USA) 1:02,71 min; 5. Elisabeth Barr (USA) 1:02,78 min; 6. Silvia Poll (Kostarika) 1:03,34 min; 7. Nicole Livingstone (Australien) 1:04,15 min; 8. Marion Aizpors (BRD) 1:04,19 min

200 m Rücken (2:08,60 min)

1. **Krisztina Egerszegi** (Ungarn) 2:09,29 min (OR)
2. **Kathrin Zimmermann** (DDR) 2:10,61 min
3. **Cornelia Sirch** (DDR) 2:11,45 min
4. Elisabeth Barr (USA) 2:12,39 min; 5. Nicole Livingstone (Australien) 2:13,43 min; 6. Andrea Hayes (USA) 2:15,02 min; 7. Jolanda de Rover (Niederlande) 2:15,17 min; 8. Svenja Schlicht (BRD) 2:15,94 min

Zwischenzeit: 100 m Sirch 1:02,79 min

100 m Brust (1:07,91 min)

1. **Tanja Dangalakowa-Bogomilowa** (Bulgarien) 1:07,95 min (OR)
2. **Antoaneta Frenkewa** (Bulgarien) 1:08,74 min
3. **Silke Hörner** (DDR) 1:08,83 min
4. Allison Higson (Kanada) 1:08,86 min; 5. Jelena Wolkowa (UdSSR) 1:09,24 min; 6. Tracey McFarlane (USA) 1:09,60 min; 7. Huang Xiaomin (China) 1:10,53 min; 8. **Annett Rex** (DDR) 1:10,67 min

200 m Brust (2:27,27 min)

1. **Silke Hörner** (DDR) 2:26,71 min (OR/WR)
2. **Huang Xiaomin** (China) 2:27,49 min
3. **Antoaneta Frenkewa** (Bulgarien) 2:28,34 min
4. Tanja Dangalakowa-Bogomilowa (Bulgarien) 2:28,43 min; 5. Julia Bogatschewa (UdSSR) 2:28,54 min; 6. Ingrid Lempereur (Belgien) 2:29,42 min; 7. Allison Higson (Kanada) 2:29,60 min; 8. Manuela Dalla Valle (Italien) 2:29,86 min; **Susanne Börnike** (DDR) 6. Vorlauf 2:30,71 min (3.)

Zwischenzeit: 100 m Dangalakowa-Bogomilowa 1:09,22 min

100 m Schmetterling (57,93 s)

1. **Kristin Otto** (DDR) 59,00 s (OR)
2. **Birte Weigang** (DDR) 59,45 s
3. **Qian Hong** (China) 59,52 s
4. Catherine Plewinski (Frankreich) 59,58 s; 5. Janel Jorgensen (USA) 1:00,48 min; 6. Cornelia van Bentum (Niederlande) 1:00,62 min; 7. Mary Meagher (USA) 1:00,97 min; 8. Wang Xiaohong (China) 1:01,15 min

200 m Schmetterling (2:05,96 min)

1. **Kathleen Nord** (DDR) 2:09,51 min
2. **Birte Weigang** (DDR) 2:09,91 min
3. **Mary Meagher** (USA) 2:10,80 min
4. Stela Pura (Rumänien) 2:11,28 min; 5. Trina Radke (USA) 2:11,55 min; 6. Kiyomi Takahashi (Japan) 2:11,62 min; 7. Wang Xiaohong (China) 2:12,34 min; 8. Cornelia van Bentum (Niederlande) 2:13,17 min

Zwischenzeit: 100 m Weigang 1:00,60 min

200 m Lagen (2:11,73 min)

1. **Daniela Hunger** (DDR) 2:12,59 min (OR)
2. **Jelena Dendeberowa** (UdSSR) 2:13,31 min
3. **Noemi Ildiko Lung** (Rumänien) 2:14,85 min
4. Jodie Clatworthy (Australien) 2:16,31 min; 5. Marianne Muis (Niederlande) 2:16,40 min; 6. Aneta Patrascoiu (Rumänien) 2:16,70 min; 7. Lin Li (China) 2:17,42 min; 8. Whitney Hedgepeth (USA) 2:17,99 min

400 m Lagen (4:36,10 min)

1. **Janet Evans** (USA) 4:37,76 min
2. **Noemi Ildiko Lung** (Rumänien) 4:39,46 min
3. **Daniela Hunger** (DDR) 4:39,76 min
4. Jelena Dendeberowa (UdSSR) 4:40,44 min; 5. **Kathleen Nord** (DDR) 4:41,64 min; 6. Jodie Clatworthy (Australien) 4:45,86 min; 7. Lin Li (China) 4:47,05 min; 8. Donna Procter (Australien) 4:47,51 min

Zwischenzeiten: 100 m Nord 1:03,43 min, 200 m Evans 2:12,79 min, 300 m Evans 3:34,26 min

4×100 m Freistil (3:40,57 min)

1. **DDR** 3:40,63 min (OR) (Kristin Otto/Katrin Meißner/ Daniela Hunger/Manuela Stellmach)
2. **Niederlande** 3:43,39 min (Marianne Muis/Mildred Muis/Cornelia van Bentum/ Karin Brienesse)
3. **USA** 3:44,25 min (Mary Wayte/Mitzi Kremer/ Laura Walker/Dara Torres)
4. China 3:44,69 min; 5. UdSSR 3:44,99 min; 6. Kanada 3:46,75 min; 7. BRD 3:46,90 min; 8. Dänemark 3:49,25 min

Zwischenzeiten: 100 m DDR 55,11 s, 200 m DDR 1:49,84 min, 300 m DDR 2:45,53 min

4×100 m Lagen (4:03,69 min)

1. **DDR** 4:03,74 min (OR) (Kristin Otto/Silke Hörner/ Birte Weigang/ Katrin Meißner)
2. **USA** 4:07,90 min (Elisabeth Barr, Tracey McFarlane, Janel Jorgensen, Mary Wayte)
3. **Kanada** 4:10,49 min (Lori Melien/Allison Higson/ Jane Kerr/Andrea Nugent)
4. Australien 4:11,57 min; 5. Niederlande 4:12,19 min; 6. Bulgarien 4:12,36 min; 7. BRD 4:12,89 min; 8. Italien 4:13,85 min

Zwischenzeiten 100 m DDR 1:01,03 min, 200 m DDR 2:09,23 min, 300 m DDR 3:08,74 min

WASSERSPRINGEN

Olympic Park Indoor Swimming Pool
17. bis 27. September

Herren

Kunstspringen

1. **Gregory Louganis** (USA) 730,80 P.
2. **Tan Liangde** (China) 704,88 P.
3. **Li Deliang** (China) 665,28 P.

4. Albin Killat (BRD) 661,47 P.; 5. Mark Daniel Bradshaw (USA) 642,99 P.; 6. Jorge Mondragon (Mex) 616,02 P.; 7. Jesus Mena (Mexiko) 598,77 P.; 8. Edwin Jongejans (Niederlande) 588,33 P.

Vorkampf: 1. Tan Liangde 682,65 P.; 2. Albin Killat 642,60 P.; 3. Gregory Louganis 629,67 P.; 4. Li Deliang 607,77 P.; 5. Jorge Mondragon 594,36 P.; 6. Edwin Jongejans 591,45 P.; 7. Mark Daniel Bradshaw 588,15 P.; 8. Jesus Mena 581,01 P.

Turmspringen

1. **Gregory Louganis** (USA) 638,61 P.
2. **Ni Xiong** (China) 637,47 P.
3. **Jesus Mena** (Mexiko) 594,39 P.

4. Georgi Tschogowadse (UdSSR) 585,96 P.; 5. **Jan Hempel** (DDR) 583,77 P.; 6. Li Kongzheng (China) 543,81 P.; 7. **Steffen Haage** (DDR) 541,02 P.; 8. Wladimir Timoschinin (UdSSR) 534,66 P.

Vorkampf: 1. Gregory Louganis 617,67 P.; 2. Ni Xiong 601,50 P.; 3. Li Kongzheng 578,31 P.; 4. Wladimir Timoschinin 570,75 P.; 5. Jan Hempel 558,03 P.; 6. Patrick Jeffrey (USA) 553,89 P.; 7. Georgi Tschogowadse 540,90 P.; 8. Steffen Haage 529,68 P.; 10. Jesus Mena 523,50 P.

Damen

Kunstspringen

1. **Gao Min** (China) 580,23 P.
2. **Li Qing** (China) 534,33 P.
3. **Kelly Anne McCormick** (USA) 533,19 P.

4. Irina Laschko (UdSSR) 526,65 P.; 5. Marina Babkowa (UdSSR) 506,43 P.; 6. Wendy Lucero (USA) 498,81 P.; 7. **Brita Baldus** (DDR) 479,19 P.; 8. Daphne Jongejans (Niederlande) 465,45 P.

Vorkampf: 1. Gao Min 539,67 P.; 2. Li Qing 501,39 P.; 3. Irina Laschko 488,43 P.; 4. Wendy Lucero 477,99 P.; 5. Kelly Anne McCormick 473,73 P.; 6. Brita Baldus 464,01 P.; 7. Daphne Jongejans 461,85 P.; 8. Marina Babkowa 456,42 P.

Turmspringen

1. **Xu Yanmei** (China) 445,20 P.
2. **Michele Mitchell** (USA) 436,95 P.
3. **Wendy Liann Williams** (USA) 400,44 P.

4. Anjela Stasjulewitsch (UdSSR) 386,22 P.; 5. Chen Xiaodan (China) 384,15 P.; 6. Jelena Miroschina (UdSSR) 381,93 P.; 7. Kamilla Gamme (Norwegen) 366,45 P.; 8. **Silke Abicht** (DDR) 350,61 P.

Vorkampf: 1. Chen Xiaodan 456,45 P.; 2. Michele Mitchell 426,45 P.; 3. Xu Yanmei 426,27 P.; 4. Wendy Liann Williams 402,54 P.; 5. Anjela Stasjulewitsch 401,04 P.; 6. Jelena Miroschina 399,27 P.; 7. Silke Abicht 393,99 P.; 8. Veronica Ribot (Argentinien) 377,70 P.; 11. Kamilla Gamme 356,73 P.

WASSERBALL

Olympic Park Indoor Swimming Pool, Chamshill Indoor Swimming Pool
21. September bis 1. Oktober

1. **Jugoslawien**
(Aleksandar Sostar/Deni Lusic/Dubravko Simenc/Perica Bukic/Veselin Djuho/Dragan Andric/Mirko Vicevic/Igor Gocanin/Mislav Bezmalinovic/Tomislav Paskvalin/Igor Milanovic/Goran Radjenovic/Renco Posinkovic)

2. **USA**
(Craig Wilson/Kevin Robertson/James Bergeson/George Peter Campbell/Douglas Kimbell/Craig Edward Klass/Alan Mouchawar/Jeffrey Campbell/Gregory Boyer/Terry Schroeder/Jody Campbell/Christopher Duplanty/Michael Evans)

3. **UdSSR**
(Dmitri Apanasenko/Wiktor Berendjura/Michail Giorgadse/Jewgeni Grischin/Michail Iwanow/Alexander Kolotow/Sergej Kotenko/Sergej Markoz/Nurlan Mendylijew/Georgi Muweniradse/Sergej Naumow/Nikolai Smirnow/Jewgeni Scharonow)

4. BRD; 5. Ungarn; 6. Spanien; 7. Italien; 8. Australien; 9. Griechenland; 10. Frankreich; 11. China; 12. Südkorea

Gruppe A: BRD–UdSSR 9:8 (2:4, 3:0, 4:1, 0:3), – Italien 10:7 (4:2, 2:3, 2:1, 2:1), – Australien 13:11 (4:4, 2:1, 3:3, 4:3), – Frankreich 10:9 (2:2, 3:3, 2:1, 3:3), – Südkorea 18:2 (5:0, 3:1, 6:0, 4:1); UdSSR–Italien 9:9 (3:2, 2:1, 2:3, 2:3), – Australien 11:4 (3:3, 1:0, 2:0, 5:1), – Frankreich 18:4 (5:2, 4:0, 5:1, 4:1), – Südkorea 17:4 (6:1, 3:1, 2:1, 6:1); Italien–Australien 7:5 (1:1, 3:0, 2:2, 1:2), – Frankreich 14:8 (3:3, 3:2, 3:1, 5:2), – Südkorea 11:1 (5:0, 2:1, 1:0, 3:0); Australien–Frankreich 7:6 (3:1, 1:1, 2:0, 1:4), – Südkorea 13:2 (3:0, 2:0, 3:1, 5:1); Frankreich–Süd-

korea 16:5 (3:0, 4:1, 3:1, 6:3)
1. BRD 10:0 Punkte/60:37 Tore; 2. UdSSR 7:3/63:30; 3. Italien 7:3/48:33; 4. Australien 4:6/40:39; 5. Frankreich 2:8/43:54; 6. Südkorea 0:10/14:75

Gruppe B: USA–Jugoslawien 7:6 (1:1, 1:1, 2:2, 3:2), – Spanien 7:9 (1:3, 1:0, 2:3, 3:3), – Ungarn 10:9 (2:1, 1:2, 2:3, 5:3), –Griechenland 18:9 (5:3, 5:1, 4:4, 4:1), – China 14:7 (4:3, 4:3, 3:1, 3:0); Jugoslawien–Spanien 10:8 (4:0, 2:3, 2:2, 2:3), – Ungarn 10:9 (3:1, 1:3, 4:1, 2:4), – Griechenland 17:7 (6:1, 3:0, 5:3, 3:3), – China 17:7 (5:1, 1:3, 6:2, 5:1); Spanien–Ungarn 6:6 (3:0, 1:3, 1:2, 1:1), – Griechenland 12:9 (3:1, 3:3, 2:4, 4:1;), – China 13:6 (4:1, 3:1, 2:2, 4:2); Ungarn–Griechenland 12:10 (5:1, 2:3, 3:2, 2:4), – China 14:7 (4:2, 3:0, 4:2, 3:3); Griechenland–China 10:7 (3:1, 1:2, 4:3, 2:1)
1. USA 8:2/56:40; 2. Jugoslawien 8:2/60:38; 3. Spanien 7:3/48:38; 4. Ungarn 5:5/50:43; 5. Griechenland 2:8/45:66; 6. China 0:10/34:68
Bei Punktgleichheit entscheidet das Spiel gegeneinander

Um die Plätze 9 bis 12: Griechenland–Südkorea 17:7 (5:1, 3:1, 5:2, 4:3), Frankreich–China 11:4 (4:0, 3:2, 1:2, 3:0), China–Südkorea 14:7 (2:2, 4:2, 2:1, 6:2), Griechenland–Frankreich 10:7 (4:3, 4:2, 1:0, 1:2)

Um die Plätze 5 bis 8: Australien–Spanien 8:7 (2:0, 1:3, 3:0, 2:4), Italien–Ungarn 9:9 (2:1, 1:2, 2:4, 4:2), Spanien–Italien 11:9 (2:3, 2:4, 4:1, 3:1), Ungarn–Australien 13:5 (2:2, 3:1, 3:1, 5:1)

Um die Plätze 1 bis 4: Jugoslawien–BRD 14:10 (3:2, 3:3, 3:2, 5:3), USA–UdSSR 8:7 (1:1, 3:2, 3:2, 1:2)

Um Platz 3: UdSSR–BRD 14:13 (5:1, 2:6, 4:4, 3:2)

Um Platz 1: Jugoslawien–USA 9:7 (1:2, 1:2, 3:1, 1:1/3:1) nach Verlängerung

SYNCHRON-SCHWIMMEN

*Olympic Park Indoor Pool
26. September bis 1. Oktober*

Solo

1. **Carolyn Waldo** (Kanada) 200,150 P.

2. **Tracie Conforto-Ruiz** (USA) 197,633 P.

3. **Mikako Kotani** (Japan) 191,850 P.

4. Muriel Hermine (Frankreich) 190,100 P.; 5. Karin Singer (Schweiz) 185,600 P.; 6. Nicola Shearn (Großbritannien) 181,933 P.; 7. Kristina Falassinidi (UdSSR) 180,650 P.; 8. Gerlind Scheller (BRD) 174,183 P.

Vorkampf:

1. Waldo 199,350 P., 2. Conforto-Ruiz 197,033 P., 3. Kotani 191,250 P., 4. Hermine 189,100 P., 5. Singer 185,000 P., 6. Shearn 181,333 P., 7. Falassinidi 180,650 P., 8. Scheller 174,183 P.

Duo

1. **Kanada** 197,717 P. (Michelle Cameron/Carolyn Waldo)

2. **USA** 197,284 P. (Sarah und Karen Josephson)

3. **Japan** 190,159 P. (Miyako Tanaka/Mikako Kotani)

4. Karine Schuler/Anne Capron (Frankreich) 184,792 P.; 5. Edith Boss/Karin Singer (Schweiz) 183,950 P.; 6. Maria Tschernjajewa/Tatjana Titowa (UdSSR) 182,667 P.; 7. Nicola Shearn/Lian Goodwin (Großbritannien) 179,075 P.; 8. Lourdes Candini/Sonia Cardenas (Mexiko) 176,833 P.

Vorkampf

1. Cameron/Waldo 197,317 P., 2. S./K. Josephson 196,284 P., 3. Tanaka/Kotani 189,559 P., 4. Schuler/Capron 183,792 P., 5. Boss/Singer 183,150 P., 6. Tschernjajewa/Titowa 182,267 P., 7. Shearn/Goodwin 177,875 P., 8. Candini/Cardenas 175,000.

RUDERN

*Han River Regatta Course
18. bis 25. September*

Herren

Einer

1. **Thomas Lange** (DDR) 6:49,86 min

2. **Peter Michael Kolbe** (BRD) 6:54,77 min

3. **Eric Verdonk** (Neuseeland) 6:58,66 min

4. Hamish McGlashan (Australien) 7:01,43 min; 5. Kajetan Broniewski (Polen) 7:03,67 min; 6. Andrew Sudduth (USA) 7:11,45 min

Zwischenzeiten: 500 m Kolbe 1:35,70 min, 1 000 m Kolbe 3:20,38 min, 1 500 m Lange 5:04,73 min

Doppelzweier

1. **Niederlande** 6:21,13 min (Ronald Florijn/Nicolaas Rienks)

2. **Schweiz** 6:22,59 min (Beat Schwerzmann/Ueli Bodenmann)

3. **UdSSR** 6:22,87 min (Alexander Martschenko/Wassili Jakuscha)

4. BRD 6:24,97 min; 5. **DDR** 6:26,20 min (Uwe Mund/Uwe Heppner); 6. Dänemark 6:26,98 min

Zwischenzeiten: 500 m Martschenko/Jakuscha 1:31,61 min, 1 000 m Martschenko/Jakuscha 3:09,26 min, 1 500 m Florijn/Rienks 4:45,87 min

Zweier ohne

1. **Großbritannien** 6:36,84 min (Andrew Holmes/Steven Redgrave)

2. **Rumänien** 6:38,06 min (Dragos Neagu/Danut Dobre)

3. **Jugoslawien** 6:41,01 min (Bojan Presern/Sadik Mujkic)

4. Belgien 6:45,47 min; 5. **DDR** 6:48,86 min (Carl Ertel/Uwe Gasch); 6. UdSSR 6:51,11 min

Zwischenzeiten: 500 m Holmes/Redgrave 1:34,90 min, 1 000 m Holmes/Redgrave 3:15,41 min, 1 500 m Holmes/Redgrave 4:57,30 min

Zweier mit

1. **Italien** 6:58,79 min (Carmine Abbagnale/Giuseppe Abbagnale/Giuseppe di Capua)

2. **DDR** 7:00,63 min (Mario Streit/Detlef Kirchhoff/René Rensch)

3. **Großbritannien** 7:01,95 min (Andrew Holmes/Steven Redgrave/Patrick Sweeney)

4. Rumänien 7:02,60 min; 5. Bulgarien 7:03,04 min; 6. UdSSR 7:06,07 min

Zwischenzeiten: 500 m Italien 1:37,84 min, 1 000 m Italien 3:23,43 min, 1 500 m Italien 5:10,60 min

Doppelvierer

1. **Italien** 5:53,37 min (Piero Poli/Gianluca Farina/Davide Tizzano/Agostino Abbagnale)

2. **Norwegen** 5:55,08 min (Lars Bjonness/Vetle Vinje/Rolf Bernt Thorsen/Alf John Hansen)

3. **DDR** 5:56,13 min (Steffen Bogs/Steffen Zühlke/Heiko Habermann/Jens Köppen)

4. UdSSR 5:57,18 min; 5. Australien 5:59,15 min; 6. BRD 5:59,59 min

Zwischenzeiten: 500 m DDR 1:26,23 min, 1 000 m Italien 2:54,80 min, 1 500 m Australien 4:03,31 min

Vierer ohne

1. **DDR** 6:03,11 min (Roland Schröder/Thomas Greiner/Ralf Brudel/Olaf Förster)

2. **USA** 6:05,53 min (Raul Rodriguez/Thomas Bohrer/David Krmpotich/Richard Kennelly)

3. **BRD** 6:06,22 min (Norbert Kesslau/Volker Grabow/Jorg Puttlitz/Guido Grabow)

4. Großbritannien 6:06,74 min; 5. Italien 6:09,55 min; 6. UdSSR 11:03,77 min

Zwischenzeiten: 500 m DDR 1:29,56 min, 1 000 m DDR 3:01,51 min, 1 500 m DDR 4:32,47 min

Vierer mit

1. **DDR** 6:10,74 min (Frank Klawonn/Bernd Eichwurzel/Bernd Niesecke/Karsten Schmeling/Hendrik Reiher)

2. **Rumänien** 6:13,58 min (Dimitri Popescu/Ioan Snep/Valentin Robu/Vasile Tomoiaga/Ladislau Lovrenski)

3. **Neuseeland** 6:15,78 min (George Keys/Ian Wright/Gregory Johnston/Christopher White/Andrew Bird)

4. Großbritannien 6:18,08 min; 5. USA 6:18,47 min; 6. Jugoslawien 6:23,28 min

Zwischenzeiten: 500 m DDR 1:30,57 min, 1 000 m DDR 3:05,11 min, 1 500 m DDR 4:39,07 min

Achter

1. **BRD**
   5:46,05 min
   (Thomas Möllenkamp/Matthias Mellinghaus/Eckhardt Schultz/Ansgar Wessling/Armin Eichholz/Thomas Domian/Wolfgang Männig/Bahne Rabe/Manfred Klein)

2. **UdSSR**
   5:48,01 min
   (Wenea But/Nikolai Komarow/Wassili Tichanow/Alexander Dumtschew/Pawel Gurkowsky/Wiktor Diduk/Wiktor Omelianowitsch/Andrej Wassiljew/Alexander Lukjanow)

3. **USA**
   5:48,26 min
   Mike Teti/John Smith/Ted Patton/John Rusher/Peter Nordell/Jeff McLaughlin/Doug Burden/John Pescatore/Seth Bauer)

4. Großbritannien 5:51,59 min; 5. Australien 5:53,73 min; 6. Kanada 5:54,26 min

Zwischenzeiten: 500 m USA 1:24,46 min, 1 000 m USA 2:51,89 min, 1 500 m BRD 4:20,32 min

Damen

Einer

1. **Jutta Behrendt** (DDR)
   7:47,19 min

2. **Anne Marden** (USA)
   7:50,28 min

3. **Magdalena Georgiewa** (Bulgarien)
   7:53,65 min

4. Harriet van Ettekoven (Niederlande) 7:57,29 min; 5. Marioara Popescu (Rumänien) 7:59,44 min; 6. Inger Pors (Dänemark) 7:59,77 min

Zwischenzeiten: 500 m Georgiewa 1:46,02 min, 1 000 m Georgiewa 3:42,57 min, 1 500 m Georgiewa 5:40,29 min

Doppelzweier

1. **DDR**
   7:00,48 min
   (Birgit Peter/Martina Schröter)

2. **Rumänien**
   7:04,36 min
   (Elisabeta Lipa/Veronica Cogeanu)

3. **Bulgarien**
   7:06,03 min
   (Violeta Ninowa/Stefka Madina)

4. UdSSR 7:12,67 min; 5. China 7:18,69 min; 6. USA 7:21,28 min

Zwischenzeiten: 500 m Peter/Schröter 1:39,86 min, 1 000 m Peter/Schröter 3:26,23 min, 1 500 m Peter/Schröter 5:13,90 min

Zweier ohne

1. **Rumänien**
   7:28,13 min
   (Rodica Arba/Olga Homeghi)

2. **Bulgarien**
   7:31,95 min
   (Radka Stojanowa/Lalka Berberowa)

3. **Neuseeland**
   7:35,68 min
   (Nicola Payne/Lynley Hannen)

4. DDR 7:40,47 min (Kerstin Spittler/Katrin Schröder); 5. UdSSR 7:53,19 min; 6. USA 7:56,27 min

Zwischenzeiten: 500 m Arba/Homeghi 1:44,70 min, 1 000 m Arba/Homeghi 3:36,80 min, 1 500 m Arba/Homeghi 5:31,81 min

Doppelvierer

1. **DDR**
   6:21,06 min
   (Kerstin Förster/Kristina Mundt/Beate Schramm/Jana Sorgers)

2. **UdSSR**
   6:23,47 min
   (Irina Kalimbet/Swetlana Mazi/Inna Frolowa/Antonina Dumtschewa)

3. **Rumänien**
   6:23,81 min
   (Anisoara Balan/Anisoara Minea/Veronica Cogeanu/Elisabeta Lipa)

4. Bulgarien 6:24,10 min; 5. ČSSR 6:41,86 min; 6. Belgien 6:43,79 min

Zwischenzeiten: 500 m DDR 1:29,19 min, 1 000 m DDR 3:07,54 min, 1 500 m Rumänien 4:45,22 min

Vierer mit

1. **DDR**
   6:56,00 min
   (Martina Walther/Gerlinde Doberschütz/Carola Hornig/Birte Siech/Sylvia Müller)

2. **China**
   6:58,78 min
   (Zhang Xianghua/Hu Yadong/Yang Xiao/Zhou Shouying/Li Ronghua)

3. **Rumänien**
   7:01,13 min
   (Marioara Trasca/Veronica Necula/Herta Anitas/Doina Lilian Balan/Ecaterina Oancia)

4. Bulgarien 7:02,27 min; 5. USA 7:09,12 min; 6. Großbritannien 7:10,80 min

Zwischenzeiten: 500 m China 1:36,96 min, 1 000 m China 3:21,84 min, 1 500 m China 5:09,46 min

Achter

1. **DDR** 6:15,17 min
   (Annegret Strauch/Judith Zeidler/Kathrin Haacker/Ute Wild/Anja Kluge/Beatrix Schröer/Ramona Balthasar/Uta Stange/Daniela Neunast)

2. **Rumänien** 6:17,44 min
   (Doina Lilian Balan/Marioara Trasca/Veronica Necula/Herta Anitas/Adriana Bazon/Mihaela Armasescu/Rodica Arba/Olga Homeghi/Ecaterina Oancia)

3. **China** 6:21,83 min
   (Zhou Xiuhua/Zhang Yali/He Yanwen/Han Yaqin/Zhang Xianghua/Zhou Shouying/Yang Xiao/Hu Yadong/Li Ronghua)

4. UdSSR 6:22,35 min; 5. Bulgarien 6:25,02 min; 6. USA 6:26,66 min

Zwischenzeiten: 500 m UdSSR 1:29,33 min, 1 000 m DDR 3:04,64 min, 1 500 m DDR 4:41,68 min

KANU

*Han River Canoeing Course
26. September bis 1. Oktober*

Herren

Kajak-Einer 500 m

1. **Zsolt Gyulay** (Ungarn) 1:44,82 min
2. **Andreas Stähle** (DDR) 1:46,38 min
3. **Paul MacDonald** (Neuseeland) 1:46,46 min

4. Michael Herbert (USA) 1:46,73 min; 5. Karl Sundquist (Schweden) 1:46,76 min; 6. Attila Szabo (ČSSR) 1:47,38 min; 7. Martin Hunter (Australien) 1:47,66 min; 8. Dirk Jöstel (BRD) 1:47,91 min; 9. Wiktor Pussew (UdSSR) 1:48,83 min

Zwischenzeit: 250 m Gyulay 49,63 s

Kajak-Zweier 500 m

1. **Neuseeland** 1:33,98 min (Ian Ferguson/Paul MacDonald)
2. **UdSSR** 1:34,15 min (Igor Nagajew/Wiktor Denissow)
3. **Ungarn** 1:34,32 min (Attila Abraham/Ferenc Csipes)

4. BRD 1:34,40 min; 5. Rumänien 1:35,96 min; 6. Polen 1:36,22 min; 7. **Kay Bluhm/André Wohllebe** (DDR) 1:36,49 min; 8. USA 1:36,62 min; 9. Italien 1:37,30 min

Zwischenzeit: 250 m Ferguson/MacDonald 44,58 s

Kajak-Einer 1 000 m

1. **Greg Barton** (USA) 3:55,27 min
2. **Grant Davies** (Australien) 3:55,28 min
3. **André Wohllebe** (DDR) 3:55,55 min

4. Dmitri Bankowski (UdSSR) 3:56,49 min; 5. Gunnar Olsson (Schweden) 3:56,84 min; 6. Alan Thompson (Neuseeland) 3:56,91 min; 7. Attila Szabo (ČSSR) 3:57,52 min; 8. Morten Ivarsen (Norwegen) 3:59,18 min; 9. Ferenc Csipes (Ungarn) 4:00,30 min

Zwischenzeiten: 250 m Davies 55,89 s, 500 m Csipes 1:54,47 min, 750 m Csipes 2:54,23 min

Kajak-Zweier 1 000 m

1. **USA** 3:32,42 min (Greg Barton/Norman Bellingham)
2. **Neuseeland** 3:32,71 min (Ian Ferguson/Paul MacDonald)
3. **Australien** 3:33,76 min (Peter Foster/Kelvin Graham)

4. BRD 3:34,63 min; 5. **Guido Behling/Torsten Krentz** (DDR) 3:35,44 min; 6. Rumänien 3:35,75 min; 7. Schweden 3:36,13, min; 8. Norwegen 3:38,16 min; 9. Ungarn 3:43,43 min

Zwischenzeiten: 250 m Foster/Graham 48,44 s, 500 m Ferguson/MacDonald 1:42,26 min, 750 m Foster/Graham 2:36,66 min

Kajak-Vierer 1 000 m

1. **Ungarn** 3:00,20 min (Zsolt Gyulay/Ferenc Csipes/Sandor Hodosi/Attila Abraham)
2. **UdSSR** 3:01,40 min (Alexander Motusenko/Sergej Kirsanow/Igor Nagajew/Wiktor Denissow)
3. **DDR** 3:02,37 min (Kay Bluhm/André Wohllebe/Andreas Stähle/Hans-Jörg Bliesener)

4. Australien 3:03,70 min; 5. Polen 3:04,73 min; 6. BRD 3:05,43 min; 7. Italien 3:05,97 min; 8. Schweden 3:06,03 min; 9. Frankreich 3:08,71 min

Zwischenzeiten: 250 m DDR 43,14 s, 500 m DDR 1:28,14 min, 750 m Ungarn 2:13,59 min

Kanadier-Einer 500 m

1. **Olaf Heukrodt** (DDR) 1:56,42 min
2. **Michail Sliwinski** (UdSSR) 1:57,26 min
3. **Martin Marinow** (Bulgarien) 1:57,27 min

4. Attila Szabo (Ungarn) 1:59,87 min; 5. Jan Pinczura (Polen) 1:59,90 min; 6. Aurel Macarencu (Rumänien) 2:00,98 min; 7. Marciso Suarez (Spanien) 2:01,33 min; 8. Petr Prochazka (ČSSR) 2:01,36 min; 9. Eric Jamieson (Großbritannien) 2:02,27 min

Zwischenzeit: 250 m Prochazka 56,41 s

Kanadier-Zweier 500 m

1. **UdSSR** 1:41,77 min (Wiktor Renejski/Nikolai Tschurawski)
2. **Polen** 1:43,61 min (Marek Dopierala/Marek Lbik)
3. **Frankreich** 1:43,81 min (Philippe Renaud/Joel Bettin)

4. Bulgarien 1:44,32 min; 5. **Alexander Schuck/Thomas Zereske** (DDR) 1:44,36 min; 6. Ungarn 1:44,85 min; 7. Rumänien 1:45,84 min; 8. Dänemark 1:45,90 min; 9. ČSSR 1:51,00 min

Zwischenzeit: 250 m Schuck/Zereske 48,81 s

Kanadier-Einer 1 000 m

1. **Iwan Klementjew** (UdSSR) 4:12,78 min
2. **Jörg Schmidt** (DDR) 4:15,83 min
3. **Nikolai Buchalow** (Bulgarien) 4:18,94 min

4. Larry Cain (Kanada) 4:20,70 min; 5. Aurel Macarencu (Rumänien) 4:21,72 min; 6. Imre Pulai (Ungarn) 4:21,86 min; 7. Peter Pales (ČSSR) 4:22,14 min; 8. Ivan Sabjan (Jugoslawien) 4:24,67 min; 9. Eric Jamieson (Großbritannien) 4:39,60 min

Zwischenzeiten: 250 m Klementjew 1:00,28 min, 500 m Klementjew 2:02,95 min, 750 m Klementjew 3:07,68 min

Kanadier-Zweier 1 000 m

1. **UdSSR** 3:48,36 min (Wiktor Renejski/Nikolai Tschurawski)
2. **DDR** 3:51,44 min (Olaf Heukrodt/Ingo Spelly)
3. **Polen** 3:54,33 min (Marek Dopierala/Marek Lbik)

4. Dänemark 3:54,94 min; 5. BRD 3:55,62 min; 6. Rumänien 3:56,56 min; 7. Ungarn 4:04,18 min; 8. Frankreich 4:04,75 min; 9. Bulgarien 4:11,42 min

Zwischenzeiten: 250 m Renejski/Tschurawski 53,48 s, 500 m Renejski/Tschurawski 1:50,74 min, 750 m Renejski/Tschurawski 2:49,93 min

Damen

Kajak-Einer 500 m

1. **Wanja Zwetkowa-Geschewa** (Bulgarien) 1:55,19 min
2. **Birgit Schmidt** (DDR) 1:55,31 min
3. **Izabella Dylewska** (Polen) 1:57,38 min

4. Rita Koban (Ungarn) 1:57,58 min; 5. Yvonne Knudsen (Dänemark) 1:58,80 min; 6. Traci Phillips (USA) 2:00,81 min; 7. Galina Sawenko (UdSSR) 2:00,88 min; 8. Agneta Andersson (Schweden) 2:01,00 min; 9. Josefa Idem (BRD) 2:01,80 min

Zwischenzeit: 250 m Schmidt 54,78 s

Kajak-Zweier 500 m

1. **DDR** 1:43,46 min (Birgit Schmidt/Anke Nothnagel)
2. **Bulgarien** 1:44,06 min (Wanja Zwetkowa-Geschewa/Diana Paliska)

SEGELN

3. **Niederlande** 1:46,00 min (Annemiek Dercks/Annemarie Cox)

4. Ungarn 1:46,58 min; 5. UdSSR 1:47,68 min; 6. Schweden 1:48,39 min; 7. USA 1:50,33 min; 8. Kanada 1:51,03 min; 9. Polen 1:51,13 min

Zwischenzeit: 250 m Zwetkowa-Geschewa/Paliska 50,54 s

Kajak-Vierer 500 m

1. **DDR** 1:40,78 min (Birgit Schmidt/Anke Nothnagel/Ramona Portwich/Heike Singer)

2. **Ungarn** 1:41,88 min (Erika Geczi/Erika Meszaros/Eva Rakusz/Rita Koban)

3. **Bulgarien** 1:42,63 min (Wanja Zwetkowa-Geschewa/Diana Paliska/Ogniana Petkowa, Borislawa Iwanowa)

4. UdSSR 1:44,26 min; 5. BRD 1:45,62 min; 6. Schweden 1:45,67 min; 7. Dänemark 1:47,10 min; 8. Polen 1:47,40 min; 9. USA 1:47,94 min

Zwischenzeit: 250 m DDR 48,64 s

Pusan Yachting Center 20. bis 26. September

Finn-Dingi

1. **José-Luis Doreste** (Spanien) 38,10 P.

2. **Peter Holmberg** (Britische Jungferninseln) 40,40 P.

3. **John Cutler** (Neuseeland) 45,00 P.

4. Stuart Childerley (Großbritannien) 50,70 P.; 5. Lasse Hjortnes (Dänemark) 51,00 P.; 6. Thomas Schmid (BRD) 72,10 P.; 7. Roy Heiner (Niederlande) 78,40 P.; 8. Oleg Choperski (UdSSR) 81,00 P.

Regatta–Einzelergebnisse:
1. Reg.: 1. Hjortnes, 7. Doreste
2. Reg.: 1. Lauri Rechardt Finnland, 3. Doreste
3. Reg.: 1. Doreste
4. Reg.: 1. Choperski, Doreste disqualifiziert
5. Reg.: 1. Holmberg, 3. Doreste
6. Reg.: 1. Cutler, 4. Doreste
7. Reg.: 1. Cutler, 3. Doreste

Flying Dutchman

1. **Dänemark** 31,40 P. (Jörgen Bojsen-Möller/Christian Grönborg)

2. *Norwegen* 37,40 P. (Olepetter Pollen/Erik Björkum)

3. *Kanada* 48,50 P. (Frank McLaughlin/John Millen)

4. Israel 59,70 P.; 5. Neuseeland 60,00 P.; 6. Großbritannien 72,70 P.; 7. Brasilien 76,40 P.; 8. BRD 79,00 P.; 9. **Ulf Lehmann/Stefan Mädicke** (DDR) 83,70 P.

Regatta–Einzelergebnisse:
1. Reg.: 1. Dänemark, 17. DDR
2. Reg.: 1. Neuseeland, 4. Dänemark, 8. DDR
3. Reg.: 1. Kanada, 2. Dänemark, 15. DDR
4. Reg.: 1. Israel, 2. Dänemark, 10. DDR
5. Reg.: 1. Irland, 5. DDR, 6. Dänemark

---

6. Reg.: 1. Israel, 3. Dänemark, 11. DDR
7. Reg.: 1. Kanada, 3. DDR, 6. Dänemark

Star

1. **Großbritannien** 45,70 P. (Michael McIntyre/Philip Bryn Vaile)

2. **USA** 48,00 P. (Mark Reynolds/Hal Haenel)

3. **Brasilien** 50,00 P. (Torben Grael/Nelson Falcao)

4. Schweden 56,70 P.; 5. Italien 63,10 P.; 6. Kanada 63,70 P.; 7. Australien 66,48 P.; 8. UdSSR 68,40 P.

Regatta-Einzelergebnisse:
1. Reg.: 1. Brasilien, 6. Großbritannien
2. Reg.: 1. Großbritannien
3. Reg.: 1. USA, 4. Großbritannien
4. Reg.: 1. Schweden, 7. Großbritannien
5. Reg.: 1. Kanada, 13. Großbritannien
6. Reg.: 1. Österreich, 7. Großbritannien
7. Reg.: 1. Großbritannien

Soling

1. **DDR** 11,70 P. (Jochen Schümann/Thomas Flach/Bernd Jäkel)

2. **USA** 14,00 P. (John Kostecki/William Baylis/Robert Billingham)

3. **Dänemark** 52,70 P. (Jesper Bank/Jan Dupont Mathiasen/Steen Secher)

4. Großbritannien 67,10 P.; 5. Brasilien 67,40 P.; 6. Frankreich 68,40 P.; 7. Neuseeland 74,40 P.; 8. Schweden 77,70 P.

Regatta-Einzelergebnisse:
1. Reg.: 1. DDR
2. Reg.: 1. USA, 3. DDR
3. Reg.: 1. Argentinien, 2. DDR
4. Reg.: 1. USA, 6. DDR
5. Reg.: 1. DDR
6. Reg.: 1. DDR
7. Reg.: 1. USA, 2. DDR

Tornado

1. **Frankreich** 16,00 P. (Jean-Yves Le Deroff/Nicolas Henard)

2. **Neuseeland** 35,40 P. (Christopher Timms/Rex Sellers)

3. **Brasilien** 40,10 P. (Lars Grael/Clinio Freitas)

4. Österreich 46,00 P.; 5. Italien 60,10 P.; 6. Norwegen 67,70 P.; 7. UdSSR 70,00 P.; 8. Großbritannien 70,10 P.

Regatta-Einzelergebnisse:
1. Reg.: 1. Frankreich
2. Reg.: 1. Brasilien, 2. Frankreich
3. Reg.: 1. Neuseeland, 2. Frankreich
4. Reg.: 1. Frankreich
5. Reg.: 1. Frankreich
6. Reg.: 1. Neuseeland, 5. Frankreich
7. Reg.: 1. Norwegen, Frankreich nicht am Start

Herren

470er

1. **Frankreich** 34,70 P. (Thierry Peponnet/Luc Pillot)

2. **UdSSR** 46,00 P. (Tyno Tyniste/Toomas Tyniste)

3. **USA** 51,00 P. (John Shadden/Charles McKee)

4. Spanien 55,00 P.; 5. BRD 58,70 P.; 6. Neuseeland 62,70 P.; 7. Italien 68,70 P.; 8. Kanada 71,70 P.; 11. **Jürgen Brietzke/Ekkehard Schulz** (DDR) 86,70 P.

Regatta-Einzelergebnisse:
1. Reg.: 1. Frankreich, 18. DDR
2. Reg.: 1. Italien, 3. Frankreich, 15. DDR
3. Reg.: 1. Frankreich, 5. DDR
4. Reg.: 1. UdSSR, 10. Frankreich, 21. DDR

SCHIESSEN

5. Reg.: *1. UdSSR, 4. DDR, 11. Frankreich*
6. Reg.: *1. Spanien, 3. DDR, 5. Frankreich*
7. Reg.: *1. Brasilien, 2. Frankreich, 12. DDR*

Damen

470er

1. **USA** 26,70 P.
   (Allison Jolly/Lynne Jewell)

2. **Schweden** 40,00 P.
   (Marit Söderström/Birgitta Bengtsson)

3. **UdSSR** 45,40 P.
   (Larissa Moskalenko/Irina Schunichowskaja)

4. Finnland 47,00 P.; 5. BRD 56,40 P.; 6. Australien 57,00 P.; 7. **Susanne Theel/Silke Preuß** (DDR) 57,40 P.; 8. Frankreich 81,70 P.

Regatta-Einzelergebnisse:
1. Reg.: *1. Schweden, 3. USA, 7. DDR*
2. Reg.: *1. USA, DDR disqualifiziert*
3. Reg.: *1. USA, 13. DDR*
4. Reg.: *1. UdSSR, 2. USA, 8. DDR*
5. Reg.: *1. DDR, USA disqualifiziert*
6. Reg.: *1. BRD, 2. USA, 3. DDR*
7. Reg.: *1. Australien, 3. DDR, 9. USA*

Brettsegeln

1. **Bruce Kendall** (Neuseeland) 35,40 P.

2. **Jan Boersma** (Niederländische Antillen) 42,70 P.

3. **Michael Gebhardt** (USA) 48,00 P.

4. Bart Verschoor (Niederlande) 53,40 P.; 5. Robert Nagy (Frankreich) 62,90 P.; 6. Francesco Wirz (Italien) 64,00 P.; 7. Jorge Ruben Garcia Velazco (Argentinien) 70,10 P.; 8. Carlos Iniesta (Spanien) 81,70 P.

Regatta-Einzelergebnisse:
1. Reg.: *1. Boersma, 3. Kendall*
2. Reg.: *1. Gebhardt, 3. Kendall*
3. Reg.: *1. Kendall*
4. Reg.: *1. Iniesta, 5. Kendall*
5. Reg.: *1. Boersma, 8. Kendall*
6. Reg.: *1. Kendall*
7. Reg.: *1. Thomas Waller (Österreich), 9. Kendall*

Taenung International Shooting Range
18. bis 24. September

Männer

Luftgewehr

1. **Goran Maksimovic** (Jugoslawien)
   695,6 R. (OR) (594/101,6)

2. **Nicolas Berthelot** (Frankreich)
   694,2 R. (593/101,2)

3. **Johann Riederer** (BRD)
   694,0 R. (592/102,0)

4. Robert Foth (USA) 692,5 R. (591/101,5), 5. Harald Stenvaag (Norwegen) 692,0 R. (591/101,0), 6. Attila Zahonyi (Ungarn) 691,4 R. (591/100,4), 7. An Byung-Kyun (Südkorea) 690,7 R. (590/100,7), 8. **Andreas Wolfram** (DDR) 689,8 R. (591/98,8)

Freie KK-Büchse – Dreistellungskampf

1. **Malcolm Cooper** (Großbritannien)
   1 279,3 R. (OR) (1 180/99,3)

2. **Alister Allen** (Großbritannien)
   1 275,6 R. (1 181/OR/94,6)

3. **Kirill Iwanow** (Bulgarien)
   1 275,0 R. (1 173/102,0)

4. Klaus Jörn Christensen (Dänemark) 1 273,6 R. (1 177/96,6); 5. Glenn Dubis (USA) 1 273,5 (1 174/99,5); 6. Gratschja Petikjan (UdSSR) 1 272,2 R. (1 173/99,2); 7. Harald Stenvaag (Norwegen) 1 271,7 R. (1 173/98,7); 8. Goran Maksimovic (Jugoslawien) 1 271,5 R. (1 173/98,5); 10. **Andreas Wolfram** (DDR) 1 172 nach dem Vorkampf; 18. **Olaf Heß** (DDR) 1 166 R. nach dem Vorkampf

Freie KK-Büchse – 60 Schuß liegend

1. **Miroslav Varga** (ČSSR)
   703,9 R. (OR)
   (600/OR/WRe/103,9)

2. **Cha Young-Chul** (Südkorea) 702,8 R. (598/104,8)

3. **Attila Zahonyi** (Ungarn)
   701,9 R. (597/104,9)

4. Pavel Soukenik (ČSSR) 701,2 R. (598/103,2); 5. Alister Allen (Großbritannien) 700,9 (598/102,9); 6. Xu Xiaoguang (China) 700,6 R. (597/103,6); 7. Bernd Rücker (BRD) 700,5 R. (597/103,5); 8. Michael Ashcroft (Kanada) 698,5 (597/101,5); 15. **Olaf Heß** (DDR) 595 R. nach dem Vorkampf; 15. **Andreas Wolfram** (DDR) 595 R. nach dem Vorkampf

Freie Pistole

1. **Sorin Babii** (Rumänien)
   660 R. (OR) (566/94)

2. **Ragnar Skanaker** (Schweden) 657 R. (564/93)

3. **Igor Basinski** (UdSSR)
   657 R. (570/87)

4. Taniu Kiriakow (Bulgarien) 656 R. (566/90); 5. **Gernot Eder** (DDR) 654 R. (561/93); 6. Gyula Karacsony (Ungarn) 654 R. (564/90); 7. Arndt Kaspar (BRD) 651 R. (562/89); 8. Wang Yifu (China) 651 R. (563/88); 9. **Uwe Potteck** (DDR) 559 R. nach dem Vorkampf

Olympische Schnellfeuerpistole

1. **Afanassi Kusmin** (UdSSR)
   698 R. (OR/WR)
   (598/OR/100)

2. **Ralf Schumann** (DDR)
   696 R. (597/99)

3. **Zoltan Kovacs** (Ungarn)
   693 R. (594/99)

4. Alberto Sevieri (Italien) 693 (596/97); 5. Adam Kaczmarek (Polen) 691 R. (595/96); 6. Bernardo Tovar (Kolumbien) 690 (593/97); 7. John McNally (USA) 690 R. (597/93); 8. Dirk Köhler (BRD) 689 R. (591/98); 18. **Roland Müller** (DDR) 588 R. nach dem Vorkampf

Laufende Scheibe

1. **Thor Heiestadt** (Norwegen) 689 R. (OR) (591/OR/98)

2. **Huang Shiping** (China) 687 R. (589/98)

3. **Gennadi Awramenko** (UdSSR) 686 R. (591/OR/95)

4. Jan Kermiet (ČSSR) 679 R. (588/91); 5. Andras Doleschall (Ungarn) 588 R.; 6. Attila Solti (Ungarn) 588 R.; 7. **Thomas Pfeffer** (DDR) 587 R.; 8. Ji Gang (China) 586 R.; 15. **Mike Herrmann** 582 R. nach dem Vorkampf

Luftpistole

1. **Taniu Kiriakow** (Bulgarien) 687,9 R. (OR) (585/102,9)

2. **Erich Buljung** (USA) 687,9 R. (OR) (590/OR/WRe/97,9)

3. **Xu Haifeng** (China) 684,5 R. (584/100,5)

4. Sorin Babii (Rumänien) 683,3 R. (588/95,3); 5. Igor Basinski (UdSSR) 683,2 R. (583/100,2); 6. Miroslav Ruzicka (ČSSR) 681,4 R. (582/99,4); 7. Jerzy Pietrzak (Polen) 678,3 R. (582/96,3); 8. Boris Kokorjew (UdSSR) 677,3 R. (581/96,3); 9. **Gernot Eder** (DDR) 581 R. nach dem Vorkampf; 10. **Jens Potteck** (DDR) 580 R. nach dem Vorkampf

Männer/Frauen

Wurftaube – Trap

1. **Dmitri Monakow** (UdSSR) 222 R. (OR) (197/25) nach Stechen

2. **Miloslav Bednarik** (ČSSR) 222 R. (OR) (197/25)

3. **Frans Peeters** (Belgien) 219 R. (195/24) nach Stechen

4. Francisco Boza (Peru) 219 R. (195/24); 5. Bean van Limbeek (Niederlande) 219 R. (195/24); 6. Kazumi Watanabe (Japan)

216 R. (195/21); 15. **Jörg Damme** (DDR) 191 R. nach dem Vorkampf

Wurftaube – Skeet

1. **Axel Wegner** (DDR) 222 R. (OR) (198/ORe/24)

2. **Alfonso de Iruarrizaga** (Chile) 221 R. (198/ORe/23)

3. **Jorge Guardiola** (Spanien) 220 R. (196/24)

4. Daniel Carlisle (USA) 220 R. (197/23); 5. Zhang Weigang (China) 219 R. (196/23); 6. **Jürgen Raabe** (DDR) 219 R. (196/23)

Frauen

Luftgewehr

1. **Irinia Schilowa** (UdSSR) 498,5 R. (OR) (395/OR/103,5)

2. **Sylvia Sperber** (BRD) 497,5 R. (393/104,5)

3. **Anna Maluchina** (UdSSR) 495,8 R. (394/101,8)

4. Zhang Qiuping (China) 494,7 R. (395/OR/99,7); 5. Pirjo Peltola (Finnland) 493,6 R. (393/100,6); 6. Launi Meili (USA) 493,3 R. (395/OR/98,3); 7. Sharon Bowes (Kanada) 493,1 R. (394/99,1); 8. Gabriele Bühlmann (Schweiz) 493,0 R. (394/99,0); 37. **Katja Klepp** (DDR) 381 R. nach dem Vorkampf

Kombinationspistole

1. **Nino Salukwadse** (UdSSR) 690 R. (OR) (591/OR/99)

2. **Tomoko Hasekawa** (Japan) 686 R. (587/99)

3. **Jasna Sekaric** (Jugoslawien) 686 R. (591/OR/95)

4. Lieselotte Breker (BRD) 685 R. (585/100); 4. Agnes Ferencz (Ungarn) 685 R. (585/100); 6. Kristina Fries (Schweden) 685 (586/99); 7. Evelyne Manchon (Frankreich) 684 R. (586/98); 8. Marina Dobrantschewa

(UdSSR) 682 R. (585/97); 24. **Anke Völker** (DDR) 578 R. nach dem Vorkampf

Standardgewehr

1. **Sylvia Sperber** (BRD) 685,6 R. (OR) (590/OR/95,6)

2. **Wessela Letschewa** (Bulgarien) 683,2 R. (583/100,2)

3. **Walentina Tscherkassowa** (UdSSR) 681,4 R. (586/95,4)

4. **Katja Klepp** (DDR) 680,5 R. (584/96,5); 5. Sharon Bowes (Kanada) 680,5 R. (584/96,5); 6. Anna Maluchina (UdSSR) 678,4 R. (585/93,4); 7. Launi Meili (USA) 676,5 R. (582/94,5); 8. Anita Karlsson (Schweden) 676,4 R. (583/93,4)

Luftpistole

1. **Jasna Sekaric** (Jugoslawien) 489,5 R. (OR/WR) (389/OR/100,5)

2. **Nino Salukwadse** (UdSSR) 487,9 R. (390/OR/WR/97,9)

3. **Marina Dobrantschewa** (UdSSR) 485,2 R. (385/100,2)

4. Anne Goffin (Belgien) 480,2 R. (381/99,2); 5. **Anke Völker** (DDR) 479,3 R. (383/96,3); 6. Liu Haiying (China) 476,9 R. (380/96,9); 7. Lieselotte Breker (BRD) 476,0 R. (386/90,0); 8. Christine Strahalm (Österreich) 472,6 R. (379/93,6)

Reiten: Sòul Equestrian Park – *Fechten:* Olympic Park Fencing Gymnasium – *Schießen:* Taenung International Shooting Range – *Schwimmen:* Chamshill Indoor Swimming Pool – *Geländelauf:* Olympic Park Cross-Country
18. bis 22. September

Einzelwertung

1. **Janos Martinek** (Ungarn) 5 404 P.

2. **Carlo Massullo** (Italien) 5 379 P.

3. **Wachtang Jagoraschwili** (UdSSR) 5 367 P.

4. Attila Mizser (Ungarn) 5 281 P.; 5. Christophe Ruer (Frankreich) 5 242 P.; 6. Richard Phelps (Großbritannien) 5 229 P.; 7. Laszlo Fabian (Ungarn) 5 201 P.; 8. Joerl Bouzou (Frankreich) 5 198 P.

Sieger der Einzeldisziplinen:
Reiten: Mohamed Abduelsuad (Ägypten), Alecander Watson (Australien) je 1 000 P.
Fechten: Laszlo Fabian (Ungarn) 1 051 P.
Schießen: Abdul Rahman Khalid (Bahrein) 1 088 P.
Schwimmen: Christopher Ruer 1 348 P.
Geländelauf: Attila Mizser 1 294 P.

Mannschaftswertung

1. **Ungarn** 15 886 P. (Janos Martinek/Attila Mizser/Laszlo Fabian)

2. **Italien** 15 571 P. (Carlo Massullo/Daniele Masala/Gianluca Tiberti)

3. **Großbritannien** 15 276 P. (Richard Phelps/Dominic Mahony/Graham Brookhouse)

4. Frankreich 15 268 P.; 5. UdSSR 15 214 P.; 6. ČSSR 15 043 P.; 7. Schweiz 14 864 P.; 8. Mexiko 14 785 P.

TURNEN

Herren

Mehrkampf– Mannschaftswertung

1. **UdSSR** 593,350 P. (Wladimir Nowikow/Wladimir Gogoladse/Dmitri Bilosertschew/ Waleri Ljukin/Wladimir Artjomow/Sergej Charikow)
2. **DDR** 588,450 P. (Ulf Hoffmann/Andreas Wecker/Sven Tippelt/Ralf Büchner/Holger Behrendt/ Sylvio Kroll)
3. **Japan** 585,600 P. (Takahiro Yamada/Hiroyuki Konishi/Toshiharu Sato/Daisuke Nishikawa/Koichi Mizushima/Yukio Iketani)

4. China 585,250 P.; 5. Bulgarien 585,100 P.; 6. Ungarn 582,300 P.; 7. Rumänien 581,700 P.; 8. Italien 579,000 P.

Nach der Pflicht: 1. UdSSR 295,700 P.; 2. DDR 293,450 P.; 3. Japan 292,650 P.; 4. China 291,400 P.; 5. Bulgarien 291,250 P.; 6. Ungarn 291,000 P.; 7. Rumänien 290,500 P.; 8. Kanada 289,650 P.; 9. Italien 288,800 P.

Mehrkampf– Einzelwertung

1. **Wladimir Artjomow** (UdSSR) 119,125 P.
2. **Waleri Ljukin** (UdSSR) 119,025 P.
3. **Dmitri Bilosertschew** (UdSSR) 118,975 P.

4. **Sven Tippelt** (DDR) 118,000 P.; 5. Marius Gherman (Rumänien) 117,825 P.; 6. Kalofer Christosow (Bulgarien) 117,750 P.; 6. Wang Chongsheng (China) 117,750 P.; 8. György Guczoghy (Ungarn) 117,675 P.; 10. **Sylvio Kroll** (DDR) 117,625 P.; 18. **Ralf Büchner** (DDR) 117,200 P.

Nach der Pflicht: 1. Wladimir Artjomow 59,475 P.; 2. Waleri Ljukin 59,425 P.; 3. Dmitri Bilosertschew 59,225 P.; 4. Sylvio Kroll 58,925 P.; 5. Kalofer Christosow 58,850 P.; 6. Yukio Iketani (Japan) 58,825 P.; 7. Sven Tippelt 58,800 P.; 8. Marius Gherman 58,775; 10. György Guczoghy 58,625 P.; 11. Ralf Büchner (DDR) 58,600 P.

Boden

1. **Sergej Charikow** (UdSSR) 19,925 P.
2. **Wladimir Artjomow** (UdSSR) 19,900 P.
3. **Lou Yun** (China) 19,850 P.
3. **Yukio Iketani** (Japan) 19,850 P.

5. Li Ning (China) 19,800 P.; 6. Boris Preti (Italien) 19,775 P.; 7. Kalofer Christosow (Bulgarien) 19,750 P.; 8. Curtis Hibbert (Kanada) 19,525 P.

Seitpferd

1. **Ljubomir Geraskow** (Bulgarien) 19,950 P.
1. **Zsolt Borkai** (Ungarn) 19,950 P.
1. **Dmitri Bilosertschew** (UdSSR) 19,950 P.

4. Koichi Mizushima (Japan) 19,900 P.; 5. Waleri Ljukin (UdSSR) 19,875 P.; 6. Daisuke Nishikawa (Japan) 19,850 P.; 7. **Sven Tippelt** (DDR) 19,800 P.; 8. **Sylvio Kroll** (DDR) 19,775 P.

Ringe

1. **Holger Behrendt** (DDR) 19,925 P.
1. **Dmitri Bilosertschew** (UdSSR) 19,925 P.
3. **Sven Tippelt** (DDR) 19,875 P.

4. Kalofer Christosow (Bulgarien) 19,825 P.; 4. Waleri Ljukin (UdSSR) 19,825 P.; 6. Lou Yun (China) 19,800 P.; 6. Juri Chechi (Italien) 19,800 P.; 8. György Guczoghy (Ungarn) 19,700 P.

Pferdsprung

1. **Lou Yun** (China) 19,875 P.
2. **Sylvio Kroll** (DDR) 19,862 P.
3. **Park Jong-Hoon** (Südkorea) 19,775 P.
4. Dian Kolew (Bulgarien) 19,737 P.; 5. **Holger Behrendt** (DDR) 19,650 P.; 6. Sergej Charikow (UdSSR) 19,600 P.; 7. Yukio Iketani (Japan) 19,525 P.; 8. Wladimir Gogoladse (UdSSR) 19,512 P.

Barren

1. **Wladimir Artjomow** (UdSSR) 19,925 P.
2. **Waleri Ljukin** (UdSSR) 19,900 P.
3. **Sven Tippelt** (DDR) 19,750 P.

4. Kalofer Christosow (Bulgarien) 19,725 P.; 5. Marius Gherman (Rumänien) 19,700 P.; 6. Curtis Hibbert (Kanada) 19,675 P.; 7. **Sylvio Kroll** (DDR) 19,625 P.; 8. Boris Preti (Italien) 19,600 P.

Reck

1. **Wladimir Artjomow** (UdSSR) 19,900 P.
1. **Waleri Ljukin** (UdSSR) 19,900 P.
3. **Holger Behrendt** (DDR) 19,800 P.
3. **Marius Gherman** (Rumänien) 19,800 P.

5. Wang Chongsheng (China) 19,775 P.; 6. Xu Zhiqiang (China) 19,700 P.; 7. Curtis Hibbert (Kanada) 19,675 P.; 8. **Andreas Wecker** (DDR) 19,500 P.

Damen

Mehrkampf– Mannschaftswertung

1. **UdSSR** 395,475 P. (Swetlana Baitowa/Jelena Schewtschenko/Olga Strajewa/Natalja Lachtschenkowa/Swetlana Boginskaja/ Jelena Schuschunowa)
2. **Rumänien** 394,125 P. (Celestina Popa/Camelia Voinea/Eugenia Golea/Gabriela Potorac/Aurelia Dobre/ Daniela Silivas)
3. **DDR** 390,875 P. (Martina Jentsch/Gabriele Fähnrich/Ulrike Klotz/Bettina Schieferdecker/Dörte Thümmler/Dagmar Kersten)

4. USA 390,575 P.; 5. Bulgarien 390,550 P.; 6. China 388,400 P.; 7. ČSSR 386,150 P.; 8. Ungarn 385,625 P.

Nach der Pflicht: 1. UdSSR 197,325 P.; 2. Rumänien 196,425 P.; 3. DDR 195,425 P.; 4. USA 194,450 P.; 5. Bulgarien 194,375 P.; 6. Kanada 193,150 P.; 7. ČSSR 193,075 P.; 8. Ungarn 192,900 P.

Mehrkampf– Einzelwertung

1. **Jelena Schuschunowa** (UdSSR) 79,662 P.
2. **Daniela Silivas** (Rumänien) 79,637 P.
3. **Swetlana Boginskaja** (UdSSR) 79,400 P.

4. Gabriela Potorac (Rumänien) 79,037 P.; 5. Natalja Lachtschenkowa (UdSSR) 78,875 P.; 6. Aurelia Dobre (Rumänien) 78,812 P.; 7. **Dörte Thümmler** (DDR) 78,800 P.; 8. **Dagmar Kersten** (DDR) 78,775 P.; 11. **Ulrike Klotz** (DDR) 78,487 P; Nach der Mehrkampfmannschaftswertung ausgeschieden: **Gabriele Fähnrich** (DDR); **Bettina Schieferdecker** (DDR); **Martina Jentsch** (DDR) verletzt ausgeschieden

Nach der Pflicht: 1. Jelena Schuschunowa 39,837 P.; 2. Daniela Silivas 39,787 P.; 3. Swetlana Boginskaja 39,700 P.; 4. Gabriela Potorac 39,462 P.; 5. Natalja Lachtschenkowa 39,450 P.; 6. Aurelia Dobre 39,337 P.; 6. Phoebe Mills (USA) 39,337 P.; 8. Dagmar Kersten 39,325 P.; 8. Diana Du-

dewa (Bulgarien)
39,325 P.; 10. Dörte Thümmler
39,275 P.; 12. Ulrike Klotz
39,137 P.

Pferdsprung

1. **Swetlana Boginskaja**
   (UdSSR) 19,905 P.

2. **Gabriela Potorac** (Rumänien) 19,830 P.

3. **Daniela Silivas** (Rumänien)
   19,818 P.

4. Boriana Stojanowa (Bulga-
rien) 19,780 P.; 5. Brandy John-
son (USA) 19,774 P.; 6. **Dagmar
Kersten** (DDR) 19,756 P.; 7.
Wang Xiaoyan (China) 19,730
P.; 8. Jelena Schuschunowa
(UdSSR) 19,712P.

Stufenbarren

1. **Daniela Silivas** (Rumänien)
   20,000 P.

2. **Dagmar Kersten** (DDR)
   19,987 P.

3. **Jelena Schuschunowa**
   (UdSSR) 19,962 P.

4. **Dörte Thümmler** (DDR)
19,900 P.; 5. Swetlana Boginskaja (UdSSR) 19,899 P.; 6.
Iveta Polokova (ČSSR) 19,837
P.; 7. Aurelia Dobre (Rumänien)
19,824 P.; 8. Phoebe Mills
(USA) 19,787 P.

Schwebebalken

1. **Daniela Silivas** (Rumänien)
   19,924 P.

2. **Jelena Schuschunowa**
   (UdSSR) 19,875 P.

3. **Gabriela Potorac** (Rumänien) 19,837 P.

3. **Phoebe Mills** (USA)
   19,837 P.

5. Swetlana Boginskaja
(UdSSR) 19,787 P.; 6. Diana
Dudewa (Bulgarien) 19,724 P.;
7. Kelly Garrison-Steves (USA)
19,649 P.; 8. **Ulrike Klotz** (DDR)
18,125 P.

Boden

1. **Daniela Silivas** (Rumänien)
   19,937 P.

2. **Swetlana Boginskaja**
   (UdSSR) 19,887 P.

3. **Diana Dudewa** (Bulgarien)
   19,850 P.

4. Deliana Wodenitscharowa
(Bulgarien) 19,837 P.; 5. Beata
Storczer (Ungarn) 19,675 P.; 6.
Phoebe Mills (USA) 19,662 P.;
7. Jelena Schuschunowa
(UdSSR) 19,575 P.; 8. **Dörte
Thümmler** (DDR) 19,525 P.

RHYTHMISCHE SPORTGYMNASTIK

*Olympic Park Gymnastics Hall
28. bis 30. September*

Mehrkampf

1. **Marina Lobatsch** (UdSSR)
   60,000 P.

2. **Adriana Dunawska** (Bulgarien) 59,950 P.

3. **Alexandra Timoschenko**
   (UdSSR) 59,875 P.

4. Bianca Panowa (Bulgarien)
59,725 P.; 5. Maria Isabel Lloret
(Spanien) 58,900 P.; 6. Andrea
Sinko (Ungarn) 58,775 P.; 7.
Teresa Folga (Pol) 58,625 P.; 8.
Diana Schmiemann (BRD)
58,600 P.

Vorkampf:

*1. Lobatsch 20,000 P., 2. Du-
nawska 19,950 P., 3. Timoschenko 19,875 P.*

Finale:

*1. Lobatsch, Dunawska, Timo-
schenko und Panowa alle
40,000 P.*

*Straßeneinzelfahren Rundkurs
Straßenmannschaftsfahren:
Tongilro Road Course
Bahnradsport: Olympic Park
Velodrom
18. bis 24. September*

Männer

Straßeneinzelfahren

(196,8 km)

1. **Olaf Ludwig** (DDR)
   4:32:22 h

2. **Bernd Gröne** (BRD)
   4:32:25 h

3. **Christian Henn** (BRD)
   4:32:46 h

4. Robert Mionske (USA)
4:32:46 h; 5. Dshamolidin Ab-
dushaparow (UdSSR) 4:32:46
h; 6. Edward Salas (Australien)
4:32:46 h; 7. Roberto Pelliconi
(Italien) 4:32:46 h; 8. Graeme
Miller (Neuseeland) 4:32:46; 23.
Uwe Raab (DDR) 4:32:56 h; 82.
Uwe Ampler (DDR) 4:32:56 h

Straßenmannschaftsfah-
ren (100 km)

1. **DDR** 1:57:47,7 h
   (Uwe Ampler/Mario Kummer/
   Maik Landsmann/Jan Schur)

2. **Polen** 1:57:54,2 h
   (Joachim Hallupczok/Zenon
   Jaskula/Marek Lesniewski/
   Andrzej Sypytkowski)

3. **Schweden** 1:59:47,3 h
   (Björn Johansson/Jan Karls-
   son/Michel Lafis/Anders Jarl)

4. Frankreich 1:59:49,8 h; 5. Italien 1:59:58,3 h; 6. BRD
2:00:06,3 h; 7. UdSSR 2:00:27,0
h; 8. ČSSR 2:00:57,1 h

*Zwischenzeiten 25 km: 1. DDR
29:16,5 min, 2. Polen 29:36,0
min, 3. Schweden 29:45,0;
50 km: 1. DDR 57:55,4 min, 2.
Polen 58:06,9 min, 3. Frankreich
58:58,7 min; 75 km: 1. DDR
1:27:56,1 h, 2. Polen 1:28:27,7
h, 3. Italien 1:29:00,1 h*

Frauen

Straßeneinzelfahren

(70 km)

1. **Monique Knol** (Niederlande) 2:00:52 h

2. **Jutta Niehaus** (BRD)
   2:00:52 h

3. **Laima Silporite** (UdSSR)
   2:00:52 h

4. Genevieve Brunet (Kanada)
2:00:52 h; 5. Walentina Jewpak
(UdSSR) 2:00:52 h; 6. Maria
Blower (Großbritannien) 2:00:52
h; 7. Marie Holjer (Schweden)
2:00:52 h; 8. Inga Benedict-
Thompson (USA) 2:00:52 h; 25.
Angela Ranft (DDR) 2:00:52 h;
Petra Roßner (DDR) nach Sturz
ausgeschieden.

Männer

Sprint

1. **Lutz Heßlich** (DDR)

2. **Nikolai Kowsch** (UdSSR)

3. **Gary Neiwand** (Australien)

4. Edward Alexander (Großbritannien), 5. Vratislav Sustr
(ČSSR), 6. Erik Schoefs (Belgien), 7. Frank Weber (BRD), 8.
Maxwell Cheesman (Trinidad
und Tobago)

*Halbfinale: Heßlich besiegt
Neiwand in 2 Läufen; Kowsch
besiegt Alexander in 2 Läufen*

*Finale um den 3. und 4. Platz:
Neiwand besiegt Alexander in 2
Läufen*

*Finale um den 1. und 2. Platz:
Heßlich besiegt Kowsch in 2
Läufen*

4 000-m-Einzelverfol-
gungsfahren

1. **Gintautas Umaras** (UdSSR)

2. **Dean Woods** (Australien)

3. **Bernd Dittert** (DDR)

4. Colin Sturgess (Großbritan-
nien), 5. Ryszard Dawidowicz
(Polen), 6. Peter Clausen (Dä-
nemark), 7. Gary Anderson
(Neuseeland), 8. Ivan Beltrami
(Italien)

Halbfinale: Woods (4:35,02 min) besiegt Dittert (4:39,06 min); Umaras (4:40,24 min) besiegt Sturgess (4:46,25 min)

Finale um den 3. und 4. Platz: Dittert (4:34,17 min) besiegt Sturgess (4:34,90 min)

Finale um den 1. und 2. Platz: Umaras (4:32,00 min) besiegt Woods (4:35,00 min)

4 000-m-Mannschaftsverfolgungsfahren

1. **UdSSR**
   (Wjatscheslaw Jekimow/Arturas Kasputis/Dmitri Neljubin/Gintautas Umaras)
2. **DDR**
   (Steffen Blochwitz/Roland Hennig/Dirk Meier/Carsten Wolff)
3. **Australien**
   (Brett Dutton/Wayne McCarney/Stephen McGlede/Dean Woods)

4. Frankreich, 5. ČSSR, 6. Italien, 7. Polen, 8. Dänemark

Halbfinale: DDR (4:20,65 min) besiegt Australien (4:27,57 min); UdSSR (4:20,17 min) besiegt Frankreich (4:29,49 min)

Finale um den 3. und 4. Platz: Australien (4:16,02 min) besiegt Frankreich (4:22,23 min)

Finale um den 1. und 2. Platz: UdSSR (4:13,31 min) besiegt DDR (4:14,09 min)

Punktefahren (50 km)

1. **Dan Frost** (Dänemark) 38 P.
2. **Leo Peelen** (Niederlande) 26 P.
3. **Marat Ganejew** (UdSSR) 1 Rd. zur. 46 P.

4. Robert Burns (Australien) 20 P.; 5. Juan Esteban Curuchet (Argentinien) 18 P.; 6. Uwe Messerschmidt (BRD) 2. Rd. zur. 28 P.; 7. Pascal Lino (Frankreich) 21 P.; 8. Frankie Andreu (USA) 21 P.; 14. **Olaf Ludwig** (DDR) 3. Rd. zur. 19 P.

1 000-m-Zeitfahren

1. **Alexander Kiritschenko** (UdSSR) 1:04,499 min
2. **Martin Vinnicombe** (Australien) 1:04,784 min
3. **Robert Lechner** (BRD) 1:05,114 min

4. Kurt Kenneth Röpke (Dänemark) 1:05,168 min; 5. Bernardo Gonzalez (Spanien) 1:05,281 min; 6. **Maic Malchow** (DDR) 1:05,393 min; 7. Anthony Graham (Neuseeland) 1:05,744 min; 8. Frederic Magne (Frankreich) 1:06,142 min

Frauen

Sprint

1. **Erika Salumäe** (UdSSR)
2. **Christa Luding-Rothenburger** (DDR)
3. **Cornelia Paraskevin-Young** (USA)

4. Isabelle Gautheron (Frankreich), 5. Julie Speight (Australien), 6. Zhou Suying (China), 7. Louise Jones (Großbritannien), 8. Yang Hsiu-Chen (Taiwan)

Halbfinale: Salumäe besiegt Paraskevin-Young in 2 Läufen; Luding-Rothenburger besiegt Gautheron in 3 Läufen

Finale um den 3. und 4. Platz: Paraskevin-Young besiegt Gautheron in 2 Läufen

Finale um den 1. und 2. Platz: Salumäe besiegt Luding-Rothenburger in drei Läufen

Changchoong Gymnasium
25. September bis 1. Oktober

Extraleichtgewicht
(bis 60 kg)

1. **Kim Jae-Yuk** (Südkorea) 3:0 (Shido)
2. **Kevin Asano** (USA)
3. **Amiran Totikaschwili** (UdSSR)
3. **Shinji Kosokawa** (Japan)

5. Patrick Roux (Frankreich) und Sheu Tsay-Chwan (Taiwan); 7. Helmut Dietz (BRD) und Petr Sedivak (ČSSR)

Halbleichtgewicht
(bis 65 kg)

1. **Lee Kyung-Keun** (Südkorea) 1:0 (Kampfrichterentscheid)
2. **Janusz Pawlowski** (Polen)
3. **Yosuke Yamamoto** (Japan)
3. **Bruno Carabetta** (Frankreich)

5. Tamas Bujko (Ungarn) und Brent Cooper (Neuseeland); 7. Philip Laatz (Belgien) und Claudio Yafuso (Argentinien); **Udo Quellmalz** (DDR) im zweiten Kampf ausgeschieden

Leichtgewicht (bis 71 kg)

1. **Marc Alexandre** (Frankreich) 3:0 (Koka)
2. **Sven Loll** (DDR)
3. **Georgi Tenadse** (UdSSR)
3. **Michael Swain** (USA)

5. Bertalan Hajtos (Ungarn) und Steffen Stranz (BRD); 7. Johannes Wohlwend (Liechtenstein) und Joaquim Ruiz (Spanien) Kerrith Brown (Großbritannien) als Dritter disqualifiziert

Halbmittelgewicht
(bis 78 kg)

1. **Waldemar Legien** (Polen) (Ippon)
2. **Frank Wieneke** (BRD)

3. **Torsten Brechot** (DDR)
3. **Baschir Warajew** (UdSSR)

5. Pascal Tayot (Frankreich) und Kevin Doherty (Kanada); 7. Victorino Gonzales (Spanien) und Dario Garcis (Argentinien)

Mittelgewicht (bis 86 kg)

1. **Peter Seisenbacher** (Österreich) 1:0 (Kampfrichterentscheid)
2. **Wladimir Schestakow** (UdSSR)
3. **Ben Spijker** (Niederlande)
3. **Akinobu Osaka** (Japan)

5. Fabien Canu (Frankreich) und Densign Whith (Großbritannien); 7. Chiu Heng-An (Taiwan) und Kim Seung-Kyu (Südkorea)

Halbschwergewicht
(bis 95 kg)

1. **Aurelio Miguel** (Brasilien) 5:0 (Chui)
2. **Marc Meiling** (BRD)
3. **Robert van de Walle** (Belgien)
3. **Dennis Stewart** (Großbritannien)

5. Jacek Beutler (Polen) und Jiri Sosna (ČSSR); 7. Bob Berland (USA) und Juri Fazi (Ita)

Schwergewicht
(über 95 kg)

1. **Hitoshi Saito** (Japan) 7:0 (Keikoku)
2. **Henry Stöhr** (DDR)
3. **Cho Yon-Chul** (Südkorea)
3. **Grigori Weritschew** (UdSSR)

5. Dimitar Zaprianow (Bulgarien) und Istvan Dubovszky (Ungarn); 7. Juha Salonen (Finnland) und Mohamed Rashwan (Ägypten)

GEWICHTHEBEN

Olympic Park Weightlifting Gymnasium
18. bis 29. September

Fliegengewicht
(bis 52 kg/Weltrekord 267,5 kg)

1. **Sewdalin Marinow** (Bulgarien) 270,0 kg (OR/WR) (120,0–WR)/150,0)
2. **Chun Bung-Kwan** (Südkorea) 260,0 kg (112,5/147,5)
3. **He Zhuoqiang** (China) 257,5 kg (112,5/145,0)

4. Zhang Shoulie (China) 257,5 kg (115,0/142,5); 5. Jacek Gutowski (Polen) 247,5 kg (112,5/135,0); 6. Traian Ciharean (Rumänien) 240,0 kg (110,0/130,0); 7. Bela Olah (Ungarn) 237,5 kg (107,5/130,0); 8. Kazushito Manabe (Japan) 230,0 kg (105,0/125,0)

Einzelsieger:
Reißen: *Marinow 120,0 kg*
Stoßen: *Marinow 150,0 kg*

Bantamgewicht
(bis 56 kg/300,0 kg)

1. **Oksen Mirsojan** (UdSSR) 292,5 kg (127,5/165,0) (OR)
2. **He Yingqiang** (China) 287,5 kg (125,0/162,5)
3. **Liu Shoubin** (China) 267,5 kg (127,5/140,0)

4. Dirdja Wihardja (Indonesien) 255,0 kg (112,5/142,5); 5. Takashi Ichiba (Japan) 252,5 kg (107,5/145,0); 6. Kim Kwi-Shik (Südkorea) 252,5 kg (110,0/142,5); 7. Joaquin Valle (Spanien) 247,5 kg (112,5/135,0); 8. Giovanni Scarantino (Italien) 245,0 kg (110,0/135,0) kg

Einzelsieger:
Reißen: *Liu Shoubin 127,5 kg*
Stoßen: *Mirsojan 165,0 kg*

Federgewicht
(bis 60 kg/335,0 kg)

1. **Naim Süleymanoglu** (Türkei) 342,5 kg (OR/WR) (152,5 –WR/190,0 –WR)
2. **Stefan Topurow** (Bulgarien) 312,5 kg (137,5/175,0)

3. **He Yuanming** (China) 287,5 kg (127,5/160,0)

4. Min Joon-Ki (Südkorea) 280,0 kg (125,0/155,0); 5. Yosuke Muraki (Japan) 277,5 kg (127,5/150,0); 6. Giannis Sidiropoulos (Griechenland) 265,0 kg (120,0/145,0); 7. Kazushige Oguri (Japan) 260,0 kg (117,5/142,5); 8. Tolentino Murillo (Kolumbien) 260,0 kg (120,0/140,0)

Einzelsieger:
Reißen: *Süleymanoglu 152,5 kg*
Stoßen: *Süleymanoglu 190,0 kg*

Leichtgewicht
(bis 67,5 kg/355,0 kg)

1. **Joachim Kunz** (DDR) 340,0 kg (150,0/190,0)
2. **Israil Militosjan** (UdSSR) 337,5 kg (155,0/182,5)
3. **Li Jinhe** (China) 325,0 kg (147,5/177,5)

4. Marek Seweryn (Polen) 317,5 kg (145,0/172,5); 5. Ergün Batmaz (Türkei) 317,5 kg (145,0/172,5); 6. Xiao Minglin (China) 305,0 kg (132,5/172,5); 7. Istvan Kerek (Ungarn) 302,5 kg (132,5/170,0); 8. Christos Constantinidis (Griechenland) 300,0 kg (137,5/162,5)

Einzelsieger:
Reißen: *Militosjan 155,0 kg*
Stoßen: *Kunz 190,0 kg*

Mittelgewicht
(bis 75 kg/380,0 kg)

1. **Borislaw Gidikow** (Bulgarien) 375,0 kg (OR) (167,5/207,5)
2. **Ingo Steinhöfel** (DDR) 360,0 kg (165,0/195,0)
3. **Alexander Warbanow** (Bulgarien) 357,5 kg (157,5/200,0)

4. Kalman Csengeri (Ungarn) 350,0 kg (155,0/195,0); 5. Cai Yanshu (China) 347,5 kg (157,5/190,0); 6. Andrei Socaci (Rumänien) 347,5 kg (152,5/195,0); 7. Waldemar Kosinski (Polen) 332,5 kg (152,5/180,0); 8. Dean

Willey (Großbritannien) 332,5 kg (152,5/180,0)

Einzelsieger:
Reißen: *Gidikow 167,5 kg*
Stoßen: *Gidikow 207,5 kg*

Leichtschwergewicht
(bis 82,5 kg/405,0 kg)

1. **Israil Arsamakow** (UdSSR) 377,5 kg (167,5/210,0)
2. **Istvan Messzi** (Ungarn) 370,0 kg (170,0/200,0)
3. **Lee Hyung-Keun** (Südkorea) 367,5 kg (160,0/207,5)

4. David Morgan (Großbritannien) 365,0 kg (165,0/200,0); 5. Krzysztof Siemion (Polen) 357,5 kg (162,5/195,0); 6. Ryoji Isaoka (Japan) 350,0 kg (155,0/195,0); 7. Fausto Tosi (Italien) 340,0 kg (155,0/185,0); 8. Ali Eroglu (Türkei) 330,0 kg (145,0/185,0)

Einzelsieger:
Reißen: *Messzi 170,0 kg*
Stoßen: *Arsamakow 210,0 kg*

Mittelschwergewicht
(bis 90 kg/422,5 kg)

1. **Anatoli Chrapaty** (UdSSR) 412,5 kg (OR) (187,5/225,0)
2. **Nail Muchamedjarow** (UdSSR) 400,0 kg (177,5/222,5)
3. **Slawomir Zawada** (Polen) 400,0 kg (180,0/220,0)

4. Andrzej Piotrowski (Polen) 365,0 kg (165,0/200,0); 5. Attila Buda (Ungarn) 360,0 kg (175,0/185,0); 6. David Mercer (Großbritannien) 357,5 kg (157,5/200,0); 7. Roland Feldhoffer (BRD) 350,0 kg (150,0/200,0); 8. Keith Boxell (Großbritannien) 350,0 kg (157,5/192,5)

Einzelsieger:
Reißen: *Chrapaty 187,5 kg*
Stoßen: *Chrapaty 225,0 kg*

1. Schwergewicht
(bis 100 kg/440,0 kg)

1. **Pawel Kusnezow** (UdSSR) 425,0 kg (OR) (190,0/235,0)
2. **Nicu Vlad** (Rumänien) 402,5 kg (185,0/217,5)
3. **Peter Immersberger** (BRD) 395,0 (175,0/220,0)

4. Janos Bökfi (Ungarn) 392,5 kg (180,0/212,5); 5. Francis Tournefier (Frankreich) 385,0 kg (170,0/215,0); 6. Denis Garon (Kanada) 382,5 kg (160,0/222,5); 7. Hwang Woo-Won (Südkorea) 382,5 kg (162,5/220,0); 8. Franz Langthaler (Österreich) 377,5 kg (172,5/205,0)

Einzelsieger:
Reißen: *Kusnezow 190,0 kg*
Stoßen: *Kusnezow 235,0 kg*

2. Schwergewicht
(bis 110 kg/452,5 kg)

1. **Juri Sacharewitsch** (UdSSR) 455,0 kg (OR/WR) (210,0 –WR/245,0)
2. **Jozsef Jacso** (Ungarn) 427,5 kg (190,0/237,5)
3. **Ronny Weller** (DDR) 425,0 kg (190,0/235,0)

4. **Michael Schubert** (DDR) 425,0 kg (190,0/235,0); 5. Alexander Popow (UdSSR) 420,0 (187,5/232,5); 6. Norberto Oberburger (Italien) 415,0 kg (187,5/227,5); 7. Stanislaw Malysa (Polen) 395,0 kg (180,0/215,0); 8. Frank Seipelt (BRD) 387,5 kg (170,0/217,5)

Einzelsieger:
Reißen: *Sacharewitsch 210,0 kg*
Stoßen: *Sacharewitsch 245,0 kg (WR)*

Superschwergewicht
(über 110 kg/472,5 kg)

1. **Alexander Kurlowitsch** (UdSSR) 462,5 kg (OR) (212,5/250,0)
2. **Manfred Nerlinger** (BRD) 430,0 kg (190,0/240,0)

RINGEN

3. **Martin Zawieja** (BRD) 415,0 kg (182,5/232,5)

4. Mario Martinez (USA) 407,5 kg (175,0/232,5); 5. Petr Hudecek (ČSSR) 400,0 kg (175,0/225,0); 6. Reda Elbatoty (Ägypten) 392,5 kg (175,0/217,5); 7. Charles Garzarella (Australien) 370,0 kg (162,5/207,5); 8. Pavlos Saltsidis (Griechenland) 367,5 kg (160,0/207,5)

Einzelsieger:
Reißen: *Kurlowitsch 212,5 kg*
Stoßen: *Kurlowitsch 250,0 kg*

Sangmu Gymnasium
18. September bis 1. Oktober

Griechisch-Römisch Halbfliegengewicht
(bis 48 kg)

1. **Vinzenco Maenza** (Italien) n. P.

2. **Andrzej Glab** (Polen)

3. **Bratan Zenow** (Bulgarien)

4. Magjatdin Allachwerdijew (UdSSR); 5. Khaled Alfaraj (Syrien); 6. Markus Scherer (BRD); 7. Yang Zhinghong (China); 8. Kwon Duk-Yong (Südkorea)

Um Platz 7: Zhinghong (China)–Kwon Duk-Yong (Südkorea) durch Abbruch (Verletzung)

Um Platz 5: Alfaraj (Syrien)–Scherer (BRD) n. P.

Um Platz 3: Zenow (Bulgarien)–Allachwerdijew (UdSSR) durch Disqualifikation

Fliegengewicht (bis 52 kg)

1. **Jon Rönningen** (Norwegen) n. P.

2. **Atsuji Miyahara** (Japan)

3. **Lee Ja-Suk** (Südkorea)

4. Alexander Ignatenko (UdSSR); 5. Roman Kierpacz (Polen), 6. Tobor Jankovics (ČSSR); 7. Christo Fieew (Bulgarien); 8. Peter Stjernberg (Schweden)

Um Platz 7: Fieew (Bulgarien)–Stjernberg (Schweden) n. P.;

Um Platz 5: Kierpacz (Polen)–Jankovics (ČSSR) durch Disqualifikation

Um Platz 3: Lee Ja-Suk (Südkorea)–Ignatenko (UdSSR) n. P.

Bantamgewicht (bis 57 kg)

1. **Andras Sike** (Ungarn) durch Abbruch (Verletzung)

2. **Stojan Balow** (Bulgarien)

3. **Charalambos Holidis** (Griechenland)

4. Yang Changling (China); 5. Huh Byung-Ho (Südkorea); 6. Ghazi Salah (Irak); 7. Alexander Schestakow (UdSSR); 8. Rifat Yildiz (BRD)

Um Platz 7: Schestakow (UdSSR)–Yildiz (BRD), Yildiz nicht angetreten

Um Platz 5: Huh Byung-Ho (Südkorea)–Salah (Irak) durch Schultersieg

Um Platz 3: Holidis (Griechenland)–Yang Changling (China) n. P.

Federgewicht (bis 62 kg)

1. **Kamandar Madshidow** (UdSSR) n. P.

2. **Jiwko Wangelow** (Bulgarien)

3. **An Dae-Hyun** (Südkorea)

4. Jenö Bödi (Ungarn); 5. Peter Behl (BRD); 6. Isaac Anderson (USA); 7. Gilles Jalabert (Frankreich); 8. Hugo Dietsche (Schweiz)

Um Platz 7: Jalabert (Frankreich)–Dietsche (Schweiz), Dietsche nicht angetreten

Um Platz 5: Behl (BRD)–Anderson (USA) n. P.

Um Platz 3: An Dae-Hyun (Südkorea)–Bödi (Ungarn) durch Disqualifikation

Leichtgewicht (bis 68 kg)

1. **Lewon Dshulfalakjan** (UdSSR) n. P.

2. **Kim Ung-Moon** (Südkorea)

3. **Tapio Silipäe** (Finnland)

4. Petrica Carare (Rumänien); 5. Jerzy Kopanski (Polen); 6. Yasuhiro Okubo (Japan); 7. Morton Brekke (Norwegen); 8. Attila Repka (Ungarn)

Um Platz 7: Brekke (Norwegen)–Repka (Ungarn) n. P.

Um Platz 5: Kopanski (Polen)–Okubo (Japan) durch Disqualifikation

Um Platz 3: Silipäe (Finnland)–Carare (Rumänien) n. P.

Weltergewicht (bis 74 kg)

1. **Kim Young-Nam** (Südkorea) n. P.

2. **Daulet Turlychanow** (UdSSR)

3. **Jozef Tracz** (Polen)

4. Janos Takacs (Ungarn); 5. Martial Mischler (Frankreich); 6. Boris Welitschkow (Bulgarien); 7. Roger Tallroth (Schweden); 8. Hiromichi Ito (Japan)

Um Platz 7: Tallroth (Schweden)–Ito (Japan) n. P.

Um Platz 5: Mischler (Frankreich)–Welitschkow (Bulgarien) n. P.

Um Platz 3: Tracz (Polen)–Takacs (Ungarn) n. P.

Mittelgewicht (bis 82 kg)

1. **Michail Mamiaschwili** (UdSSR) n. P.

2. **Tibor Komaromi** (Ungarn)

3. **Kim Sang-Kyu** (Südkorea)

4. Stick Ari Kleven (Norwegen); 5. Goran Kasum (Jugoslawien); 6. Magnus Fredriksson (Schweden); 7. John Morgan (USA); 8. Bogdan Daras (Polen)

Um Platz 7: Morgan (USA)–Daras (Polen), Daras nicht angetreten

Um Platz 5: Kasum (Jugoslawien)–Fredriksson (Schweden) durch Abbruch (Passivität)

Um Platz 3: Kim Sang-Kyu (Südkorea)–Kleven (Norwegen) n. P.

Halbschwergewicht (bis 90 kg)

1. **Atanas Komtschew** (Bulgarien) n. P.

2. **Harri Koskela** (Finnland)

3. **Wladimir Popow** (UdSSR)

4. Christer Gullden (Schweden); 5. André Steinbach (BRD); 6. Franz Pitschmann (Österreich); 7. **Olaf Koschnitzke** (DDR); 8. Georgis Pikilidis (Griechenland)

Um Platz 7: Koschnitzke (DDR)–Pikilidis (Griechenland) durch Abbruch (Verletzung)

Um Platz 5: Steinbach (BRD)–Pitschmann (Österreich) durch Disqualifikation

Um Platz 3: Popow (UdSSR)–Gullden (Schweden) durch Schultersieg

Schwergewicht (bis 100 kg)

1. **Andrzej Wronski** (Polen) n. P.

2. **Gerhard Himmel** (BRD)

3. **Dennis Koslowski** (USA)

4. Ilja Georgiew (Bulgarien); 5. Jozef Tertei (Jugoslawien); 6. Tai Yoo-Young (Südkorea); 7. Guram Gedechauri (UdSSR); 8. Tamas Gaspar (Ungarn)

Um Platz 7: Gedechauri (UdSSR)–Gaspar (Ungarn), Gaspar nicht angetreten

Um Platz 5: Tartei (Jugoslawien)–Tai Yoo-Young (Südkorea), Tai nicht angetreten

Um Platz 3: Koslowski (USA)–Georgiew (Bulgarien) n. P.

Superschwergewicht (bis 130 kg)

1. **Alexander Karelin** (UdSSR) n. P.

2. **Rangel Gerowski** (Bulgarien)

3. **Tomas Johansson** (Schweden)

4. Hassan Elhadad (Ägypten); 5. Laszlo Klauz (Ungarn); 6. Kazuya Deguchi (Japan); 7. Roman Wroclawski (Polen); 8. Duane Koslowski (USA)

Um Platz 7: Wroclawski (Polen)–Koslowski (USA), Koslowski nicht angetreten

Um Platz 5: Klauz (Ungarn)–Deguchi (Japan) durch Disqualifikation

Um Platz 3: Johansson (Schweden)–Elhadad (Ägypten) durch Disqualifikation

Freistil Halbfliegengewicht (bis 48 kg)

1. **Takashi Kobayashi** (Japan) n. P.

2. **Iwan Zonow** (Bulgarien)

3. **Sergej Karamtschakow** (UdSSR)

4. Tim Vanni (USA); 5. Reiner Heugabel (BRD); 6. Ilyas Sukruoglu (Türkei); 7. **Volker Anger** (DDR); 8. Naser Zeinalnia (Iran)

Um Platz 7: Anger (DDR)–Zeinalnia (Iran), Zeinalnia nicht angetreten

Um Platz 5: Heugabel (BRD)–Sukruoglu (Türkei) durch Disqualifikation

Um Platz 3: Karamtschakow (UdSSR)–Vanni (USA) n. P.

Fliegengewicht (bis 52 kg)

1. **Mitsuru Sato** (Japan) n. P.

2. **Saban Trstena** (Jugoslawien)

3. **Wladimir Togusow** (UdSSR)

4. Laszlo Biro (Ungarn); 5. Aslan Seyhanli (Türkei); 6. Kim Jong-Oh (Südkorea); 7. Tserenbatar Enebayar (MVR); 8. Walentin Dimitrow (Bulgarien).

Um Platz 7: Enebayar (MVR)–Dimitrow (Bulgarien) n. P.

Um Platz 5: Seyhanli (Türkei)–Kim Jong-Oh (Südkorea) n. P.

Um Platz 3: Togusow (UdSSR)–Biro (Ungarn) n. P.

Bantamgewicht (bis 57 kg)

1. **Sergej Beloglasow** (UdSSR) n. P.

2. **Askari Mohammedian** (Iran)

3. **Noh Kyung-Sun** (Südkorea)

4. Ahmet Ak (Türkei); 5. Walentin Iwanow (Bulgarien); 6. Bela Nagy (Ungarn); 7. Haltma Battul (MVR); 8. Ryo Kanehama (Japan)

Um Platz 7: Battul (MVR)–Kanehama (Japan) n. P.

Um Platz 5: Iwanow (Bulgarien)–Nagy (Ungarn) n. P.

Um Platz 3: Noh Kyung-Sun (Südkorea)–Ak (Türkei) n. P.

Federgewicht (bis 62 kg)

1. **John Smith** (USA) n. P.

2. **Stepan Sarkisjan** (UdSSR)

3. **Simeon Schterew** (Bulgarien)

4. Akbar Fallah (Türkei); 5. Jörg Helmdach (BRD); 6. Avirmed Enhe (MVR); 7. Giovanni Schillaci (Italien); 8. Gary Bohay (Kanada)

Um Platz 7: Schillaci (Italien)–Bohay (Kanada) n. P.

Um Platz 5: Helmdach (BRD)–Enhe (MVR) n. P.

Um Platz 3: Schterew (Bulgarien)–Fallah (Türkei) n. P.

Leichtgewicht (bis 68 kg)

1. **Arsen Fadsajew** (UdSSR) n. P.

2. **Park Jang-Soon** (Südkorea)

3. **Nate Carr** (USA)

4. Kosei Akaishi (Japan); 5. David McKay (Kanada); 6. Jukka Rauhala (Finnland); 7. Alexander Leipold (BRD); 8. Angel Jassenow (Bulgarien)

Um Platz 7: Leipold (BRD)–Jassenow (Bulgarien) n. P.

Um Platz 5: McKay (Kanada)–Rauhala (Finnland) n. P.

Um Platz 3: Carr (USA)–Akaishi (Japan) n. P.

Weltergewicht (bis 74 kg)

1. **Kenneth Monday** (USA) n. P.

2. **Adlan Warajew** (UdSSR)

3. **Rachmad Sofiadi** (Bulgarien)

4. Lodoy Enebayar (MVR); 5. Pekka Rauhala (Finnland); 6. Ayatol Vagorari (Iran); 7. Yoon Kyung-Jae (Südkorea); 8. **Uwe Westendorf** (DDR)

Um Platz 7: Yoon Kyung-Jae (Südkorea)–Westendorf (DDR) n. P.

Um Platz 5: Rauhala (Finnland)–Vagorari (Iran) n. P.

Um Platz 3: Sofiadi (Bulgarien)–Enebayar (MVR) n. P.

Mittelgewicht (bis 82 kg)

1. **Han Myung-Woo** (Südkorea) n. P.

2. **Necmi Gencalp** (Türkei)

3. **Josef Lohyna** (ČSSR)

4. Alexander Tambowzew (UdSSR); 5. Pundsac Suhbat (MVR); 6. Mark Schultz (USA); 7. Atsushi Ito (Japan); 8. **Hans Gstöttner** (DDR)

Um Platz 7: Ito (Japan)–Gstöttner (DDR) n. P.

Um Platz 5: Suhbat (MVR)–Schultz (USA) durch Aufgabe

Um Platz 3: Lohyna (ČSSR)–Tambowzew (UdSSR) durch Disqualifikation

Halbschwergewicht (bis 90 kg)

1. **Macharbek Chadarzew** (UdSSR) technischer Punktsieg

2. **Akira Ota** (Japan)

3. **Kim Tae-Woo** (Südkorea)

4. Gabor Toth (Ungarn); 5. James Scherr (USA); 6. Rumen Alabakow (Bulgarien); 7. Ira Deskoulidis (Griechenland); 8. Zeveg Duvchin (MVR)

Um Platz 7: Deskoulidis (Griechenland)–Duvchin (MVR) n. P.

Um Platz 5: Scherr (USA)–Alabakow (Bulgarien) n. P.

Um Platz 3: Kim Tae-Woo (Südkorea)–Toth (Ungarn) n. P.

BOXEN

Schwergewicht (bis 100 kg)

1. **Vasile Puscasu** (Rumänien) n.P.
2. **Leri Chabelow** (UdSSR)
3. **William Scherr** (USA)
4. Uwe Neupert (DDR); 5. Georgi Karaduschew (Bulgarien); 6. Bold Javhlantugs (MVR); 7. Noel Loban (Großbritannien) 8. Joe Byung-Eun (Südkorea)

Um Platz 7: Loban (Großbritannien)–Joe Byung-Eun (Südkorea) n.P.

Um Platz 5: Karaduschew (Bulgarien)–Javhlantugs (MVR) durch Schultersieg

Um Platz 3: Scherr (USA)–Neupert (DDR) n.P.

Superschwergewicht (bis 130 kg)

1. **Dawid Gobedschischwili** (UdSSR)
2. **Bruce Baumgartner** (USA)
3. **Andreas Schröder** (DDR)
4. Laszlo Klauz (Ungarn); 5. Atanas Atanasow (Bulgarien); 6. Daniel Payne (Kanada); 7. Adam Sandurski (Polen); 8. Ralf Bremmer (BRD)

Um Platz 7: Sandurski (Polen)–Bremmer (BRD) n.P.

Um Platz 5: Atanasow (Bulgarien)–Payne (Kanada) n.P.

Um Platz 3: Schröder (DDR)–Klauz durch Disqualifikation

Chamshill Students' Gymnasium
17. September bis 2. Oktober

Halbfliegengewicht (bis 48 kg)

1. **Iwailo Marinow** (Bulgarien) n.P.
2. **Michael Carbajal** (USA)
3. **Robert Isaszegi** (Ungarn)
3. **Leopoldo Serantes** (Philippinen)

Viertelfinale: Carbajal (USA)–Olson (Kanada) n.P.; Isaszegi (Ungarn)–Sasakul (Taiwan) n.P.; Serantes (Philippinen)–Mjirih (Marokko) RSC 3. Rd.; Marinow (Bulgarien)–Machmutow (UdSSR) n.P.

Halbfinale: Carbajal (USA)–Isaszegi (Ungarn) n.P.; Marinow (Bulgarien)–Serantes (Philippinen) n.P.

Finale: 5:0 – 59:58/59:58/59:58/59:58/59:58

Fliegengewicht (bis 51 kg)

1. **Kim Kwang-Sun** (Südkorea) n.P.
2. **Andreas Tews** (DDR)
3. **Mario Gonzalez** (Mexiko)
3. **Timofej Skrjabin** (UdSSR)

Viertelfinale: Tews (DDR)–Abed (Algerien) n.P.; Gonzalez (Mexiko)–Kotey (Ghana) kampflos; Skrjabin (UdSSR)–Deleon (Dominikanische Republik) n.P.; Kim Kwang-Sun (Südkorea)–Todorow (Bulgarien) n.P.

Halbfinale: Tews (DDR)–Gonzalez (Mexiko) n.P.; Kim Kwang-Sun (Südkorea)–Skrjabin (UdSSR) n.P.

Finale: 4:1 – 59:58/60:58/58:59/60:57/59:58

Bantamgewicht (bis 54 kg)

1. **Kenndy McKinney** (USA) n.P.
2. **Alexander Christow** (Bulgarien)

---

3. **Phajol Moolsan** (Thailand)
3. **Jorge Julio Rocha** (Kolumbien)

Viertelfinale: McKinney (USA)–Mwema (Kenia) n.P.; Moolsan (Thailand)–Altanchujag (MVR) n.P.; Rocha (Kolumbien)–Matsushima (Japan) n.P.; Christow (Bulgarien)–Artemjow (UdSSR) n.P.

Halbfinale: McKinney (USA)–Moolsan (Thailand) n.P.; Christow (Bulgarien)–Rocha (Kolumbien) n.P.

René Breitbarth gegen Rocha (Kolumbien) n.P. in der Vorrunde ausgeschieden

Finale: 5:0 – 60:56/59:58/59:58/60:56/59:58

Federgewicht (bis 57 kg)

1. **Giovanni Parisi** (Italien) *RSC 1. Rd.*
2. **Daniel Dumitrescu** (Rumänien)
3. **Abdelhak Achik** (Marokko)
3. **Lee Jae-Hyuk** (Südkorea)

Viertelfinale: Achik (Marokko)–Liu Dong (China) K. o. 1. Rd.; Parisi (Italien)–Shmuel (Israel) n.P.; Dumitrescu (Rumänien)–Tuur (Niederlande) n.P.; Le Jae-Hyuk (Südkorea)–Nowak (Polen) n.P.

Halbfinale: Parisi (Italien)–Achik (Marokko) RSC 1. Rd.; Dumitrescu (Rumänien)–Lee Jae-Hyuk (Südkorea) n.P.

Diego Drumm (DDR) gegen Kirkorow (Bulgarien) n.P. in der Vorrunde ausgeschieden

Leichtgewicht (bis 60 kg)

1. **Andreas Zülow** (DDR) n.P.
2. **George Cramne** (Schweden)
3. **Romallis Ellis** (USA)
3. **Nergui Enchbat** (MVR)

Viertelfinale: Cramne (Schweden)–Kane (Großbritannien) n.P.; Enchbat (MVR)–Mar-

---

jouane (Marokko) n.P.; Ellis (USA)–Tschuprenski (Bulgarien) n.P.; Zülow (DDR)–Hegazy (Ägypten) n.P.

Halbfinale: Cramne (Schweden)–Enchbat (MVR) n.P.; Zülow (DDR)–Ellis (USA) n.P.

Finale: 5:0 – 60:55/60:57/60:57/60:57/60:57

Halbweltergewicht (bis 63,5 kg)

1. **Wjatscheslaw Janowski** (UdSSR) n.P.
2. **Grahame Cheney** (Australien)
3. **Reiner Gies** (BRD)
3. **Lars Myrberg** (Schweden)

Viertelfinale: Cheney (Australien)–Foster (Großbritannien) n.P.; Myrberg (Schweden)–Rodriguez (Mexiko) K. o. 1. Rd.; Janowski (UdSSR)–Mwamba (Sambia) n.P.; Gies (BRD)–Altansuch (MVR) n.P.

Halbfinale: Janowski (UdSSR)–Gies (BRD) K. o. 1. Rd.; Cheney (Australien)–Myrberg (Schweden) n.P.

Andreas Otto (DDR) gegen Grant (Kanada) in der Vorrunde durch RSC 2. Rd. (Verletzung) ausgeschieden

Finale: 5:0 – 59:57/59:58/59:58/59:58/59:58

Weltergewicht (bis 67 kg)

1. **Robert Wangila** (Kenia) K. o. 2. Rd.
2. **Laurent Boudouani** (Frankreich)
3. **Jan Dydak** (Polen)
3. **Kenneth Gould** (USA)

Viertelfinale: Dydak (Polen)–Adegbusi (Nigeria) n.P.; Wangila (Kenia)–Furginow (Bulgarien) n.P.; Boudouani (Frankreich)–Kyung Sup-Song (Südkorea) n.P.; Gould (USA)–Nyman (Finnland) n.P.

Halbfinale: Wangila (Kenia)–

Dydak (Polen) kampflos; Boudouani (Frankreich)–Gould (USA) n. P.

Siegfried Mehnert gegen Song Kyung-Sup (Südkorea) n. P. in der Vorrunde ausgeschieden

Halbmittelgewicht

(bis 71 kg)

1. **Park Si-Hun** (Südkorea) n. P.

2. **Roy Jones** (USA)

3. **Richard Woodhall** (Großbritannien)

3. **Raymond Downey** (Kanada)

Viertelfinale: Woodhall (Großbritannien)–Rivera (Puerto Rico) n. P.; Jones (USA)–Saizew (UdSSR) n. P.; Park Si-Hun (Südkorea)–Nardiello (Italien) n. P.; Downey (Kanada)–Kitel (Schweden) n. P.

Halbfinale: Jones (USA)–Woodhall (Großbritannien) n. P.; Park Si-Hun (Südkorea)–Downey (Kanada) n. P.

Torsten Schmitz (DDR) gegen Park Si-Hun (Südkorea) n. P. im Achtelfinale ausgeschieden

Finale: 3:2 – 59:59 für Park/ 56:60/59:58/59:58/56:60

Mittelgewicht (bis 75 kg)

1. **Henry Maske** (DDR) n. P.

2. **Egerton Marcus** (Kanada)

3. **Chris Sande** (Kenia)

3. **Hussain Shah Syed** (Pakistan)

Viertelfinale: Sande (Kenia)–Wanyama (Uganda) n. P.; Maske (DDR)–Mastrodonato (Italien) n. P.; Marcus (Kanada)–Ottke (BRD) n. P.; Syed (Pakistan)–Füzesy (Ungarn) n. P.

Halbfinale: Maske (DDR)–Sande (Kenia) n. P.; Marcus (Kanada)–Syed (Pakistan) n. P.

Finale: 5:0 – 59:58/59:58/60:56/ 60:56/60:57

Halbschwergewicht (bis 81 kg)

1. **Andrew Maynard** (USA) n. P.

2. **Nurmagamed Schanawasow** (UdSSR)

3. **Henryk Petrich** (Polen)

3. *Damir Skaro* (Jugoslawien)

Viertelfinale: Maynard (USA)–Erös (Ungarn) n. P.; Petrich (Polen)–Elnagar (Ägypten) n. P.; Skaro (Jugoslawien)–Akhasamba (Kenia) n. P.; Schanawasow (UdSSR)–Magi (Italien) n. P.

Halbfinale: Maynard (USA)–Petrich (Polen) Aufgabe 3. Rd.; Schanawasow (UdSSR)–Skaro (Jugoslawien) kampflos

Finale: 5:0– 59:58/59:58/59:58/ 60:58/59:58

Schwergewicht (bis 91 kg)

1. **Ray Mercer** (USA) K. o. 1. Rd.

2. **Baik Hyun-Man** (Südkorea)

3. **Andrzej Golota** (Polen)

3. **Arnold Vanderlijde** (Niederlande)

Viertelfinale: Baik Hyun-Man (Südkorea)–**Maik Heydeck** (DDR) RSC 2. Rd. (Überlegenheit); Golota (Polen)–Obunga (Kenia) n. P.; Mercer (USA)–Gaudiano (Italien) K. o. 1. Rd.; Vanderlijde (Niederlande)–Alvics (Ungarn) n. P.

Halbfinale: Baik Hyun-Man (Südkorea)–Golota (Polen) RSC 2. Rd. (Überlegenheit); Mercer (USA)–Vanderlijde (Niederlande) RSC 2. Rd. (Überlegenheit)

Superschwergewicht (über 91 kg)

1. **Lennox Lewis** (Kanada) RSC 2. Rd. (Überlegenheit)

2. **Riddick Bowe** (USA)

3. **Alexander Miroschnitschenko (UdSSR)**

3. **Janusz Zarenkiewicz** (Polen)

Viertelfinale: Miroschnitschenko (UdSSR)–Kim Yoo-Hyun (Südkorea) n. P.; Bowe (USA)–Hrivnak (ČSSR) RSC 1. Rd. (Überlegenheit); Lewis (Kanada)–**Ulli Kaden** (DDR) K. o. 1. Rd.; Zarenkiewicz (Polen)–Schieders (BRD) n. P.

Halbfinale: Bowe (USA)–Miroschnitschenko (UdSSR) n. P.; Lewis (Kanada)–Zarenkiewicz (Polen) kampflos

Olympic Park Fencing Gymnasium 20. bis 30. September

Herren

Florett–Einzel

1. **Stefano Cerioni** (Italien)

2. **Udo Wagner** (DDR)

3. **Alexander Romankow** (UdSSR)

4. Ulrich Schreck (BRD), 5. Zsoltan Ersek (Ungarn), 6. Mauro Numa (Italien), 7. **Jens Howe** (DDR), 8. Mathias Gey (BRD); **Aris Enkelmann** (DDR) in der Hoffnungsrunde (letzte 16) ausgeschieden

Viertelfinale: Schreck–Howe 10:7, Wagner–Ersek 10:5, Cerioni–Gey 10:8, Numa–Romankow 11:9

Halbfinale: Wagner–Schreck 10:8, Cerioni–Romankow 10:5

Um Platz 3: Romankow–Schreck 10:8

Um Platz 1: Cerioni–Wagner 10:7

Florett– Mannschaft

1. **UdSSR** (Alexander Romankow/Ilgar Mamedow/Wladimir Apziauri/Anwar Ibragimow/Boris Koretzki)

2. **BRD** (Mathias Gey/Thorsten Weidner/Matthias Behr/Ulrich Schreck/Thomas Endres)

3. **Ungarn** (Zsoltan Ersek/Pal Szekeres/Istvan Szelei/Istvan Busa/Robert Gatai)

4. **DDR** (Udo Wagner/Jens Howe/Aris Enkelmann/Jens Gusek/Adrian Germanus), 5. Polen, 6. Frankreich, 7. Italien, 8. China

Viertelfinale: DDR–Polen 9:3, BRD–Italien 9:6, UdSSR–China 9:5, Ungarn–Frankreich 9:4

Halbfinale: BRD–DDR 9:4, UdSSR–Ungarn 8:8 (57:51)

Um Platz 3: *Ungarn–DDR 9:5*
Um Platz 1: *UdSSR–BRD 9:5*

Degen – Einzel

1. **Arnd Schmitt** (BRD)
2. **Philippe Riboud** (Frankreich)
3. **Andrej Schuwalow** (UdSSR)

4. Sandro Cuomo (Italien), 5. **Torsten Kühnemund** (DDR), 6. Jerri Bergström (Schweden), 7. Martin Brill (Neuseeland), 8. Wladimir Resnitschenko (UdSSR)

Viertelfinale: *Cuomo–Kühnemund 10:5, Riboud–Resnitschenko 10:9, Schmitt–Bergström 10:7, Schuwalow–Brill 10:3*

Halbfinale: *Riboud–Cuomo 10:4, Schmitt–Schuwalow 10:9*

Um Platz 3: *Schuwalow–Cuomo 10:8*

Um Platz 1: *Schmitt–Riboud 10:9*

Degen – Mannschaft

1. **Frankreich**
(Frederic Delpla/Jean-Michel Henry/Olivier Lenglet/Philippe Riboud/Eric Srecki)
2. **BRD**
(Elmar Borrmann/Volker Fischer/Thomas Gerull/Alexander Pusch/ Arnd Schmitt)
3. **UdSSR**
(Andrej Schuwalow/Pawel Kolobkow/Wladimir Resnitschenko/Michail Tischko/ Igor Tichomirow)

4. Italien, 5. Schweiz, 6. Ungarn, 7. Südkorea, 8. Schweden

Viertelfinale: *UdSSR–Schweden 9:5, Frankreich–Ungarn 8:7, Italien–Schweiz 9:5, BRD–Südkorea 8:6*

Halbfinale: *Frankreich–UdSSR 9:5, BRD–Italien 8:7*

Um Platz 3: *UdSSR–Italien 8:8 (65:63)*

Um Platz 1: *Frankreich–BRD 8:3*

Säbel – Einzel

1. **Jean-Francois Lamour** (Frankreich)
2. **Janusz Olech** (Polen)
3. **Giovanni Scalzo** (Italien)

4. Philippe Delrieu (Frankreich), 5. György Nebald (Ungarn), 6. Georgi Pogossow (UdSSR), 7. Felix Becker (BRD), 8. Jürgen Nolte (BRD)

Viertelfinale: *Scalzo–Nebald 10:8, Olech–Nolte 10:7, Delrieu–Pogossow 10:9, Lamour–Becker 10:6*

Halbfinale: *Olech–Scalzo 10:9, Lamour–Delrieu 10:7*

Um Platz 3: *Scalzo–Delrieu 10:2*

Um Platz 1: *Lamour–Olech 10:4*

Säbel – Mannschaft

1. **Ungarn**
(György Nebald/Bence Szabo/Laszlo Csongradi/Imre Bujdoso/Imre Gedövari)
2. **UdSSR**
(Sergej Mindirgassow/Michail Burzew/Georgi Pogossow/Andrej Alschan/Sergej Korjakin)
3. **Italien**
(Massimo Cavaliere/Gianfranco Dalla Barba/Marco Marin/Ferdinando Meglio/Giovanni Scalzo)

4. Frankreich, 5. Polen, 6. BRD, 7. USA, 8. Bulgarien

Viertelfinale: *Frankreich–BRD 9:5, Ungarn–Polen 8:8 (60:57); Italien und UdSSR für das Halbfinale gesetzt*

Halbfinale: *UdSSR–Frankreich 9:7, Ungarn–Italien 9:5*

Um Platz 3: *Italien–Frankreich 8:8 (64:63)*

Um Platz 1: *Ungarn–UdSSR 8:8 (67:64)*

Damen

Florett – Einzel

1. **Anja Fichtel** (BRD)
2. **Sabine Bau** (BRD)
3. **Zita Funkenhauser** (BRD)

4. Zsuzsa Janosi (Ungarn), 5. Tatjana Sadowskaja (UdSSR), 6. Gertrud Stefanek (Ungarn), 7. Sun Hongyun (China), 8. Jelena Glikina (UdSSR)

Viertelfinale: *Bau–Stefanek 8:6, Funkenhauser–Sadowskaja 8:5, Fichtel–Sun Hongyun 8:4, Janosi–Glikina 8:4*

Halbfinale: *Bau–Funkenhauser 8:3, Fichtel–Janosi 8:5*

Um Platz 3: *Funkenhauser–Janosi 8:7*

Um Platz 1: *Fichtel–Bau 8:5*

Florett – Mannschaft

1. **BRD**
(Sabine Bau/Anja Fichtel/Zita Funkenhauser/Annette Klug/Christiane Weber)
2. **Italien**
(Francesca Bortolozzi/Annapia Gandolfi/ Lucia Traversa/Dorina Vaccaroni/Margherita Zalaffi)
3. **Ungarn**
(Zsuzsa Janosi/Gertrud Stefanek/Szuszanna Szöcs/Katalin Tuschak/Edit Kovacs)

4. UdSSR, 5. China, 6. USA, 7. Frankreich, 8. Südkorea

Viertelfinale: *Ungarn–USA 9:5, Italien–Südkorea 9:4, UdSSR–China 8:7, BRD–Frankreich 9:4*

Halbfinale: *Italien–Ungarn 9:3, BRD–UdSSR 9:3*

Um Platz 3: *Ungarn–UdSSR 9:2*

Um Platz 1: *BRD–Italien 9:7*

*Hwarang Archery Field
27. September bis 1. Oktober*

Herren

Einzelwertung

1. **Jay Barrs** (USA)
338 P. (OR)
2. **Park Sung-Soo** (Südkorea)
336 P.
3. **Wladimir Jeschejew** (UdSSR)
335 P.

4. Chun In-Soo (Südkorea) 331 P.; 5. Martinius Reniers (Niederlande) 327 P.; 6. Richard McKinney (USA) 324 P.; 7. Pentti Vikström (Finnland) 323 P.; 8. Hiroshi Yamamoto (Japan) 321 P.

Viertelfinale: *1. Pace 329 P.; 2. Reniers 328 P.; 3. McKinney 327 P.*

Halbfinale: *1. Chun In-Soo 334 P.; 2. Barrs 334 P.;3. McKinney 332 P.*

Mannschaftswertung

1. **Südkorea** 986 P.
(Chun In-Soo/Lee Han-Sup/Park Sung-Soo)
2. **USA** 972 P.
(Jay Barrs/Richard McKinney/Darell Pace)
3. **Großbritannien** 968 P.
(Steven Hallard/Richard Priestman/Leroy Matson)

4. Finnland 956 P.; 5. UdSSR 949 P.; 6. Japan 948 P.; 7. Taiwan 937 P.; 8. Schweden 925 P.

Damen

Einzelwertung

1. **Kim Soo-Nyung** (Südkorea) 334 P. (OR)
2. **Wang Hee-Kyung** (Südkorea) 332 P.
3. **Yun Young-Sook** (Südkorea) 327 P. (Stechen 27)

4. Ljudmila Arschannikowa (UdSSR) 327 P. (Stechen 25); 5. Jennifer Sjöwall (Schweden)

325 P.; 6. Claudia Kriz (BRD) 318 P. (nach Stechen); 7. Joanne Franke (Großbritannien) 318 P.; 8. Tatjana Muntjana (UdSSR) 314 P.

Viertelfinale: 1. Kim Soo-Nyung 337 P.; 2. Wang Hee-Kyung 330 P.; 3. Franks 330 P.

Halbfinale: Kim Soo-Nyung 340 P.; 2. Wang Hee-Kyung 332 P.; 3. Sjöwall 330 P.

Mannschaftswertung

1. **Südkorea** 982 P.
   (Kim Soo-Nyung/Wang-Kyung/Yun Young-Sook)

2. **Indonesien** 952 P. (nach Stechen)
   (Lilies Handayani/Nur-Fitriyana Saiman/Kusuma Wardhani)

3. **USA** 952 P.
   (Debra Ochs/Denise Parker/Melanie Skillam)

4. UdSSR 951 P.; 5. Großbritannien 933 P.; 6. BRD 931 P.; 7. Schweden 930 P.; 8. Frankreich 898 P.

Military, Dressur und Springreiten – Mannschaft:
Sòul Equestrian Park, Wondang Ranch
Springreiten – Einzel:
Olympiastadion
19. September bis 2. Oktober

Große Vielseitigkeitsprüfung (Military) – Einzelwertung

1. **Mark Todd** (Neuseeland) 42,60 P. auf „Charisma"

2. **Ian Stark** (Großbritannien) 52,80 P. auf „Sir Mattie"

3. **Virginia Leng** (Großbritannien) 62,00 P. auf „Master Craftsman"

4. Claus Erhorn (BRD) auf „Justyn Thyme" 62,35 P.; 5. Tinks Pottinger (Neuseeland) auf „Volunteer" 65,80 P.; 6. Matthias Baumann (BRD) auf „Shamrock 11" 68,80 P.; 7. Jean Teulere (Frankreich) auf „Mohican V" 69,00 P.; 8. Andrew Hoy (Australien) auf „Kiwi" 89,00 P.

Nach Dressur und Geländeritt: 1. Mark Todd 37,60 P., 2. Virginia Leng 52,00 P., 3. Ian Stark 52,80 P.

Große Vielseitigkeitsprüfung (Military) – Mannschaftswertung

1. **BRD** 225,95 P.
   (Claus Erhorn auf „Justyn Thyme"/Matthias Baumann auf „Shamrock 11"/Thies Kaspareit auf „Sherry 42")

2. **Großbritannien** 256,80 P.
   (Karen Straker auf „Get Smart"/Virginia Leng auf „Master Craftsman"/Ian Stark auf „Sir Mattie")

3. **Neuseeland** 271,20 P.
   (Mark Todd auf „Charisma"/Andrew Bennie auf „Grayshoot"/Tinks Pottinger auf „Volunteer")

4. Polen 389,60 P.; 5. Australien 457,60 P.; 6. Frankreich 498,80 P.; 7. Südkorea 740,15 P.

Stand nach Dressur und Geländeritt: 1. BRD 204,20 P., 2. Neuseeland 241,20 P., 3. Großbritannien 246,80 P.

Dressur – Einzelwertung

1. **Nicole Uphoff** (BRD) 1 521 P. auf „Rembrandt 24"

2. **Margitt Otto-Crepin** (Frankreich) 1 462 P. auf „Corlandus"

3. **Christine Stückelberger** (Schweiz) 1 417 P. auf „Gauguin de Lully"

4. Cynthia Ishoy (Kanada) auf „Dynasty" 1 401 P.; 5. Kyra Kyrklund (Finnland) auf „Matador" 1 393 P.; 6. Monica Theodorescu (BRD) auf „Ganimedes" 1 385 P.; 7. Otto Hofer (Schweiz) auf „Andiamo" 1 383 P.; 8. Annakathrin Linsenhoff (BRD) auf „Courage 10" 1 374 P.

Einzelwertung nach der Mannschaftsentscheidung: 1. Nicole Uphoff 1 458 P. 2. Margitt Otto-Crepin 1 455 P., 3. Monica Theodorescu 1 433 P.

Dressurprüfung – Mannschaftswertung

1. **BRD** 4 302 P.
   (Dr. Reiner Klimke auf „Ahlerich 2"/Annakathrin Linsenhoff auf „Courage 10"/Monica Theodorescu auf „Ganimedes"/Nicole Uphoff auf „Rembrandt 24")

2. **Schweiz** 4 164 P.
   (Otto Hofer auf „Andiamo"/Christine Stückelberger auf „Gauguin de Lully"/Daniel Ramseier auf „Random"/Samuel Schatzmann auf „Rochus")

3. *Kanada* 3 969 P.
   (Cynthia Ishoy auf „Dynasty"/Eva Maria Pracht auf „Emirage"/Gina Smith auf „Malte"/Ashley Nicoll auf „Reipo")

4. UdSSR 3 926 P.; 5. Niederlande 3 903 P.; 6. USA 3 883 P.;

7. Finnland 3 883 P.; 8. Frankreich 3 832 P.

Stand nach dem 1. Tag: 1. Schweiz 4 047 P., 2. Dänemark 3 773 P., 3. BRD 2 860 P.

Springreiten – Einzelwertung

1. **Pierre Durand** (Frankreich) 1,25 P. auf „Jappeloup"

2. **Greg Best** (USA) 4,00 P. auf „Gem Twist"

3. **Karsten Huck** (BRD) 4,00 P. auf „Nepomuk 8"

4. Anne Kursinski (USA) auf „Starman" 8,00 P.; 4. David Broome (Großbritannien) auf „Countryman" 8,00 P.; 6. Jaime Azcarraga (Mexiko) auf „Chin Chin" 8,25 P.; 7. Johannes Tops (Niederlande) auf „Doreen", Nicholas Skelton (Großbritannien) auf „Apollo", Joe Fargis (USA) auf „Mill Pearl", Franke Sloothaak (BRD) auf „Walzerkönig 19", Markus Fuchs (Schweiz) auf „Shandoor II", Thomas Fuchs (Schweiz) auf „Dollar Girl", Jos Lansink (Niederlande) auf „Felix" alle 12,00 P.

Stand nach dem ersten Durchgang: 1. Karsten Huck 0,00 P., 2. Pierre Durand 0,25 P., 3. Ian Millar (Kanada) auf „Big Ben" 0,75 P.

Springreiten – Mannschaftswertung

1. **BRD** 17,25 P.
   (Ludger Beerbaum auf „The Freak"/Wolfgang Brinkmann auf „Pedro"/Dirk Hafemeister auf „Orchidee 76"/Franke Sloothaak auf „Walzerkönig 19")

2. **USA** 20,50 P.
   (Greg Best auf „Gem Twist"/Lisa Jacquin auf „For The Moment"/Anne Kursinski auf „Starman"/Joe Fargis auf „Mill Pearl")

3. **Frankreich** 27,50 P.
   (Hubert Bourdy auf „Morgat"/Frederic Cottier auf „Flam-

VOLLEYBALL

beauc"/Michel Robert auf „La Fayette"/Pierre Durand auf „Jappeloup")

4. Kanada 28,75 P.; 5. Niederlande 32,25 P.; 6. Großbritannien 40,00 P.; 7. Schweiz 44,25 P.; 8. Brasilien 75,00 P.

Stand nach dem ersten Durchgang: *1. BRD 4,25 P., 2. USA 12,25 P., 3. Kanada, Schweiz, Großbritannien alle 16,00 P.*

Hanyang University Gymnasium, Saemaul Sports Hall 17. September bis 2. Oktober

Männer

1. **USA**
   (David Saunders/Jeffery Stork/Troy Tanner/Stephen Timmons/Eric Sato/Robert Ctvrtlik/Craig Buck/Charles Kiraly/Scott Fortune/Ricci Luyties/Jon Root/Robert Partie)

2. **UdSSR**
   (Jaroslaw Antonow/Raimonds Wilde/Wjatscheslaw Saizew/Jewgeni Krasilnikow/Andrej Kusnezow/Waleri Lossew/Juri Pantschenko/Igor Runow/Juri Sapega/Alexander Sorokolet/Juri Tsherednik/Wladimir Schkurichin)

3. **Argentinien**
   (Claudio Zulianello/Carlos Weber/Jon Emili Uriarte/Raul Nicolas Quiroga/Eduardo Martinez/Daniel Colla/Daniel Jorge Castellani/Hugo Nestor Conte/Waldo Ariel Kantor/Alejandro Diz/Esteban de Palma/Juan Carlos Cuminetti)

4. Brasilien; 5. Niederlande; 6. Bulgarien; 7. Schweden; 8. Frankreich; 9. Italien; 10. Japan; 11. Südkorea; 12. Tunesien

Gruppe A: UdSSR–Brasilien 2:3 (12, 9, -8, -11, -8), – Schweden 3:0 (8, 7, 14), – Bulgarien 3:0 (7, 9, 8), – Italien 3:1 (9, 9, -12, 12), – Südkorea 3:0 (6, 7, 13); Brasilien–Schweden 3:1 (6, -13, 0, 12), – Bulgarien 3:1 (–13, 6, 12, 12), – Italien 3:0 (7, 4, 15) – Südkorea 2:3 (-17, -9, 6, 11, 12); Schweden–Bulgarien 3:0 (11, 12, 8), – Italien 2:3 (9, -6, 12, -12, -3), – Südkorea 3:2 (-10, -5, 12, 15, 4); Bulgarien–Italien 3:0 (7, 8, 6), – Südkorea 3:0 (7, 10, 8); Italien–Südkorea 3:0 (10, 7, 5)

1. UdSSR 9 Punkte/14:4 Sätze; 2. Brasilien 9/14:7; 3. Schweden 7/9:11; 4. Bulgarien 7/7:9; 5. Italien 7/7:11; 6. Südkorea 6/5:14

Gruppe B: USA–Argentinien 3:2 (-11, -11, 4, 15, 7), – Frankreich 3:0 (15, 6, 13), – Niederlande 3:1 (7, -12, 1, 11), – Japan 3:0 (13, 2, 2), – Tunesien 3:0 (4, 6, 4); Argentinien–Frankreich 0:3 (-7, -5, -5), – Niederlande 3:0 (11, 7, 8), – Japan 3:1 (11, 12, -11, 11), – Tunesien 3:0 (5, 11, 6); Frankreich–Niederlande 1:3 (-8, 7, -11, -7), – Japan 3:1 (-10, 10, 15, 12), – Tunesien 3:0 (10, 3, 9); Niederlande–Japan 3:0 (7, 4, 8), – Tunesien 3:0 (6, 1, 5); Japan–Tunesien 3:0 (4, 11, 7)

1. USA 10/15:3; 2. Argentinien 8/11:7; 3. Frankreich 8/10:7; 4. Niederlande 8/10:7; 5. Japan 6/5:12; 6. Tunesien 5/0:15

Um die Plätze 9 bis 12: Italien–Tunesien 3:0 (2, 2, 5), Japan–Südkorea 3:2 (-13, -6, 9, 13, 9), Südkorea–Tunesien 3:0 (11, 9, 7), Italien–Japan 3:2 (11, 11, -12, -13, 7)

Um die Plätze 5 bis 8: Bulgarien–Frankreich 3:0 (8, 12, 11), Niederlande–Schweden 3:2 (10, -13, -8, 11, 14), Schweden–Frankreich 3:2 (-12, 5, -8, 12, 12), Niederlande–Bulgarien 3:0 (6, 8, 10)

Um die Plätze 1 bis 4: UdSSR–Argentinien 3:0 (11, 15, 8), USA–Brasilien 3:0 (3, 5, 11)

Um Platz 3: Argentinien–Brasilien 3:2 (10, -15, 8, -12, 9)

Um Platz 1: USA–UdSSR 3:1 (-13, 10, 4, 8)

Frauen

1. **UdSSR**
   (Jelena Wolkowa/Swetlana Korytowa/Tatjana Krainowa/Olga Kriwoschejewa/Marina Kumysch/Marija Nikulina/Jelena Owtschinnikowa/Walentina Ogijenko/Irina Parchomtschuk/Tatjana Sidorenko/Irina Smirnowa/Olga Schkurnowa)

2. **PERU**
   (Alexandra de la Guerra/Luisa Cervera/Cenaida Uribe/Gina Torrealva/Cecilia Tiit/Gabriela Perez del Solar/Natalia Malaga/Isabel Herredia/Katherine Horny/Miriam Laarlo/Rosa Garcia/Demisse Fajardo)

3. **China**
   (Cui Yongmei/Ying Yian/Hou Yuzhu/Zheng Meizhu/Yang Xilan/Yang Xiaojun/Wu Dan/Wang Yajun/Su Huijuan/Li Yueming/Li Guojun/Zhao Hong)

4. Japan; 5. DDR; 6. Brasilien; 7. USA; 8. Südkorea

Gruppe A: UdSSR–Japan 2:3 (-2, 8, -12, 10, -17), – Südkorea 3:0 (5, 8, 7), – DDR 3:0 (16, 7, 4); Japan–Südkorea 3:1 (-8, 3, 11, 8), – DDR 2:3 (11, -14, 4, -2, -7); Südkorea–DDR 3:1 (6, -14, 10, 7)

1. UdSSR 5/8:3; 2. Japan 5/8:6; 3. Südkorea 4/4:7; 4. DDR 4/4:8

Gruppe B: Peru–China 3:2 (-13, 13, -7, 12, 14), – USA 3:2 (-12, -9, 4, 5, 9), – Brasilien 3:0 (11, 11, 3); China–USA 3:0 (9, 5, 7), – Brasilien 3:1 (-2, 7, 12, 11); USA–Brasilien 3:2 (-14, 5, 13, -12, 7)

1. Peru 6/9:4; 2. China 5/8:4; 3. USA 4/5:8; 4. Brasilien 3/3:9

Um die Plätze 5 bis 8: Brasilien–Südkorea 3:2 (6, -15, -8, 4, 15), DDR–USA 3:1 (13, 11, -10, 8), USA–Südkorea 3:2 (4, -12, -13, 9, 8), DDR–Brasilien 3:1 (9, 4, -10, 11)

Um die Plätze 1 bis 4: Peru–Japan 3:2 (9, 6, -6, -10, 13), UdSSR–China 3:0 (0, 9, 2)

Um Platz 3: China–Japan 3:0 (13, 6, 6)

Um Platz 1: UdSSR–Peru 3:2 (-10, -12, 13, 7, 15)

TENNIS

Olympic Park Tennis Courts
20. September bis 1. Oktober

Herren

Einzel

1. **Miroslav Mecir** (ČSSR)
2. **Tim Mayotte** (USA)
3. **Stefan Edberg** (Schweden)
3. **Brad Gilbert** (USA)

Viertelfinale: Mayotte–Steeb (BRD) 7:6, 7:5, 6:3; Mecir–Schapers (Niederlande) 3:6, 7:6, 6:2, 6:4; Edberg–Cane (Italien) 6:1, 7:5, 6:4; Gilbert–Jaite (Argentinien) 5:7, 6:1, 7:5, 6:3

Halbfinale: Mayotte–Gilbert 6:4, 6:4, 6:3; Mecir–Edberg 3:6, 6:0, 1:6, 6:4, 6:2

Um Platz 1: Mecir–Mayotte 3:6, 6:2, 6:4, 6:2

Doppel

1. **Ken Flach/Robert Seguso** (USA)
2. **Emilio Sanchez/Sergio Casal** (Spanien)
3. **Stefan Edberg/Anders Jarryd** (Schweden)
3. **Miroslav Mecir/Milan Srejber** (ČSSR)

Viertelfinale: Mecir/Srejber–Forget/Leconte (Frankreich) 3:6, 4:6, 7:5, 6:3, 9:7; Sanchez/Casal–Zivojinovic/Ivanisevic (Jugoslawien) 6:1, 7:6, 6:3; Flach/Seguso–Christensen/Tauson (Dänemark) 6:4, 7:5, 6:2; Edberg/Jarryd–Cahill/Fitzgerald (Australien) 6:3, 6:4, 6:3

Halbfinale: Flach/Seguso–Mecir/Srejber 6:2, 6:4, 6:1; Sanchez/Casal–Edberg/Jarryd 6:4, 1:6, 6:3, 6:2

Um Platz 1: Flach/Seguso–Sanchez/Casal 6:3, 6:4, 6:7, 6:7, 9:7

Damen

Einzel

1. **Stefanie Graf** (BRD)
2. **Gabriela Sabatini** (Argentinien)
3. **Zina Garrison** (USA)
3. **Manuela Malejewa** (Bulgarien)

Viertelfinale: Sabatini–Zwerewa (UdSSR) 6:4, 6:3; Graf–Sawtschenko (UdSSR) 6:2, 4:6, 6:3; Garrison–Shriver (USA) 6:3, 6:2; Malejewa–Reggi (Ita) 6:3, 6:4

Halbfinale: Graf–Garrison 6:2, 6:0, Sabatini–Malejewa 6:1, 6:1

Um Platz 1: Graf–Sabatini 6:3, 6:3

Doppel

1. **Pam Shriver/Zina Garrison** (USA)
2. **Jana Novotna/Helena Sukova** (ČSSR)
3. **Stefanie Graf/Claudia Kohde-Kilsch** (BRD)
3. **Wendy Turnbull/Elizabeth Smylie** (Australien)

Viertelfinale: Graf/Kohde-Kilsch–Bassett-Seguso/Hetherington (Kanada) 6:3, 3:6, 6:2; Shriver/Garrison–Tauziat/Demongeot (Frankreich) 7:5, 6:2; Novotna/Sukova–Inoue/Okamoto (Japan) 6:3, 6:2; Turnbull/Smylie–Sawtschenko/Zwerewa 6:3, 6:2

Halbfinale: Novotna/Sukova–Graf/Kohde-Kilsch 6:1, 6:3; Shriver/Garrison–Smylie/Turnbull 7:6, 6:4

Um Platz 1: Shriver/Garrison–Novotna/Sukova 4:6, 6:2, 10:8

TISCHTENNIS

Soul National University Gymnasium
23. September bis 1. Oktober

Herren

Einzel

1. **Yoo Nam-Kyu** (Südkorea)
2. **Kim Ki-Taik** (Südkorea)
3. **Erik Lindh** (Schweden)

4. Tibor Klampar (Ungarn); 5. Jian Jialiang (China); 6. Chen Longcan (China); 7. Jörgen Persson (Schweden); 8. Jan-Ove Waldner (Schweden)

Viertelfinale: Lindh–Jiang Jialiang 16:21, 21:12, 21:13, 22:20; Klampar–Chen Longcan 21:19, 7:21, 11:21, 21:19, 21:19; Yoo Nam-Kyu–Persson 19:21, 21:16, 21:15, 21:9; Kim Ki-Taik–Waldner 17:21, 21:17, 20:22, 21:17, 21:18

Halbfinale: Kim Ki-Taik–Klampar 21:18, 21:8, 21:14; Yoo Nam-Kyu–Lindh 21:10, 24:22, 21:9

Um Platz 3: Lindh–Klampar 14:21, 21:17, 21:17, 21:16

Um Platz 1: Yoo Nam-Kyu–Kim Ki-Taik 17:21, 21:19, 21:11, 23:21

Doppel

1. **Chen Longcan/Wei Quingguang** (China)
2. **Ilija Lupulescu/Zoran Primorac** (Jugoslawien)
3. **Ahn Jae-Hyung/Yoo Nam-Kyu** (Südkorea)

4. Südkorea; 5. China; 6. Polen; 7. Schweden; 8. Schweden

Viertelfinale: Chen Longcan/Wei Quingguang–Grubba/Kucharski 21:7, 12:21, 21:19; Ahn Jae-Hyung/Yoo Nam-Kyu–Lindh/Persson 21:13, 21:11; Kim Ki-Taik/Kim Wan–Jiang Jialiang/Xu Zengcai 21:18, 22:20; Lupulescu/Primorac–Appelgren/Waldner 21:19, 19:21, 21:19

Halbfinale: Lupulescu/Primorac–Kim Ki-Taik/Kim Wan 23:21, 19:21, 21:15; Chen Longcan/Wei Quingguang–Ahn Jae-Hyung/Yoo Nam-Kyu 21:10, 21:14

Um Platz 3: Ahn Jae-Hyung/Yoo Nam-Kyu–Kim Ki-Taik/Kim Wan 21:13, 21:16

Um Platz 1: Chen Longcan/Wei Quingguang–Lupulescu/Primorac 20:22, 21:8, 21:9

Damen

Einzel

1. **Jing Chen** (China)
2. **Li Huifen** (China)
3. **Jiao Zhimin** (China)

4. Marie Hrachova (ČSSR); 5. Fljura Bulatowa (UdSSR); 6. Walentina Popowa (UdSSR); 7. Bettina Vriesekoop (Niederlande); 8. Hong Cha-Ok (Südkorea)

Viertelfinale: Jiao Zhimin–Hong Cha-Ok 21:9, 21:9, 21:11; Li Huifen–Popowa 21:13, 21:12, 21:19; Jing Chen–Bulatowa 21:4, 21:11, 21:2; Hrachova–Vriesekoop 21:8, 21:15, 21:19

Halbfinale: Jing Chen–Hrachova 21:15, 21:12, 21:12; Li Huifen–Jiao Zhimin 21:16, 21:17, 21:11

Um Platz 3: Jiao Zhimin–Hrachova 21:18, 21:19, 21:17

Um Platz 1: Jing Chen–Li Huifen 21:17, 21:16, 21:23, 15:21, 21:15

Doppel

1. **Jung Hwa-Hyun/Young Ja-Yang** (Südkorea)
2. **Jing Chen/Jiao Zhimin** (China)
3. **Jasna Fazlic/Gordana Perkucin** (Jugoslawien)

4. Japan; 5. ČSSR; 6. UdSSR; 7. Niederlande; 8. Ungarn

Viertelfinale: Jung Hwa-Hyun/Young Ja-Yang–Vriesekoop/Kloppenburg 21:15, 21:12; Hoshino/Ishida–Bulatowa/Kowtun

HANDBALL

21:18, 21:11; Fazlic/Perkucin–Hrachova/Kasalova 21:19, 21:17; Jing Chen/Jiao Zhimin–Batorfi/Urban 21:10, 21:14

Halbfinale: Jung Hwa-Hyun/Young Ja-Yang–Hoshino/Ishida 21:19, 21:19; Jing Chen/Jiao Zhimin–Fazlic/Perkucin 21:19, 14:21, 21:18

Um Platz 3: Fazlic/Perkucin–Hoshino/Ishida 21:14, 11:21, 21:16

Um Platz 1: Jung Hwa-Hyun/Young Ja-Yang–Jing Chen/Jiao Zhimin 21:19, 16:21, 21:10

*Suwon Gymnasium
20. September bis 1. Oktober*

Männer

1. **UdSSR**
(Wjatscheslaw Atawin/Michail Wassiljew/Waleri Gopin/Leonid Doroschenko/Alexander Karschakewitsch/Juri Nesterow/Waldemar Nowizki/Alexander Rymanow/Gennadi Swiridenko/Alexander Tutschkin/ Andrej Tjumenzew/Igor Tschumak/Konstantin Scharowarow/Juri Schewzow/Andrej Lawrow)

2. **Südkorea**
(Park Youn-Dae/Park Do-Hun/Roh Hyun-Suk/Shim Jae-Hong/Sin Young-Suk/Yoon Tae-Il/Oh Young-Ki/Lee Kyung-Moo/Lee Sang-Hyo/ Lim Jin-Suk/Kim Jae-Hwan/Koh Suk-Chang/Kang Jae-Won/Kim Man-Ho/ Choi Sun-Jae)

3. **Jugoslawien**
(Rolando Pusnik/Momir Rnic/Muhamed Memic/Zlatko Saracevic/ Iztok Puc/Goran Perkovac/Irfan Smajlagic/Zlatko Portner/Veselin Vujovic/Jozef Holpert/Boris Jarak/Mirko Basic/Alvaro Nacinovic/ Slobodan Kuzmanovski/Ermin Velic)

4. Ungarn; 5. Schweden; 6. ČSSR; 7. DDR; 8. Island; 9. Spanien; 10. Algerien; 11. Japan; 12. USA

Gruppe A: UdSSR–Jugoslawien 24:18 (10:7), – Schweden 22:18 (11:7), – Island 32:19 (15:8), – Algerien 26:13 (13:5), – USA 26:14 (10:5); Jugoslawien–Schweden 25:21 (14:10), – Island 19:19 (8:10), – Algerien 23:22 (10:11), – USA 31:23 (17:11); Schweden–Island 20:14 (12:6), – Algerien 21:18 (7:9), – USA 26:12 (11:6); Island–Algerien 22:16 (11:8), – USA 22:15 (8:8); Algerien–USA 21:17 (13:7)

1. UdSSR 10:0 Punkte/130:82 Tore; 2. Jugoslawien 7:3/116:109; 3. Schweden 6:4/106:91; 4. Island 5:5/96:102; 5. Algerien 2:8/90:109; 6. USA 0:10/81:126

Gruppe B: Südkorea–Ungarn 22:20 (11:9), – ČSSR 29:28 (15:12), – DDR 23:22 (9:13), – Spanien 20:23 (9:10), – Japan 33:24 (18:11); Ungarn–ČSSR 16:19 (6:12), – DDR 18:17 (7:9), – Spanien 26:16 (14:9), – Japan 22:19 (10:11); ČSSR–DDR 21:24 (9:11), – Spanien 20:17 (10:5), – Japan 21:17 (13:7); DDR–Spanien 21:20 (11:8), – Japan 25:18 (14:10); Spanien–Japan 25:19 (13:5)

1. Südkorea 8:2/127:117; 2. Ungarn 6:4/102:93; 3. ČSSR 6:4/109:103; 4. DDR 6:4/109:100; 5. Spanien 4:6/101:106; 6. Japan 0:10/97:126
Da Japan keinen Punkt erzielte, trat die 25 %-Regel in Kraft, die bei Punktgleichheit die Spiele gegen Japan außer acht läßt

Um Platz 11: USA–Japan 21:24 (11:8)

Um Platz 9: Spanien–Algerien 21:15 (11:6)

Um Platz 7: DDR–Island 28:28 (12:13, 23:23) nach Verlängerung, 3:1 nach Siebenmeterwerfen

Um Platz 5: Schweden–ČSSR 27:18 (14:8)

Um Platz 3: Jugoslawien–Ungarn 27:23 (12:13)

Um Platz 1: UdSSR–Südkorea 32:25 (17:11)

Frauen

1. **Südkorea**
(Park Hyun-Sook/Suk Min-Hee/Sung Kyung-Hwa/Song Ji-Hyun/Son Mi-Na/Lee Ki-Soon/Lim Mi-Kyung/Lee Mi-Young/Kim Hyun-Mee/ Kim Young-Sook/Kim Myung-Soon/Ki Mi-Sook/Kim Kyung-Soon/Kim Choon-Rye/Han Hyun-Sook)

2. **Norwegen**
(Berit Digre/ Kjerstin Andersen/Trine Haltvik/Kristin Midthum/Vibeke Johnsen/Hanne Högness/Marte Eliasson/Hanne Hegh/Susann Goksor/Karin Singstad/Annette Skottvoll/Heidi Sundal/Cathrine Svendsen/Ingrid Steen/Karin Pettersen)

3. **UdSSR**
(Natalja Anissimowa/Marina Bassanowa/Natalja Gorb/Elina Gussewa/Tatjana Dshandshgawa/Larissa Karlowa/Natalja Lapizkaja/Swetlana Mankowa/Natalja Mitrjuk/Natalja Morskowa/Jelena Nemaschkalo/Natalja Rusnatschenko/Olga Semenowa/Jewgenija Towstogan/Sinaida Turtschina)

4. Jugoslawien; 5. ČSSR; 6. China; 7. USA; 8. Elfenbeinküste

Gruppe A: ČSSR–Südkorea 27:33 (9:15), – Jugoslawien 21:17 (8:7), – USA 33:19 (13:11); Südkorea–Jugoslawien 19:22 (10:13), – USA 24:18 (11:10); Jugoslawien–USA 19:18 (10:8)

1. Südkorea 4:2/76:67; 2. Jugoslawien 4:2/58:58; 3. ČSSR 4:2/81:69; 4. USA 0:6/55:76
Da die USA keinen Punkt erzielten, trat die 25 %-Regel in Kraft.

Gruppe B: UdSSR–Norwegen 19:19 (13:10), – China 24:19 (12:9), – Elfenbeinküste 32:11 (14:7); Norwegen–China 22:20 (12:10), – Elfenbeinküste 34:14

FUSSBALL

(15:8); China–Elfenbeinküste 37:12 (20:4)

1. UdSSR 5:1/75:49; 2. Norwegen 5:1/75:53; 3. China 2:4/76:58; 4. Elfenbeinküste 0:6/37:103

Um die Plätze 5 bis 8: ČSSR–Elfenbeinküste 34:12 (16:5), China–USA 31:22 (12:13), ČSSR–China 26:21 (9:10), USA–Elfenbeinküste 27:16 (14:6); Vorrundenbegegnungen gegeneinander zählen mit
5. ČSSR 6:0/93:52; 6. China 4:2/89:60; 7. USA 2:4/68:80; 8. Elfenbeinküste 0:6/40:98

Um die Plätze 1 bis 4: Südkorea–Norwegen 23:20 (10:9), UdSSR–Jugoslawien 18:15 (9:8), Südkorea–UdSSR 21:19 (13:11), Norwegen–Jugoslawien 20:15 (10:9)

1. Südkorea 4:2/63:61; 2. Norwegen 3:3/59:57; 3. UdSSR 3:3/56:55; 4. Jugoslawien 2:4/52:57

Pusan, Sòul, Taegu, Taejon, Kwangju
17. September bis 1. Oktober

1. **UdSSR**
(Alexander Borodjuk/Sergej Gordukowitsch/Igor Dobrowolski/ Gela Ketaschwili/ Jewgeni Kusnezow/Wladimir Ljuty/Wiktor Lossew/ Alexej Michailitschenko/Arminas Narbekovas/Igor Ponomarjow/ Alexej Prudnikow/Juri Sawitschew/Igor Skljarow/ Wladimir Tatartschuk/ Wadim Titschenko/Sergej Fekin/ Dmitri Scharin/Alexej Tscherednik/ Arvidas Janonis/Jewgeni Jarowenko)

2. **Brasilien**
(Claudio Taffarel/Jorge Campos Jorginho/Joao Santos Batista/Ricardo Raimundo/ Ademir Kaefer/Iomar Nascimento Mazinho/Valdo Candido/Geovani Silva/Santos Edmar/Hamilton Souza Careca/Romario Farias/Jose Araujo Ze Carlo/Andre Cruz/ Luiz Winck Carlos/Aloisio Alves/Milton Souza/Jose Ferreira Neto/Sergio Luiz Joao Paulo/Jorge Silva Andrade/ Jose Oliveira Bebeto)

3. **BRD**
(Uwe Kamps/Oliver Reck/ Wolfgang Funkel/Roland Grahammer/Thomas Hörster/Gunnar Sauer/Michael Schulz/Rudi Bommer/Holger Fach/ Gerhard Kleppinger/ Armin Görtz/Thomas Häßler/ Olaf Janßen/ Christian Schreier/Ralf Sievers/Wolfram Wuttke/Jürgen Klinsmann/ Fritz Walter/Frank Mill/Karl-Heinz Riedle)

4. Italien

Viertelfinale: BRD–Sambia 4:0 (3:0), UdSSR–Australien 3:0 (0:0), Brasilien–Argentinien 1:0 (0:0), Italien–Schweden 2:1 (1:1, 0:0) nach Verlängerung

Halbfinale: UdSSR–Italien 3:2 (1:1, 0:0) nach Verlängerung,

Brasilien–BRD 1:1 (1:1, 0:0) nach Verlängerung, Elfmeterschießen 3:2

Um Platz 3: BRD–Italien 3:0 (2:0)

Um Platz 1: UdSSR–Brasilien 2:1 (1:1, 0:1) nach Verlängerung

UdSSR: Scharin, Ketaschwili, Gordukowitsch, Lossew, Jarowenko, Kusnezow, Dobrowolski, Michailitschenko, Narbekovas (ab 46. J. Sawitschew), Tatartschuk, Ljuty (ab 116. Skljarow)

Brasilien: Taffarel, Luiz Winck Carlos, Aloisio Alves, Milton Souza, Jorge Silva Andrade, Jose Ferreira Neto (ab 67. Santos Edmar), Hamilton Souza Careca, Andre Cruz, Jose Oliveira Bebeto (ab 76. Sergio Luiz Joao Paulo), Romario Farias

Schiedsrichter: Biquet (Frankreich) – *Torfolge:* 0:1 Romario Farias (3.), 1:1 Dobrowolski (62., Foulstrafstoß), 2:1 Sawitschew (105.)

Erfolgreichste Torschützen:
7 Romario Farias (Brasilien)
6 Igor Dobrowolski (UdSSR)
6 Kalusha Bwalya (Sambia)
5 Alexej Michailitschenko (UdSSR)
4 Jürgen Klinsmann (BRD)

BASKETBALL

Chamsill Gymnasium
17. bis 30. September

Herren

1. **UdSSR**
(Alexander Belostenny/Alexander Wolkow/Waleri Goborow/Rimas Kurtinaitis/Igors Miglinieks/Scharunas Martschjulenis/Arvidas Sabonis/Tiit Sokk/Sergej Tarakanow/Waleri Tichonenko/ Waldemaras Chomitschus, Wiktor Pankraschkin)

2. **Jugoslawien**
(Drazen Petrovic/Zdravkov Radulovic/Zoran Cutura/Toni Kukoc/Zarko Paspalj/Zelimir Obradovic/Jurij Zdovc/Stojan Vrankovic/ Vlade Divac/ Franjo Arapovic/Dino Radja/ Danko Cvjeticanin)

3. **USA**
(Mitchell Richmond/David Robinson/Charles Smith D./ Charles Smith E./Herman Reid/Daniel Manning/Daniel Majerle/Hersey Hawkins/Jeffrey Grayer/Vernell Coles/ Stacey Augmon/Willie Anderson)

4. Australien; 5. Brasilien; 6. Kanada; 7. Puerto Rico; 8. Spanien; 9. Südkorea; 10. Zentralafrikanische Republik; 11. China; 12. Ägypten

Vorrunde
Gruppe A: Jugoslawien–UdSSR 92:79 (33:39), – Australien 98:78 (52:43), – Puerto Rico 72:74 (37:36), – Zentralafrikanische Republik 102:61 (51:21), – Südkorea 104:92 (48:46); UdSSR–Australien 91:69 (53:35), – Puerto Rico 93:81 (37:39, 76:76) nach Verlängerung, – Zentralafrikanische Republik 88:78 (40:31), – Südkorea 110:73 (59:38); Australien–Puerto Rico 81:77 (50:36), – Zentralafrikanische Republik 106:67 (57:45), – Südkorea 95:75 (51:39); Puerto Rico–Zentralafrikanische Republik 71:67 (37:41), – Südkorea 79:74

(38:30); Zentralafrikanische Republik–Südkorea 73:70 (47:30)

1. Jugoslawien 9 Punkte/ 468:384 Körbe; 2. UdSSR 9/ 461:393; 3. Australien 8/ 429:408; 4. Puerto Rico 8/ 382:387; 5. Zentralafrikanische Republik 6/346:437; 6. Südkorea 5/384:461

Gruppe B: USA–Spanien 97:53 (48:32), – Brasilien 102:87 (63:55), – Kanada 76:70 (40:42), – China 108:57 (59:26), – Ägypten 102:35 (62:21); Spanien–Brasilien 118:110 (61:57), – Kanada 94:84 (45:51), – China 106:74 (59:43), – Ägypten 113:70 (57:44); Brasilien–Kanada 125:109 (56:45), – China 130:108 (72:61), – Ägypten 138:85 (66:38); Kanada–China 99:96 (56:52), – Ägypten 117:64 (61:32); China–Ägypten 98:84 (47:43)

1. USA 10/485:302; 2. Spanien 9/484:435; 3. Brasilien 8/ 590:522; 4. Kanada 7/479:455; 5. China 6/433:527; 6. Ägypten 5/338:568

Um die Plätze 9 bis 12: Südkorea–China 93:90 (47:48), Zentralafrikanische Republik–Ägypten 63:57 (33:31), China–Ägypten 97:75 (55:42), Südkorea–Zentralafrikanische Republik 89:81 (43:41)

Um die Plätze 5 bis 8: Brasilien–Puerto Rico 104:86 (51:39), Kanada–Spanien 96:91 (41:42), Puerto Rico–Spanien 93:92 (46:45), Brasilien–Kanada 106:90 (43:39)

Um die Plätze 1 bis 4: UdSSR–USA 82:76 (47:37), Jugoslawien–Australien 91:70 (41:31)

Um Platz 3: USA–Australien 78:49 (52:29)

Um Platz 1: UdSSR–Jugoslawien 76:63 (31:28)

Im Finale eingesetzt: Wolkow, Sokk, Martschjulenis, Sabonis, Chomitschus, Tarakanow, Kurtinaitis, Belostenny Jugoslawien: Petrovic, Paspalj, *Divac, Radja, Cvjeticanin, Cutura, Kukoc, Obradovic, Vrankovic*

Frauen

1. **USA**
(Teresa Weatherspoon/Suzanne McConnell/Katrina McClain/Andrea Lloyd/Bridgette Gordon/Jennifer Gillom/Mary Ethridge/Teresa Edwards/Anne Donovan/ Cynthia Cooper/Victoria Bullett/Cynthia Brown)

2. **Jugoslawien**
(Stonja Vangelovska/Eleonora Wild/Danira Nakic/Razija Mujanovic/Bojana Milosevic/Mara Lakic/Zana Lelas/Sladjana Golic/Vesna Bajkusa/Kornelija Kvesic/ Andjelija Arbutina/Polona Dornik)

3. **UdSSR**
(Olessa Barel/Olga Burjakina/Irina Gerliz/Olga Jewkowa/Natalja Sasulskaja/ Alexandra Leonowa/Irina Minch/Galina Sawizkaja/ Irina Sumnikowa/Witalija Tuomaite/Jelena Chudaschowa/Olga Jakowljewa)

4. Australien; 5. Bulgarien; 6. China; 7. Südkorea; 8. ČSSR

Vorrunde

Gruppe A: UdSSR–Australien 48:60 (30:30), – Südkorea 69:66 (33:35), – Bulgarien 91:62 (50:26); Australien–Südkorea 55:91 (28:41), – Bulgarien 63:57 (31:30); Südkorea–Bulgarien 87:98 (51:48)

1. UdSSR 5/208:188; 2. Australien 5/178:196; 3. Südkorea 4/ 244:222; 4. Bulgarien 4/217:241

Gruppe B: USA–Jugoslawien 101:74 (55:40), – China 94:79 (46:37), – ČSSR 87:81 (37:39); Jugoslawien–China 56:53 (35:32), – ČSSR 69:57 (41:15); China–ČSSR 68:64 (36:36)

1. USA 6/282:234; 2. Jugoslawien 5/199:211; 3. China 4/ 200:214; 4. ČSSR 3/202:224

Um die Plätze 5 bis 8: China–Südkorea 97:95 (43:38), Bulgarien–ČSSR 81:78 (49:42)

Um Platz 7: Südkorea–ČSSR 77:59 (41:26)

Um Platz 5: Bulgarien–China 102:74 (53:19)

Um die Plätze 1 bis 4: Jugoslawien–Australien 57:56 (32:30), USA–UdSSR 102:98 (50:39)

Um Platz 3: UdSSR–Australien 68:53 (32:21)

Um Platz 1: USA–Jugoslawien 77:70 (42:36)

Songnam Stadium
18. September bis 1. Oktober

Männer

1. **Großbritannien**
(James Kirkwood/Richard Leman/Stephen Martin/Jon Potter/Veryan Pappin/Imran Sherwani/Ian Taylor/Sean Kerly/Russell Garcia/ Stephen Batchelor/Martyn Grimley/David Faulkner/Richard Dodds/Robert Clift/Paul Barber/Kulbir Bhaura)

2. **BRD**
(Ulrich Hänel/Andreas Keller/ Michael Metz/Andreas Mollandin/Thomas Reck/Eckard Schmidt-Opper/Christian Schliemann/Michael Hilgers/ Tobias Frank/Volker Fried/ Carsten Fischer/Hanns-Henning Fastrich/Heiner Dopp/ Thomas Brinkmann/Dirk Brinkmann/Stefan Blöcher)

3. **Niederlande**
(Erik Parlevliet/Gerrit Jan Schlatmann/Tim Steens/ Taco van den Honert/Frank Leistra/Rene Klaassen/Hendrik Jan Kooijman/Jan Hidde Kruize/Marc Benninga/Floris Jan Bove Lander/Jacques Brinkman/Ronald Jansen/ Patrick Faber/Marc Delissen/ Cees Jan Diepenveen/Maurits Crugg)

4. Australien; 5. Pakistan; 6. Indien; 7. UdSSR; 8. Argentinien; 9. Spanien; 10. Südkorea; 11. Kanada; 12. Kenia

Vorrunde
Gruppe A: Australien–Niederlande 3:2 (2:0), – Pakistan 4:0 (4:0), – Argentinien 4:0 (2:0), – Spanien 1:0 (0:0), – Kenia 7:1 (3:0); Niederlande–Pakistan 2:0 (2:0), – Argentinien 5:1 (2:1), – Spanien 1:1 (0:0), – Kenia 2:1 (1:0); Pakistan–Argentinien 2:1 (1:0), – Spanien 5:1 (0:1), – Kenia 8:0 (4:0); Argentinien–Spanien 1:0 (0:0), – Kenia 5:1 (1:1); Spanien–Kenia 4:2 (3:1)

1. Australien 10:0 Punkte/19:3 Tore; 2. Niederlande 7:3/12:6; 3. Pakistan 6:4/15:8; 4. Argentinien 4:6/8:12; 5. Spanien 3:7/6:10; 6. Kenia 0:10/5:26

Gruppe B: BRD–Großbritannien 2:1 (0:1), – Indien 1:1 (1:1), – UdSSR 6:0 (2:0), – Südkorea 1:0 (0:0), – Kanada 3:1 (2:1); Großbritannien–Indien 3:0 (0:0), – UdSSR 3:1 (0:0), – Südkorea 2:2 (1:0), – Kanada 3:0 (1:0); Indien–UdSSR 0:1 (0:1), – Südkorea 3:1 (0:1), – Kanada 5:1 (3:1); UdSSR–Südkorea 3:1 (1:1), – Kanada 0:0; Südkorea–Kanada 1:1 (1:1)

1. BRD 9:1/13:3; 2. Großbritannien 7:3/12:5; 3. Indien 5:5/9:7; 4. UdSSR 5:5/5:10; 5. Südkorea 2:8/5:10; 6. Kanada 2:8/3:12

Um die Plätze 9 bis 12: Spanien–Kanada 2:0 (1:0), Südkorea–Kenia 5:2 (0:1, 2:2) nach Verlängerung, Kanada–Kenia 3:1 (3:0), Spanien–Südkorea 2:0 (1:0)

Um die Plätze 5 bis 8: Indien–Argentinien 6:6 (4:2, 5:5) nach Verlängerung (Siebenmeterschießen 4:3), Pakistan–UdSSR 1:0 (0:0), UdSSR–Argentinien 4:1 (2:1), Pakistan–Indien 2:1 (1:0)

Um die Plätze 1 bis 4: Großbritannien–Australien 3:2 (1:0), BRD–Niederlande 2:1 (0:1)

Um Platz 3: Australien–Niederlande 1:2 (0:1)

Um Platz 1: Großbritannien–BRD 3:1 (2:0)

Damen

1. **Australien**
(Kathleen Partridge/Elspeth Clement/Liane Tooth/Loretta Dorman/ Lorraine Hillas/Michelle Capes/Sandra Pisani/ Deborah Bowman/Lee Capes/Kim Small/Sally Carbon/ Jacqueline Pereira/Tracey Belbin/Rechelle Hawkes/ Sharon Patmore/Maree Fish)

2. **Südkorea**
(Kim Mi-Sun/Han Ok-Kyung/ Chang Eun-Jung/Han Keum-Sil/Choi Choon-Ok/Kim Soon-Duk/Chung Sang-Hyun/Jin Won-Sim/Hwang Keum-Sook/ Cho Ki-Hyang/ Seo Kwang-Mi/Park Soon-Ja/Kim Young-Sook/Seo Hyo-Sun/Lim Kye-Sook/ Chung Eun-Kyung)

3. **Niederlande**
(Elisabeth Lejeune/Annelies Nieuwenhuizen/Martina Ohr/ Marieke van Doorn/Sophie von Weiler/Aletta van Manen/ Helena van der Ben/Laura Willemse/Ingrid Wolff/ Yvonne Buter/Willemine Aardenburg/ Carina Benninga/ Maria Bolhuis/Noor Holsboer/ Annemieke Fokke/ Bernadette de Beus)

4. Großbritannien; 5. BRD; 6. Kanada; 7. Argentinien; 8. USA

Vorrunde

Gruppe A: Niederlande–Großbritannien 5:1 (3:1), – Argentinien 1:0 (1:0), – USA 3:1 (2:0); Großbritannien–Argentinien 1:0 (1:0), – USA 2:2 (1:0); Argentinien–USA 2:1 (1:0)

1. Niederlande 6:0 Punkte/9:2 Tore; 2. Großbritannien 3:3/4:7; 3. Argentinien 2:4/2:3; 4. USA 1:5/4:7

Gruppe B: Südkorea–Australien 5:5 (3:4), – BRD 4:1 (2:1), –Kanada 2:1 (2:1); Australien–BRD 1:0 (0:0), – Kanada 1:1 (0:1); BRD–Kanada 2:1 (1:0)

1. Südkorea 5:1/12:7; 2. Australien 4:2/7:6; 3. BRD 2:4/3:6; 4. Kanada 1:5/3:6

Um die Plätze 5 bis 8: BRD–USA 2:1 (0:1), Kanada–Argentinien 3:1 (0:1, 1:1) nach Verlängerung, Argentinien–USA 3:1 (0:0, 1:1) nach Verlängerung, BRD–Kanada 4:2 (1:1)

Um die Plätze 1 bis 4: Australien–Niederlande 3:2 (1:1), Südkorea–Großbritannien 1:0 (1:0)

Um Platz 3: Niederlande–Großbritannien 3:1 (3:1)

Um Platz 1: Australien–Südkorea 2:0 (0:0)

Leichtathletik

Herren

4×400 m 2:56,16 min
USA 1.10.
(Daniel Everett, Steven Lewis, Kevin Robinzine, Harry Reynolds)

Damen

200 m 21,54 s
Florence Griffith-Joyner, USA 29.9.

200 m 21,34 s
Florence Griffith-Joyner, USA 29.9.

4×400 m 3:15,18 min
UdSSR 1.10.
(Tatjana Ledowskaja, Olga Nasarowa, Maria Pinigina, Olga Brysgina)

Siebenkampf 7 291 P.
Jackie Joyner-Kersee, USA 23./24.9.

Schwimmen

Herren

50 m Freistil 22,14 s
Matthew Biondi, USA 24.9.

200 m Freistil 1:47,25 min
Duncan Armstrong, Australien 19.9.

400 m Freistil 3:46,95 min
Uwe Daßler, DDR 23.9.

100 m Rücken 54,51 s
David Berkoff, USA 24.9.

200 m Lagen 2:00,17 min
Tamas Darnyi, Ungarn 25.9.

400 m Lagen 4:14,75 min
Tamas Darnyi, Ungarn 21.9.

4×100 m Freistil 3:16,53 min
USA 23.9.
(Christopher Jacobs, Troy Dalbey, Thomas Jager, Matthew Biondi)

4×200 m Freistil 7:12,51 min
USA 21.9.
(Troy Dalbey, Matthew Cetlinski, Douglas Gjertsen, Matthew Biondi)

4×100 m Lagen 3:36,93 min
USA 25.9.
(David Berkoff, Richard Schroeder, Matthew Biondi, Christopher Jacobs)

Damen

400 m Freistil 4:03,85 min
Janet Evans, USA 22.9.

200 m Brust 2:26,71 min
Silke Hörner, DDR 21.9.

Sportschießen

Männer

Schnellfeuerpistole 698 R.
Afanassi Kusmin, UdSSR 23.9.

Freie KK-Büchse,
60 Schuß liegend 600 R.
Miroslav Varga, ČSSR 19.9.

Luftpistole 590 R.
Erich Buljung (USA) 24.9.

Damen

Luftpistole 498,5 R.
Jana Sekaric, Jugoslawien 21.9.
Luftpistole 390 R.
Nino Salukwadse, UdSSR 21.9.

Gewichtheben

Fliegengewicht, Reißen
120,0 kg
Sewdalin Marinow, Bulgarien 18.9.

Fliegengewicht, Zweikampf
270,0 kg
Sewdalin Marinow, Bulgarien 18.9.

Federgewicht, Reißen
150,5 kg
Naim Süleymanoglu, Türkei 20.9.
Federgewicht, Reißen
152,5 kg
Naim Süleymanoglu, Türkei 20.9.

Federgewicht, Stoßen
188,5 kg
Naim Süleymanoglu, Türkei 20.9.

Federgewicht, Stoßen
190,0 kg
Naim Süleymanoglu, Türkei
20.9.

Federgewicht, Zweikampf
340,0 kg
Naim Süleymanoglu, Türkei
20.9.
Federgewicht, Zweikampf
342,5 kg
Naim Süleymanoglu, Türkei
20.9.

Schwergewicht, Reißen
205,0 kg
Juri Sacharewitsch, UdSSR
25.9.
Schwergewicht, Reißen
210,0 kg
Juri Sacharewitsch, UdSSR
25.9.

Schwergewicht, Zweikampf
455,0 kg
Juri Sacharewitsch, UdSSR
25.9.

Radsport

4 000-m-Mannschafts-
Verfolgungsfahren
4:16,32 min
Australien   23.9.
(Brett Dutton, Wayne McCar-
ney, Stephen McGlede, Dean
Woods)
4:16,00 min
UdSSR   23.9.
(Wjatscheslaw Jekimow, Ar-
turas Kasputis, Dmitri Neljubin,
Gintautas Umaras)

Bogenschießen

Damen
50 m-Distanz   336 R.
Kim Soo-Nyung, Südkorea
28.9.

Einzel   1 132 R.
Kim Soo-Nyung, Südkorea
29.9.

Über 4×400 m der Herren be-
deuten die 2:56,16 min Einstel-
lung des Weltrekordes. F. Griffith-Joyner erzielte 21,54 s im
Halbfinale. David Berkoff verbesserte im Vorlauf den Weltrekord auf 54,51 s. Nino Salukwadse und Miroslav Varga stellten die Weltrekorde im Vorkampf auf, bzw. Varga und Erich
Buljung ein. Im Radsport-Verfol-
gungsfahren können Rekorde
nur in der Qualifikation aufgestellt werden, also wenn nur eine
Mannschaft auf der Bahn ist.

Medaillenspiegel

	Gold	Silber	Bronze
UdSSR	55	31	46
DDR	37	35	30
USA	36	31	27
Südkorea	12	10	11
BRD	11	14	15
Ungarn	11	6	6
Bulgarien	10	12	13
Rumänien	7	11	6
Frankreich	6	4	6
Italien	6	4	4
China	5	11	12
Großbritannien	5	10	9
Kenia	5	2	2
Japan	4	3	7
Australien	3	6	5
Jugoslawien	3	4	5
ČSSR	3	3	2
Neuseeland	3	2	8
Kanada	3	2	5
Polen	2	5	9
Norwegen	2	3	–
Niederlande	2	2	5
Dänemark	2	1	1
Brasilien	1	2	3
Finnland	1	1	2
Spanien	1	1	2
Türkei	1	1	–
Marokko	1	–	2
Österreich	1	–	–
Portugal	1	–	–
Suriname	1	–	–
Schweden	–	4	7
Schweiz	–	2	2
Jamaika	–	2	–
Argentinien	–	1	1
Niederländische Antillen	–	1	–
Chile	–	1	–
Indonesien	–	1	–
Iran	–	1	–
Jungferninseln	–	1	–
Kostarika	–	1	–
Peru	–	1	–
Senegal	–	1	–
Belgien	–	–	2
Mexiko	–	–	2
Djibouti	–	–	1
Griechenland	–	–	1
Kolumbien	–	–	1
Mongolische VR	–	–	1
Pakistan	–	–	1
Philippinen	–	–	1
Thailand	–	–	1

BOB

RENNSCHLITTEN

Zweierbob

Sonnabend, 20. Februar, und Montag, 22. Februar; Canada Olympic Park; im 1. Lauf wolkig, im 2. und 3. Lauf sonnig, im 4. Lauf klar; Temperaturen Luft/Eis: 1. Lauf plus 6° C/ minus 2° C, 2. Lauf plus 14° C/ minus 1° C, 3. Lauf minus 3° C/ minus 3° C, 4. Lauf minus 3° C/ minus 4° C; Streckenlänge 1 475 m; Höhenunterschied Start–Ziel 120 m; größtes Gefälle 15 %, Durchschnittsgefälle 8 %; Linkskurven 8, Rechtskurven 6; Bahnrekord 57,06 s Hoppe/Musiol (DDR I) im 1. Lauf; Anzahl der Teilnehmer 38, im Ziel 38 Teilnehmer.

1. **Janis Kipurs/Wladimir Koslow** (UdSSR I)
   3:53,48 min (57,43/58,05/ 59,52/58,48)

2. **Wolfgang Hoppe/Bogdan Musiol** (DDR I)
   3:54,19 min (57,06/59,26/ 59,45/58,42)

3. **Bernhard Lehmann/Mario Hoyer** (DDR II)
   3:54,64 min (57,65/58,67/ 59,59/58,73)

4. Gustav Weder/Donat Acklin (Schweiz II)
   3:56,06 min (58,01/58,88/ 1:00,12/59,05)

5. Ingo Appelt/Harald Winkler (Österreich I)
   3:56,49 min (57,22/59,83/ 1:00,00/59,44)

6. Hans Hiltebrand/André Kiser (Schweiz I)
   3:56,52 min (58,74/59,21/ 59,55/59,02)

7. Anton Fischer/Christoph Langen (BRD I) 3:56,62 min (57,58/ 59,70/1:00,06/59,28); 8. Peter Kienast/Christian Mark (Österreich II) 3:56,91 min (58,19/ 58,96/1:00,48/59,28); 9. Sintis

Ekmanis/Aivars Trops (UdSSR II) 3:56,92 min (57,95/59,12/ 1:00,72/59,13); 10. Greg Haydenluck/Lloyd Guss (Kanada I) 3:56,97 min (57,36/59,90/ 1:00,11/59,60)

Viererbob

Sonnabend, 27. Februar, und Sonntag, 28. Februar; Canada Olympic Park; im 1. und 2. Lauf wolkig, im 3. und 4. Lauf klar; Temperaturen Luft/Eis: 1. Lauf plus 9° C/minus 2° C, 2. Lauf plus 3° C/minus 4° C, 3. Lauf minus 3° C/minus 7° C, 4. Lauf minus 3° C/minus 4° C; Streckenlänge 1 475 m; Höhenunterschied Start–Ziel 120 m; größtes Gefälle 15 %, Durchschnittsgefälle 8 %; Linkskurven 8, Rechtskurven 6; Bahnrekorde 56,16 s DDR I (Hoppe, Schauerhammer, Musiol, Voge) im 1. Lauf, 55,88 Schweiz I (Fasser, Meier, Fässler, Stocker) im 3. Lauf; Anzahl der Teilnehmer 26, im Ziel 25 Teilnehmer.

1. **Schweiz I**
   3:47,51 min (56,83/57,37/55,88/57,43) (Ekkehard Fasser, Kurt Meier, Marcel Fässler, Werner Stocker)

2. **DDR I**
   3:47,58 min (56,16/57,31/56,77/57,34) (Wolfgang Hoppe, Dietmar Schauerhammer, Bogdan Musiol, Ingo Voge)

3. **UdSSR II**
   3:48,26 min (56,72/57,28/56,41/57,85) (Janis Kipurs, Guntis Osis, Juris Tone, Wladimir Koslow)

4. USA I
   3:48,28 min (56,72/57,67/56,69/57,20)

(Brent Rushlaw, Hal Hoye, Michael Wasko, William White)

5. UdSSR I
   3:48,35 min (56,75/57,66/56,70/57,24) (Maris Poikans, Olafs Kljawinsch, Ivars Bersups, Juris Judzems)

6. Österreich I
   3:48,65 min (57,07/57,40/56,27/57,91) (Peter Kienast, Franz Siegl, Christian Mark, Kurt Teigl)

8. **DDR II**
   3:49,06 min (57,18/57,60/56,33/57,95) (Detlef Richter, Bodo Ferl, Ludwig Jahn, Alexander Szelig)

Herren – Einsitzer

Sonntag, 14. Februar, und Montag, 15. Februar; Canada Olympic Park; bewölkt; Temperaturen Luft/Eis: 1. Lauf minus 3,6° C/minus 7,4° C, 2. Lauf minus 5° C/minus 4° C, 3. Lauf plus 1,8° C/minus 7° C, 4. Lauf plus 4° C/minus 3,5° C, Streckenlänge 1251,0 m; Höhenunterschied Start–Ziel 109,2 m; größtes Gefälle 15 %, Durchschnittsgefälle 9,2 %; Linkskurven 8, Rechtskurven 5; Anzahl der Teilnehmer 38; Anzahl der ausgeschiedenen Teilnehmer 2; Bahnrekord Jens Müller (DDR) 46,301 s (1. Lauf).

1. **Jens Müller** (DDR)
   3:05,548 min (46,301/ 46,444/46,436/46,367)

2. **Georg Hackl** (BRD)
   3:05,916 min (46,355/ 46,553/46,599/46,409)

3. **Juri Chartschenko** (UdSSR)
   3:06,274 min (46,391/ 46,605/46,475/46,803)

4. **Thomas Jacob** (DDR)
   3:06,358 min (46,426/ 46,638/46,433/46,861)

5. **Michael Walter** (DDR)
   3:06,933 min (46,578/ 46,754/46,838/46,763)

6. Sergej Danilin (UdSSR)
   3:07,098 min (46,564/ 46,827/46,648/47,059)

7. Johannes Schettel (BRD) 3:07,371 min (46,725/46,928/ 46,805/46,913); 8. Hansjörg Raffl (Italien) 3:07,525 min (46,590/46,971/46,893/47,071); 9. Otto Mayregger (Österreich) 3:07,619 min (46,777/46,986/ 46,925/46,931); 10. Paul Hildgartner (Italien) 3:07,696 min (46,844/46,854/46,764/47,234)

Herren – Doppelsitzer

*Freitag, 19. Februar;
Canada Olympic Park; wolkig;
Temperaturen Luft/Eis: 1. Lauf
plus 6,1° C/minus 1,2° C, 2. Lauf
plus 8,0° C/minus 1,2° C;
Streckenlänge 1080,0 m; Höhenunterschied Start–Ziel
81,2 m; größtes Gefälle 15 %,
Durchschnittsgefälle 8,4 %;
Linkskurven 7, Rechtskurven 3;
Anzahl der Teilnehmer 18, Anzahl der ausgeschiedenen Teilnehmer 0; Bahnrekord Hoff-
mann/Pietzsch (DDR) 45,786 s
(1. Lauf).*

1. **Jörg Hoffmann/Jochen
   Pietzsch** (DDR)
   1:31,940 min (45,786/46,154)

2. **Stefan Krauße/Jan Behrendt** (DDR)
   1:32,039 min (45,886/46,153)

3. **Thomas Schwab/Wolfgang
   Staudinger** (BRD)
   1:32,274 min (46,024/46,250)

4. Stefan Ilsanker/Georg Hackl
   (BRD)
   1:32,298 min (46,054/46,244)

5. Georg Fluckinger/Robert
   Manzenreiter (Österreich)
   1:32,364 min (46,135/46,229)

6. Witali Melnik/Dmitri Alexejew
   (UdSSR)
   1:32,459 min (46,060/46,399)

7. Jewgeni Beloussow/Alexan-
   der Beljakow (UdSSR) 1:32,553
   min (45,973/46,580); 7. Kurt
   Brugger/Wilfried Huber (Italien)
   1:32,553 min (46,125/46,428);
   9. Bernhard Kammerer/Walter
   Brunner (Italien) 1:33,171 min
   (46,381/46,790); 10. Robert
   Gasper/André Benoit (Kanada)
   1:33,306 min (46,240/47,066)

Damen

*Dienstag, 16. Februar, und Don-
nerstag, 18. Februar;
Canada Olympic Park; sonnig,
im 3. Lauf leicht bewölkt; Temperaturen Luft/Eis: 1. Lauf plus
0,6° C/minus 5,7° C, 2. Lauf plus
2,7° C/minus 3,8° C, 3. Lauf minus 3° C/minus 3,2° C, 4. Lauf
plus 5,1° C/minus 1,8° C;
Streckenlänge 1080,0 m; Höhenunterschied Start–Ziel
81,2 m; größtes Gefälle 15 %,
Durchschnittsgefälle 8,4 %;
Linkskurven 7, Rechtskurven 3;
Anzahl der Teilnehmer 24, Anzahl der ausgeschiedenen Teilnehmer 0.*

1. **Steffi Walter** (DDR)
   3:03,973 min (45,828/
   46,173/45,969/46,003)

2. **Ute Oberhoffner** (DDR)
   3:04,105 min (45,906/
   46,057/46,150/45,992)

3. **Cerstin Schmidt** (DDR)
   3:04,181 min (46,078/
   46,020/46,059/46,024)

4. Veronika Bilgeri (BRD)
   3:05,670 min (46,321/
   46,375/46,369/46,605)

5. Julia Antipowa (UdSSR)
   3:05,787 min (46,449/
   46,425/46,610/46,303)

6. Bonny Warner (USA)
   3:06,056 min (46,409/
   46,643/46,633/46,371)

7. Marie-Claude Doyon (Kanada) 3:06,211 min (46,372/
   46,596/46,796/46,447); 8. Na-
   deshda Danilina (UdSSR)
   3:06,364 min (46,597/46,447/
   46,613/46,707); 9. Cameron
   Myler (USA) 3:06,835 min
   (46,502/46,888/46,828/46,617);
   10. Irina Kusakina (UdSSR)
   3:07,043 min (46,690/47,071/
   46,643/46,639)

Normalschanze

*Sonntag, 14. Februar;
Canada Olympic Park; kriti-
scher Punkt 89 m; Schanzenrekord Ingo Lesser (DDR) 90,0 m
am 28. November 1986; be-
wölkt, Luft plus 1°C, Schnee minus 2°C; Anzahl der Teilnehmer
58, im Ziel 58 Teilnehmer.*

1. **Matti Nykänen** (Finnland)
   229,1 P.(89,5/89,5 m)

2. **Pavel Ploc** (ČSSR)
   212,1 P. (84,5/87,0 m)

3. **Jiri Malec** (ČSSR)
   211,8 P. (88,0/85,5 m)

4. Miran Tepes (Jugoslawien)
   211,2 P. (84,0/83,5 m)

5. Jiri Parma (ČSSR)
   203,8 P. (83,5/82,5 m)

6. Heinz Kuttin (Österreich)
   199,7 P. (87,0/80,5 m)

7. Jari Puikkonen (Finnland)
   199,1 P. (84,0/80,0 m); 8.
   Staffan Tällberg (Schweden)
   198,1 P. (83,0/81,0 m); 9. **Jens
   Weißflog** (DDR) 196,6 P. (81,5/
   80,0 m); 10. Piotr Fijas (Polen)
   195,4 P. (84,5/80,0 m); 21.
   Remo Lederer (DDR) 185,2 P.
   (79,5/78,0 m)

Große Schanze

*Dienstag, 23. Februar;
Canada Olympic Park; kriti-
scher Punkt 114 m; Schanzenrekord Ingo Lesser (DDR)
115,5 m am 30. November
1986; neuer Schanzenrekord
Matti Nykänen (Finnland)
118,5 m im 1. Durchgang; sonnig, Luft 0°C, Schnee minus
9°C; Anzahl der Teilnehmer 55,
im Ziel 55 Teilnehmer.*

1. **Matti Nykänen** (Finnland)
   224,0 P. (118,5/107,0 m)

SPEZIAL-
SPRUNGLAUF

2. **Erik Johnsen** (Norwegen)
   207,9 P. (114,5/102,0 m)

3. **Matjaz Debelak** (Jugoslawien)
   207,7 P. (113,0/108,0 m)

4. Thomas Klauser (BRD)
   205,1 P. (114,5/102,5 m)

5. Pavel Ploc (ČSSR)
   204,1 P. (114,5/102,5 m)

6. Andreas Felder (Österreich)
   203,9 P. (113,5/103,0 m)

7. Horst Bulau (Kanada) 197,6
   P. (112,5/99,5 m); 8. Staffan
   Tällberg (Schweden) 196,6 P.
   (110,0/102,0 m); 9. Matjaz Zupan (Jugoslawien) 195,8 P.
   (111,5/98,5 m); 10. Miran Tepes
   (Jugoslawien) 194,8 P. (105,0/
   102,5 m); 22. **Remo Lederer**
   (DDR) 181,8 P. (105,5/97,0 m);
   31. **Jens Weißflog** (DDR) 172,0
   P. (104,5/93,5 m)

Spezialsprunglauf–
Mannschaft

*Mittwoch, 24. Februar;
Canada Olympic Park; kriti-
scher Punkt 114 m; Schanzenrekord Matti Nykänen (Finnland) 118,5 m am 23. Februar
1988; sonnig; 1. Durchgang Luft
plus 11°C, Schnee minus 1°C,
2. Durchgang Luft plus 13°C,
Schnee minus 1°C; Anzahl der
Mannschaften 11, im Ziel 11
Mannschaften.*

1. **Finnland**
   634,4 P.
   (Ari-Pekka Nikkola 110,5/
   108,5 m; Matti Nykänen
   115,5/114,5 m; Tuomo Yli-
   pulli 105,5/102,0 m; Jari
   Puikkonen 104,0/105,5 m)

2. **Jugoslawien**
   625,5 P.
   (Primoz Ulaga 102,0/110,0 m;
   Matjaz Zupan 109,5/108,5 m;

NORDISCHE KOMBINATION

Matjaz Debelak 110,5/
110,0 m; Miran Tepes 103,0/
102,0 m)

3. **Norwegen**
596,1 P.
(Ole Eidhammer 102,0/
96,5 m; Jon Kjoerum 78,0/
101,0 m; Ole-Gunnar Fidje-
stoel 104,5/107,0 m; Erik
Johnsen 109,5/111,5 m)

4. ČSSR
586,8 P.
(Ladislav Dluhos 100,5/
96,0 m; Jiri Malec 109,5/
102,0 m; Pavel Ploc 106,0/
111,0 m; Jiri Parma 103,0/
102,0 m)

5. Österreich
577,6 P.
(Ernst Vettori 102,0/101,0 m;
Heinz Kuttin 104,0/108,5 m;
Günter Stranner 106,5/
106,0 m; Andreas Felder
101,0/98,0 m)

6. BRD
559,0 P.
(Andreas Bauer 98,5/
101,0 m; Peter Rohwein
102,0/98,0 m; Thomas Klauser 105,0/107,0 m; Josef
Heumann 102,0/102,0 m)

Einzel

Sprunglauf

*Sonntag, 28. Februar;
Canada Olympic Park; kriti-
scher Punkt 89 m; Schanzenrekord Klaus Sulzenbacher
(Österreich) 91,0 m am 23. Februar 1988; sonnig; Luft zwischen minus 3°C und 0°C,
Schnee minus 6°C; Anzahl der
Teilnehmer 44, im Ziel 44 Teilnehmer.*

1. Klaus Sulzenbacher (Österreich)
228,5 P. (88,5/85,0/85,0 m)

2. Hubert Schwarz (BRD)
219,2 P. (87,0/83,0/84,0 m)/
1:02,0 min zurück

3. Hippolyt Kempf (Schweiz)
217,9 P. (86,0/80,0/84,5 m)/
1:10,7 min zurück

4. Allar Lewandi (UdSSR)
216,6 P. (82,0/83,5/83,0 m)/
1:19,4 min zurück

5. Thomas Prenzel (DDR)
215,5 P. (83,0/83,5/84,5 m)/
1:26,7 min zurück

6. Trond Arne Bredesen (Norwegen)
215,2 P. (84,0/82,0/85,5 m)/
1:28,7 min zurück

7. Hansjörg Aschenwald (Österreich) 214,1 P. (82,0/83,0/
83,5 m)/1:36,0 min zurück; 8.
Tadeusz Bafia (Polen) 211,3 P.
(85,0/81,5/84,5 m)/1:54,7 min
zurück; 9. Joseph Holland (USA)
210,4 P. (84,0/79,0/84,0 m)/
2:00,7 min zurück; 10. Marko
Frank (DDR) 209,4 P. (75,5/
84,0/80,5 m)/2:07,4 min zurück;
13. Uwe Prenzel (DDR) 207,6 P.
(80,5/81,0/83,0 m)/2:19,4 min
zurück

15-km-Lauf

*Sonntag, 28. Februar;
Canmore; sonnig; Luft plus 3°C,
Schnee minus 5°C; Gesamtsteigung 520 m, Höhenunterschied
93 m; Anzahl der Teilnehmer 42,
im Ziel 41 Teilnehmer.*

1. Torbjörn Loekken (Norwegen)
37:39,0 min

2. Hippolyt Kempf (Schweiz)
38:16,8 min

3. Andreas Schaad (Schweiz)
38:18,0 min

4. Uwe Prenzel (DDR)
38:18,8 min

5. Andrej Dundukow (UdSSR)
38:31,1 min

6. Wassili Sawin (UdSSR)
38:37,5 min

7. Sergej Nikiforow (UdSSR)
38:38,3 min; 8. Miroslav Kopal
(ČSSR) 38:48,0 min; 9. Pasi
Saapunki (Finnland) 38:49,4
min; 10. Hermann Weinbuch
(BRD) 39:00,4 min; 11. Marko
Frank (DDR) 39:08,2 min; 20.
Thomas Prenzel (DDR) 39:51,4
min

Endergebnis

1. **Hippolyt Kempf** (Schweiz)

2. **Klaus Sulzenbacher** (Österreich)
0:19,0 min zurück

3. **Allar Lewandi** (UdSSR)
1:04,3 min zurück

4. **Uwe Prenzel** (DDR)
1:10,7 min zurück

5. Andreas Schaad (Schweiz)
1:12,5 min zurück

6. Torbjörn Loekken (Norwegen)
1:25,5 min zurück

7. Miroslav Kopal (ČSSR) 1:32,5
min zurück; 8. **Marko Frank**
(DDR) 1:48,1 min zurück; 9.
Thomas Prenzel (DDR) 1:50,6
min zurück; 10. Wassili Sawin
(UdSSR) 1:55,4 min zurück

Mannschaft

Sprunglauf

*Dienstag, 23. Februar;
Canada Olympic Park; kriti-
scher Punkt 89 m; Schanzenrekord Ingo Lesser (DDR) 90,0 m
am 28. November 1986; neuer
Schanzenrekord Klaus Sulzenbacher (Österreich) 91,0 m im
2. Durchgang; sonnig; Luft zwischen minus 6°C und minus
10°C, Schnee minus 13°C; Anzahl der Mannschaften 11, im
Ziel 10 Mannschaften.*

1. BRD
629,8 P.
(Hans-Peter Pohl, Thomas
Müller, Hubert Schwarz)

2. Österreich
626,6 P./16 s zurück
(Hansjörg Aschenwald,
Günther Csar, Klaus Sulzenbacher)

3. Norwegen
595,6 P./2:46,0 min zurück
(Torbjörn Loekken, Hallstein
Boegseth, Trond Arne Bre-
desen)

4. ČSSR
573,5 P./4:41,0 min zurück
(Ladislav Patras, Jan Klimko,
Miroslav Kopal)

5. DDR
571,6 P./4:51,0 min zurück
(Marko Frank, Thomas Prenzel, Uwe Prenzel)

6. Schweiz
571,4 P./4:52,0 min zurück
(Fredy Glanzmann, Andreas
Schaad, Hippolyt Kempf)

LANGLAUF

3×10 km

Mittwoch, 24. Februar; Canmore; sonnig; Luft minus 7°C, Schnee minus 12°C; Gesamtsteigung 365 m; Höhenunterschied 93 m.

1. Schweiz   1:15:57,4 h
2. DDR   1:18:13,5 h
3. Norwegen   1:18:48,4 h
4. ČSSR   1:19:02,1 h
5. Frankreich   1:19:45,4 h
6. Japan   1:19:54,3 h

Endergebnis

1. **BRD**   1:20:46,0 h
2. **Schweiz**   1:20:49,4 h
3. **Österreich**   1:21:16,9 h
4. Norwegen   1:21:34,4 h
5. **DDR**   1:23:04,5 h
6. ČSSR   1:23:43,1 h

Herren

15 km/klassisch

Freitag, 19. Februar; Canmore; leicht bewölkt, windig; Luft plus 3°C/Schnee minus 3°C; Gesamtsteigung 617 m, Höhenunterschied 150 m; Anzahl der Teilnehmer 90, im Ziel 85 Teilnehmer.

1. **Michail Dewjatjarow** (UdSSR) 41:18,9 min
2. **Pal Gunnar Mikkelsplass** (Norwegen) 41:33,4 min
3. **Wladimir Smirnow** (UdSSR) 41:48,5 min
4. Oddvar Braa (Norwegen) 42:17,3 min
5. **Uwe Bellmann** (DDR) 42:17,8 min
6. Maurilio de Zolt (Italien) 42:31,2 min

7. Vegard Ulvang (Norwegen) 42:31,5 min; 8. Harri Kirvesniemi (Finnland) 42:42,8 min; 9. Marco Albarello (Italien) 42:48,6 min; 10. Giorgio Vanzetta (Italien) 42:49,6 min; 21. **Holger Bauroth** (DDR) 43:59,2 min

30 km/klassisch

Montag, 15. Februar; Canmore; leicht bewölkt; Luft minus 3°C/Schnee minus 4°C; Gesamtsteigung 1194 m, Höhenunterschied 112 m; Anzahl der Teilnehmer 90, im Ziel 87 Teilnehmer.

1. **Alexej Prokurorow** (UdSSR) 1:24:26,3 h
2. **Wladimir Smirnow** (UdSSR) 1:24:35,1 h
3. **Vegard Ulvang** (Norwegen) 1:25:11,6 h
4. **Michail Dewjatjarow** (UdSSR) 1:25:31,3 h
5. Giorgio Vanzetta (Italien) 1:25:37,2 h
6. Pal Gunnar Mikkelsplass (Norwegen) 1:25:44,6 h

7. Gianfranco Polvara (Italien) 1:26:02,7 h; 8. Marco Albarello (Italien) 1:26:09,1 h; 9. Harri Kirvesniemi (Finnland) 1:26:59,6 h; 10. Gunde Svan (Schweden) 1:27:30,8 h; 15. **Uwe Bellmann** (DDR) 1:28:37,2 h; 22. **Holger Bauroth** (DDR) 1:30:03,4 h

50 km/Freistil

Sonnabend, 27. Februar; Canmore; wolkig; Luft plus 3°C, Schnee minus 2°C; Gesamtsteigung 1794 m, Höhenunterschied 130 m; Anzahl der Teilnehmer 70, im Ziel 61 Teilnehmer.

1. **Gunde Svan** (Schweden) 2:04:39,0 h
2. **Maurilio de Zolt** (Italien) 2:05:36,4 h
3. **Andy Grünenfelder** (Schweiz) 2:06:01,9 h
4. Vegard Ulvang (Norwegen) 2:06:32,3 h
5. **Holger Bauroth** (DDR) 2:07:02,4 h
6. Jan Ottosson (Schweden) 2:07:34,8 h

7. Kari Ristanen (Finnland) 2:08:08,1 h; 8. **Uwe Bellmann** (DDR) 2:08:18,6 h; 9. Pal Gunnar Mikkelsplass (Norwegen) 2:08:20,0 h; 10. Gianfranco Polvara (Italien) 2:08:40,3 h

4×10-km-Staffel/Freistil

Montag, 22. Februar; Canmore; klares Wetter; Luft minus 7°C, Schnee minus 12°C; Gesamtsteigung 440 m, Höhenunterschied 108 m; Anzahl der Staffeln 16, im Ziel 16 Staffeln.

1. **Schweden** 1:43:58,6 h (Jan Ottosson 26:18,8/Thomas Wassberg 25:50,5/Gunde Svan 25:38,8/Torgny Mogren 26:10,5)
2. **UdSSR** 1:44:11,3 h (Wladimir Smirnow 26:20,5/Wladimir Sachnow 25:48,2/Michail Dewjatjarow 26:06,4/Alexej Prokurorow 25:56,2)
3. **ČSSR** 1:45:22,7 h (Radim Nyc 26:27,4/Vaclav Korunka 26:12,8/Pavel Benc 26:28,8/Ladislav Svanda 26:13,7)
4. Schweiz 1:46:16,3 h (Andy Grünenfelder 26:09,7/Jürg Capol 26:31,4/Giachem Guidon 26:35,1/Jeremias Wigger 27:00,1)
5. Italien 1:46:16,7 h (Silvano Barco 26:47,7/Albert Walder 27:26,4/Giorgio Vanzetta 25:53,1/Maurilio de Zolt 26:09,5)
6. Norwegen 1:46:48,7 h (Pal Gunnar Mikkelsplass 26:26,5/Oddvar Braa 27:29,7/Vegard Ulvang 26:10,3/Terje Langli 26:42,2)

Damen

5 km/klassisch

Mittwoch, 17. Februar; Canmore; leicht bewölkt; Luft minus 2°C, Schnee minus 6°C; Gesamtsteigung 223 m, Höhenunterschied 50 m; Anzahl der Teilnehmer 55, im Ziel 53 Teilnehmer.

1. **Marjo Matikainen** (Finnland)
   15:04,0 min

2. **Tamara Tichonowa** (UdSSR)
   15:05,3 min

3. **Vida Venciéné** (UdSSR)
   15:11,1 min

4. Anne Jahren (Norwegen)
   15:12,6 min

5. Marja-Liisa Kirvesniemi (Finnland)
   15:16,7 min

6. Inger Helene Nybraaten (Norwegen)
   15:17,7 min

7. Marie-Helene Westin (Schweden) 15:28,9 min; 8. Swetlana Nagejkina (UdSSR) 15:29,9 min; 9. Marianne Dahlmo (Norwegen) 15:30,4 min; 10. Raissa Smetanina (UdSSR) 15:35,9 min; 13. **Simone Opitz** (DDR) 15:41,1 min; 19. **Kerstin Moring** (DDR) 16:01,6 min; 25. **Silke Braun** (DDR) 16:22,5 min; 37. **Susann Kuhfittig** (DDR) 16:41,9 min

10 km/klassisch

Sonntag, 14. Februar; Canmore; wolkig; Luft minus 4°C, Schnee minus 6°C; Gesamtsteigung 398 m, Höhenunterschied 112 m; Anzahl der Teilnehmer 52, im Ziel 51 Teilnehmer.

1. **Vida Venciéné** (UdSSR)
   30:08,3 min

2. **Raissa Smetanina** (UdSSR)
   30:17,0 min

3. **Marjo Matikainen** (Finnland)
   30:20,5 min

4. Swetlana Nagejkina (UdSSR)
   30:26,5 min

5. Tamara Tichonowa (UdSSR)
   30:38,9 min

6. Inger Helene Nybraaten (Norwegen)
   30:51,7 min

7. Pirkko Määttä (Finnland) 30:52,4 min; 8. Marie-Helene Westin (Schweden) 30:53,5 min; 9. Marja-Liisa Kirvesniemi (Finnland) 30:57,0 min; 10. **Simone Opitz** (DDR) 31:14,3 min; 21. **Simone Greiner-Petter** (DDR) 31:53,0 min; 23. **Susann Kuhfittig** (DDR) 32:01,5 min; 25. **Kerstin Moring** (DDR) 32:12,8 min

20 km/Freistil

Donnerstag, 25. Februar; Canmore; sonnig; Luft minus 4°C, Schnee minus 9°C; Gesamtanstieg 738 m, Höhenunterschied 98 m; Anzahl der Teilnehmer 55, im Ziel 52 Teilnehmer.

1. **Tamara Tichonowa** (UdSSR)
   55:53,6 min

2. **Anfissa Reszowa** (UdSSR)
   56:12,8 min

3. **Raissa Smetanina** (UdSSR)
   57:22,1 min

4. Christina Gilli-Brügger (Schweiz)
   57:37,4 min

5. **Simone Opitz** (DDR)
   57:54,3 min

6. Manuela di Centa (Italien)
   57:55,2 min

7. **Kerstin Moring** (DDR) 58:17,2 min; 8. Marianne Dahlmo (Norwegen) 58:31,1 min; 9. Anna-Lena Fritzon (Schweden) 58:37,4 min; 10. Marie-Helene Westin (Schweden) 58:39,4 min; 15. **Simone Greiner-Petter** (DDR) 59:01,2 min; 38. **Susann Kuhfittig** (DDR) 1:03:05,8 min

4×5-km-Staffel/Freistil

Sonntag, 21. Februar; Canmore; Luft 3°C, Schnee minus 3°C; Gesamtsteigung 204 m, Höhenunterschied 50 m; Anzahl der Staffeln 12, im Ziel 12 Staffeln.

1. **UdSSR**
   0:59:51,1 h
   (Swetlana Nagejkina 15:12,4/Nina Gawriljuk 15:06,7/Tamara Tichonowa 14:53,9/Anfissa Reszowa 14:38,1)

2. **Norwegen**
   1:01:33,0 h
   (Trude Dybendahl 15:37,8/Marit Wold 15:32,2/Anne Jahren 15:31,6/Marianne Dahlmo 14:51,4)

3. **Finnland**
   1:01:53,8 h
   (Pirkko Määttä 15:46,0/Marja-Liisa Kirvesniemi 15:22,1/Marjo Matikainen 15:21,8/Jaana Savolainen 15:23,9)

4. Schweiz
   1:01:59,4 h
   (Karin Thomas 15:26,8/Sandra Parpan 16:24,7/Evi Kratzer 15:40,3/Christina Gilli-Brügger 14:27,6)

5. **DDR**
   1:02:19,9 h
   (Kerstin Moring 15:26,3/Simone Opitz 15:28,6/Silke Braun 16:42,4/Simone Greiner-Petter 14:42,6)

6. Schweden
   1:02:24,9 h
   (Lis Frost 16:36,5/Anna-Lena Fritzon 15:16,3/Karin Lamberg-Skog 16:01,6/Marie-Helene Westin 14:30,5)

BIATHLON

EISKUNSTLAUF

10-km-Einzellauf

*Dienstag, 23. Februar;
Canmore; sonnig, wechselnder
Wind; Luft minus 8°C, Schnee
minus 15°C; Gesamtsteigung
380 m, Höhenunterschied
103 m; Anzahl der Teilnehmer
72, im Ziel 72 Teilnehmer.*

1. **Frank-Peter Roetsch** (DDR)
   25:08,1 min/1 Strafrd.

2. **Waleri Medwedzew**
   (UdSSR)
   25:23,7 min/0 Strafrd.

3. **Sergej Tschepikow**
   (UdSSR)
   25:29,4 min/0 Strafrd.

4. **Birk Anders** (DDR)
   25:51,8 min/2 Strafrd.

5. **André Sehmisch** (DDR)
   25:52,3 min/2 Strafrd.

6. **Frank Luck** (DDR)
   25:57,6 min/1 Strafrd.

7. Tapio Piipponen(Finnland)
26:02,2 min/1 Strafrd.; 8. Johann Passler (Italien) 26:07,7
min/2 Strafrd.; 9. Dmitri Wassiljew (UdSSR) 26:09,7 min/1
Strafrd.; 10. Peter Angerer
(BRD) 26:13,2 min/2 Strafrd.

20-km-Einzellauf

*Sonnabend, 20. Februar;
Canmore; sonnig, leicht windig;
Luft plus 4°C/Schnee 0 C; Gesamtsteigung 736 m, Höhenunterschied 103 m; Anzahl der
Teilnehmer 71, im Ziel 68 Teilnehmer.*

1. **Frank-Peter Roetsch** (DDR)
   56:33,3 min/3 Strafmin.

2. **Waleri Medwedzew**
   (UdSSR)
   56:54,6 min/2 Strafmin.

3. **Johann Passler** (Italien)
   57:10,1 min/2 Strafmin.

4. Sergej Tschepikow (UdSSR)
   57:17,5 min/1 Strafmin.

5. Juri Kaschkarow (UdSSR)
   57:43,1 min/2 Strafmin.

6. Eirik Kvalfoss (Norwegen)
   57:54,6 min/3 Strafmin.

7. **André Sehmisch** (DDR)
58:11,4 min/3 Strafmin.; 8. Tapio
Piipponen (Finnland) 58:18,3
min/3 Strafmin.; 9. **Matthias Jacob** (DDR) 58:20,1 min/3 Strafmin.; 10. Peter Angerer (BRD)
58:46,7 min/3 Strafmin.; 16. **Jürgen Wirth** (DDR) 1:00:25,9 h/
3 Strafmin.

4×7,5-km-Staffel

*Freitag, 26. Februar;
Canmore; sonnig; Luft minus
8°C, Schnee minus 3°C; Gesamtsteigung 294 m, Höhenunterschied 44 m; Anzahl der Staffeln 16, im Ziel 16 Staffeln.*

1. **UdSSR**
   1:22:30,0 h/0 Strafrd.
   (Dmitri Wassiljew 21:04,3/0,
   Sergej Tschepikow 20:21,0/0,
   Alexander Popow 20:35,1/0,
   Waleri Medwedzew 20:38,6/0)

2. **BRD**
   1:23:37,4/0 Strafrd.
   (Ernst Reiter 21:05,7/0,
   Stefan Höck 21:18,0/0, Peter
   Angerer 20:33,9/0, Friedrich
   Fischer 20:39,8/0)

3. **Italien**
   1:23:51,5 h/0 Strafrd.
   (Werner Kiem 20:57,9/0,
   Gottlieb Taschler 21:31,1/0,
   Johann Passler 20:38,6/0,
   Andreas Zingerle 20:43,9/0)

4. **Österreich**
   1:24:17,6 h/0 Strafrd.
   (Anton Lengauer-Stockner
   20:55,6/0, Bruno Hofstätter
   21:20,5/0, Franz Schuler
   21:15,1/0, Alfred Eder
   20:46,4/0)

5. **DDR**
   1:24:28,4 h/3 Strafrd.
   (Jürgen Wirth 22:51,8/3,
   Frank-Peter Roetsch
   20:20,9/0, Matthias Jacob
   20:29,1/0, André Sehmisch
   20:46,6/0)

6. Norwegen
   1:25:57,0 h/0 Strafrd.
   (Geir Einang 21:58,6/0,
   Frode Loberg 21:46,4/0,
   Gisle Fenne 20:59,9/0, Eirik
   Kvalfoss 21:12,1/0)

Herren

*Pflicht: Mittwoch, 17. Februar;
Kurzkür: Donnerstag, 18. Fe-
bruar;
Kür: Sonnabend, 20. Februar;
Olympic Saddledome; 28 Teil-
nehmer.*

1. **Brian Boitano** (USA)
   3,0 P.

2. **Brian Orser** (Kanada)
   4,2 P.

3. **Wiktor Petrenko** (UdSSR)
   7,8 P.

4. Alexander Fadejew (UdSSR)
   8,2 P.

5. Grzegorz Filipowski (Polen)
   10,8 P.

6. Wladimir Kotin (UdSSR)
   13,4 P.

7. Christopher Bowman (USA)
13,8 P.; 8. Kurt Browning (Ka-
nada) 15,4 P.; 9. Heiko Fischer
(BRD) 16,8 P.; 10. Paul Wylie
(USA) 19,4 P.; 23. **Michael Huth**
(DDR) 45,6 P.

Damen

*Pflicht: Mittwoch, 24. Februar;
Kurzkür: Donnerstag, 25. Fe-
bruar;
Kür: Sonnabend, 27. Februar;
Olympic Saddledome; 31 Teil-
nehmer.*

1. **Katarina Witt** (DDR)
   4,2 P.

2. **Elizabeth Manley** (Kanada)
   4,6 P.

3. **Debi Thomas** (USA)
   6,0 P.

4. Jill Trenary (USA)
   10,4 P.

5. Midori Ito (Japan)
   10,6 P.

6. Claudia Leistner (BRD) 13,2 P.

7. Kira Iwanowa (UdSSR) 13,6 P.; 8. Anna Kondraschowa (UdSSR) 15,2 P.; 9. **Simone Koch** (DDR) 19,6 P.; 10. Marina Kielmann (BRD) 21,6 P.

Paare

Kurzkür: Sonntag, 14. Februar; Kür: Dienstag, 16. Februar; Olympic Saddledome; 15 Paare.

1. **Jekaterina Gordejewa/Sergej Grinkow** (UdSSR) 1,4 P.

2. **Jelena Walowa/Oleg Wassiljew** (UdSSR) 2,8 P.

3. **Jill Watson/Peter Oppegard** (USA) 4,2 P.

4. Larissa Selesnjewa/Oleg Makarow (UdSSR) 6,4 P.

5. Gillian Wachsman/Todd Waggoner (USA) 6,6 P.

6. Denise Benning/Lyndon Johnston (Kanada) 9,0 P.

7. **Peggy Schwarz/Alexander König** (DDR) 10,4 P.; 8. Christine Hough/Doug Ladret (Kanada) 11,2 P.; 9. Isabelle Brasseur/Lloyd Eisler (Kanada) 11,8 P.; 10. Natalie Seybold/Wayne Seybold (USA) 14,0 P.

Eistanz

Pflicht: Sonntag, 21. 2. Spurenbild: Montag, 22. 2. Kür: Dienstag, 23. 2. Olympic Saddledom; 20 Paare.

1. **Natalja Bestemjanowa/Andrej Bukin** (UdSSR) 2,0 P.

2. **Marina Klimowa/Sergej Ponomarenko** (UdSSR) 4,0 P.

3. **Tracy Wilson/Robert McCall** (Kanada) 6,0 P.

4. Natalja Annenko/Genrich Sretenski (UdSSR) 8,0 P.

5. Kathrin Beck/Christoff Beck (Österreich) 10,0 P.

6. Suzanne Semanick/Scott Gregory (USA) 12,0 P.

7. Klara Engi/Attila Toth (Ungarn) 14,0 P.; 8. Isabelle Duchesnay/Paul Duchesnay (Frankreich) 16,0 P.; 9. Antonia Becherer/Ferdinand Becherer (BRD) 18,0 P.; 10. Lia Trovati/Roberto Pelizzola (Italien) 20,0 P.

EISSCHNELLAUF

Herren

500 m

Sonntag, 14. Februar; Olympic Oval; 37 Teilnehmer; olympischer Rekord 38,03 s Eric Heiden (USA) 1980.

1. **Uwe-Jens Mey** (DDR) 36,45 s (OR/WR)

2. **Jan Ykema** (Niederlande) 36,76 s

3. **Akiro Kuroiwa** (Japan) 36,77 s

4. Sergej Fokitschew (UdSSR) 36,82 s

5. Ki-Tae Bae (Südkorea) 36,90 s

6. Igor Shelesowski (UdSSR) 36,94 s

7. Guy Thibault (Kanada) 36,96 s; 8. Keith „Nick" Thometz (USA) 37,16 s; 9. Yasumitsu Kanehama (Japan) 37,25 s; 10. Frode Rönning (Norwegen) 37,31 s; 21. **André Hoffmann** (DDR) 37,75 s; 28. **Peter Adeberg** (DDR) 38,11 s

1 000 m

Donnerstag, 18. Februar; Olympic Oval; 40 Teilnehmer; olympischer Rekord 1:15,18 min Eric Heiden (USA) 1980.

1. **Nikolai Guljajew** (UdSSR) 1:13,03 min (OR)

2. **Uwe-Jens Mey** (DDR) 1:13,11 min

3. **Igor Shelesowski** (UdSSR) 1:13,19 min

4. Eric Flaim (USA) 1:13,53 min

5. Gaétan Boucher (Kanada) 1:13,77 min

6. Michael Hadschieff (Österreich) 1:13,84 min

7. Guy Thibault (Kanada) 1:14,16 min; 8. **Peter Adeberg** (DDR) 1:14,19 min; 9. Yasumitsu Kanehama (Japan) 1:14,36 min; 9. Ki-Tae Bae (Südkorea) 1:14,36 min; 15. **André Hoffmann** (DDR) 1:14,62 min

1 500 m

Sonnabend, 20. Februar; Olympic Oval; 40 Teilnehmer; olympischer Rekord 1:55,44 min Eric Heiden (USA) 1980.

1. **André Hoffmann** (DDR) 1:52,06 min (OR/WR)

2. **Eric Flaim** (USA) 1:52,12 min

3. **Michael Hadschieff** (Österreich) 1:52,31min

4. Igor Shelesowski (UdSSR) 1:52,63 min

5. Toru Aoyanagi (Japan) 1:52,85 min

6. Andrej Klimow (UdSSR) 1:52,97 min

7. Nikolai Guljajew (UdSSR) 1:53,04 min; 8. **Peter Adeberg** (DDR) 1:53,57 min; 9. Gaétan Boucher (Kanada) 1:54,18 min; 10. Jean Pichette (Kanada) 1:54,63 min

5 000 m

Mittwoch, 17. Februar; Olympic Oval; 38 Teilnehmer; olympischer Rekord 7:02,29 min Eric Heiden (USA) 1980.

1. **Tomas Gustafson** (Schweden) 6:44,63 min (OR)

2. **Leo Visser** (Niederlande)
6:44,98 min

3. **Gerard Kemkers** (Niederlande)
6:45,92 min

4. Eric Flaim (USA)
6:47,09 min

5. Michael Hadschieff (Österreich)
6:48,72 min

6. David Silk (USA)
6:49,95 min

7. Geir Karlstad (Norwegen)
6:50,88 min; 8. **Roland Freier** (DDR) 6:51,42 min; 9. Mark Greenwald (USA) 6:51,98 min; 10. Danny Kah (Australien) 6:52,14 min

10 000 m

Sonntag, 21. Februar; Olympic Oval; 28 Teilnehmer; olympischer Rekord 14:28,13 min Eric Heiden (USA) 1980.

1. **Tomas Gustafson** (Schweden)
13:48,20 min (OR/WR)

2. **Michael Hadschieff** (Österreich)
13:56,11 min

3. **Leo Visser** (Niederlande)
14:00,55 min

4. Eric Flaim (USA)
14:05,57 min

5. Gerard Kemkers (Niederlande)
14:08,34 min

6. Igor Kljujew (UdSSR)
14:09,68 min

7. Roberto Sighel (Italien)
14:13,60 min; 8. **Roland Freier** (DDR) 14:19,16 min; 9. Sergej Beresin (UdSSR) 14:20,48 min; 10. Benoit Lamarche (Kanada) 14:21,39 min

Damen

500 m

Montag, 22. Februar; Olympic Oval; 30 Teilnehmer; olympischer Rekord 41,02 s Christa Rothenburger (DDR) 1984.

1. **Bonnie Blair** (USA)
39,10 s (OR/WR)

2. **Christa Rothenburger** (DDR)
39,12 s

3. **Karin Kania** (DDR)
39,24 s

4. **Angela Stahnke** (DDR)
39,68 s

5. Seiko Hashimoto (Japan)
39,74 s

6. Shelley Rhead (Kanada)
40,36 s

7. Monika Gawenus-Holzner (BRD) 40,53 s; 8. Shoko Fusano (Japan) 40,61 s; 9. Natalja Schiwe (UdSSR) 40,66 s; 10. **Andrea Ehrig** (DDR) 40,71 s

1 000 m

Freitag, 26. Februar; Olympic Oval; 27 Teilnehmer; olympischer Rekord 1:21,61 min Karin Kania-Enke (DDR) 1984.

1. **Christa Rothenburger** (DDR)
1:17,65 min (OR/WR)

2. **Karin Kania** (DDR)
1:17,70 min

3. **Bonnie Blair** (USA)
1:18,31 min

4. **Andrea Ehrig** (DDR)
1:19,32 min

5. Seiko Hashimoto (Japan)
1:19,75 min

6. **Angela Stahnke** (DDR)
1:20,05 min

7. Leslie Bader (USA) 1:21,09 min; 8. Katie Class (USA) 1:21,10 min; 9. Natalie Grenier (Kanada) 1:21,15 min; 10. Erwina Rys-Ferens (Polen) 1:21,44 min

1 500 m

Sonnabend, 27. Februar; Olympic Oval; 28 Teilnehmer; olympischer Rekord 2:03,42 min Karin Kania-Enke (DDR) 1984.

1. **Yvonne van Gennip** (Niederlande)
2:00,68 min (OR)

2. **Karin Kania** (DDR)
2:00,82 min

3. **Andrea Ehrig** (DDR)
2:01,49 min

4. Bonnie Blair (USA)
2:04,02 min

5. Jelena Lapuga (UdSSR)
2:04,24 min

6. Seiko Hashimoto (Japan)
2:04,38 min

7. **Gunda Kleemann** (DDR)
2:04,60 min; 7. Erwina Rys-Ferens (Polen) 2:04,60 min; 9. Haw Son Song (KDVR) 2:05,25 min; 10. Leslie Bader (USA) 2:05,53 min

3 000 m

Dienstag, 23. Februar Olympic Oval; 29 Teilnehmerinnen; olympischer Rekord 4:24,79 min Andrea Ehrig-Schöne (DDR) 1984.

1. **Yvonne van Gennip** (Niederlande)
4:11,94 min (OR/WR)

2. **Andrea Ehrig** (DDR)
4:12,09

3. **Gabi Zange** (DDR)
4:16,92 min

4. **Karin Kania** (DDR)
4:18,80 min

5. Erwina Rys-Ferens (Polen)
4:22,59 min

6. Swetlana Bojko (UdSSR)
4:22,90 min

7. Seiko Hashimoto (Japan)
4:23,29 min; 7. Jelena Lapuga (UdSSR) 4:23,29 min; 9. Jelena Tumanowa (UdSSR) 4:24,07 min; 10. Jasmin Krohn (Schweden) 4:25,06 min

5 000 m

Sonntag, 28. Februar; Olympic Oval; 25 Teilnehmer.

1. **Yvonne van Gennip** (Niederlande)
7:14,13 min (OR/WR)

2. **Andrea Ehrig** (DDR)
7:17,12 min

3. **Gabi Zange** (DDR)
7:21,61 min

4. Swetlana Bojko (UdSSR)
7:28,39 min

5. Jelena Lapuga (UdSSR)
7:28,65 min

6. Seiko Hashimoto (Japan)
7:34,43 min

7. **Gunda Kleemann** (DDR)
7:34,59 min; 8. Jasmin Krohn (Schweden) 7:36,56 min; 9. Chun Ok Han (KDVR) 7:36,81 min; 10. Janet Goldman (USA) 7:36,98 min

EISHOCKEY

13. bis 28. Februar;
Olympic Oval und Olympic Saddledome.

Die Spiele der A-Gruppe

Schweden–Frankreich 13:2 (1:1, 9:1, 3:0), Kanada–Polen 1:0 (1:0, 0:0, 0:0), Schweiz–Finnland 2:1 (2:0, 0:0, 0:1), Schweden–Polen 1:1 (0:0, 1:1, 0:0), Kanada–Schweiz 4:2 (0:0, 1:1, 3:1), Finnland–Frankreich 10:1 (4:0, 4:0, 2:1), Polen–Frankreich 6:2 (1:0, 1:0, 4:2), Schweden–Schweiz 4:2 (3:0, 1:1, 0:1), Kanada–Finnland 1:3 (0:3, 1:0, 0:0), Finnland–Schweden 3:3 (0:1, 2:2, 1:0), Kanada–Frankreich 9:5 (7:3, 0:1, 2:1), Schweiz–Polen 4:1 (4:0, 0:0, 0:1), Finnland–Polen 5:1 (1:1, 2:0, 2:0), Schweden–Kanada 2:2 (1:1, 0:1, 1:0), Frankreich–Schweiz 0:9 (0:1, 0:3, 0:5).

Abschlußtabelle Gruppe A

1. Finnland	5	3	1	1	22:8	7:3
2. Schweden	5	2	3	0	23:10	7:3
3. Kanada	5	3	1	1	17:12	7:3
4. Schweiz	5	3	0	2	19:10	6:4
5. Polen	5	0	1	4	3:13	1:9
6. Frankreich	5	0	0	5	10:41	0:10

Das Spiel Polen–Frankreich wurde 0:2 gewertet.

Die Spiele der B-Gruppe

BRD–ČSSR 2:1 (0:1, 1:0, 1:0), UdSSR–Norwegen 5:0 (0:0, 3:0, 2:0), USA–Österreich 10:6 (2:1, 4:0, 4:5), BRD–Norwegen 7:3 (2:0, 3:1, 2:2), UdSSR–Österreich 8:1 (3:1, 5:0, 0:0), ČSSR–USA 7:5 (1:3, 2:1, 4:1), BRD–Österreich 3:1 (1:1, 1:0, 1:0), ČSSR–Norwegen 10:1 (1:0, 5:0, 4:1), UdSSR–USA 7:5 (2:0, 4:2, 1:3), ČSSR–Österreich 4:0 (2:0, 1:0, 1:0), UdSSR–BRD 6:3 (2:1, 2:1, 2:1), USA–Norwegen 6:3 (1:0, 3:2, 2:1), UdSSR–ČSSR 6:1 (2:0, 3:0, 1:1), Österreich–Norwegen 4:4 (1:1, 1:2, 2:1), BRD–USA 4:1 (2:0, 0:0, 2:1).

Abschlußtabelle Gruppe B

1. UdSSR	5	5	0	0	32:10	10:0
2. BRD	5	4	0	1	19:12	8:2
3. ČSSR	5	3	0	2	23:14	6:4
4. USA	5	2	0	3	27:27	4:6
5. Österreich	5	0	1	4	12:29	1:9
6. Norwegen	5	0	1	4	11:32	1:9

Die Spiele der Endrunde

Die Resultate der drei Gruppenbesten untereinander zählten für die Endrunde.

Schweden–ČSSR 6:2 (0:1, 3:0, 3:1), Finnland–BRD 8:0 (3:0, 3:0, 2:0), UdSSR–Kanada 5:0 (0:0, 2:0, 3:0), BRD–Kanada 1:8 (0:1, 1:4, 0:3), ČSSR–Finnland 5:2 (1:0, 2:1, 2:1), UdSSR–Schweden 7:1 (4:1, 1:0, 2:0), Kanada–ČSSR 6:3 (3:1, 1:2, 2:0), BRD–Schweden 2:3 (1:0, 1:1, 0:2), Finnland–UdSSR 2:1 (0:0, 1:0, 1:1).

Abschlußtabelle der Endrunde

1. UdSSR	5	4	0	1	25:7	8:2
2. Finnland	5	3	1	1	18:10	7:3
3. Schweden	5	2	2	1	15:16	6:4
4. Kanada	5	2	1	2	17:14	5:5
5. BRD	5	1	0	4	8:26	2:8
6. ČSSR	5	1	0	4	12:22	2:8

1. UdSSR

Jewgeni Beloschejkin, Sergej Mylnikow, Wjatscheslaw Fetissow, Alexej Kassatonow, Alexej Gussarow, Sergej Starikow, Igor Krawtschuk, Igor Stelnow, Ilja Bjakin, Sergej Makarow, Igor Larionow, Wladimir Krutow, Andrej Chomutow, Wjatscheslaw Bykow, Waleri Kamenski, Alexander Mogilny, Sergej Swetlow, Anatoli Semenjow, Sergej Jaschin, Andrej Lomakin, Alexander Koschewnikow, Alexander Tschernych, Witali Samoilow.

2. Finnland

Jarmo Myllys, Jukka Tammi, Timo Blomqvist, Kari Eloranta, Jyrkki Lumme, Jukka Virtanen, Arto Ruotanen, Reijo Ruotsalainen, Simo Saarinen, Teppo Numminen, Kai Suikkanen, Raimo Helminen, Iiro Järvi, Esa Keskinen, Erkki Laine, Kari Laitinen, Erkki Lehtonen, Rejo Mikkolainen, Janne Ojanen, Timo Susi, Pekka Tuomisto, Jari Rorkki.

3. Schweden

Peter Lindmark, Peter Ahslin, Anders Bergmann, Peter Andersson, Anders Eldebrink, Lars Ivarsson, Lars Karlsson, Mats Kihlström, Tommy Samuelsson, Thomas Eriksson, Mikael Andersson, Bo Berglund, Jonas Bergqvist, Peter Eriksson, Michael Hjälm, Mikael Johansson, Lars Molin, Lars Gunnar Pettersson, Thomas Rundqvist, Ulf Sandström, Hakan Södergren, Jens Ohling, Thom Eklund.

ALPINE DISZIPLINEN

Herren

Abfahrtslauf

Montag, 15. Februar; Nakiska; bewölkt; Temperatur Start minus 7° C, Ziel 0° C; Streckenlänge 3 147 m; Start 2 412 m, Ziel 1 538 m; Höhenunterschied 874 m; 40 Tore; Anzahl der Teilnehmer 51, im Ziel 45 Teilnehmer.

1. **Pirmin Zurbriggen** (Schweiz) 1:59,63 min

2. **Peter Müller** (Schweiz) 2:00,14 min

3. **Franck Piccard** (Frankreich) 2:01,24 min

4. Leonhard Stock (Österreich) 2:01,56 min

5. Gerhard Pfaffenbichler (Österreich) 2:02,02 min

6. Markus Wasmeier (BRD) 2:02,03 min

7. Anton Steiner (Österreich) 2:02,19 min; 8. Martin Bell (Großbritannien) 2:02,49 min; 9. Marc Girardelli (Luxemburg) 2:02,59 min; 10. Danilo Sbardellotto (Italien) 2:02,69 min

Alpine Kombination

Abfahrtslauf

Dienstag, 16. Februar; Nakiska; sonnig; Temperatur Start minus 9° C, Ziel minus 3° C; Streckenlänge 2 967 m; Start 2 342 m, Ziel 1 538 m; Höhenunterschied 804 m; 36 Tore; Anzahl der Teilnehmer 56, im Ziel 48 Teilnehmer.

1. Pirmin Zurbriggen (Schweiz) 1:46,90 min

2. Franck Piccard (Frankreich) 1:47,38 min

3. Felix Belczyk (Kanada) 1:48,24 min

4. Peter Dürr (BRD) 1:48,30 min

5. Hubert Strolz (Österreich) 1:48,51 min

6. Christophe Plé (Frankreich) 1:49,06 min

7. Hannes Zehentner (BRD) 1:49,16 min; 8. Markus Wasmeier (BRD) 1:49,32 min; 9. Lars-Börje Eriksson (Schweden) 1:49,52 min; 10. Martin Bell (Großbritannien) 1:49,54 min

Slalom

Mittwoch, 17. Februar; Nakiska; sonnig; Temperatur Start minus 2° C, Ziel minus 4° C; Start 2 051 m, Ziel 1 875 m; Höhenunterschied 176 m; 55 Tore im 1. Lauf, 57 Tore im 2. Lauf; Anzahl der Teilnehmer 42, im Ziel 26 Teilnehmer.

1. Paul Accola (Schweiz) 1:24,93 min (42,58/42,35)

2. Armin Bittner (BRD) 1:25,64 min (42,82/42,82)

3. Bernhard Gstrein (Österreich) 1:25,82 min (43,17/42,65)

4. Finn Christian Jagge (Norwegen) 1:26,14 min (43,35/42,79)

5. Paul Frommelt (Liechtenstein) 1:26,53 min (43,33/43,20)

6. Oswald Tötsch (Italien) 1:26,64 min (44,32/42,32)

7. Hubert Strolz (Österreich) 1:27,31 min (44,56/42,75); 8. Petr Jurko (ČSSR) 1:27,61 min (44,32/43,29); 9. Thomas Stanggassinger (Österreich) 1:27,69 min (44,76/42,93); 10. Luc Alphand (Frankreich) 1:28,47 min (45,27/43,20)

Endergebnis

1. **Hubert Strolz** (Österreich) 36,55 P. (17,77/18,78)

2. **Bernhard Gstrein** (Österreich) 43,45 P. (36,43/7,02)

3. **Paul Accola** (Schweiz) 48,24 P. (48,24/0,00)

4. Luc Alphand (Frankreich) 57,73 P. (29,80/27,93)

5. Petr Jurko (ČSSR) 58,56 P. (37,42/21,14)

6. Jean-Luc Crétier (Frankreich) 62,98 P. (34,66/28,32)

7. Markus Wasmeier (BRD) 65,44 P. (26,71/38,73); 8. Adrian Bires (ČSSR) 68,50 P. (36,87/31,63); 9. Finn Christian Jagge (Norwegen) 95,21 P. (85,66/9,55); 10. Niklas Henning (Schweden) 96,25 P. (47,02/49,23)

Super–Riesenslalom

Sonntag, 21. Februar; Nakiska; bewölkt; Temperatur Start minus 3°C, Ziel plus 1°C; Streckenlänge 2 327 m; Start 2 179 m, Ziel 1 532 m; Höhenunterschied 647 m; 50 Tore; Anzahl der Teilnehmer 94, im Ziel 57 Teilnehmer.

1. **Franck Piccard** (Frankreich) 1:39,66 min

2. **Helmut Mayer** (Österreich) 1:40,96 min

3. **Lars-Börje Eriksson** (Schweden) 1:41,08 min

4. Hubert Strolz (Österreich) 1:41,11 min

5. Pirmin Zurbriggen (Schweiz) 1:41,96 min

6. Günther Mader (Österreich) 1:41,96 min

7. Luc Alphand (Frankreich) 1:42,17 min; 8. Leonhard Stock (Österreich) 1:42,36 min; 9. Tomaz Cizman (Jugoslawien) 1:42,47 min; 10. Ivano Camozzi (Italien) 1:42,66 min

Riesenslalom

Donnerstag, 25. Februar; Nakiska; bewölkt; Temperatur Start plus 2°C, Ziel plus 7°C; Start 2 243 m, Ziel 1 874 m; Höhenunterschied 369 m; 1. Lauf 47 Tore, 2. Lauf 48 Tore; Anzahl der Teilnehmer 114, im Ziel 69 Teilnehmer.

1. **Alberto Tomba** (Italien) 2:06,37 min (1:03,91/1:02,46)

2. **Hubert Strolz** (Österreich) 2:07,41 min (1:05,05/1:02,36)

3. **Pirmin Zurbriggen** (Schweiz) 2:08,39 min (1:05,57/1:02,82)

4. Ivano Camozzi (Italien) 2:08,77 min (1:05,86/1:02,91)

5. Rudolf Nierlich (Österreich) 2:08,92 min (1:05,75/1:03,17)

6. Andreas Wenzel (Liechtenstein) 2:09,03 min (1:05,65/1:03,38)

7. Helmut Mayer (Österreich) 2:09,09 min (1:06,32/1:02,77); 8. Frank Wörndl (BRD) 2:09,22 min (1:06,10/1:03,12); 9. Rok Petrovic (Jugoslawien) 2:09,32 min (1:06,31/1:03,01); 10. Joel Gaspoz (Schweiz) 2:09,57 min (1:06,70/1:02,87)

Spezialslalom

*Sonnabend, 27. Februar;
Nakiska; Schneefall; Temperatur Start minus 4°C, Ziel minus 2°C; Start 2 074 m, Ziel 1 875 m; Höhenunterschied 199 m; 1. Lauf 63 Tore, 2. Lauf 61 Tore; Anzahl der Teilnehmer 108, im Ziel 54 Teilnehmer.*

1. **Alberto Tomba** (Italien)
   1:39,47 min (51,62/47,85)

2. **Frank Wörndl** (BRD)
   1:39,53 min (50,99/48,54)

3. **Paul Frommelt** (Liechtenstein)
   1:39,84 min (51,69/48,15)

4. Bernhard Gstrein (Österreich)
   1:40,08 min (51,87/48,21)

5. Ingemar Stenmark (Schweden)
   1:40,22 min (52,71/47,51)

6. Jonas Nilsson (Schweden)
   1:40,23 min (51,44/48,79)

7. Pirmin Zurbriggen (Schweiz) 1:40,48 min (52,05/48,43); 8. Oswald Tötsch (Italien) 1:40,55 min (52,44/48,11); 9. Grega Benedik (Jugoslawien) 1:41,38 min (52,34/49,04); 10. Florian Beck (BRD) 1:41,44 min (53,11/48,33)

Damen

Abfahrtslauf

*Freitag, 19. Februar;
Nakiska; teilweise bewölkt; Temperatur Start minus 2°C, Ziel plus 4°C; Streckenlänge 2 238 m; Start 2 179 m, Ziel 1 532 m; Höhenunterschied 647 m; 37 Tore; Anzahl der Teilnehmer 35, im Ziel 28 Teilnehmer.*

1. **Marina Kiehl** (BRD)
   1:25,86 min

2. **Brigitte Oertli** (Schweiz)
   1:26,61 min

3. **Karen Percy** (Kanada)
   1:26,62 min

4. Maria Walliser (Schweiz)
   1:26,89 min

5. Laurie Graham (Kanada)
   1:26,99 min

6. Petra Kronberger (Österreich)
   1:27,03 min

7. Regine Mösenlechner (BRD) 1:27,16 min; 8. Elisabeth Kirchler (Österreich) 1:27,19 min; 9. Michela Figini (Schweiz) 1:27,26 min; 10. Lucia Medzihradska (ČSSR) 1:27,28 min

Alpine Kombination

Abfahrtslauf

*Sonnabend, 20. Februar;
Nakiska; sonnig; Temperatur Start plus 2°C, Ziel plus 4°C; Streckenlänge 2 054 m; Start 2 108 m, Ziel 1 532 m; Höhenunterschied 576 m; 33 Tore; Anzahl der Teilnehmer 39, im Ziel 33 Teilnehmer.*

1. Carole Merle (Frankreich)
   1:16,46 min

2. Maria Walliser (Schweiz)
   1:16,98 min

3. Anita Wachter (Österreich)
   1:17,14 min

4. Michelle McKendry (Kanada)
   1:17,58 min

5. Ulrike Stanggassinger (BRD)
   1:17,92 min

6. Micaela Marzola (Italien)
   1:17,95 min

7. Vreni Schneider (Schweiz) 1:18,10 min; 8. Kerrin Lee (Kanada) 1:18,15 min; 9. Karen Percy (Kanada) 1:18,22 min; 10. Petra Kronberger (Österreich) 1:18,36 min

Slalom

*Sonntag, 21. Februar;
Nakiska; bewölkt; Temperatur Start minus 5°C, Ziel minus 4°C; Start 2 024 m, Ziel 1 880 m; Höhenunterschied 144 m; in beiden Läufen je 49 Tore; Anzahl der Teilnehmer 33, im Ziel 26 Teilnehmer.*

1. Brigitte Oertli (Schweiz)
   1:20,71 min (39,24/41,47)

2. Anita Wachter (Österreich)
   1:22,97 min (40,68/42,29)

3. Karen Percy (Kanada)
   1:24,00 min (40,62/43,38)

4. Lucia Medzihradska (ČSSR)
   1:24,35 min (41,62/42,73)

5. Lenka Kebrlova (ČSSR)
   1:24,38 min (40,91/43,47)

6. Pascaline Freiher (Frankreich)
   1:24,66 min (42,16/42,50)

7. Beth Madsen (USA) 1:24,78 min (41,86/42,92); 8. Jolanda Kindle (Liechtenstein) 1:25,42 min (41,82/43,60); 9. Kerrin Lee (Kanada) 1:25,43 min (42,23/43,20); 10. Silvia Eder (Österreich) 1:25,91 min (42,03/43,88)

Endergebnis

1. **Anita Wachter** (Österreich)
   29,25 P. (10,49/18,76)

2. **Brigitte Oertli** (Schweiz)
   29,48 P. (29,48/0,00)

3. **Maria Walliser** (Schweiz)
   51,28 P. (8,03/43,25)

4. Karen Percy (Kanada)
   54,47 P. (27,16/27,31)

5. Lenka Kebrlova (ČSSR)
   60,87 P. (30,40/30,47)

6. Lucia Medzihradska (ČSSR)
   63,56 P. (33,34/30,22)

7. Michelle McKendry (Kanada) 64,85 P. (17,28/47,57); 8. Kerrin Lee (Kanada) 65,26 P. (26,08/39,18); 9. Ulrike Stanggassinger (BRD) 71,51 P. (22,53/49,98); 10. Micaela Marzola (Italien) 85,34 P. (23,00/62,34)

Super-Riesenslalom

*Montag, 22. Februar;
Nakiska; sonnig; Temperatur Start minus 4°C, Ziel minus 3°C; Streckenlänge 1 943 m; Start 2 039 m, Ziel 1 532 m; Höhenunterschied 507 m; 39 Tore; Anzahl der Teilnehmer 46, im Ziel 41 Teilnehmer.*

1. **Sigrid Wolf** (Österreich)
   1:19,03 min

2. **Michela Figini** (Schweiz)
   1:20,03 min

3. **Karen Percy** (Kanada)
   1:20,29 min

4. Regine Mösenlechner (BRD)
   1:20,33 min

5. Anita Wachter (Österreich)
   1:20,36 min

6. Maria Walliser (Schweiz)
   1:20,48 min

7. Micaela Marzola (Italien) 1:20,91 min; 7. Zoe Haas (Schweiz) 1:20,91 min; 9. Edith Thys (USA) 1:20,93 min; 10. Christa Kinshofer-Güthlein (BRD) 1:20,98 min; 10. Michaela Gerg (BRD) 1:20,98 min

Riesenslalom

*Mittwoch, 24. Februar;
Nakiska; sonnig; Temperatur
Start minus 1°C, Ziel minus 2°C;
Start 2 205 m, Ziel 1 880 m; Höhenunterschied 325 m; 1. Lauf
42 Tore, 2. Lauf 48 Tore; Anzahl
der Teilnehmer 64, im Ziel 29
Teilnehmer.*

1. **Vreni Schneider** (Schweiz)
   2:06,49 min (1:00,53/1:05,96)

2. **Christa Kinshofer-Güthlein**
   (BRD)
   2:07,42 min (59,98/1:07,44)

3. **Maria Walliser** (Schweiz)
   2:07,72 min (1:00,57/1:07,15)

4. Mateja Svet (Jugoslawien)
   2:07,80 min (1:00,95/1:06,85)

5. Christine Meier (BRD)
   2:07,88 min (1:00,43/1:07,45)

6. Ulrike Maier (Österreich)
   2:08,10 min (1:01,41/1:06,69)

7. Anita Wachter (Österreich)
2:08,38 min (1:00,23/1:08,15);
8. Catherine Quittet (Frankreich)
2:08,84 min (1:01,11/1:07,73);
9. Carole Merle (Frankreich)
2:09,36 min (1:01,30/1:08,06);
10. Christelle Guignard (Frankreich) 2:09,46 min (1:00,90/
1:08,56)

Spezialslalom

*Freitag, 26. Februar;
Nakiska; sonnig; Temperatur
Start plus 7°C, Ziel plus 5°C;
Start 2 060 m, Ziel 1 880 m; Höhenunterschied 180 m; 1. und
2. Lauf je 63 Tore; Anzahl der
Teilnehmer 57, im Ziel 28 Teilnehmer.*

1. **Vreni Schneider** (Schweiz)
   1:36,69 min (48,81/47,88)

2. **Mateja Svet** (Jugoslawien)
   1:38,37 min (49,21/49,16)

3. **Christa Kinshofer-Güthlein**
   (BRD)
   1:38,40 min (49,84/48,56)

4. Roswitha Steiner (Österreich)
   1:38,77 min (50,43/48,34)

5. Blanca Fernandez-Ochoa
   (Spanien)
   1:39,44 min (49,89/49,55)

6. Ida Ladstätter (Österreich)
   1:39,59 min (49,71/49,88)

7. Paoletta Magoni-Sforza (Italien) 1:39,76 min (50,42/49,34);
8. Dorota Mogore-Tlalka (Frankreich) 1:39,86 min (50,28/
49,58); 9. Mojca Dezman (Jugoslawien) 1:40,21 min (50,86/
49,35); 10. Ulrike Maier (Österreich) 1:40,54 min (50,94/49,60)

Medaillenspiegel

	Gold	Silber	Bronze
UdSSR	11	9	9
DDR	9	10	6
Schweiz	5	5	5
Finnland	4	1	2
Schweden	4	–	2
Österreich	3	5	2
Niederlande	3	2	2
BRD	2	4	2
USA	2	1	3
Italien	2	1	2
Frankreich	1	–	1
Norwegen	–	3	2
Kanada	–	2	3
Jugoslawien	–	2	1
ČSSR	–	1	2
Japan	–	–	1
Liechtenstein	–	–	1

Teilnehmerübersicht (Länder)

Überblick, wie oft die 57 in Calgary teilnehmenden Länder bisher bei Olympischen Winterspielen starteten und wie viele Gold-, Silber- und Bronzemedaillen sie dabei errangen

		Gold	Silber	Bronze
Andorra	5	–	–	–
Argentinien	9	–	–	–
Australien	11	–	–	–
Belgien	13	–	–	–
Bolivien	4	–	–	–
Bulgarien	12	–	–	1
BRD	10	18	18	19
Chile	10	–	–	–
VR China	3	–	–	–
ČSSR	15	2	8	12
Dänemark	5	–	–	–
DDR	9	43	39	36
Fidschi-Inseln	1	–	–	–
Finnland	15	32	43	33
Frankreich	15	13	11	16
Griechenland	12	–	–	–
Großbritannien	15	6	2	5
Guam	1	–	–	–
Guatemala	1	–	–	–
Indien	2	–	–	–
Island	11	–	–	–
Italien	15	13	10	9
Jamaika	1	–	–	–
Japan	14	1	4	2
Jugoslawien	13	–	3	1
Jungferninseln	2	–	–	–
Kanada	15	13	12	18
KDVR	3	–	1	–
Kostarika	3	–	–	–
Libanon	11	–	–	–
Liechtenstein	12	2	2	5
Luxemburg	3	–	–	–
Marokko	3	–	–	–
Mexiko	3	–	–	–
Monaco	3	–	–	–
MVR	5	–	–	–
Neuseeland	9	–	–	–
Niederlande	12	13	17	12
Niederländische Antillen	1	–	–	–
Norwegen	15	54	58	53
Österreich	15	28	38	33
Philippinen	2	–	–	–
Polen	15	1	1	2
Portugal	2	–	–	–
Puerto Rico	2	–	–	–
Rumänien	14	–	–	1
San Marino	4	–	–	–
Schweden	15	33	24	29
Schweiz	15	23	24	26
Spanien	12	1	–	–
Südkorea	11	–	–	–
Taiwan	5	–	–	–
Türkei	9	–	–	–
UdSSR	9	79	57	59
Ungarn	15	–	2	4
USA	15	43	45	33
Zypern	3	–	–	–

INHALT

ISBN 3-328-00300-2

© Sportverlag Berlin
1. Auflage
Lizenznummer: 140 355/36/89
9005

Redaktion:
Klaus Ullrich; Marianne Baußat, Heinz Dietrich, Volker Kluge, Volker Ränke, Raymund Stolze, Dieter Wrobel, Hans-Jürgen Zeume

Statistik:
Klaus Maluga, Erika Schultz, Ronald Schütze

Fotos:
ADN/ZB 112 (Franke 1, Gloger 1, Gahlbeck 2, Haseloff 1, Kluge 32, Mittelstädt 21, Oberst 4, Schetelich 3, Schöps 16, Schulz 3, Sindermann 7, Thieme 17, Uhlemann 1, Wolf 3), Behrendt 85, Dargelis 1, Grenz 2, Höppner 1, Höhne 13, Kimmel 2, Pinnow 1, Rietz 3, Schlage 254, Schulze 11, Sellert 4, Stana 64, Thonfeld 283

Gestaltung:
Rainer Preußner

Printed in the German Democratic Republic
Gesamtherstellung:
Druckerei Fortschritt Erfurt
671 792 0

10400